中国物流职业经理资格证书考试
全国高等教育自学考试物流管理专业
指定教材

物流案例与实践（一）（二）
Wuliu Anli yu Shijian（Yi）（Er）

（附：物流案例与实践（一）（二）考试大纲）

（2013年版）

组编／全国高等教育自学考试指导委员会
　　　中国交通运输协会

主编／周德科
副主编／田东　钟懿

高等教育出版社·北京
HIGHER EDUCATION PRESS　BEIJING

扫描微信二维码
关注自考教材服务

图书在版编目（CIP）数据

物流案例与实践.1~2／周德科主编；全国高等教育自学考试指导委员会，中国交通运输协会组编.--北京：高等教育出版社，2013.3（2020.3重印）
ISBN 978-7-04-036894-9

Ⅰ.①物… Ⅱ.①周… ②全… ③中… Ⅲ.①物流-物资管理-高等教育-自学考试-自学参考资料 Ⅳ.①F252

中国版本图书馆 CIP 数据核字（2013）第 018003 号

| 策划编辑 | 雷旭波 | 责任编辑 | 雷旭波 | 版式设计 | 范晓红 |
| 责任校对 | 杨雪莲 | 责任印制 | 耿 轩 | | |

出 版	高等教育出版社	咨询电话	400-810-0598
社 址	北京市西城区德外大街4号	网 址	http://www.hep.edu.cn
邮政编码	100120		http://www.hep.com.cn
印 刷	北京市鑫霸印务有限公司		
开 本	787mm×1092mm 1/16	版 次	2013年4月第1版
印 张	23	印 次	2020年3月第9次印刷
字 数	480千字	定 价	42.00元

本书如有质量问题，请与教材供应部门联系。
版权所有 侵权必究

中国物流职业经理资格证书考试
全国高等教育自学考试物流管理专业
系列教材编委会成员名单

编委会主任

  钱永昌 中国交通运输协会会长   教授

编委会副主任

  刘军谊 教育部考试中心   副主任
  王德荣 中国交通运输协会常务副会长 教授

编委会委员

  王　文 大连锦程国际物流集团股份有限公司 总裁
  王之泰 北京物资学院   教授
  王增东 北京中交协物流人力资源培训中心 总经理
  叶伟龙 中国远洋运输集团   副总经理
  黄远成 远成集团有限公司   董事长
  刘秉镰 天津南开大学物流研究中心主任 教授
  宋修德 中铁快运有限公司   总经理
  张文杰 北京交通大学   教授
  王　彪 中国邮政速递物流有限责任公司 总经理
  杨东援 同济大学   教授
  杨　赞 大连海事大学校长助理   教授
  洪水坤 中国物资储运总公司   总经理
  梁刚锐 香港物流与运输学会会长   教授
  黄有方 上海海事大学副校长   教授

组编前言

随着经济全球化步伐的加快，我国经济社会快速发展，我国的物流业发展也十分迅速。为解决目前物流人才不足的矛盾，多渠道、多层次、多方面加快复合实用型人才的培养，使我国物流行业尽快与国际接轨，促进我国物流行业持续、健康发展，全国高等教育自学考试指导委员会与中国交通运输协会研究决定，在全国合作实施中国物流职业经理资格证书教育。

中国物流职业经理资格证书分为初级、中级、高级三种证书，对应各证书规定了不同的考试课程。初级证书包含四门课程："物流基础"、"物流信息技术"、"物流案例与实践（一）"以及在"库存管理（一）"、"采购与供应管理（一）"、"运输管理（一）"、"仓储管理（一）"四门中任选一门课程；中级证书包含四门课程："物流企业管理"、"物流案例与实践（二）"以及在"库存管理（二）"、"采购与供应管理（二）"、"运输管理（二）"、"仓储管理（二）"四门中任选两门课程；高级证书包含四门课程："物流企业管理"、"供应链管理"、"物流战略管理"、"业务考评"。参加高级证书考试的考生必须有五年以上的物流管理工作经验。考生通过规定课程的考试后，由全国高等教育自学考试指导委员会办公室和中国交通运输协会共同颁发"中国物流职业经理资格证书"（初、中、高级），该证书将与相应的国际证书接轨。取得中国物流职业经理资格证书单科合格证书，可以在全国高等教育自学考试物流管理专业（专科、独立本科段）中顶替相应课程的学分。

为便于考生系统学习课程知识，帮助考生自学成才，全国高等教育自学考试指导委员会与中国交通运输协会共同组织编写了配套的课程考试大纲和教材。本着培养理论知识够用、职业技能实用的物流管理应用型人才的目标，我们特聘请了一批既有教学经验，又有物流实践经验的学者承担了本套考试大纲、教材的编写工作。由于物流行业快速发展，新的管理理念和技术不断创新，为此我们组织专家修订教材，将相关的知识与技能补充到教材中，以适应行业发展对人才培养的要求。在此谨向他们付出的辛勤劳动致以衷心的感谢。

由于时间仓促，书中难免有不足之处，欢迎读者提出意见和建议。

全国高等教育自学考试指导委员会
中国交通运输协会
2011 年 10 月

目 录

物流案例与实践（一）（二）

编者的话 2

第1章　物流与供应链案例分析导论 3

第2章　汽车/零部件供应 8
 案例1　VC公司的供应链管理困境 8
 案例2　SC公司的库存改进策略 25
 案例3　上海通用汽车公司低碳供应链实践 44

第3章　铁路运输设备 50
 案例　PB公司仓储生产率改进 50

第4章　制冷设备 65
 案例1　BZ公司采购经理工作日记 65
 案例2　DZ公司物流方案选择 73

第5章　家电行业 77
 案例1　HR公司供应商网络优化之路 77
 案例2　PS公司销售物流改进 85

第6章　IT行业 92
 案例1　SM公司的库存管理战略 92
 案例2　超越计算机公司的供应链改造 100

第7章　食品与饮料 110
 案例　CC公司的供应链管理 110

I

第 8 章　医药工业 ... 134
案例 1　SZ 制药公司的库存管理与配送方案选择 ... 134
案例 2　EH 公司客户服务调研 ... 147
案例 3　HZ 公司信息系统的实施 ... 152

第 9 章　化工行业 ... 161
案例　RC 公司的物流管理 ... 161

第 10 章　服装行业 ... 166
案例　SP 公司的供应链改革项目 ... 166

第 11 章　图书行业 ... 183
案例　BS 公司的配送管理 ... 183

第 12 章　建筑与建材 ... 200
案例 1　WQ 公司的项目采购战略 ... 200
案例 2　MX 公司的物流管理 ... 209

第 13 章　分销与零售企业 ... 219
案例 1　AS 连锁超市集团公司供应链改进 ... 219
案例 2　CV 公司的物流实践 ... 232
案例 3　XF 公司的物流战略推进 ... 245
案例 4　ZZ 公司的配送中心 ... 261
案例 5　刘清林 DF 公司实习经历 ... 268

第 14 章　物流企业 ... 280
案例 1　联邦快递供应链解决方案 ... 280
案例 2　HB 公司与 MD 公司伙伴关系发展之路 ... 285
案例 3　天津中远物流的困境与出路 ... 298

第 15 章　电信运营商 ... 312
案例　电信物流运营管理 ... 312

第16章　典型物流问题分析 319
典型物流问题分析 319

参考文献 334
后记 335

物流案例与实践（一）（二）考试大纲

Ⅰ．课程性质与课程目标 339
Ⅱ．有关说明与实施要求 340
Ⅲ．课程内容与考核要求 341
Ⅳ．题型示例与参考答案 354

▶ 物流案例与实践（一）（二）

物流案例与实践（一）（二）

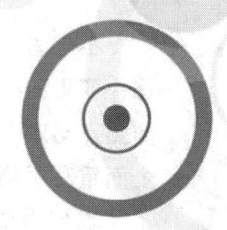

- 第1章　物流与供应链案例分析导论
- 第2章　汽车/零部件供应
- 第3章　铁路运输设备
- 第4章　制冷设备
- 第5章　家电行业
- 第6章　IT行业
- 第7章　食品与饮料
- 第8章　医药工业
- 第9章　化工行业
- 第10章　服装行业
- 第11章　图书行业
- 第12章　建筑与建材
- 第13章　分销与零售企业
- 第14章　物流企业
- 第15章　电信运营商
- 第16章　典型物流问题分析

编者的话

本书为《物流案例与实践（一）（二）》（2005年版）一书的修订版。与原书相比，变更的内容主要包括：（1）考虑到绿色物流与售后备件物流管理是近年物流管理的热点与难点，本书为此增加了两个案例；（2）根据编者近年的物流咨询与教学经验，全面重写了物流与供应链案例分析导论；（3）考虑到自学学子的学习条件有限，增加了"典型物流问题分析"一章，使得自学者更有效地掌握物流问题的分析方法；（4）为了案例更为紧凑，全面重写了第7章；（5）精减了原书的部分案例（原第14章的SK公司的配送管理、AB公司的国际贸易纠纷），其实，原书撰写时这部分案例也都各有用意，修订版没有收录并不是因为案例的品质与价值，而是考虑到书的篇幅与自学者的时间有限而忍痛割爱，需要借鉴这部分内容的产业人士可以通过原书来获得。

当然，《物流案例与实践（一）（二）》修订版依然保持原书的特点：

1. 本书所有案例全部为原创案例。案例涵盖汽车/零部件供应、铁路运输设备、制冷设备、家电、IT、食品与饮料、医药工业、化工、服装、图书、建材、分销与零售、物流企业等13个行业，共28个案例。

2. 本书案例的第二个特点是面向问题和面向解决方案。所有案例都来源于企业物流实践中所遇到的真实问题。书中有大部分案例没有对问题给出具体解决方案，而是要求读者利用案例所提供的信息和相应的物流管理理论与分析工具，对问题进行分析，从而针对问题提出解决方案；书中部分案例对案例中的问题进行了分析并提出了解决方案，读者需要对问题分析和解决方案进行评价。

3. 考虑到物流实践有很强的行业背景，并且在物流实践中很难将具体物流功能割裂，因此本书没有按仓储、库存、运输、采购等物流功能编排案例，而是选择了按行业分类。但本书作者在案例选材与设计时，的确考虑了案例所应该覆盖的物流活动。

《物流案例与实践（一）（二）》的修订主要由周德科与田东承担。修订版新加盟的作者是上海通用物流部钟懿先生。

修订版的作者依然包括原书的作者：陆明海、何黎明、徐荣兴、陈春声、盛炜、周健、徐敏、王彬、韦瑞览等物流经理人。

本书编写过程得到了中国交通运输协会常务副会长王德荣、中国交通运输协会人力资源培训中心主任王增东、副主任马玲的大力支持和指导，尤其是马玲副主任为本书的编辑和校对做了大量的工作，我们在此向他们表示衷心的感谢！

此外，张晓敏小姐为本书的文字校对也做了相当多的工作，我们也向她表示谢意！

由于作者的知识水平有限，书中难免有不足甚至错误的地方，恳请专家与广大读者批评指正，以便于未来修订。

编者
2012年8月

第1章 物流与供应链案例分析导论

一、引言

学子读书治学，盖将以创造价值于社会为己任也。对以经世致用为要务之工商学子，斯言尤为重要。

物流学子所求增值于产业者，必明乎产业物流之实践与物流之理论，二者如鸟之两翼，不可相离，不可偏废。物流理论必然是结合产业的理论，物流产业实践亦必然是与理论结合之实践。

物流案例分析之目的与功能是：一方面，通过源自中国物流真实产业实践的案例分析，培养学子的物流意识；另一方面，通过案例分析磨炼学子的物流理论应用能力。

二、物流案例分析步骤

俗话说，正确地看到问题已是问题解决的一半。学子在产业实践中的困难往往不是不能掌握理论，而是不能把握问题，当然理论工具的运用更无从谈起。但是，问题不同于理论的显著之处在于，问题是纷繁多样的，产业不同、企业不同、环境不同，问题也不同，有所谓与事与时俱进之意。学子面对此挑战，没有捷径可走，一者，我们需要多实践、多交流；二者，我们需要多学习富有产业实践真知灼见之书籍。

步骤一：问题识别

在产业实际物流管理中问题纵横交错，找出关键问题更是难上加难。本书中的案例全部都是问题导向型的物流实践。所以找出问题，并且对问题进行整理，是物流案例分析的重点。找出问题这一步骤中需要对问题进行归类和排序整理。

问题归类可以按照战略层次来归类，也可以按照物流功能来归类。通常把物流问题归类为成本、效率、服务等三类。

本书中相当部分的案例运用绩效评估矩阵和相对绩效矩阵两种分析工具来确定关键问题。本部分仅对这两种分析矩阵的用途做简要说明，至于矩阵如何绘制等更详细的描述，请同学们参考其他相关教材。

使用绩效评估矩阵（见图 1-1）时需要对要考核对象的重要性和表现给出分值。在矩阵图中很重要但表现不好的对象就是优先解决的问题。

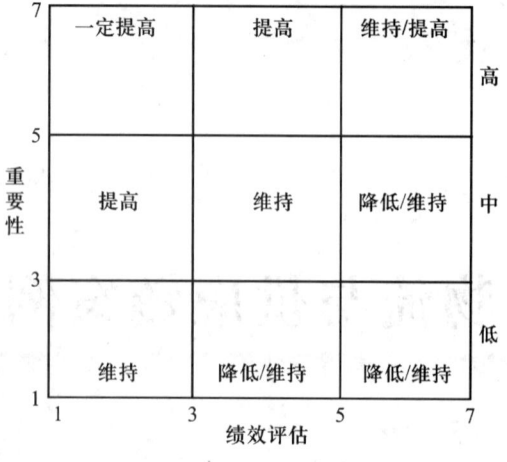

图 1-1　绩效评估矩阵

在相对绩效矩阵（图 1-2）中，我们把需要考核的对象与其竞争对手相比较，矩阵中重要性分值很高但与竞争对手差距最大的考核对象就是优先考虑的问题点。

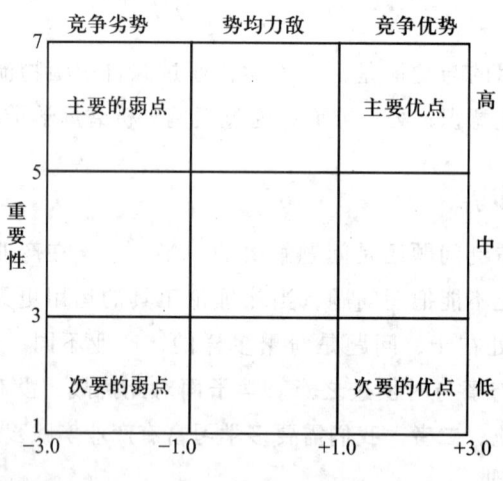

图 1-2　相对绩效矩阵

步骤二：问题分析

物流问题分析，一方面要强调产业实践具体问题具体分析，另一方面要强调将所学的物流理论与工具熟练运用于实践。后一方面在工具篇再详细展开陈述。

物流问题分析通常可以从宏观与产业环境、企业整体战略、供应链、物流具体运营四个层次展开。

宏观与产业环境分析：也就是通常意义上的 PESTLE、波特五力模型、哈佛学派

SCP模型分析，这部分内容如果不熟悉，可以参考相关教材。

企业整体战略分析：主要用意是必须明白物流问题，不仅仅是物流部门物流系统的物流运作问题，很大程度上，往往是企业策略问题，尤其是企业营销策略与产品策略。

供应链分析：通常可以借用的工具为SCOR模型（图1-3）。

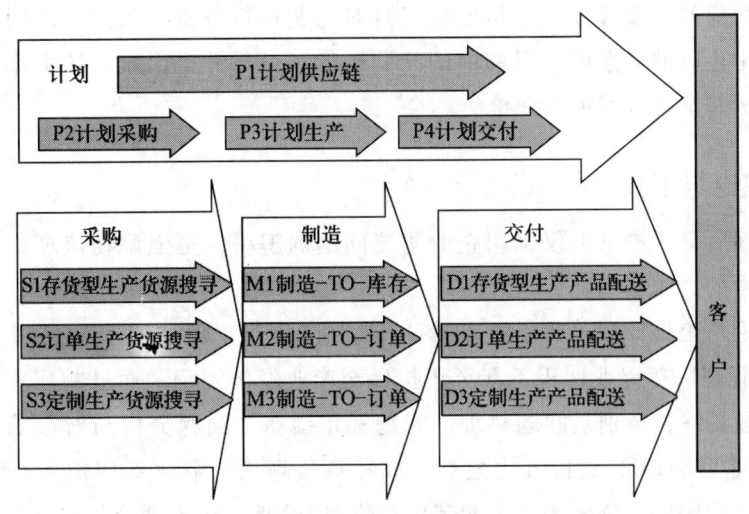

图1-3　SCOR模型

SCOR模型能更清楚地描绘出整个供应链的全貌，因为它可以扩展，可以把供应商、供应商的供应商、客户、客户的客户都包括进去，这样可清晰地展现一条供应链的全貌，而且还能把这条供应链扩展成一个供应网。

物流具体运营分析：物流具体问题的分析需要结合物流具体运作进行分析，每个企业的物流问题成因都不相同，这部分内容需要认真阅读后面章节中的案例。

物流管理不善的问题往往首先从单项物流功能中表现出来，本书大部分案例都证明了这一点。比如书中SFP公司的仓库生产率达不到运营的要求、家电企业PS公司的库存问题等，在解决这些问题时，我们运用了分析工具，比如库存管理ABC分析法和仓库运作80/20分析法，而且这些分析工具也为我们找到了问题所在，但是在解决这些问题时，企业除了调整运作实施中的不良环节外，还必须从供应链管理机制和机构着眼。这在库存管理的问题上更加明显，很多企业把库存管理效率不佳怪罪于物流部门甚至仓储部门，其实库存问题往往起源于部门之间甚至供应链参与体之间各自为政，供应链缺乏有效的管理机构和机制所造成。我们在解决物流问题时，除了考虑物流的具体运作环节外，还要考虑问题相关的管理机制，否则问题的解决往往治标不治本。

步骤三：问题对策

问题识别和问题分析后，就进入寻求解决问题对策的阶段。

对物流问题的解决要从三个层次来分析，首先从问题表现的各功能部门入手，这个阶段采取的是就事论事态度；接下来从公司部门之间的协作来分析和解决问题，即在公司内部进行跨部门的改革，比如本书第 7 章的案例中，CC 公司解决存货问题时，便在企业内部采购、生产、销售、物流部门之间建立了 D&OP 协调机制；最后是从供应链的各参与体协调机制来考虑问题的解决途径，比如共享生产信息、VMI 等措施。

本书中有大部分案例没有对问题给出具体解决方案，而是要求读者利用案例所提供的信息和相应的物流管理理论与分析工具对问题进行分析，从而针对问题提出解决方案；本书中也有部分案例对案例中的问题进行了分析并提出了解决方案，读者需要对问题的分析和解决方案进行评价。

三、物流理论与工具

正如前面所言，本书不仅强调企业物流问题的解决，更强调物流理论与工具及其在物流实践中的具体运用。

物流理论与工具分散于其他物流课程，比如"库存管理"、"仓储管理"、"运输管理"、"物流管理"等专业课程，甚至还扩展至产业经济课程。而且物流理论与工具贯穿于物流问题始终，特别是问题整理、问题轻重缓急、问题分析与对策等环节。通常我们比较强调 PESTLE、波特五力模型、波特竞争理论、绩效管理矩阵、SCOR 模型、ABC 分析法、EOQ、存货效率、采购定位矩阵和 DP 点分析等理论与工具。

虽然每个分析工具都很重要，但还是要特别强调 ABC 分析法，即帕累托分析法。这一分析方法几乎涉及物流管理所有领域，如成本控制、供应商管理、存货控制、仓库运营等。值得注意的是，该方法并不是公式，而是一种管理理念，它的核心思想是找出关键因素，从而进行重点管理。不同的部门使用 ABC 分析法时，由于工作的重点和出发点不一样，因而在针对同一对象进行 ABC 分析时，分析考虑的因素和目的相差甚远。比如，针对存货，库存管理部门的主要目的是控制库存资金占用，因此库存部门使用 ABC 分析法时，主要是找出资金占用最大的品类，然后针对这部分物资找出降低库存水平的对策；而仓储部门的目的是为提高仓库运营的效率，所以运用 ABC 分析法时，主要是找出流速最快的品类，然后安排库位等。对 ABC 分析法的灵活运用几乎贯穿本书的所有案例。

采购领域的供应管理矩阵（见图 1-4）也是供应链改进分析的一个常用工具。但应该说，它是 ABC 分析法在采购领域的一种变形。该方法主要是根据采购物资获取的风险性和物资对企业利润的贡献来划分采购物资，把供应物细分为不同的大类，每一种物资需要配以相应的供应和采购策略。

四、案例报告

进行案例分析时，一般最后要求学生完成案例报告。案例报告可按照前述案例分析步骤进行撰写：

（1）前言

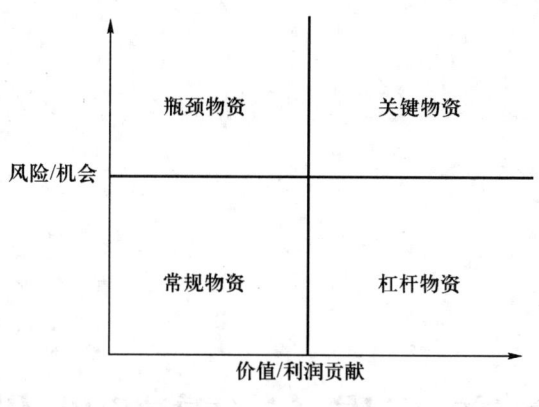

图 1-4　供应管理矩阵

这部分主要是对案例现况进行简要描述。
（2）问题识别
（3）问题分析
（4）问题对策
（5）结论

五、本章后记

本书中的案例都是取材于国内各类企业的真实情况，案例中描述了许多企业运作的细节。通过本书的学习，一是对企业运作有更深入的了解，再者是能够对案例进行分析。用本章给出的分析框架会逐步提高读者的分析能力，但知识的积累和实践经验的增加也是必不可少的。

第2章 汽车/零部件供应

案例1 VC公司的供应链管理困境

【案例概要】

VC公司是中国名列前茅的汽车生产商。公司面临产品年度销量下滑,利润急剧下降的问题。物流总监G先生的任务是在物流部门内进行革新,降低成本,帮助公司适应市场的变化,提高利润。G先生不但了解公司背景,也对公司的供应链结构非常熟悉。

自从上任后,G先生整理了一份"牢骚清单",并且对VC公司的供应链管理状况做了调查。调查涉及供应链管理的多个方面:供应商管理、整个供应链状况、销售预测和生产计划的制订、BOM(Bill Of Material,物料清单)的运用、订货方式、与第三方物流合作以及国际贸易的影响。G先生需要时间整理一下思路,以确定下一步的行动。也许,在某些方面还需要公司高层的决策和支持。

【教学目的】

(1)了解MRP(Material Requirement Planning,物料需求计划)的概念,MRP计算的基本方法,BOM的概念,BOM的分解和计算方法。

(2)了解国际贸易的价格术语和付款方式。

(3)产品生产计划与库存的计算和制定、原材料需求的MRP运算。*[1]

(4)比较和分析预测变动时供应链库存和原材料需求计划的波动。*

(5)供应链结构模型,采购前置期的分析和比较。*

(6)能进行供应链存货缓冲点的分析。*

(7)了解汽车行业供应链运作特点与发展趋势。*

---

[1] 考试大纲中本课程有两种能力层次的要求:基本要求(专科和本科),更高要求(本科)。本书中凡有知识点后加"*"号的,均属"更高要求(本科)"的考核内容。

第 2 章 汽车/零部件供应

【自学时数】

3 学时

引 言

- **不轻松的 G 先生**

"节日快乐！假期快乐！拜拜！"忙着下班回家的中国同事乐呵呵地向 G 先生告别，因为明天就是政府规定的长达七天的假期"五一黄金周"的第一天。这样的长假，说是为了庆祝"国际劳动节"，其实是政府刺激市场需求的手段之一。"这市场到底是怎么回事？"G 先生一边回应，一边发愁着，"什么时候我们的情况可以好转啊？"事实上，G 先生已经很久没有和同事轻松地打招呼了。确切地说，这个"很久"是一年零五个月。

G 先生是 VC 公司的物流部门总监。一年多前，他接到 V 集团总部的特别调令，来到集团位于中国的合资公司上任。V 集团是世界最大的汽车制造商之一。VC 公司是 V 集团与中国最大的汽车集团 F 集团以及其他一些股东合资建立的公司，坐落在中国经济比较发达的 T 市。中外双方在公司各占 50%的股份，共同管理公司的运作。经过二十多年的顺利发展，VC 公司在中国市场上名利双收。但是，一年半前，VC 公司受到了有史以来最严峻的挑战——产品年度销量下滑，利润急剧下降，公司面临巨大的销售压力和成本压力。此时，G 先生由于在 V 集团的出色表现和多年的物流管理经验，被委以重任。他的任务是在物流部门内革新业务，降低成本，帮助公司适应市场的变化，提高利润。临危受命的责任感使得新总监先生倍感压力，很难再体会到"轻松"、"愉悦"的心情了。

- **G 先生的"作业"**

面对这样的压力，G 先生常常不由自主地回想起自己在上任之前做的"作业"。那是对新"东家"的行业背景做的一些了解。

首先，是 V 集团的一些情况。V 集团是世界最大的汽车制造商之一，在世界各地设有自己的工厂，年销售量排名世界前列。在 20 世纪后期，随着欧美等发达国家汽车市场的逐渐饱和，V 集团发现了中国市场的巨大潜力。集团与中国公司合资成立了 VC 公司，在中国生产自己的品牌汽车。由于较早进入中国市场，V 集团与合资伙伴分享了市场初创期的高额利润。VC 公司的顺利发展在很大程度上弥补了 V 集团在其他地区市场上的颓势带来的损失。

另一方面，虽然中国汽车工业从改革开放后出现了大发展，在 20 世纪的 80—90 年代市场稳步上升，整个行业也迅速扩张。而三年前开始的那一段"井喷"时期，市场更以超过 30%的速度持续增长了两年，这使得中国迅速成为世界第三的汽车市场。VC 公司随着市场的发展，不断提高销量，规模同步扩大，同时凭借原先的保护机制赚取了更多的利润。事实上，凭借多年来积累的资本，就在危机出现前不久，VC 公司还做出了扩大投资的决定。

当初，G先生对新东家的前景和自己的发展前途做出良好预期，欣然赴命。

公司介绍

虽然 G 先生不时回想起"当初"做决定的过程，但现在，当他驾着公司的新车型飞驰在回家路上时，他同样快速旋转着的头脑考虑的是 VC 公司的现状。

- 组织结构

公司最高决策层——董事会由中外合资各方的代表组成，其中占多数的成员是来自 V 集团和 F 集团的高层管理者。公司的日常运营由常务委员会管理，常务委员会由总经理和副总经理们组成。在常务委员会下面，设立了多个并行的职能部门（图2-1）。除了销售，还设有研发、采购、生产、质量保证、财务、人事和物流等部门。其中，物流部门制定生产计划，发出零部件订单，管理运输、仓储、包装等物流环节，以及优化公司的物流管理工作。

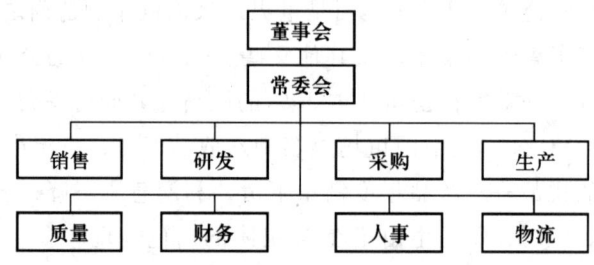

图 2-1　VC 公司组织结构图

- 产品市场

VC 公司以提供符合中国市场需求的高品质轿车为己任。公司总部以及生产基地位于中国经济较发达的 T 市，产品销往全国各地。公司产品分为六大系列，数十个品种，并且仍然在不断升级现有产品，不断增加新车型。从中高档汽车到家庭型、经济型汽车，公司生产的汽车几乎覆盖了国内汽车市场的各个级别，市场占有率始终为行业的翘楚，曾一度超过 30%。作为名列前茅的汽车制造商，VC 公司一向以优良的产品质量受到好评。

- 产品特点

公司的产品——汽车是一种典型的工业制造品，由成千上万的部件组成。产品的技术含量高，工艺复杂，整个制造过程中分工极其细致，专业性极强。为了完成一辆高品质汽车的制造，制造商往往需要从分布在全球各地的成百上千的供货商那里采购零部件。这些零部件经过复杂而精确的物流系统，被送到一个高度集成的、拥有先进的自动生产线的工厂，组装成一辆汽车。

- 消费者

在中国，汽车正越来越多地被逐渐富裕的普通消费者买回家。大部分客户是第一次拥有自己的汽车，他们不仅仅把汽车当做交通工具，更把它视为家庭拥有的奢侈品。因此，当他们选择汽车时，不仅关心性能，更关心它的外观以及看不见、摸不着的"良好感觉"。与国外成熟市场相比，产品宣传和对制造商的印象在中国汽车的销售中占有更多的比重。而同时，消费者有限的经济能力促使他们把目光更多地停留在价格低一些的产品上，却对提货时间要求很高——他们希望能在拍板之后立刻开车回家，哪怕为此付出一些额外的款项。

- 竞争者

另一方面，发展势头良好的中国市场吸引了越来越多的行业投资，竞争者纷纷加入，竞争加剧。这些竞争者有早期进入者培育起来的良好的市场基础，借鉴先行者的经验，更细致地分析市场需求，不断快速更新产品。同时，他们联合多年来逐渐发展起来的零部件供货商，以更低的成本制造产品。"技术不是问题，我们会不遗余力地支持公司在中国的企业。"另一家全球汽车制造商这样评价他们对于在中国的合资公司的竞争前景。

VC 公司的供应链

"也许我们不但不够了解市场和竞争对手，而且对自己的供应链了解也不够。"当 G 先生在宽大的车库停下车，他的思维暂时仍然没有停下，供应链架构的图像在他的脑海中闪现。

- 物流部门组织结构

物流部门根据销售部门提出的需求信息，结合工厂生产情况制订生产计划，根据其他部门传递来的技术信息维护 BOM 清单，发出零部件的订单，控制零部件与在制品库存，与第三方物流合作管理运输、仓储、包装等物流环节，并进行各类分析，优化公司的物流管理工作（如图 2-2 所示）。

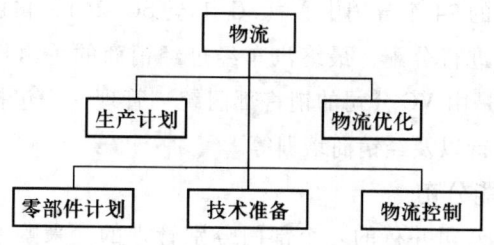

图 2-2　VC 公司物流部门组织结构图

- 供应商

公司有着庞大的零部件供货网络。这些供应商分为海外和本地两部分。

海外供应商总数大约为二十多家，遍及欧洲、美洲、亚洲和非洲。VC 公司每年向这些海外供应商采购金额达几亿美元的零部件，其中集团总部和集团南美分公司承担了绝大多数的海外零部件采购，然后转手给 VC 公司。其余供货商提供最关键的部件。

虽然年度的采购金额统计显示出由集团采购的份额占了绝大多数（表2-1），但是那些关键部件供应商仍然非常重要。

表2-1　VC公司20××年海外采购金额

供应商编号	采购金额	地域	供应商编号	采购金额	地域
OS-1	US $ 428 516 801	欧洲	DB-10	US $ 2 588 313	欧洲
OS-2	US $ 97 130 474	南美洲	DB-11	US $ 1 922 741	欧洲
DB-1	US $ 2 190 450	欧洲	DB-12	US $ 2 586 414	欧洲
DB-2	US $ 1 714 252	欧洲	DB-13	US $ 2 381 583	欧洲
DB-3	US $ 1 611 393	欧洲	DB-14	US $ 1 976 301	亚洲
DB-4	US $ 2 736 813	欧洲	DB-15	US $ 2 894 641	欧洲
DB-5	US $ 1 464 560	欧洲	DB-16	US $ 1 435 657	欧洲
DB-6	US $ 2 211 235	非洲	DB-17	US $ 3 075 924	亚洲
DB-7	US $ 2 527 597	欧洲	DB-18	US $ 2 689 505	欧洲
DB-8	US $ 1 914 394	欧洲	DB-19	US $ 3 105 722	欧洲
DB-9	US $ 2 889 078	欧洲	DB-20	US $ 1 791 876	欧洲

在国内，VC公司直接控制着约450家零部件供应商。这些直接供应商又从数量更加巨大的二级、三级供应商处采购原材料。这个庞大的供货商网络地域分布广泛，遍布全国，它们中的多数（大约为80%）在T市附近的省份中。

- 销售渠道

供应链的最下游自然是面向客户的销售部门了。公司的产品是通过销售部门在T市的总部发往遍布全国的24个分销中心（SC-1至SC-24），再由这些分销中心按照总数近千家经销商的需求进行分配，最终汽车经过经销商的手出售给客户。这些经销商并不属于VC公司，只是由VC公司的销售部门统一管理——包括销售信息的反馈，市场调研，推广活动的执行以及经销商培训等。

- 供应链管理职能分布

上面这些架构是由公司并行的几个部门分别管理的。采购部门管理供应商，组织供应商评审，进行商务谈判，协调供应商与公司内部的联系。销售部门负责整车的销售，市场开拓，客户研究等。它们还承担着处理客户订单，制订销售预测，协调成品物流（包括运输、仓储）的工作。而G先生的物流部门既与供应商联系，进行日常要货；又与销售部门合作，将销售部门接到的客户订单及销售部门自己制作的销售预测转化为生产计划；还要和生产部门协作，保证生产计划的执行。同时，物流部门还与第三方物流合作，管理仓储、运输等物流活动。

供应链运作中的问题：G 先生的"牢骚清单"

G 太太带着孩子们出去度假了。不太擅长烹饪的 G 先生胡乱对付了晚餐，斜靠在沙发上，看着长长的"牢骚清单"。这是 G 先生多年管理生涯中总结的方法，把各方面的牢骚书面整理出来，可以更好地发现存在的问题。现在，这份清单上的内容可不少。

供应商的抱怨："我们总是跟不上物流部门发来的不停变化的需求。即使以较高的库存来应付不确定的需求，我们仍然向我们的供应商付出了高昂的特别费用来满足突然增加的订单。"

销售部门的抱怨："为什么我们需要的产品型号总是来不及生产？要知道，一旦错过了这些产品的销售时机，顾客会毫不犹豫地去别人那儿买车的。"

生产部门的抱怨："各种类型的产品总是不能比较平均地安排生产，因此生产能力总是不能合理利用。而且为了应付产量的波动，每周的工作天数一直变来变去，这让我们怎么提高生产率？这是最大的浪费！"

第三方物流的抱怨："天哪，你们到底买了多少不用的东西。你们必须为那些存放呆滞物资而额外增加的仓储面积买单。"

即使部门内部也有很多牢骚。

进口货物的报关员："我们从没有这么忙过，每天都有那么多的紧急货物。要知道，为了那些紧急的事情和政府部门打交道可不是那么容易的事情。"

采购员："每周我们都发现一些实际需要使用的零部件不在我们的采购清单里。我们总是要加班加点紧急采购这些东西——那可是'无偿的'加班。"

技术员："真不知道那些国外的工厂是怎么造车的——他们在电脑里维护的整车零件表总是漏洞百出。"

仓储管理员："为了优化'仓库利用率'，总是不停地转移零件的存储地点。现在好了，要想搞清楚一个螺钉到底在哪个仓库，在什么库位，我要打无数个电话。"

这样的抱怨还有很多。为此，G 先生专门花大力气做了调查。下面是调查报告的部分内容。

问题分析：调查报告

报告是从供应链管理的角度分类的。

- **供应商管理**

VC 公司的供货商管理职能是属于采购部门的。它们把供应商队伍的管理分为两个方面：一方面是供应商选择，一方面是供应商的等级划分和评审。

要想成为 VC 公司的供应商，有两步要走。

首先是确认供应商资格。只有通过 VC 公司严格的评审程序，在技术实力、质量控制、制造水平、成本管理、物流能力甚至环境保护等各个方面达到 VC 公司相关部门的认可，才可以具备供应商资格。具备供应商资格，意味着在 VC 公司的供应链中增加了一个"可选择的"供应商。

而要想真正成为 VC 公司的供应商，还有第二步。一般来说，VC 公司的每一个零部件都会选择几家有资格的供应商进行"竞标"。参加竞标的供应商从技术、价格、质量保证、生产能力等各方面竞争，最后的胜利者才成为 VC 公司的实际供应商。

当然，成为实际供应商也并非高枕无忧、一劳永逸。VC 公司会根据供货零件的等级，将供应商分为相对应的 A、B、C 三个等级。每年 VC 公司都会组织供应商评审，再次从技术、质量、制造、成本、物流和环保等各个方面对供应商做出评价。这些打分将从供货资格、采购量分配、价格甚至技术合作等各个方面影响、引导供应商（表 2-2 是众多供应商评审表中的一种）。

表 2-2 供货商资格评审表

A. 质量		评审标准	得分
1. 质量问题导致停止生产			
	无	10	
	至少一次	0	
2. 规范的质量检测报告			
	有	10	
	不确定	1~9	
	无	0	
3. 送货检验时的拒收和退料			
	<2% 送货量	10	
	>2% 送货量	0	
4. 现场返修			
	没有返修	10	
	<2% 送货量	1~9	
	>2% 送货量	0	
5. 质量问题干扰生产			
	无	10	
	有	0	
6. 质量稳定性			
	无波动	10	
	小波动	1~9	
	大波动	0	

续表

A. 质量		评审标准	得分
7. 质量统计文档			
	永久	10	
	偶尔	1~9	
	无	0	
A. 小计 最高70			

B. 革新,沟通,服务		评审标准	得分
1. 引进新的改善体系,例如:			
a. 质量改进,降低费用,原料监测			
b. 避免/最小化/再利用/妥善处理剩余材料			
	对所有供应零件	10	
	缺少	1~9	
	没有	0	
2. 专业知识发展,新技术的应用			
	对所有供应零件	5	
	缺少	1~4	
	没有	0	
B. 小计 最高15			

C. 生化安全		评审标准	得分
1. 掌握全过程,了解各项要求、指标			
	完全	10	
	偶尔	3~9	
	根据要求执行	1~2	
	拒不执行要求	0	
2. 标识明确清晰			
(包括安全提示,材料说明,批次编号)			
	完全	5	
	偶尔	3~4	
	根据要求执行	1~2	
	拒不执行要求	0	
C. 小计 最高15			
总计 最高100			

除了严格的评审和筛选，VC公司对供应商的管理也包含密切的合作和帮助。确认了实际供货资格，就意味着双方结成了某种程度的合作关系。在产品合作开发、生产，甚至管理水平的提高等各个方面，VC公司都和供应商站在一起。以供应仪表板的CL-5供货商为例，这是一家A级供应商，在资金、研发能力、生产水平各方面都比较强。但是，为了更好地保证质量、控制成本，VC公司会为它直接指定几家长期合作的关键部件的二级、三级供应商，共同承担高昂的模具开发费用。

- **采购前置期与运输方式**

VC公司的零部件采购周期根据供应商的地理分布分为两种：国内采购周期和海外采购周期。周期的长短和运输方式密切联系。

一般而言，从VC公司发出正式的国内订单到仓库收到所订货物的时间跨度为1周，这段时间主要用来给供应商生产、包装和公路运输。而实际上，某些国内供应商从海外采购原材料的采购周期长达3个月。

海外采购周期根据运输方式和供应商的地理分布而不同。海运一般为10～11周。这里面包括了约5周的准备期——用于订单传递、供应商备货、包装、出口报关，然后是海运运输期（南美洲、非洲5周，其余4周），最后是口岸通关和内陆运输（1周）。空运与海运的不同之处就在于运输周期缩短为1周，准备期不变。

所有供应商本身的原材料采购期并不考虑在VC公司向它的直接供应商订货的前置期内。

- **供应链库存状况**

在G先生看来，VC公司的供应链库存高得离谱——不论是零部件库存还是产成品库存，不论是供应商还是公司。

1. 供应商库存

表2-3是为T-5S和S-2M车型供货的供应商原材料库存情况表。可以发现，供应商的原材料库存普遍很高，但是有多也有少——有些供应商的原材料库存超过2个月，而有些仅能维持2周的生产。

表2-3 T-5S和S-2M车型的供应商原材料库存情况表

（国内主要供应商库存调查）

供货品种：	T-5S		
供应商编号	零部件	原材料数量[①]	原材料来源
CL-1	变速箱	832	进口
CL-2	排气管	1 005	进口
CL-3	大灯	543	国产
CL-4	轮胎	645	国产
CL-5	仪表板	685	进口
CL-6	避震器	743	国产

续表

供货品种：	S-2M		
供应商编号	零部件	原材料数量[②]	原材料来源
CL-1	变速箱	1 806	进口
CL-2	排气管	1 429	进口
CL-3	大灯	1 956	国产
CL-4	轮胎	1 911	国产
CL-5	仪表板	2 031	进口
CL-6	避震器	1 745	国产

①②表中各类零部件套数为统计的平均值。

即使在这样高库存的情况下，供应商仍然不时地出现原材料短缺。有时它们会空运一些原材料，来保证向VC公司的供货。极端情况下，供应商的原材料短缺影响到VC公司的生产。解决的办法通常是临时改变生产计划，制造其他不需要这个部件的产品。此时，突然的变化很有可能引起其他部件的供应短缺。最糟糕的是，这样的短缺总是在原材料的最短订购时间内出现。

2. VC公司库存

VC公司自己也一直为很高的库存资金占用而发愁。因为它不仅有零部件库存、在制品库存，还有整车库存。表2-4是分别来自物流部门和销售部门的库存分析报告的一部分。

表2-4 公司部分产品库存情况

产品型号	产品库存	零部件库存[③]	在制品库存[④]
S-2M	1 623	1 536	263
S-3A	1 103	854	566
G-4D	156	229	67
P-2T	560	583	194
O-6V	464	426	142
T-5S	480	612	125

③④表中各类零部件套数为统计的平均值。

G先生的初步设想是，首先在各个供应链环节上把安全库存设定为2周。然后，根据实际运作效果进一步优化这个设定值。

- **市场需求与计划**

计划是指导企业一切活动的根本。在VC公司，指导日常运营的计划结合了各个部门的意见。

1. 董事会和常委会

作为一个合资企业，VC公司必须为它的投资各方争取利益。因此，公司董事会和常委会不能仅仅根据VC公司本身的发展进行规划,还必须根据V集团和F集团的规划进行规划。对于已经得到投资双方确认的全年计划的更改是非常困难的。

2. 销售预测和产品需求计划

VC公司在销售网络中引进了信息系统,连接全国24个分销中心,对每天的销售情况进行及时、准确的统计。但是,由于中国的个人汽车消费者总是习惯于近乎"立等可取"的购车方式,系统并不能给出准确的中长期的客户需求。调查显示,系统中只有两周以内的销售预测是可信的。

对于中长期的需求,必须由设在T市的销售部门总部进行预测。预测的依据是市场调查结果、历史经验和计划的市场推广活动的预期效果。但是,由于过去的高速发展和相对的垄断优势,VC公司的销售预测能力非常薄弱。通常,它们的中长期预测与实际销售结果存在30%以上的误差。

在实际操作时,销售部门并不是直接把销售预测(表2-5)传递给物流部门。为了把成品车的库存控制在两周的销售数量上,它们根据产品整车现有的库存情况和销售预测,制订一份"产品需求计划"提供给制订生产计划的物流部门(从表2-5和表2-6可看出两者的差异)。

表2-5 产品销售预测

产品	时间(周)													
	11	12	13	14	15	16	17	18	19	20	21	22	23	24	25
S-2M	728	792	736	752	825	804	703	632	624	680	648	752	704	616	656
S-3A	504	488	536	536	504	600	480	440	456	376	352	408	408	464	416
G-4D	80	96	72	96	128	80	152	144	176	136	128	136	120	152	128
P-2T	392	464	400	432	344	368	352	512	544	568	696	624	672	648	704
O-6V	192	208	192	176	176	216	192	192	200	208	168	184	192	192	192
T-5S	272	304	160	336	400	232	448	392	240	168	288	288	248	248	272
合计	2 168	2 352	2 096	2 328	2 377	2 300	2 327	2 312	2 240	2 136	2 280	2 392	2 344	2 320	2 368

注:前两周为可信度的需求;后3周为可参考的要求。

表2-6 产品需求计划

产品	时间(周)													
	11	12	13	14	15	16	17	18	19	20	21	22	23	24	25
S-2M	730	716	801	774	696	632	624	680	648	752	704	616	656	656	656
S-3A	548	507	504	532	454	440	456	376	352	408	408	464	416	416	416
G-4D	91	88	102	83	184	144	176	136	128	136	120	152	128	128	128
P-2T	421	432	364	368	607	512	544	568	696	624	672	648	704	704	704

续表

产品	时间（周）													
	11	12	13	14	15	16	17	18	19	20	21	22	23	24	25
O-6V	240	176	198	201	73	192	200	208	168	184	192	192	192	192	192
T-5S	256	336	274	232	574	392	240	168	288	288	248	248	272	272	272
合计	2 286	2 255	2 243	2 190	2 588	2 312	2 240	2 136	2 280	2 392	2 344	2 320	2 368	2 368	2 368

注：前4周的需求计划必须冻结，不能再变化，并且与生产计划一致。

3. 生产计划和零部件需求计划

虽然物流部门制订生产计划还要考虑生产部门的能力、零部件的可获得性等因素，但是销售预测和产品需求计划是最主要的。对于G先生而言，将这两个经常很不一致的数字结合在一起是一个非常痛苦的过程，为此，他不得不逐渐了解中国人常说的"中庸"。在短期内，生产计划（表2-7）除了尽可能地保证销售部门的订单，还必须为了顺利安排生产而提前4周冻结生产计划；中期而言，具体地说是3个月以内的计划，仍然以销售的"不那么可信"的"产品需求计划"为指导；而对于总长度为一年的计划预测，则必须与高层的规划相一致——即使可能和销售预测相去甚远。

表 2-7 生 产 计 划

产品	时间（周）													
	11	12	13	14	15	16	17	18	19	20	21	22	23	24	25
S-2M	730	716	801	774	696	632	624	680	648	752	704	616	700	700	700
S-3A	548	507	504	532	454	440	456	376	352	408	408	464	450	450	450
G-4D	91	88	102	83	184	144	176	136	128	136	120	152	150	150	150
P-2T	421	432	364	368	607	512	544	568	696	624	672	648	550	550	550
O-6V	240	176	198	201	73	192	200	208	168	184	192	192	180	180	180
T-5S	256	336	274	232	574	392	240	168	288	288	248	248	310	310	310
合计	2 286	2 255	2 243	2 190	2 588	2 312	2 240	2 136	2 280	2 392	2 344	2 320	2 340	2 340	2 340

注：前4周的生产计划必须冻结，不能再变化，通常各周生产计划与需求计划一致。

这样的实际结果是，预测的准确性不能得到保证。预测在向最终的短期生产计划前进的过程中仍然不停地波动。而超过3个月的预测生产"计划"更在暗地里被颠倒过来视为"滑稽"。

除了制定生产计划，物流部门还负责向供应商们发出零部件的要货订单。对于海外供应商，物流部门还必须根据合同发出长期的需求预测。发出订单前，需要制定如下计划：根据销售部门的"产品需求计划"制定生产计划；根据生产计划和零部件库存制定零部件需求计划。

G先生这会儿想起下午刚刚拿到的最新的销售数据预测和产品车库存情况，他不得不怀疑它最后变为生产计划和零部件需求计划时是否还和原来的相像。

- **BOM 及 VC 公司的订货方式**

BOM 是 Bill Of Material 的缩写，直译为"物料清单"。从制造业物流的角度来说，BOM 描述了产品组成的层级和物料的相关性。比如，VC 公司生产的一辆汽车的 BOM 可以大致如下展开（表2-8）：

表2-8　T-5S 的 BOM 不完全分解

一级	二级	三级	四级	五级	六级
发动机 ×1		进气管 ×1	—	—	—
		排气管 ×1			
	本体 ×1	缸体 ×1	缸体铸件 ×1		
			连接件 ×8	螺栓 ×1	
				螺母 ×1	
		缸盖 ×1	缸盖铸件 ×1		
			连接螺栓 ×8		
			垫片 ×4		
		凸轮轴 ×2	—		
		曲轴 ×1			
		—			
	饰盖 ×1				
	—				
变速箱 ×1	—				
车身 ×1					
底盘 ×1					
内饰 ×1					

目前为止，在 VC 公司，BOM 还主要被用在国内供应商和 DB1 至 DB20 这些较小的海外供应商的供货方面——由 MRP 系统运算得到单个零件的需求计划被称为"散件订货"。

而由于历史原因，最大的海外供应商 OS-1 和 OS-2 仍然在使用"集成"订货方式。所谓"集成"订货，是指 VC 公司按照产品类型向 OS-1/2 供应商订购对应的一整套零部件。在这种方式下，使用整套零部件的库存水平的统计值，而不考虑实际的单个零部件的库存水平。每个零部件的实际订单由 OS-1/2 根据各品种订购套数和 BOM 的分解运算得到。下面就是在"集成"订货方式下 T-5S 已冻结的订货计划（表 2-9）：

表 2-9 T-5S 已冻结的订货计划

产品	时间（周）											
	11	12	13	14	15	16	17	18	19	20	21	22
T-5S	325	315	290	410	313	284	474	341	298	197	356	324

显然，"集成"订货方式已经不能适应现在的形式了。G 先生已经成立了专门的项目小组来解决这个问题。项目小组要向人们展示确切的数据，来说明"散件订货"的优越性，以取得他们的支持。因为，G 先生已经下达了强硬的命令，要求立即停止这种不合时宜的方式。而事实上还有很多工作要做。

- **BOM 清单的特点**

作为最复杂的工业制造品之一，汽车有非常复杂的 BOM 清单，而且这种 BOM 有很多的特点。因此，要达到 G 先生的要求——在采购量最大的 OS-1/2 供应商使用"散件订货"方式——最多的工作就集中在 BOM 上。

VC 公司的产品 BOM 可以分 6~7 级，甚至更多。最终级别的零部件品种达到数千种。同时，这些零部件还不断地进行技术、质量、功能的改进。因此，BOM 表是一份动态的表，具有时间有效性属性。而考虑到库存、前置期等因素，技术等方面的改进与物流操作的实际实施是有一定时间差的。可见，BOM 表的深度反映最终级别上物料种类的数量和随着时间不断改变的零件种类。零部件改变和实际物流实施的时间差，是 VC 公司关注的 BOM 表的特点。而随着市场需求的不断变化，新产品的迅速推出，这些信息逐渐成为 VC 公司物流管理中信息流的主要方面之一。为此，VC 公司在物流部门内设立了专门部门，负责处理相关工作，维护、管理、控制 BOM 表，保证后续工作的准确性。

而在 VC 公司的 BOM 工作范围内，还有汽车产品特色的"装备"概念。所谓的"装备"是指按照客户的需求，可以提供不同选择的设备。这些设备根据功能划分，各项功能由各组不同的零部件组成。为了能使用计算机处理，装备、功能都是由一组英文字母和数字组成的编号。举例来说，车顶是一项装备，有一个装备编号（DAC）。根据客户需要，这项装备可以提供天窗和非天窗两种选择，则 DAC 下有分别应对的功能编号 D1P、D2P。同时，D1P、D2P 各自对应一组零件号。逻辑关系如表 2-10 所示。

表 2-10 装备与零件对应关系

DAC	D1P				D2P			
零件	AA	BB	CC	DD	AA	ZZ	CC	FF

具有这种定义的装备包括发动机（1.8L/2.0L/3.0L）、变速箱（手动/自动/手自动一体）、转向设备（无助力/机械助力/液压助力/电子液压助力）、收音机（普通收放机/卡带收放机/CD 收放机）等。再加上无需客户选择的其余相同的零部件（例如，车门、发动机盖、空调设备、减震器等），就组成了完整的产品 BOM。

使用"装备"概念，可以将客户对产品的个性化需求与种类繁多同时又要求精准的零部件需求联系起来，是以"十"为数量级的装备数量和以"千"为数量级的最终零部件的"转换器"。使用这种方式可以避免直接定义过多的产品，而让客户无法选择。客户在各个装备上选择不同的功能，销售人员把相应的功能编号输入计算机系统（在国外，客户甚至可以自行在网络上标记自己的选择），计算机系统对同一"装备编号"下的各个"功能编号"进行统计，根据"功能编号"对应的 BOM 表得出可选装备相关的"特殊"零部件的最终需求。这样还可以把"特殊"零部件与一般零部件区别开来，有利于库存控制和管理。

- 与第三方物流的合作

VC 公司与第三方物流的合作是有非常长的历史的。很多年前，为了推行"0 千米销售"（成品车从生产完毕到交到客户手中仅经过几十千米的行驶），公司就引入了第三方物流进行成品车配送。提供服务的专业公司用大型专用拖车将成品车直接运送到全国各个销售中心，令客户的满意度大大提高了。

现在，VC 公司还有 18 个签订长期租赁合同的仓库，用来存储零部件、在制品和基本原材料——钢材；两支长期合作的运输车队负责港口和仓库之间的原材料、多次使用包装材料的驳运；还不定期地租借集装箱堆场用来临时堆放突增的进口零件。而国内供货商到 VC 公司指定仓库的运输都是由各个供货商各自负责的。

但是近来越来越多的人向 G 先生抱怨，与这么多小规模物流公司合作，虽然利用它们彼此的竞争而获得了比较低的价格，但是不能很好地整合资源，服务标准不统一，流程衔接裂缝多，整体运作效率低，造成了事实上的高成本和低服务水平。这些都增加了物流部门在沟通方面的工作量，分散了物流部门的精力，而且这些小公司根本无法提供例如包装优化等更深层次的服务。

同时，G 先生通过一些观察发现，T 市及周围省份的物流服务市场比较成熟，有一定规模。某些大型物流服务商（包括跨国企业的中国公司）综合实力强，具备优良的全球运营能力；一些第三方物流服务商内部已经具备较完善的信息系统。他感觉，VC 公司必须，而且正是时机将与第三方物流的合作方面提高一个层次了。他的初步设想是与一家大型物流服务商开展长期稳定的合作。之所以仅选择一家，是考虑到企业物流管理上尽可能地无缝连接，在面对前方激烈的市场竞争时，物流系统可以提供稳定、有力、抗风险能力强的保障；另一方面，由于 VC 公司所在地区的物流服务业已经比较成熟，成本比较透明，采用一家大型的服务提供商反而比多家竞争更能利用规模效应，提高效率，降低成本。

当然，按照现在的公司组织，这样的决策必须与其他部门反复协商，由常务委员会决定。因此，G 先生还需要大量的数据分析，制作一份项目可行性分析报告，阐述这样做的必要性。也许还需要草拟一份项目实施计划。

- 国际贸易中的价格术语与付款方式

1. 价格术语

VC 公司每年向海外供货商采购金额达几亿美元的零部件，因此国际贸易中常见的价格术语与付款方式也成为 VC 公司物流活动的重要组成部分。作为一家在全球范围内采购量巨大的大型企业，VC 公司在国际贸易方面也面对复杂多样的贸易形式。以 VC 公司常用的贸易术语为例，将不同的贸易方式做一番对比，如表 2-11 所示。

表 2-11　不同贸易方式对比

术语	交货地点	风险转移界限	出口报关责任、费用	进口报关责任、费用	适用运输方式
EXW	商品产地、所在地	货交买方处置时起	买方	买方	任何方式
FCA	出口国内地、港口	货交承运人处置起	卖方	买方	任何方式
FOB	装运港口	货物越过装运船舷	卖方	买方	水上运输
CIF	装运港口	货物越过装运船舷	卖方	买方	水上运输
CIP	出口国内地、港口	货交承运人处置起	卖方	买方	任何方式

2. 货款的收付

在进出口贸易中，货款结算（支付）的基本方式有三种，即汇付（Remittance）、托收（Collection）和信用证（Letter of Credit）。

VC 公司根据供货商的规模、采购量的大小、公司财务管理的要求以及国家相关法律法规的要求（例如，国家外汇管理的要求），将这三种付款方式组合起来。常用的付款方式是：汇付方式中的电汇（Telegraphic Transfer，T/T），托收方式中的付款交单（Documents against Payment，D/P），信用证方式中的跟单信用证（Documentary Credit，D/C）。下面是三种付款方式的特点比较表（表 2-12）：

表 2-12　不同付款方式对比

付款方式	手续	费用	出口商风险	进口商风险
T/T（电汇）	简单	小	大	小
D/P（付款交单）	略多	略大	中	中
D/C（跟单信用证）	最多	大	小	大

后　记

"也许我正好可以利用这个长长的'五一'假期来考虑一下，我们接下去到底该怎么走。"G 先生想。这个黄金周对 G 先生来说的确非常有意义。

【案例分析指南】

本案例以某汽车制造商的供应链管理现状为分析对象。教学时可以首先从供应链管理要素分析出发，辅以企业一般管理理论的介绍。对于不同的读者，可以适当加强第三方物流合作、国际贸易基础知识介绍等内容。

供应链管理要素分析是案例分析的基础。可以结合 VC 公司的背景介绍和案例思考题，从供应商、客户、前置期、供应链存货缓冲点等要素进行分析，把"牢骚清单"中的描述性语言转变为"供应链"语言，把 VC 公司的供应链管理问题列举出来：供应链缺乏统一的前置期和中长期供货能力管理；整个供应链的库存很高；波动的计划并引起了一系列的问题；复杂的 BOM 的运用和落后的"集成"订货方式并存；数量众多的小规模第三方物流消耗着大量精力。

通过读者的思考或讨论，总结这些问题，并找出原因：（预测）计划的大幅度波动对整个供应链造成巨大影响；落后的"集成"订货方式加剧了供应链响应迟缓以及供应链库存升高。有一定基础的读者，可以进一步提出自己的解决问题方案，例如：改变预测方法，整合产品及零部件计划，缩短采购前置期，调整组织机构对供应链统一管理等。

【思考题】

(1) VC 公司的 SWOT 分析，结合波特五力竞争模型分析 VC 公司。

(2) 画出 VC 公司的供应链模型图。

(3) 试设计一份供应商评审总表，包括商务、物流、质量、技术能力等各个方面。

(4) 探讨企业与供应商更多、更深层次的合作对于"总采购成本"的影响。

(5) 画出 VC 公司不同采购渠道的前置期比较图。

(6) 你还知道哪些国际贸易的价格术语？试用案例中的方式进行比较。你觉得 VC 公司现在使用的价格术语是否合适？应该分别用在怎样的供应商合同中？

(7) 分析如何降低 VC 公司供应链的库存（可从合理设置存货缓冲点的角度出发）。*

(8) 根据案例中的销售预测，给出 VC 公司销售部门管理的产品库存计划。*

(9) 试计算，当 15 周之后的销售预测下调 30% 时，VC 公司销售部门传递给物流部门的"产品需求预测"以及物流部门制定的相应的"生产计划"。*

(10) 表 2-13 是生产 T-5S 车型的发动机所专用的欧洲进口的螺栓、垫片的库存情况。按原有生产计划，在包装批量为 200 的情况下，散件订货的计划是怎样的？*

表 2-13 T-5S 车型发动机专用的螺栓、垫片的库存情况

零部件	编号	使用量（个/车）	零部件库存
垫片	SCE-11	4	1 948
连接螺栓	SCB-05	8	5 980

(11) 试计算，当 15 周之后的销售预测下调 30% 时，新的 T-5S 的"集成"订货

计划是怎样的？*

（12）通过计算，说明在计划变动时（30%），散件订货与集成订货的优劣。*

（13）如果你同意 G 先生在 VC 公司提升与第三方物流的合作，你会给他的可行性分析报告或者项目计划草案提出哪些方面的建议？*

（14）国际贸易中各种付款方式的特点是什么？VC 公司应该采用怎样的付款方式组合？*

（15）请运用本书第 1 章中的案例分析方法论为本案例撰写一份案例分析报告。*

（16）结合本案例和案例"SC 公司的库存改进策略"，试阐述汽车工业供应链管理有何特点？*

案例 2　SC公司的库存改进策略

【案例概要】

本案例取材于一家真实的汽车零配件企业的物流运作实例。在案例中，我们介绍了汽车零配件物流部门的组织结构、人员配置及运行职能。同时，对于该企业在库存控制及仓储管理方面所面临的问题、初步解决方案进行了具体论述。

【教学目的】

（1）了解制造企业生产计划的常见问题和解决方法。

（2）掌握制造企业库存管理的常见问题和解决方案。

（3）掌握制造企业仓储管理的常见问题和解决方案。*

（4）掌握 ABC 分类的含义，并能在库存管理进行实践。*

（5）掌握物流管理组织构建和调整策略。*

【自学时数】

3 学时

引　言

随着国内汽车市场的竞争越来越激烈，很多整车制造商必然要采取价格竞争的方式来争夺市场。在这样的大环境下，汽车零配件厂商也不得不跟随降价。在市场销量趋于平稳的情况下，为了应对降价的压力，许多企业都从成本着手，提取物流这个被视为"第三大利润"的源泉。根据资料显示，我国汽车工业企业的物流成本要占生产成本的 20% 以上，甚至有些企业要占 30%～40%，与国外厂商平均 15% 的数据相比，国内企业在这方面的绩效可谓是差强人意。本案例描述的对象是一家合资汽车零配件厂商。

概　述

- **企业发展概述**

欧洲某著名汽车零部件集团 Z 是一家为全球知名汽车整车厂配套的零部件集团。

自1988年进入中国以来，先后在上海、北京、沈阳等地区建立了多个汽车零部件生产和贸易实体，并构建了完整的售后服务网络。整个集团的布局如表2-14所示。

表2-14 Z集团在中国的布局

北京	南京	苏州
上海	柳州	香港

Z集团对于在中国布局的公司，采用了集中采购的策略，国内合资或独资企业通过集团的EDI（Electronic Data Interchange，电子数据交换）系统，向集团的采购中心发布订单，由集团统一采购。同时，对于钢材等通用原材料采取统一规划，由欧洲采购总部与各原材料供应商进行谈判，商定最终价格。在配送方面也是与国际著名的船舶公司和货代公司进行战略合作，定期班轮往返于亚欧之间，集中到国内的各大港口，再由国内物流企业进行配送。Z集团的国内供应商主要集中在江浙一带，有500家左右的规模。其整个供应环节如图2-3所示。

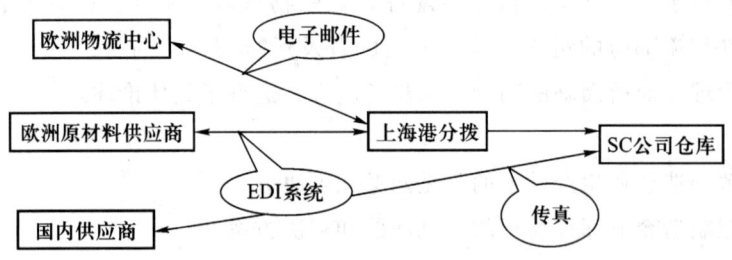

图2-3 Z集团公司的供应链简图

SC公司是Z集团在中国上海新近投资的一家子公司，主要客户包括上海大众、一汽大众、上海通用、福特等整车厂，同时还通过母公司在国内的销售网络从事售后维修零件的生产。在配送中对于本地客户采用JIT（Just In Time）的方式，对于外地客户则采用赊销的方式（如图2-4所示）。

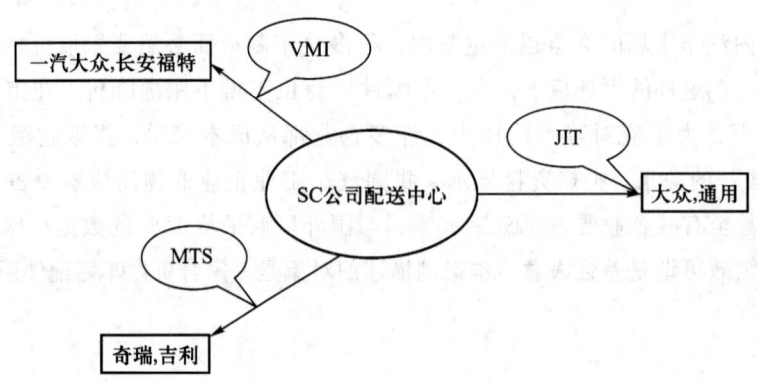

图2-4 SC公司的供应方式

对于这些客户计划的获得，以大众、通用、福特最为稳定。通过与各大整车厂建立 EDI（电子数据交换）系统，访问各大公司的 SIM（供应信息系统），能够及时获得各大公司的天计划、周计划和月计划，并根据这些信息制定自己的发货计划，保证及时供应。

随着中国汽车产业的高速发展，公司的生产规模急剧扩大，产品种类和员工人数都在以很快的速度发展。在此背景下，SC 公司采取了粗放式的经营策略，竭尽全力保证生产和客户满意度，增加固定资产投资、扩大产能、增加人员编制。目前公司已拥有年产近 600 万套的生产能力，员工人数超过 500 人，销售额接近 10 亿人民币。公司希望在一两年内达到年产 1 000 万套并且市场占有率近 40% 的目标。

- **公司的组织结构与职能部门**

在公司发展初期，由于企业规模不大，因此在整体组织结构上采用了一般直线型的管理结构。公司分为市场、人事行政、质保、技术、生产、物流六个部门，总经理主要负责市场开拓和公司内部管理，副总经理负责与生产相关的部门（如图 2-5 所示）。

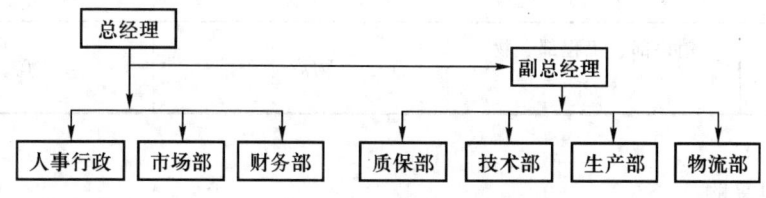

图 2-5　公司整体的组织结构

物流部作为公司的管理机构，工作分为三个部分：第一部分主要负责管理公司内部和外部、零件和成品的仓储任务，制定进口零件需求计划，监督整个进出口的业务流程；第二部分主要负责制定公司的年、月、日生产计划，并且制定国产零件的需求计划和钢材的需求计划；第三部分主要负责生产所需备品备件的采购及管理，同时负责设计生产线所需的工装夹具、物流专用流转器具。具体组织结构如图 2-6 所示。

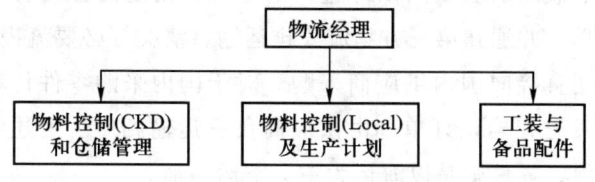

图 2-6　物流部的组织结构

- **公司的整个物流流程**

作为一个典型的制造型企业，SC 公司的物流系统涵盖了从原料采购、仓储和成品配送的整个过程。

1. 计划体系

SC 公司目前具有两条半成品生产线用于生产两个关键零件，4 条装配流水线用于生产成品。其整个计划体系由三部分组成:年销售预测计划、月生产计划和日生产计划。每一年度的销售预测计划是在上一年10月左右根据市场的销售情况及各大客户的销售预测制定的,基本上作为年度生产的大纲。月生产计划是根据客户每月的实际需求制定的排产计划,通常会在每月的月底发布下个月的计划,并且在执行过程中根据实际情况进行调整。日生产计划是每日生产线的生产安排,通常会提前一天发布,在执行过程中也是根据实际情况进行调整。整个生产如表2-15所示。

表2-15 公司的计划体系

内容	年计划	月计划	日计划
	年销售预测	月生产计划	日生产计划
制定方式	以未来市场的销售预测和客户的产量预测为基准,制定未来一年的生产预测	根据客户所发送的预测信息,结合公司的产能和库存情况制定的月度生产计划	根据月度生产计划拆分到日生产计划,并且通过现场反馈来逐级修正
提前期	—	7天	1天
制定部门	销售部、工程部、物流部	物流部	物流部

2. 物料采购

SC公司的生产原料按来源分为进口和国产,按类型分为原材料(钢材)、零件和成品。由于汽车行业对于钢材和零部件的要求较高,因此目前SC公司所有的钢材和大部分零件都是从国外进口,并且根据协议在12周之内的订单数量锁定,不得进行修改。对于国外进口物料的订单发放分为两种形式:

(1)对于从欧洲进口的零件和成品,由公司通过集团内部的EDI系统向集团的欧洲物流中心发送订单,委托欧洲物流中心统一采购、安排运输。

(2)对于钢材、成品及从欧洲以外进口的零件,则是由公司直接通过电子邮件和传真的形式发送订单,并通知第三方物流安排运输、清关等必要流程。

国产组件由公司直接向国内供应商采购。对于国内采购零件订单的发放,则是公司通过传真的方式发送和确认订单,由供应商负责运输到厂。上述物料中,钢材是通过海运的方式到上海,零件则是以海运为主、空运为辅。

3. 物料仓储配送

公司在生产厂附近租借了近1 600m²的仓库,由第三方物流公司进行管理,同时厂区内部还新建了近1 000m²的仓库,用于摆放零件库存以应付日常生产的需要。当上述从国外进口的零件和成品到港之后,由进出口代理公司负责清关并运送到外租仓库,公司质保部派出驻外人员,负责对到库零件进行检验。经过检验合格的产品进行入库处理,并根据生产情况配送至厂区仓库,而不合格的零件和成品则由质保部负责向国外供应商索赔。对于进口钢材,则是直接摆放到外协供应商的仓库,根据生产计划由外协厂进行粗加工后配送至厂区仓库。对于国产零件而言，由于其供应商主要分布在江、浙、沪一带，因此是由供应商直接配送到厂区仓库。厂区仓库在收到物料之后，由保管员以随机摆放的方式上架进行入库处理，同时根据计划部门安排的生产计划进行发料。

4. 成品配送

SC 公司的客户包括上海大众、上海通用、一汽大众、长安福特等整车厂。对于距离较近的客户，采用及时送货的方式，根据客户的订单以货运卡车的方式每天送货至客户指定的仓库。对于距离比较远的客户，则是在客户附近租赁仓库，由第三方物流公司进行运输、仓储并配送至整车厂，而公司则是根据订单，以一周库存为目标向外租仓库发货。

5. 前置时间及库存控制

由于 SC 公司的物料来源较多，因此其物料前置时间也比较复杂。对于钢材和进口成品而言，其前置期为 6 个月；对于进口零件而言，其前置期为 3 个月；国产复杂的金属零件其前置期为 14 天，国产简单零件其前置期为 7 天。

6. 信息系统

目前 SC 公司通过两个 Excel 表格链接的形式来制定物料需求计划和物料库存情况。其中 MRP 的 Excel 形式将前置期定为 3 个月，其中 1 个月为安全库存，1 个月为在途库存，1 个月为本月生产用料。通过简单的矩阵相乘的形式，手动每月更新。厂内仓库的管理则是通过简单的表格，以日期作为批号，同时记录库位号，以保证先进先出，如表 2-16 所示。

表 2-16 仓库管理所用表格示例

物料号：

收料			发料		
日期	库位	数量（件）	日期	库位	数量（件）
04-09-11	011106	6 000			
			04-10-12	011106	3 000

SC 公司物流目前存在的主要问题

• 部门职能定义不完整，人员职责不明确

首先，在公司整体组织结构的功能定义中，物流部和生产部是两个独立的功能实体。物流部是负责供应物料、排产和成品配送，而半成品库存的控制及实际生产安排则是由生产部来进行操作。这使得整个物流过程中实物库存信息脱节，物流部无法准

确掌握库存信息，造成发料环节的混乱和不必要的质量损失。由于信息不完备，使物料供应不及时或不足，生产部门会责备物流部门由于物料配送而影响生产。如果供应过多，则多余的零件暴露在空气中容易氧化生锈，从而产生产品质量风险和不必要的废品浪费。

其次，目前采购部是隶属于财务部，它主要承担新项目物料清单的确认、国产化推进及签订供应合同。当新项目批量生产或者国产化认可完成之后，物料采购职能则是由物流部来完成。由于采购部门只对零件价格敏感，而对物流成本的控制没有概念，因此在与供应商签订合同时往往忽略了物流成本而一味追求低廉的价格，造成后期采购成本增加。

再次，从 SC 公司物流部的组织结构图中可以看出，其物料需求计划被划分到仓储和生产两个子部门来制定，缺少一个整体物料需求框架。尤其是对于既可以使用国产零件又可以使用进口零件的产品，两个部门都会发出订单，从而造成重复采购、库存积压。同时，在实际操作过程中，当计划部门发现某些国产零部件缺料时，会找出各种理由来调整生产计划，从而掩饰了物料需求计划制定中的缺陷。

- 计划体系的问题

SC 公司目前的生产计划体系虽然由三部分组成，看似非常的完整，但却存在着断层。这种断层具体表现在推、拉两个系统连接界面上的混乱。首先，从生产计划上，其矛盾主要体现在月度生产计划。月度生产计划是每月进行排产的计划，是根据每月月底客户发出的下月的需求预测制定生成。在实际操作过程中，一方面月生产计划力求锁定，但实际情况却是由于客户实际周需求的变动而频频变动。其中最主要的原因就是：SC 公司客户所发出的真实要货需求是以周订单的形式发布，虽然其四周所需产品的总和基本等于本月预测，但是由于其要货品类与要货数量组合的不同，使得 SC 公司的计划部门不得不频繁地改动月计划，以调整产能，适应客户的实际需求。其次，从产能分配上，其矛盾聚集在半成品流水线与装配流水线的产能不对等上。由于两条半成品流水线产能较低，而装配流水线产能较高，计划部门并未考虑到缓冲库存，因此往往产生装配线拉动半成品生产线掉头生产的情况，使得原有的月度生产计划形同虚设。

SC 公司计划体系的无序还表现在对客户产品配送的混乱上。我们以 SC 公司对某外地客户进行配送的实际数据来进行考察。根据 SC 公司与某运输公司签订的运输协议，双方以配送产品的重量作为计费的标准，以 5 t、10 t 作为两个计费节点，通过火车普通货运的方式进行运输，其普运最高单价不超过 4.30 元。如果 SC 公司要改变运输的方式，如火车快运甚至空运，则需另外计价。由于本产品的开发难度较大，因此 SC 公司一开始是从国外母公司进口产成品进行供货，从 6 月份开始全面使用国产化产品进行供货。从表 2-17 和图 2-7，我们不难看出，在使用进口成品进行供货时，除 1 月因其总量较小属特殊情况外，2—5 月运量控制得比较出色，每件运价基本控制在 3.9 元左右。

表 2-17 SC 公司某产品 2004 年 1—8 月平均运费表

月份	1月	2月	3月	4月	5月	6月	7月	8月
平均运费（元）	4.05	3.60	3.87	3.91	3.81	4.29	4.38	5.69
产品数量（件）	1 800	7 010	13 121	12 876	20 368	15 120	18 900	12 898

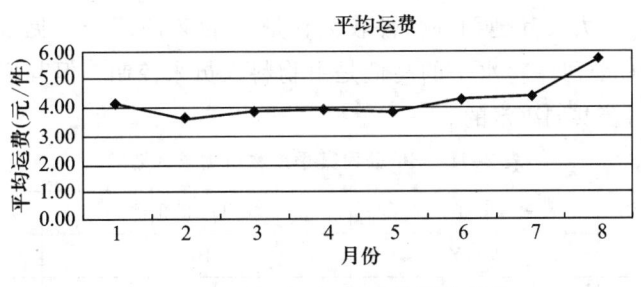

图 2-7 2004 年 1—7 月份平均运费

此种零件国产化之后，以 6 月为例，其配送量相比 5 月有了较大幅度的下跌，但其单位运价却一下跳至 4.29 元/件，说明其生产处于不稳定的状态，为了保证供货，不得不采取小批量多频次的配送。7 月和 8 月，由于其前期所储备在客户处的安全库存已经消耗殆尽，而生产计划仍未及时调整，因此，出现了更加多频次的运输，并且其单价已经突破了普运的极限，说明其采用了特殊的运输方式如铁路快运，8 月份甚至还出现了国内空运的方式。由此可见，SC 公司计划体系的问题，直接影响了 SC 公司的生产成本和物流配送成本。

- **库存策略的问题**

首先，SC 公司的库存并没有一个统一的系统来进行控制，没有一个明确的库存缓冲点。在前面的概况中我们已经了解到 SC 公司生产所需的零件大部分是由国外进口，其前置时间较长，因此进口零件的物控人员以 3 个月的库存作为目标进行备料。对于国产零部件而言，虽然其前置时间较短，其物控人员还是以 1 个月的安全库存进行备料。同时在半成品生产线和成品生产线之间不设缓冲区，半成品由工段自行流动。同时，为了追求百分之百的不断货，计划人员盲目地追求成品库存，有些成品的库存甚至达到了客户 2 个月的需求量。这种各方面都追求安全库存以摆脱责任的行为，使得公司内部从产成品、半成品、零件、原材料都积压了大量的库存。

其次，对于库存水平控制的职责不清，单纯认为库存水平高低只是由物料人员控制、全权对库存负责。目前，SC 公司所有的库存压力都集中在物料及仓储部门，但事实上正是由于这一点，使得其他相关部门放大需求，从而在公司内部产生牛鞭效应，使得库存节节增加。我们以 SC 公司为客户生产的 A、B 两个产品作为实例进行分析。假设某季度客户对产品 A、B 的需求预测各为 100 件，那么 SC 公司的销售部会在此基础上放大 10%，以保证供货百分之百的满意率。此需求传送到计划部门后，计划部门为了保证生产供货的及时，又在此基础上放大了 10%。最后计划信息传递到物料控制部门，为了保证物料的及时供应，物控人员又在此基础上放大了 10%。这样的一种信息传递，实际上人为在企业内部造成了牛鞭效应，使每种物料多备了 33% 的库存。当市场行情不好时，销售部门可以随时降低销售预测，计划部门也可以随时降低产量。但是由于进口物料前置时间较长，至少在 3 个月内无法进行订单调整，因此使得物料库存一下子增加。尤其对于 X 组件来说，它是 A、B 产品的通用件，当 A、B 需求量同时下降时，其库存压力较其他两种组件较大，是 Y 和 Z 的两倍（见表 2-18）。因此，从表象上来看，SC 公司库存水平的高低是由物料人员来控制，但其实质却是由销售、计划、生产、物料等共同决定的。

表 2-18　SC 公司某季度物料需求计划

品名	组件	客户产量预测	SC 公司预测
A	X、Y	100	110
B	X、Z	100	110
品名	组件	SC 公司预测	计划部排产
A	X、Y	110	121
B	X、Z	110	121
组件名	物料需求	物料订购	放大比率
X	242	266.2	1.331
Y	121	133.1	1.331
Z	121	133.1	1.331

- 仓储管理问题

1. SC 公司仓库硬件设计不合理

SC 公司在企业高速扩张的过程中，拆除了旧的内部仓库并新建了一个近 1 000 m² 的高架仓库。在新建仓库过程中，设计规划人员并不具备仓储规划经验，产生了很多设计失误：

（1）其货架占整个仓库面积的 65%，使整个仓库在使用过程中显得非常拥挤。

（2）SC 公司的大部分零件从欧洲进口，其包装为欧洲标准托盘 1 200 mm×1 000 mm，并且铲脚为宽度方向。而其设计的每行货架的宽度为 800 mm，背靠背货架之间间距为 200 mm，使得托盘无法排放在拱架之上。

（3）仓库在设计时并未考虑到公司存储零件的特性，整个仓库都采用高架货架，所有货物都必须上架，使得仓库人员在处理一些周转率很快的货物时效率相对较低。

2. SC 公司仓储管理不到位

（1）仓库人员素质低下，拖拉作风严重，分工不明确：目前 SC 公司内部仓库有近 25 名操作员工，其中 2 名仓库主管、6 名收发料人员、2 名账务人员、7 名包装人员和 3 名铲车工，其他人员则没有明确任务，在具体操作中无法做到职责到人，从而互相推诿。

（2）操作不规范：仓储人员大多都是国企转制过来，其操作思想和操作流程还是按照原有的一套，例如，在收发料中并不按照发货清单和工艺流程来发料，而是按照经验来发。

（3）仓库管理系统落后：无法跟上企业规模扩张的速度。

如前所述，目前仓库仍然使用 Excel 系统以电子表格的形式进行出入库记录，虽然能够控制先进先出，但是却无法做到库存状况的及时更新，使得整个物料的物流流程出现断裂。同时，由于公司物料品类繁多，采用了随机存储的方式，而信息系统的落后，导致错料、漏料的情况时常出现。

针对 SC 公司物流现状的解决方案

- **组织结构的改革**

在公司的组织结构中，物流部所处的地位十分尴尬。一方面在实际操作中很多具体职能和权限并非由物流部控制，另一方面这些职能执行的结果以及产生的问题却往往由物流部来承担，这样就造成权责不分。因此，应该根据制造业的行业特点和物流流程对公司的物流组织结构进行重组，赋予物流部门更多的管理和控制职能，使其能够职责到位。

图 2-8 为变革之后的组织结构图。我们可以发现，物流部上升到供应链管理的高度，控制了从项目开发到成品发运的整个物质流转过程，从而在功能上得到了完善。在组织结构变革完成后，整个生产控制与物流部分为 5 个子分部，分别为生产计划、物料控制、仓储管理、物料采购及工装与备件。

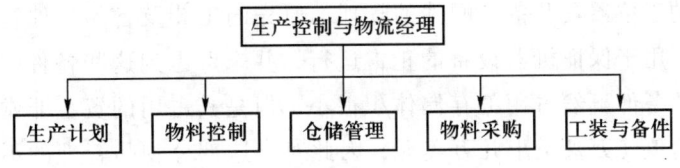

图 2-8　变革后的组织结构图

1. 生产计划

主要负责需求管理和排产。原先的需求管理是由销售部门负责，而供给过多和供给不足的责任则由物流部门来承担，责权不一致使得需求放大，产生内部的牛鞭效应。现在，将原属于销售部门的部分职能分解到物流部，由物流部直接与客户的计划部门接触，了解第一手的需求信息，从而将内部的牛鞭效应减少到最低。在上文的概况介绍中，SC 公司分为 4 条装配线和两条半成品生产线，原来都是由 1 名生产计划员来控制。在变革完成后，根据产品的特性将 4 条生产线的工装重新分配，根据产品特性分为两大组。这样就将原来 1 名生产计划人员的工作细化，分解到 3 名计划人员那里，分别负责成品、半成品的生产计划。

2. 物料控制

主要负责制定 MRP（物料需求计划）并追踪物料到货的及时性。新的物料控制部门由两部分组成：进口零件（包括成品、零件、钢材）和国产零件（外协件、钢材、半成品）。这两部分通过同一套 MRP 系统来进行运算，根据生产计划制定物料需求计划。进口物料控制人员还涉及进口报关的业务，要随时对物料的进口状态进行追踪，随时解决突发事件。国产物料人员则要关注物料质量的稳定性及库存水平，尽力将国产零件的库存状态控制在一个比较合理的水平。

3. 仓储管理

主要负责公司内部和外部仓库的物料及成品的进出，协调物料及成品流转的整个过程。在上文的概况介绍中，SC 公司分为外部零件库（1 个）、外协零件库（1 个）、外部成品库（2 个）、内部零件库（1 个）和内部成品库（1 个）。因此，在组织结构上分别由 1 位仓库管理人员负责零件库和成品库的物品流转。

4. 物料采购

主要负责供应商确认与管理、价格确认、贸易条件确认。物料采购部原属于财务部，在项目开发阶段协助产品工艺部门寻找合适的供应商，并最终确认供货合同。在此过程中，采购员只对项目的前期开发负责，但是对于项目具体实施过程中的物流成本却考虑甚少。同时，作为供应商的直接管理部门，采购部只对产品的数量和价格敏感，对于供应商的供货能力、供货及时性、供货数量并未考虑在内。现在将这一职能划归到物流部，使物流部介入到项目开发阶段，从而在一开始就将物流成本考虑在内。同时，它还增加了评审供应商并监督其持续改进的功能，从而在项目切实运营中不断降低物流成本。

5. 工装与备件

负责公司的工位器具及备品配件的管理。原先的工装及备品备件管理仅仅局限于公司内部工装，用于保证机器设备的正常运行，并未考虑到这些备件的库存、运输成本。这些机器的备件虽然占用的存储体积很小，但是其占用的资金非常巨大，一把小小的刀具往往价值几万甚至十几万美元，因此对于这部分物品管理的不善造成了整个公司备品备件的库存金额非常巨大。在新的组织结构中，虽然备品备件仍旧隶属于公司的物流部，但是它的管理系统已经不再局限于公司内部，而是整个集团的亚太地区。在前面的介绍中已经提到 Z 集团进入中国已经很久了，在国内及亚太地区拥有很多分部。由于 Z 集团所采用的机器设备大部分具有通用性，因此 SC 公司物流部可以提议将其现有的管理系统扩大，建立亚太地区的备品备件信息库，将整个 Z 集团在亚太地区各个分部的备品备件的信息集中管理，实现统一调配，进而降低公司乃至整个集团亚太地区的备品备件的成本。

- **优化仓储管理**

通过分析概况中的描述，SC 公司的仓库数量较多，分布也比较广。但是仔细辨别，可以对其进行归类，分为成品库和零件库，租赁库和自有仓库。对于租赁库而言，无论是成品仓库还是零件仓库，都由第三方物流公司来进行管理，只要进行报表核对并在规定的时间抽查盘点即可，真正需要优化的是新建的自有零件仓库。在问题描述中，主要对 SC 公司仓库的硬件规划及管理提出了疑问，在此，针对上述问题提出相应的解决方案。

1. 仓库布局规划

SC 公司的自有仓库现已建造完成,并开始逐步投入使用。根据上述提到的问题,我们建议将仓库硬件布局进行重新规划,以避免启用后造成更大的损失。

(1) 货架与通道宽度重新调整:SC 公司的货物都是从欧洲发运过来,根据欧洲标准,托盘的尺寸为 1 200 mm×1 000 mm,为宽度方向操作,来重新计划通道和货架的尺寸。首先以通道宽度及两边的标准托盘大小作为一个标准计算单元,并且补货和拣选在通道内进行,通道内单向行驶,此时一个标准计算单元的面积为:

$$(0.8+0.1+0.1) \times (A + 1.2+1.2+0.1) = 1.0 \times (A+2.5)$$

其中 A 为通道的宽度。

SC 公司使用的为平衡式重力叉车,因此其宽度作业需要 2.5 m,根据上式计算的一个标准存储单元面积为 5 m^2。目前,SC 公司新建的仓库宽度为 24 m,因此其操作通道数为 24/5=4,剩余的空间留给通道以避让支柱。

(2) 运用 ABC 分类法来分配具体的安装货架的数量:考察一下随机抽取的 2004 年 SC 公司零件的出入库记录(表 2-19):

表 2-19 2004 年公司零件出入库记录

零件号	年需求量(单位)	出货频率	加权量	百分比(%)
112	200	5 000	1 000 000	27.78
113	60	10 000	600 000	16.67
114	200	2 000	400 000	11.11
115	1 200	60	72 000	2.00
…	…	…	…	…
			3 600 000	100

从上面的统计数据可以看出,112 号零件为快速流动产品(A 类),113 和 114 号零件为中速流动产品(B 类),115 号零件为慢速流动产品(C 类)。因此,对于属于 A 类的所有零件,可以不上货架而直接采用堆垛式的摆放形式,对于属于 B 类的所有零件,可以摆放在离拣货区较近的货架,属于 C 类的零件则可以摆放在离拣货区较远的货架。另外,SC 公司的零件还包括一部分铸件,此类零件的特点是体积大、货物重,因此这类零件也不适宜上架。

根据上述分析,SC 公司可以对仓库进行分区,其中 3 通道采用高架货架的形式,建 6 层 1.5 m 高的货架(箱高为 1 000 mm ~ 1 200 mm,仓库高为 15 m)。另一条通道不建货架,采用堆垛式摆放形式。

2. 仓库管理改进

(1) 人员培训:在原来的印象中,仓库管理人员始终被认为素质低下、只能够从事简单的体力劳动。但事实上,作为一个制造型企业的基础,仓库是保证整个生产正常运行的最基本条件。因此，我们建议对SC公司的仓库管理人员进行相应的培训：①文化技能培训，即挑选具有一定文化层次的人，培训简单的外语及计算机操作技能；② 专业技能培训，即挑选铲、叉车工进行再培训，通过提高专业技能来提高仓库的运行效率；③ 管理技能培训，即对仓库主管进行岗位培训，提高其管理思路及管理理念；④ 安全生产培训，即主要对实际操作人员进行安全操作及5S培训，从而提高人员的工作责任心，营造良好的工作习惯，避免安全事故的发生。

(2) 引入新的仓库管理系统：由于内部零件仓库在存储面积和管理品类上都增加了许多，原有的Excel左右记账的形式已经不能满足日常工作的需求。因此，建议引入新的仓库管理软件来提高操作的效率。新的仓库管理软件应该满足日常工作的需求，如图2-9所示。

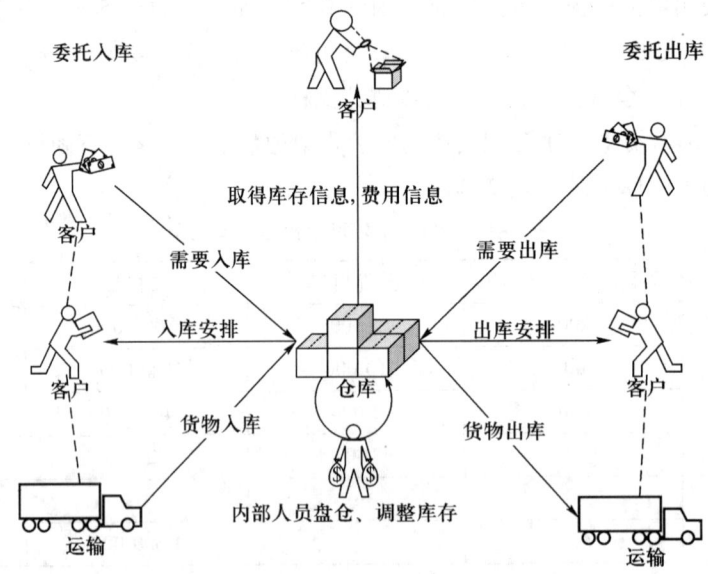

图2-9 仓库管理软件模块需求示意图

- **库存控制系统的建立**

在概况和问题介绍中，已经阐述了SC公司目前的计划系统和库存策略，从中可以发现SC公司的库存策略缺乏整体性，虽然有一个大致的框架，但却被分割为许多独立、互不关联的部分，各部分的管理及信息相对独立，造成整个产品生产的过程中都存在库存，其总体库存成本居高不下的状况。针对这种情况，建议SC公司必须建立起一套完整的库存管理体系，并且在整个生产流程中运用同一套管理标准来指导库存水平的控制。这一套系统由两大部分组成，第一部分为需求管理，第二部分为物料控制。

1. 需求管理体系

在新的库存管理体系中，需求管理体系成为系统的重点，为整个系统提供引导作用。整个需求管理由生产控制和物流部的计划部门来制定实施，公司的销售市场部门、生产部门、设备部门作为辅助进行参与。整个需求管理分为预测需求及实际需求两部分。销售部门在上一年年末协助计划部门制定本年度的年度生产计划。整个年度生产计划分为 12 个月,通过趋势校正指数平滑方式制定出本年度的年度预测,从而制定出本年度的生产大纲。生产部门根据这套年度生产大纲来考核自身的生产能力,而设备部门通过这套大纲来考核设备负荷及检修情况。年度的生产预测只是作为公司整个年度的指导计划,并作为物料需求计划的输入。由于 SC 公司的客户都是以周订单的形式发布需求信息,因此具体的生产预测仍然要按照周预测进行。针对不同的产品,计划部门按每周需求进行预测,可以通过统计软件套用趋势校正的方法来进行,从而尽量保证预测与将来的实际需求相吻合。周预测的最长周期为 6 个月,预测数据完成后以周预测的数据进行排产,同时与前面的年度及月度预测所排定的生产能力进行核准,保证根据周预测所制定的生产计划能顺利实施。在预测体系全部完成之后,计划部门还要根据客户的实际需求进行比对,逐步调整周预测,保证及时供货和成品库存最小。同时,计划部门还要将实际需求数据完整保存,以便于为继续进行预测打下基础。

2. 物料控制体系

前面所述的需求管理体系,其核心是对客户需求历史数据进行充分分析,进而对客户未来的需求做出预测。如果说需求管理的数据结论是整个库存控制系统的输入,那么物料控制体系则是整个库存控制的执行和核心。

SC 公司的物料控制体系可以由下列几个关键部分组成:

(1) ABC-XYZ 分析:我们将 SC 公司的零件根据其价值划分为 A、B、C 三类。抽取过去一年 SC 公司所收到的客户订单作为初始输入,并通过 BOM(物料清单)分解到各个最终零件的需求量。分解完毕后,再乘以各个零件的单价,则计算出每个零件的年需求价值,再用每个零件的年需求价值除以总价并进行累加。当累加值等于 80% 时,其包含的零件属于 A 类,累加值在 80%~95% 之间为 B 类,剩余 5% 为 C 类(如表 2-20 和图 2-10 所示)。

表 2-20 库存零件的 ABC 分类

零件号	描述	所属大类	占用价值(欧元)	价值累加(欧元)	比例(%)	累加比例(%)	ABC分类
3829	Zahnrad	E	456.72	456.72	34.2	34.2	A
4711	Motor	Z	335.61	792.33	25.1	59.3	A
3759	Gehause	E	220.11	1 012.44	16.5	75.8	A
2834	Lager	Z	79.53	1 091.97	5.9	81.7	B
1938	Welle	E	69.795	1 161.765	5.2	86.9	B
4539	Dichtung	Z	50.49	1 212.255	3.8	90.7	B
7739	Blech	Z	44.275	1 256.53	3.3	94.0	C
3749	Deckel	E	42.57	1 299.1	3.1	97.1	C
3864	Schraube	E	24.75	1 323.85	1.9	99.0	C
2789	Sicherungsring	Z	13.365	1 337.215	1.0	100.0	C

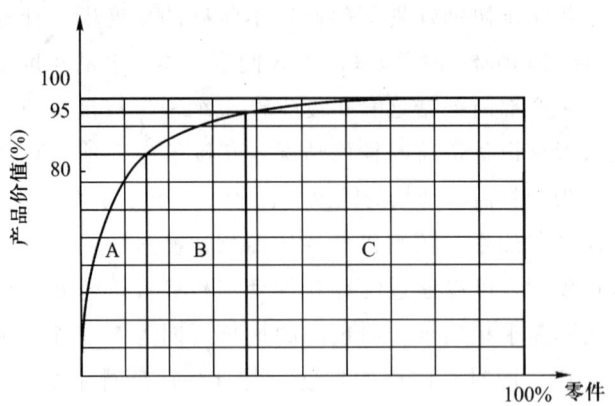

图2-10 库存零件ABC分类示意图

其次,再根据SC公司零件的消耗特性将其划分为X、Y、Z三类。每个零件的全年需求特性是不同的,对于需求比较稳定的产品而言,其零件需求也比较稳定;而对于需求波动较大的产品,则其零件需求也波动较大,甚至出现一些"无理"需求。因此,在图2-11中我们可以清楚地看到X、Y、Z三类零件的需求曲线。

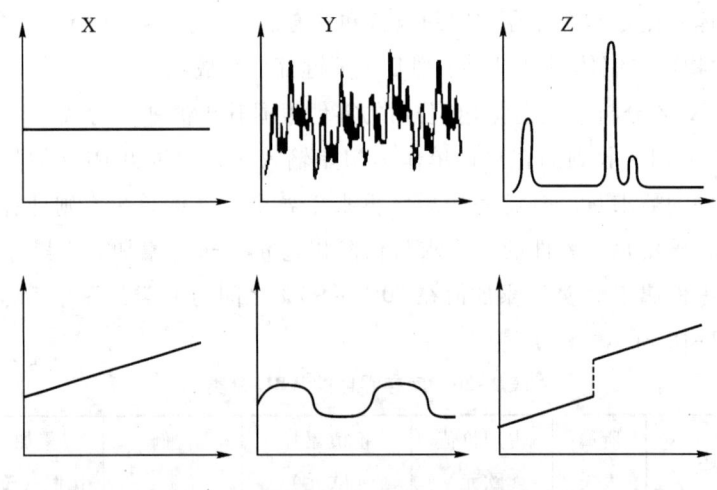

图2-11 X、Y、Z零件的需求特性曲线

注:X曲线说明需求平稳或微有上升;Y曲线说明需求平缓波动;
Z曲线说明需求变化幅度大。

我们将三种类型的需求曲线合并在一张图形内,可以得到图2-12。
对于零件特性参数的分析共分为两步:
第一步:计算每个零件的标准方差:

$$\sigma = \sqrt{\frac{\sum_{t=1}^{n}[V(t)-\overline{V}]^2}{n}}$$

$V(t)$——t期间内该零件的实际需求;

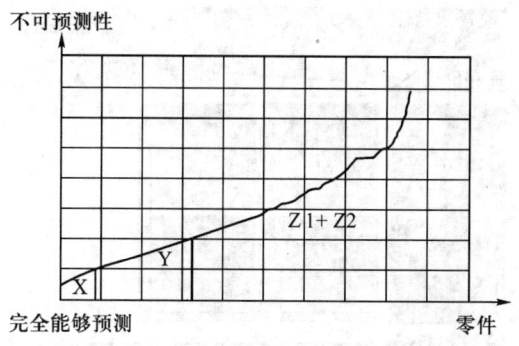

图 2-12 X、Y、Z 零件的预测性曲线

$\overline{V}$——在过去的 n 个月中，该零件的平均需求。

第二步：计算每个零件的变异系数：

$$VAR = \frac{\sigma}{\overline{V}},$$

VAR——变异系数。

我们可以得出每个零件的需求特性参数，并根据表 2-21 对零件进行分类。

表 2-21 X、Y、Z 零件的变异系数

XYZ 分类	变异系数	零件需求期间所占比例
X	$VAR \leq 0.5$	—
Y	$0.5 < VAR \leq 1.0$	—
Z1	$VAR > 1.0$	<50%
Z2	$VAR > 1.0$	>50%

通过结合上述 ABC 和 XYZ 分类，可以得出通过分析矩阵对所有零件进行分类，定义零件的最终特性。如图 2-13 所示。

分类完毕之后，针对图 2-13 中属于涂网纹区域的零件，可以通过 MRP 系统自动生成订单，但是必须由专人来进行控制和调整。对于处于白色区域的零件，可以让采购系统自动生成订单，不必花费太多的人力、物力来进行控制。

（2）安全库存的设定：对于安全库存，同样要根据零件的特性来进行设定。我们取对于安全库存最有影响的三个因素——前置期、时间和订货数量的相关性作为考虑的重点（如图 2-14 所示）。

安全库存可以根据下式来进行设定：

$$SSL = R \times \sqrt{W} \times MAD$$

R——客户服务系数；

W——前置时间；

MAD——平均绝对偏差。

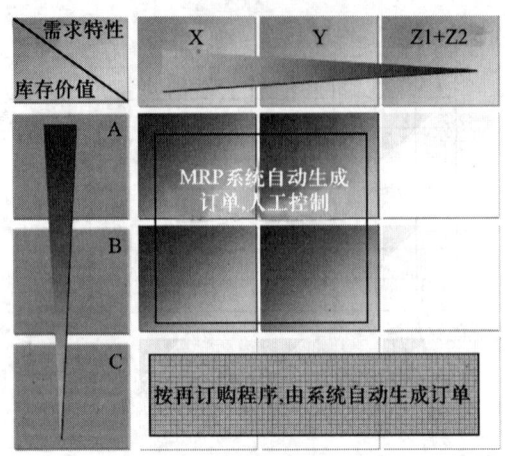

图 2-13 零件订购与控制

其中 R 为人工设定值，可以根据客户的重要程度、产成品的特性进行手工设置。

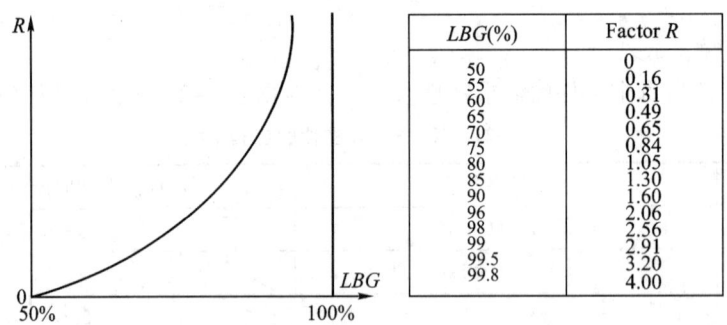

图 2-14 库存服务水平与客户服务系数对应关系

LBG = 99.8%，R = 400；LBG = 98.0%，R = 256；LBG = 96.0%，R = 206。（LBG：库存服务水平）

（3）库存缓冲点的确认：在概况的介绍中，发现 SC 公司目前的库存设置相当不合理。在最近一次的盘点中，SC 公司的外借仓库成品库存、内部仓库成品库存、在制品库存、零件库存、原材料库存都相当高。因此，在这里首先对生产型企业的物流流程进行一个剖析（图 2-15）。

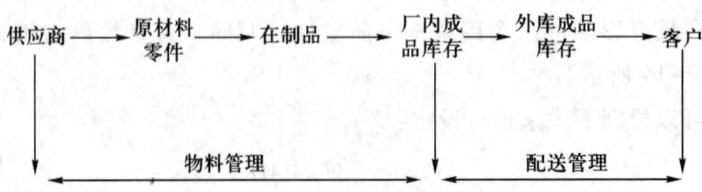

图 2-15 生产型企业的物流流程示意图

从上述流程图中可以发现，制造型企业的库存可以以成品、在制品和零件三种形态存在，其存储地点可以是仓库、生产线及供应商。从库存成本的角度来看，将库存存储在供应商处是成本最小的选择。作为库存缓冲点的选择必须是一种平衡，既要做到库存最小，又要做到100%的客户满意。首先，根据SC公司产品生产的时间周期，从零件到成品需要20天左右的时间，供应商提供原料和零件的最少周期是1个月，因此相比较而言缺料的风险更大，并且具有更大的不确定性。其次，产品在制造过程中，每增加一道工序其价值和成本都会相应地增加，也就意味着库存占用金额越多。因此，基于上述特点，将SC公司的库存缓冲点选在原材料和零件处，并且根据需求管理的预测来推动生产。

（4）缩短前置期：前置期是整个物流流程中比较重要的参数，因此我们必须对SC公司的前置期进行分析。

原材料：国内供应商　　　　90 天
　　　　国外供应商　　　　180 天
零件：　国内供应商　　　　14 天
　　　　国外供应商　　　　90 天
在制品：　　　　　　　　　20 天
成品：　　　　　　　　　　3 天
运输：　本地客户　　　　　1 天
　　　　异地客户　　　　　7 天

SC公司理论上可能的最长前置期为211天，最短前置期为38天。针对上述数据，我们采用两种方式尽量缩短前置期。

① 加快国产化，寻找新的替代供应商。此国产化进程分为两部分：第一，对于原材料而言，要加快对国内原材料的材质和机械性能验证，尽快找到合适的替代材料；第二，对于零件而言，由于汽车行业的特殊性，替代零件的验证程序往往太过于复杂，因此，可以寻找国外供应商在国内的合资企业进行替代，节约时间与成本。

② 利用集团化采购的优势，缩短在途时间。SC公司可以利用Z集团其他在华投资企业的资源，挑选具有竞争力的进出口代理公司及第三方物流公司来减少货物到港后的滞港时间，尽一切可能迅速运至厂区。

因此，通过实施需求管理体系与物料控制体系相结合的库存策略，SC公司能够保证生产的平稳进行，并且可以将库存控制在一个合理的水平。

通过表2-22和表2-23的数据，可以对公司的物料进行ABC分类，同时根据分类的结果对物料库存进行控制。在分类结束后，还要对每一个零件制定安全库存数量，其数量制定由以下因素构成：产品生命周期、月需求量、价值、有效期、包装单元（$0.5 < K1 \sim K5 < 1.5$）。通过这些参数制定安全库存，并且对需求进行确认分析，从而可以取消部分订单，对库存进行更有效的控制。

表2-22 SC公司零件组建库存数据摘要

零件代码	价格(元)	去年底库存	年需求											
			1月	2月	3月	4月	5月	6月	7月	8月	9月	10月	11月	12月
1513029	2.55	214 157	29 800	22 180	45 510	46 730	36 110	46 730	46 010	48 050	44 730	29 200	47 210	45 900
1524065	6.80	86 038.5	9 000	0	6 000	8 000	6 000	8 000	6 000	8 000	6 000	2 000	6 000	8 000
1524103	3.57	38 744.5	1 594	768	2 664	2 472	2 180	2 242	2 080	2 458	2 404	2 026	2 381	2 431
1534025	0.72	134 525	29 800	22 180	45 510	46 730	36 110	46 730	46 010	48 050	44 730	29 200	47 210	45 900
1534034	1.32	39 150	9 000	0	6 000	8 000	6 000	8 000	6 000	8 000	6 000	2 000	6 000	8 000
1534036	0.45	108 450	12 000	0	14 000	18 000	16 000	18 000	16 000	19 000	16 000	12 000	17 000	18 000
1534042	3.47	213 324	29 800	22 180	45 510	46 730	36 110	46 730	46 010	48 050	44 730	29 200	47 210	45 900
1534054	0.58	1 050	9 000	0	6 000	8 000	6 000	8 000	6 000	8 000	6 000	2 000	6 000	8 000
1537001	1.99	39 030	1 594	768	2 664	2 472	2 180	2 242	2 080	2 458	2 404	2 026	2 381	2 431
1537015	4.03	55 867.5	9 000	0	6 000	8 000	6 000	8 000	6 000	8 000	6 000	2 000	6 000	8 000
1546004	4.25	22 873	1 594	768	2 664	2 472	2 180	2 242	2 080	2 458	2 404	2 026	2 381	2 431

表 2-23　为 SC 公司制定的到货计划摘要

零件代码	1月	2月	3月	4月	5月	6月	7月	8月	9月	10月	11月	12月
1513029	5 200	0	10 700	52 000	6 250	6 250	6 250	6 250	6 250	6 250	6 250	6 250
1524065	0	0	0	0								
1524103	552	7 900	5 300		0	0			0			
1534025	0	19 135	52 000	52 000	25 000	25 000	25 000	25 000	25 000	25 000	25 000	25 000
1534034	0	0	0	0								
1534036	0	0	0									
1534042	0	34 002	52 000	52 000	18 750	18 750	18 750	18 750	18 750	18 750	18 750	18 750
1534054	0	0	0	0	0	0						
1537001	0	0	0									
1537015	0	0	7 746	5 600	0	0	0					
1546004	1 000	26 300	26 300	26 300								

【案例分析指南】

在本案例中，首先要运用结构化的分析方法对于目前公司所面临的问题进行具体分析。此后，根据分析的结果，可以在组织结构、职能重组、绩效再定义等方面对目前物流部的组织结构和操作流程进行改造。此后，运用ABC分析法研究、时间研究等，在生产计划、库存控制、仓储操作等方面提出改进方案。

【思考题】

（1）作为一名新上任的物流部经理，请根据目前的状况对SC公司物流的组织结构进行重组并说明理由，同时对重组之后的各职能部门重新设定部门职能。

（2）请列举生产计划的三个层次。根据SC公司的产业特点和实际情况，确定该公司的计划层次和周期。

（3）何为ABC分类？如何根据ABC分类法对SC公司的库存进行优化？

（4）请对前置期的概念进行阐释。请用作图的方式描述SC公司的前置期，并就如何利用Z集团的整体资源来缩短前置期提出方案。

（5）目前SC公司的仓储资源分配存在哪些缺陷？请提出改进的方案。*

（6）请说明预测量、生产计划量、库存、安全库存之间的关系。SC公司目前的库存是否合理？应当如何控制？请说明安全库存的概念，并运用相应的方法，为SC公司设定合理的安全库存。*

（7）请阐释MRP、JIT和看板的概念，阐释库存缓冲点（DP）的5种形式。根据SC公司的生产流程，为其选择一个合适的库存缓冲点，并将MRP、JIT和看板等方式加入到合适的环节中。*

（8）何为ERP？假设目前SC公司要运行SAP系统的物流模块，请为其仓储部门选择一个合理的运作方式和流程。*

（9）请为SC公司的物流部设计一套完整的KPI考核体系。*

案例3　上海通用汽车公司低碳供应链实践

【案例概要】

本案例取材于上海通用汽车公司的低碳具体实践。在案例中，我们介绍了低碳供应链兴起的背景以及有效实施低碳供应链的四大关键要素。

【教学目的】

（1）了解低碳供应链兴起的背景。

（2）了解案例企业低碳供应链有效实施的关键要素。

【自学时数】

3学时

引　言

天下大势，浩浩荡荡，顺之则昌，逆之则亡。那么，对中国制造业来说，在相当大的程度上,这个大势就是如何适应在日益严峻的自然环境中运作与发展,更紧迫的是,中国制造业如何在面对全球气候变暖的挑战下实现低碳化。众所周知,地球气候问题越来越受国际社会的关注,并且达成了一系列公约,如《联合国气候变化框架公约》及其补充条款《京都议定书》。作为负责任的大国,中国积极承担低碳社会责任,先后出台了相关政策,制定了具体的减排目标。2009年11月中国提出到2020年全国单位国内生产总值的二氧化碳排放量比2005年下降40%~45%的目标,各省市也提出了相应的减排目标。减少温室气体排放、可持续发展已经成为社会及广大公众的共识。

为了积极响应低碳化运营,上海通用汽车公司的供应链部门2009年启动了绿色供应链"零碳未来"项目。

企业及其供应链概况

上海通用汽车有限公司(Shanghai General Motors, SGM)成立于1997年6月12日,由上海汽车集团股份有限公司、通用汽车公司共同出资组建而成,目前拥有浦东金桥、烟台东岳、沈阳北盛3大生产基地,共4个整车生产厂、2个动力总成厂,是中国汽车工业的重要领军企业之一。坚持"以客户为中心、以市场为导向"的经营理念,上海通用汽车不断打造优质的产品和服务,目前已拥有别克、雪佛兰、凯迪拉克等品牌,共20多个系列的产品阵容,覆盖了从顶级豪华车到经济型轿车各梯度市场以及高性能豪华轿车、MPV、SUV等细分市场。

上海通用汽车公司目前的供应链结构如图2-16所示。在这样的供应链结构下,上海通用汽车公司相关部门和职责如表2-24所示。

表2-24 上海通用汽车公司相关部门和职责

部门	职责
物料工程科	包装实施与改进、物流规划和零件规划、包装设计和改进
入厂物流科	供应链管理(前部、后部)、国内物流管理
整车物流科	整车物流规划、整车储运运作
物料供应与运行科	订单计划、工程变更协调、海外供应商管理、产能规划
生产控制与运行科	国内供应商管理、生产计划与控制、零部件存储管理

在上海通用汽车公司的供应链战略中,采取了两个较为明显的供应链方法,分别是精益生产方法、供应商管理和零库存。

(1)精益生产方法:公司始终致力于实现精益生产方法——实施mySAP™ SCM解决方案的决策证明了这一点。上海通用选择SCM解决方案帮助实现复杂供应链流程的同步和自动化,包括整车、引擎和传送。

(2)供应商管理和零库存:上海通用汽车公司将IS-AUTO与先前开发应用的供应商管理系统(e-supply)进行了对接,实现了与供应商的即时沟通,使供应商能根据通用的生产计划安排自己的存货和生产计划,同时也减少了对它们的存货资金的占用。

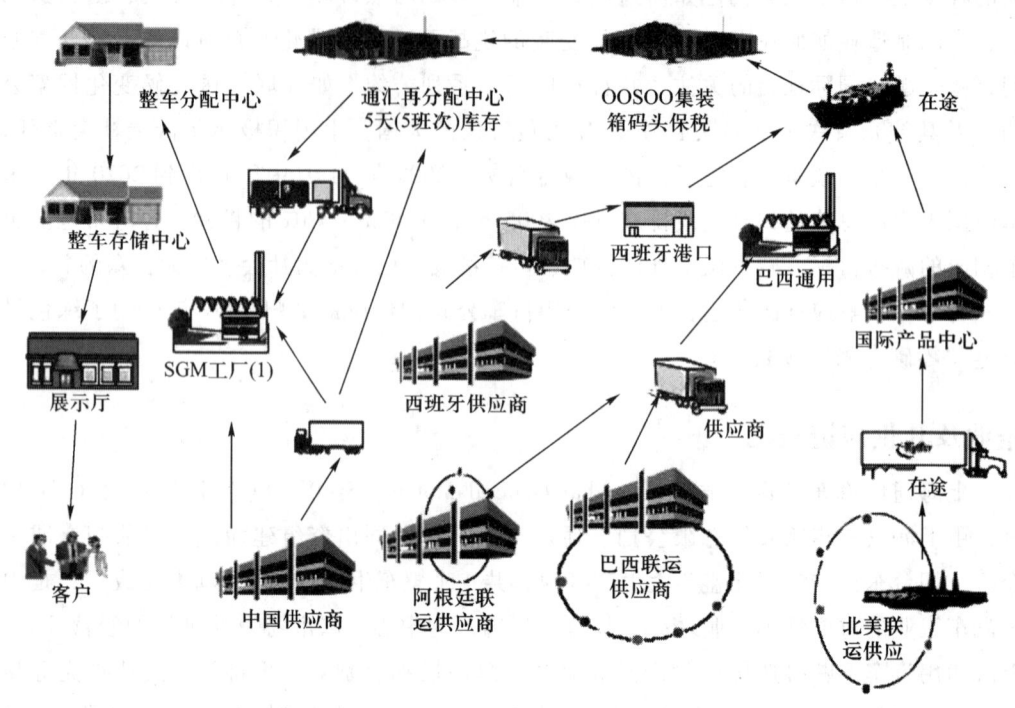

图 2-16 上海通用汽车公司的供应链结构

而且一旦供应商在原材料、零部件方面出现问题,也可以向上海通用汽车公司提供预警,以便很快地启动"应急计划"。

低碳供应链与企业绿色战略

上海通用汽车公司供应链部门启动的绿色供应链"零碳未来"项目是企业"绿动未来"战略体系的重要组成部分。"零碳未来"项目是针对供应链中的物流环节,包括入厂物流、厂内物流和出厂物流环节中产生的温室气体排放,目标是在2015年平均单车的温室气体排放比项目启动年降低20%~25%,从而构建一条低碳的供应链。

上海通用汽车公司的"绿动未来"战略主题是:发展绿色产品,打造绿色体系,承揽绿色责任,建立不可复制的企业核心竞争力。具体分为绿色体系战略、绿色产品战略和企业绿色责任战略三大部分。绿色体系战略目标是,到2015年,上海通用的平均单车能耗的标准煤比2009年下降29%,平均单车水耗比2009年下降22%,"绿色供应商"超过300家,所有经销商成为"绿色销售服务店"。绿色产品战略目标是,大范围普及缸内中心直喷、涡轮增压、六速变速箱等先进技术;至2015年整体油耗在现有基础上再降低15%,整体性能(升功率)再提升14%,以及批量生产多款混合动力和电动轿车。企业绿色责任战略包括构建"绿动未来"基金,支持绿色科研产业化;倡导低碳生活和绿色消费理念等。

上海通用汽车低碳供应链的实施

上海通用汽车公司在构建低碳供应链方面实施到现在已经积累相当的实践经验，并且得到了世界知名环境检测机构德国莱茵技术监督协会与美国世界环境中心的认证。通过对这个样本的详细研究，我们总结出上海通用汽车低碳供应链项目成功的四大关键要素：① 不墨守成规，照搬既有的低碳体系，而是创新性地构建低碳活动；② 低碳理念融入整个经营活动中；③ 在低碳供应链建设中强调知识的内化；④ 在低碳供应链建设中，要特别消除碳目标一定增加供应链成本的观念，相反，在很大程度上，低碳供应链可以促进供应链效率的提升，并降低供应链的成本。

1. 创新性开展低碳供应链构建活动

企业低碳运营的主要依据是 ISO 14064 标准框架模式与 PAS 2050 标准。其中，前者主要针对拥有明确组织边界的低碳管理模式，而后者则是基于产品生命周期的低碳管理模式。但是，低碳供应链都不能直接运用这两个体系。原因是，供应链是跨组织的活动，所以，不能直接使用具有明确组织边界的 ISO 14064 体系；供应链的运营，比如仓储、运输等，不适合基于产品生命周期的 PAS 2050 标准。所以，上海通用汽车公司构建低碳供应链的活动既不是照搬 ISO 14064 标准框架模式，也不是照搬 PAS 2050 标准，而是结合公司的供应链结构和组织架构进行的。首先是整个供应链物流环节的碳盘查，其次是建立低碳供应链的 KPI（关键绩效指标）体系，然后是为各碳源建立低碳供应链控制模型，确定改进措施，实施改进计划。

在供应链碳盘查阶段，公司首先委托世界知名的第三方碳检测机构进行碳盘查。具体地说，第三方检测机构首先根据上海通用的供应链结构确定碳盘查边界。上海通用供应链的组织架构确定了十二大碳源，这十二大碳源又分为重碳区与轻碳区，或者根据碳源与其他部门的相关性，分为直接碳源与间接碳源。进一步，再对各碳源的可控性、降碳潜力、降碳的难易程度以及实现的优先性进行了分析。

碳盘查之后，上海通用与外部第三方碳检测机构共同商讨，建立低碳供应链的 KPI 体系，建立碳排放的供应链模型，提出各种改进建议和改进措施。公司参考了这些建议，各部门提出了改进计划与方案，并着手实施，已经有了初步的效果。

2. 把低碳理念融入整个经营活动中

把低碳理念融入整个经营活动中，就是在进行各种商业决策时，也要把对碳排放的影响考虑进去。例如，整个整车运输网络调整的战略性决策要考虑增加或减少的碳排放，在合理分配各种运输方式的比例时充分考虑碳排放；又如，在选择第三方物流供应商时，其运输车型是否符合排放标准也是重要的考虑因素之一。

为了避免低碳供应链的活动陷入运动式的模式，一阵风潮过去还是我行我素，上海通用设立了低碳供应链的 KPI 体系。在企业的实际运作中，KPI 指标就如同指挥棒一样，有什么样的 KPI 指标，就有什么样的行为。设立碳排放的 KPI 指标，使得各部门在进行决策时不得不考虑对碳排放的影响。

建立低碳供应链的KPI体系是对原有上海通用供应链KPI体系的补充,并不是另起炉灶。上海通用原有的平衡记分卡分为财务、客户、内部流程等领域,覆盖了生产力与增长、内外部客户、计划与控制、供应商服务管理、物流管理等,在物流管理中包括打造绿色物流一项。低碳供应链KPI就是细化原有的指标。在细化指标时也区分了直接碳源与间接碳源,直接碳源的KPI指标设计尽量做到能量化、能横向和纵向进行比较,而间接碳源的KPI指标尽量使用原有的、能反映对碳排放有影响的KPI指标,如生产计划变动比例、紧急采购订单比例等。在考虑指标的标准时,没有采取一刀切的方法,而是根据2015年的降碳目标逐年分解,并且考虑到各碳源降碳潜力与部门可控性等因素,为每个部门设立了合理可行、可实现的降碳目标。

3. 在低碳供应链建设中强调知识的内化

在整个项目的进行中,上海通用非常强调知识的内部消化吸收。一些咨询公司的咨询方案由于理解深度与准确性的问题,导致实施的效果没有达到预定的目标,并且实施下来相关的知识并没有留在企业。上海通用特别注意这一点。

在整个项目的实施中,上海通用定期或不定期与咨询公司的专家进行沟通,这种沟通是不厌其烦的,直到完全准确理解咨询报告中的含义。上海通用的有关人员详细询问了每个碳源的碳排放计算公式,了解其计算原理、公式中各参数的由来。对于碳排放的供应链模型更是不放过其中任何一个疑问,随时与专家沟通,从而自己对模型的原理、模型的计算过程和参数做到心中有数。

由于对咨询方案准确和深入的了解,上海通用仅仅参考了专家的改进意见,没有完全照搬,而是制定了自己的改进方案与改进计划。因为上海通用的人员更加了解公司的实际情况,制定的改进方案与计划更切合企业的实际情况,并且相比咨询公司有些强加性质的方案而言,部门自己制定的方案更有实施的积极性,这就保证了改进方案与计划能达到预定的效果。此外上海通用通过这个项目也有一个意外的收获,就是培养了自己的一批人员,他们虽然不是顶级的低碳方面的专家,但对企业而言足够了,例如,可以通过这批人员随时了解企业碳排放的情况。如此上海通用就把外部的知识变成组织自己的知识,实现知识的内化。

4. 低碳不仅是目标,而且是促进供应链效率提升的手段

一般而言,供应链是对服务与效率两个因素的"权衡",而低碳供应链也就是说,在服务与效率的基础上加入了新的因素——碳排放。因此,需要考虑或"权衡"服务、效率与碳排放这三个主要因素。本质上,供应链不会发生根本性的变动。但是随着碳排放作为一个新增的原则,将会对传统的供应链优化产生一定的影响。

传统的供应链优化是考虑效率与服务两个方面的约束,得到企业所认可的优化结果。低碳供应链的优化是在传统基础上增加了碳排放的约束而得到的一个优化结果,所以建立的低碳供应链的碳排放绝不是最低的。因为如果实现最低的碳排放,会引起成本增加、服务变差。例如,海运中降低船舶速度能有效地减少碳排放,但会使海运的时间变得更长。研究表明,降低碳排放会引起供应链中库存成本、仓储成本的增加,

所以上海通用构建低碳供应链不是单纯考虑降低碳排放，不是为了降碳而降碳，而是以降低碳排放为契机对供应链的一个优化过程，所以降低碳排放既是目的，也是促进供应链高效化的手段。因此，上海通用没有因为平均单车碳排放目标的降低而增加物流的运作成本，不仅如此，在仓储与运输领域，由于低碳项目所要求的规模运作，反而降低了物流的成本。

【案例分析指南】

在本案例中，上海通用汽车公司的供应链总结了低碳供应链有效实施的四大关键要素，即如何在现有的碳管理体系中创新性地构建低碳活动；如何把低碳理念融入整个供应链运营活动中；如何在低碳供应链建设中实现知识的内化；如何在低碳供应链建设中寻找低碳目标与效率目标的兼容。

【思考题】

（1）根据案例，有效实施低碳供应链应该注意哪些因素？

（2）请结合案例阐述低碳供应链管理与传统供应链管理有什么不同。

第3章 铁路运输设备

案例 PB公司仓储生产率改进

【案例概要】

　　PB 公司由世界著名的铁路客车制造商 P 公司与中国本地的大型货车制造商 SF 公司合资建立，拥有中外员工 700 人。为了提高企业竞争力，赢得市场，公司管理层决心做出改变：在短时间内把影响公司竞争力的最大瓶颈之一——时间为 2 天/辆的产品生产周期缩短为 1.5 天/辆。

　　L 先生管理的总装车间仓库得到的任务是：在不增加人员的情况下，通过内部改善实现劳动生产率的提高，保证对提速后的生产提供优质的服务。为此，L 先生分析了公司整体的物流流程，对现状做了详细调查。最终，通过进行仓储作业 ABC 分析和工作流程的研究——使用流程图，在不增加设备投入、不增加人员投入的情况下，极大地提高了仓储部门的生产率，完成了阶段性目标。

【教学目的】

　　(1) 核心内容是学习和掌握如何通过仓储布、库位安排、集货和发货流程三个方面来提高仓库运作效率。

　　(2) 学会从哪些角度对仓库日常运作状况进行分析。

　　(3) 掌握如何通过流程描述和统计数据分析问题，找到问题的核心。*

　　(4) 案例后的思考题用来深化对本案例的了解，同时引出进一步的讨论和学习。以下这些方面是本案例教学的拓展知识点：盘点方法与处理结果；几种库存方式的选择——JIT（准时制），固定货位，随机货位，大宗原材料存储，特殊材料（易燃易爆物品，有效期要求物品）存储，VMI（供应商管理库存）；过量生产与过量采购；流程再造；5S 的应用。*

【自学时数】

　　3 学时

引言：迷你派对

"干杯！""干杯！"……一个个盛着可乐、雪碧的塑料杯子轻轻碰撞着。虽然现在离下班还有半个小时，但是 PB 公司总装车间的仓库人员已提前完成了今天的所有工作任务，并被允许举行这个迷你派对来庆祝仓库管理改进计划的顺利完成。看着面带笑容的属下，仓库主管 L 先生也为阶段目标的达成而感到欣慰。对于 L 先生来说，面对挑战从来都是工作的一部分。他从 PB 公司成立起就在这里工作，经历了很多，并且对公司的背景、结构、产品特点都非常了解。

公司背景

从 20 世纪 90 年代开始，随着中国市场对高速、舒适、安全的铁路客车的需求日趋增加，越来越多的世界知名的铁路客车制造商来到中国。1998 年，国际著名的 P 公司与中国的 SF 公司合资建立了 PB 公司。P 公司是一家具有百年历史的大型跨国集团，世界 500 强之一，在全球铁路客车制造业中占据了重要的地位。SF 公司是中国的一家大型国有企业，也是国内主要的铁路客车制造企业。合资的 PB 公司主要从事设计、开发、生产高档铁路客车，公司全面引进了 P 公司的客车设计制造技术和 ERP 系统。PB 公司拥有中外员工 700 人。

从成立之初直到前几年，公司在各方面的管理机制还不够健全。与竞争者相比，公司的生产成本更高，交货期更长，产品售价也更高。来自客户方面的巨大压力使得管理层痛下决心——做出改变，赢得市场。

产品结构

铁路客车本身就具有结构复杂、技术含量高、工艺过多的特点，而 PB 公司的核心产品——高档铁路客车在结构上更加复杂。

由 9 600 种零部件组成的客车产品，组成结构如下：

采购件：xxxxxxxxS（x 代表阿拉伯数字，下同）

自制基本件：xxxxxxx

组成部件：xxxxxxCM

大部件：Mxxxx

工序：PMxxxx

产品结构形式如图 3-1 所示。

每个工序都由若干大部件组成，每个大部件有若干采购件、基本件、组成部件组成，每个组成部件又由若干采购件、基本件、组成部件组成，通常扩展到 5～6 个层级。

物流流程策略

在 PB 公司，生产车间的物流也属于物流部门管理。因此，L 先生对于整个物料的

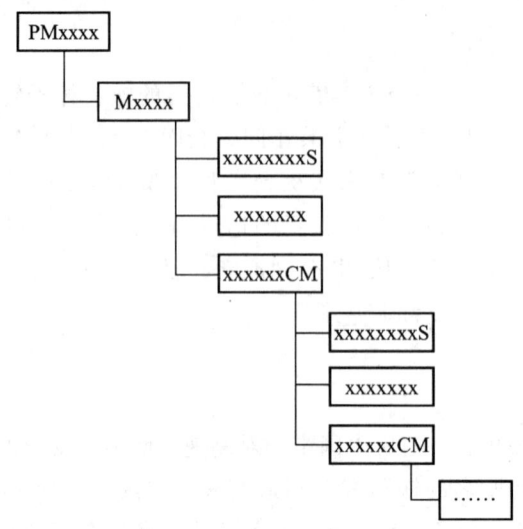

图 3-1 产品结构形式示意图

流动策略也十分了解，它分为生产策略、材料供给策略、材料需求策略、仓储策略和库存策略。

- **生产策略**

生产工序分为 36 个。

流水线式生产：分为 3 个主要生产车间，依次为钢结构车间（主要是焊接车体钢结构），喷涂车间（主要是车体的防腐处理，外部喷漆处理），总装车间（主要是电器安装，水、气设施安装，内外装饰等），产品从钢结构车间的 PM01 工序开始组装，到 PM36 工序的最终检查结束。

自制件车间生产自制件、组成部件。

- **材料供给策略**

所有钢结构车间所需的零部件均为自制件，由自制件车间生产。

部分装饰部件（型材类、板类），由自制件车间生产。

采购件主要包括：各类钢板、管材、铝型材、油漆等原材料，电器件，各种模块（洗手间、厕所、茶炉、空调、包厢等），防寒材料，胶类，装饰类材料，座椅，桌子，标准件，部分无法自制件等。供应商既有国内的，也有国外的。

仓库包括自制件仓库、原材料仓库、型材管材仓库、油漆仓库、总装车间仓库等。卸货月台两个。

- **材料需求策略**

各个工序每天按照工序生产需要发料。

组成部件按照批次，定期发料到自制件车间。

- **仓储策略**

存储方式：固定货位（货架）、随机货位并用。

固定的收货程序、发货程序、补货程序。

使用叉车，手动托盘叉车。

使用标准托盘。

形状较大的自制基本件和大部件采用现场库存方式，形状较大的采购件尽可能采用 JIT 供货方式。

对有效期材料使用 FIFO（先进先出）。

- **库存策略**

尽可能减少库存；使用 80/20 法则，ABC 分类方法，确定关键材料或部件、高货值材料或部件的安全库存量。

仓库管理改进项目的实施

半年多前，PB 公司上下都为企业的状况感到担心——客户不满，无法接到足够的订单，利润下降。经过分析，人们找到了影响公司竞争力的最大瓶颈之一——产品生产周期长：原先的客车生产能力为 2 天/辆。管理层决定改变这一情况，在一年内把生产周期缩短为 1 天/辆，以超过竞争对手。作为阶段性目标，1.5 天/辆的周期必须在半年之内达到。

L 先生管理的总装车间仓库得到的任务是：在不增加人员的情况下，通过内部的改善实现劳动生产率的提高，保证对生产提供优质的服务。显然，这不是一个轻松的任务。为此，L 先生首先理清实际的运作情况。

- **管理现状**

（1）人员状况：见表 3-1。

表 3-1 人员状况

职位	人数（20 人）
主管	1
领班	2
文员	1
仓库管理员	14
叉车工	2

（2）仓库现况：见表 3-2。

表 3-2 仓库现状

仓库名称	库管员	库存件类型	存储方式	库存件种类
总装车间仓库	14	自制件	可调式货架	2 600
		采购件		2 900

（3）其他资源：见表 3-3。

表 3-3 其他资源情况

重力平衡叉车	2 辆
电瓶叉车	1 辆
手动托车	6 辆
液压叉车	1 辆
周转托盘	200 个
发料小推车	24 个

（4）仓库布局：仓库为两层，全部是货架结构，共 36 排，1 584 个库位（见本章附件 1）。

（5）仓库内部库位设置情况：在仓库初建时，对于 5 500 余种零部件的库位设定所采取的办法是，按照部件的属性、类别进行了区域划分，如表 3-4 所示。

表 3-4 仓库区域划分

层数	仓库内区域（货架号）	零部件种类	用于生产工序
1	1~8	管件	18~21
1	9~21	结构件	22~23
1	22~36	结构件	24~25
2	1~19	装饰件	26~29
2	20~25	标准件	18~34
2	26~29	辅助材料	18~34
2	30~36	电器件	22~29

（6）入库程序：自制件由其他车间生产完成后送入入库区，然后由叉车运入仓库，再由仓库保管员按货位上架。采购件在仓库外面卸货后，由叉车运到收货区，经过检验、点数后运到入库区，然后由叉车运入仓库，再由仓库保管员按货位上架。

（7）发料程序：由仓库管理员按照工作单（work order）所列出的发料清单，对每个工序（工序 18~29）所列出的零部件集料，集料后运往集料区，再由仓库保管员发往各工序。

每天的发料数量：70 个工作单（2 天/辆）。

所有的订单数量：140 个。

（8）提速的影响：随着生产速度由 2 天/辆提高到 1.5 天/辆，总装仓库的收货、入库、仓储、发货等活动变得越来越繁忙，每天加班才能完成工作。统计工时如表 3-5 所示。

第3章 铁路运输设备

表 3-5 仓库人工时统计

月份	人数	加班小时	总工作小时
4	14	32	2 496
5	14	356	2 820
合计增加百分比			13%

从统计数字上可以看出,4 月份生产速度为 2 天/辆,库管员的加班很少。但是从五月份开始,库管员的工作量增加了很多,每天的工作单发料数量从 70 个增加到 90 个,入库量也相应增加,加班数量急剧增加。与此同时,生产部门和计划部门也开始抱怨,仓库出入库的速度有问题,差错的情况比以前明显增多。仓管员也感觉劳动强度太大。

- **分析并提出问题**

L 先生对这些信息的分析如下:

很显然,工时增加了 13%,人数如果相应增加 13%(相当于 2 人的工作量),可能会解决现存的问题。如果通过增加相应的人数或许会取得明显的改观,但是这种做法违背了公司的决策,增加人员的提议已经被否决。只有通过方法的研究,进行仓库工作衡量,才能解决当前的问题:用不变的人力得到更大的产出。

首先根据已经统计过的每天平均工作时间记录(表 3-6),L 先生可以发现一些规律,这里列出了集料、发料活动所用时间的统计。

表 3-6 5 月份平均每天集料、发料时间统计表　　　　　　单位:min

姓名	工作内容	集料时间	发料时间	合计
1	集料 送料	400	150	550
2	集料 送料	410	135	545
3	集料 送料	422	125	547
4	集料 送料	430	125	555
5	集料 送料	440	130	570
6	集料 送料	450	115	565
7	集料 送料	435	135	570
8	集料 送料	429	140	569
合计		3 416	1 055	4 471
合计(%)		76.4	23.6	100

平均每天集料、发料时间为 9.3 小时。根据 80/20 法则,L 先生首先分析占用

76.4%的工作时间的活动是集料，集料的工作过程是这样的：收到生产计划部门下发的工作单后，根据工作单所附带的拣货清单（pick list）到货位上将所需要的零部件放到集料小车上，然后将集料小车运到发料区。显然，到库位上去集料是主要的活动，L先生分析了所有的工作单所附带的拣货清单，发现：每个拣货清单上所有的零部件，库位彼此相邻的只占了60%，另外40%的零部件分散在仓库的各处，甚至不在同一层上。例如，工作单M5851的领料单情况（参照本章附件2）。

通过对工作单M5851的领料单情况进行研究，可以得出结论：

(1) 在总共21种零部件中13种的库位合理（序号13~21的件为标准件，各工序共用，集料时可以一次在此区域完成集料，所以可以认为是合理的库位）。

(2) 有8种件的库位不合理，距离起点太远。也就是说从起点开始，分别到序号为1、4、8、9、10、11、12、21的件的库位上去集料要行走较长的距离。行走这样长的距离显然浪费了很多时间。

这只是对于工作单M5851所做出的简单分析，对其他139个工作单做了同样的分析后也得出了同样的结果，显示60%的库位设置是不合理的。也就是说，每个订单的集料，从起点开始，60%的零部件可以在较短的行走距离过程中完成集料，其他40%的需要行走较长的距离才能完成集料。

以上是针对集料所做的行程分析。

仓库保管员中的另外6名的具体分工是：收货2人，入库上架4人。他们的工作是自制件的入库、采购件的收货入库。

使用流程图，对仓库的以下活动进行分析：

(1) 自制件的入库—人的活动。

(2) 采购件的入库—人的活动。

(3) 发料—人的活动。

本章附件3所画出的是这三种活动的流程图。

从采购件的入库流程中可以发现，将货物搬运到入库区后有一个等待过程，然后再搬运到仓库内部。两次搬运过程之间没有其他的活动，完全可以合并为一次搬运过程。

自制件的入库流程也是一样，移入入库区等待入库和移入仓库内，这两次搬运过程也可以合并为一次搬运过程。

发料的过程同样，移入发料区等待发料和发往生产工序，这两次搬运过程也可以合并为一次搬运过程。

- 解决方案

通过分析，L先生和同事们做出这样的解决方案：

(1) 调整库位：将每个工作单所需要的零部件存放在相邻的库位上，减少行走路程。例如，调整库位后的工作单M5851（参见本章附件4）。其他139个工作单所需要的零部件也做了同样的调整。

（2）简化工作流程，减少运动，减少延迟：消除简化后多余的工作区域。对采购件的入库、自制件的入库、集料发料过程，分别减少一次搬运过程，参见本章附件5。

（3）对仓库布局做了一些调整，取消入库区，集料区：参照本章附件6。

采取以上行动一个月后，对总装仓库的主要活动时间做了新的统计，结果表明此解决方案是有效的，从以下的7月份时间统计表可以看出（表3-7）。

表3-7　7月份平均每天集料、发料时间统计表　　　　单位：min

姓名	工作内容	集料时间	发料时间	合计
1	集料送料	351	100	451
2	集料送料	346	98	444
3	集料送料	365	75	440
4	集料送料	336	110	446
5	集料送料	308	141	449
6	集料送料	330	100	430
7	集料送料	340	105	445
8	集料送料	335	110	445
合计		2 711	839	3 550
合计（%）		76.4	23.6	100

集料时间下降：(3 416-2711)/3 416≈20.6%。

发料时间下降：(1 055-839)/1055≈20.5%。

每天集发料平均工作时间：3550/(8×60)≈7.4小时，消除了每天2小时的加班。

从其他6名收货和入库人员的工作情况来看，加班时间明显减少了。

一切都在证明着，通过进行工作流程的研究——使用流程图，通过对工作行程的研究，在不增加设备投入、不增加人员投入的情况下，仓储部门可以大大提高生产率，为提高企业竞争力做出贡献。

后　记

派对结束了，L先生很清楚，虽然他和同事们完成了第一阶段的任务，但是下一阶段的任务将更富有挑战性。

【案例分析指南】

本案例介绍了铁路客车制造商PB公司生产现场的仓库管理是如何支持生产车间的，以及如何在短时间内把影响公司竞争力的最大瓶颈之一——长达2天/辆的产品生产周期缩短为1.5天/辆。

分析此案例可以从三个方面逐步展开。首先是案例背景的分析，其次是对于物流现状的分析，最后对案例给出的方案进行分析和评价，并可以提出进一步完善的建议。

案例背景可以从两个方面推进：一方面是 PB 公司的整个情况，包括认识产品的复杂性（9 600 多个部件）；另一方面，通过对生产策略、材料供给策略、材料需求策略、仓储策略和库存策略的逐一剖析，深刻理解 PB 公司的总装车间所处的环境，理解问题的来源。

物流现状分析可以从物流资源的角度出发，包括仓库（面积）、仓储设施（货架）、叉车、托车以及人员等。案例中给出了一组数据和表格对物资的利用情况进行了描述，另外还包括新环境下（生产提速）人员的加班时间统计，来说明人力资源的利用状况。

然后，从上述分析可以总结出存在的问题：仓储布局不合理，库位不合理，集货、发货流程不合理。这一总结需要进一步借助专业的物流概念（布局、库位、拣货和流程分析等），而实际的较多的数据分析能够更清晰地描述问题。对于集料、发料活动所用的时间统计（如 5 月份平均每天集料、发料时间统计表）还提供了解决问题的着手点。

最后的部分就是解决方案。这一部分完全对应于上述三个方面的问题展开，逐一分析并解决。参照本章附件 4、附件 5、附件 6，与原先的状态进行对比，可以很清晰地了解到改进的具体内容：库位、仓储布局和集货、发货流程。

【思考题】

（1）试用 BOM（物料清单）的形式来分析和描述铁路客车产品结构清单。

（2）结合本案例说明制造型企业物流流程策略可以包含哪些方面？各自是如何组成的？列举具体内容。

（3）仓库物流资源有哪些方面？如何衡量资源的利用效率？

（4）分析 PB 公司总装车间仓库布局的合理性，列举可以改进的方面。

（5）如何进行库位分析与库位更改？

（6）为什么 PB 公司的拣货时间得到了有效减少？这样的优化基于对哪一项仓储管理要素的分析？*

（7）请结合本案例以及"ZZ 公司的配送中心"和"刘清林 DF 公司实习经历"等案例，回答：仓储的主要拣选方式有哪些？它们对仓库生产效率有何影响？零售企业与生产制造企业在拣选方式选择上有何异同？*

（8）利用流程图方法分析 PB 公司仓储搬运活动，找出存在的问题。*

（9）订单生产和存货型生产在物流管理上有何不同？*

（10）试从公司层面上提出如何提高仓储生产效率的方案？*

第 3 章 附件 1 原仓库布置图

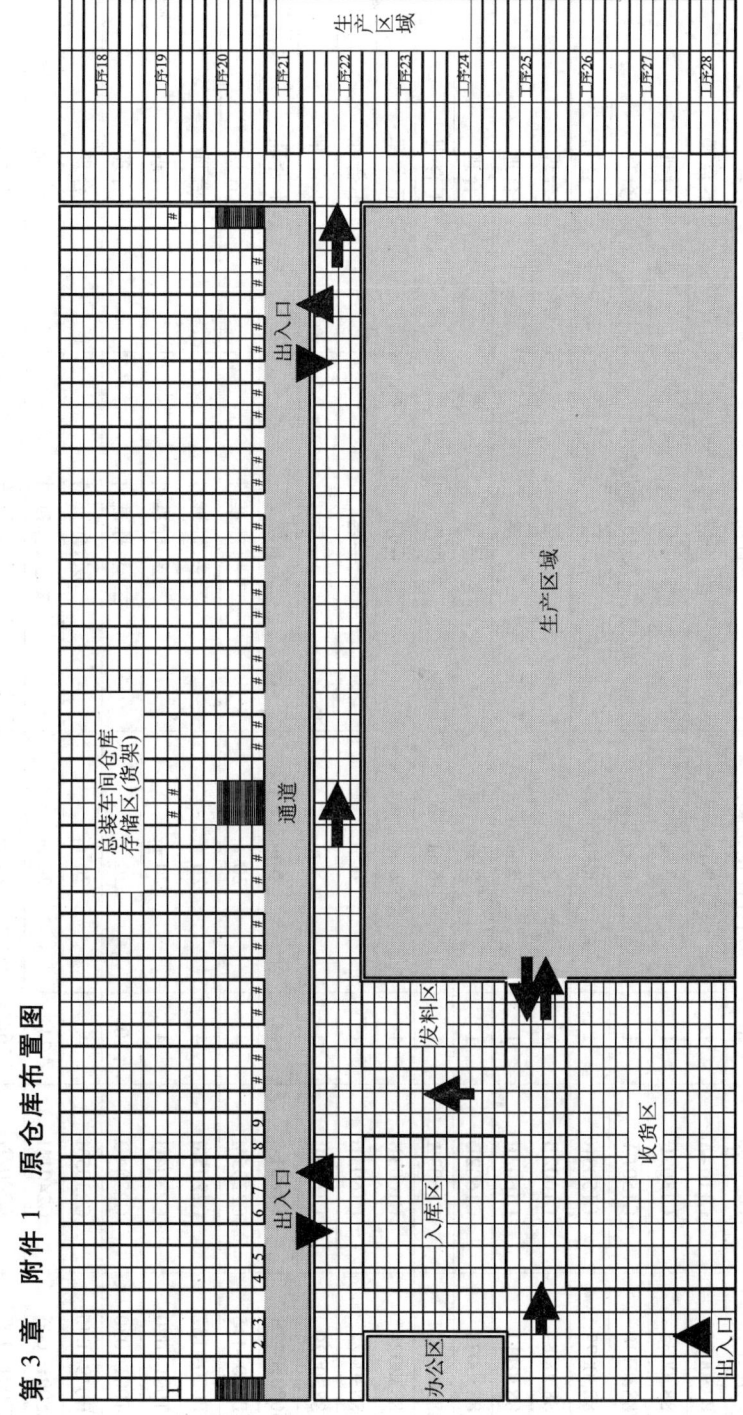

第3章 附件2 工作单M5851的领料单状况

集料起点：C1501A

序号	Part No.	Location	Qty.	所在库位距起点	备注	合理性
1	8830085	C1104A	1	7 m	一层	不合理
2	8830035	C1302C	1	3 m	一层	合理
3	8830110	C1501A	1	0 m	起点，一层15号货架口	合理
4	8830072	C1503N	1	20 m	二层	不合理
5	8830084	C1602B	7	2 m	一层	合理
6	8830111	C1602B	1	2 m	一层	合理
7	8830028	C1602D	1	2 m	一层	合理
8	883022CM	C1603A	1	6 m	一层	不合理
9	8830024	C1603B	1	6 m	一层	不合理
10	8830027	C1603D	1	6 m	一层	不合理
11	8830029	C1604B	4	8 m	一层	不合理
12	66003042S	C1801C	144	6 m	一层	不合理
13	CB020-115	C2205M	4	20 m	二层，标准件	合理
14	CB020-132	C2205M	4	20 m	二层，标准件	合理
15	CT001-020	C2304O	4	20 m	二层，标准件	合理
16	CT001-030	C2304O	20	20 m	二层，标准件	合理
17	CR019-045	C2305M	4	20 m	二层，标准件	合理
18	CS001-006	C2401M	24	20 m	二层，标准件	合理
19	CT001-107	C2402N	162	20 m	二层，标准件	合理
20	CT004-026	C2403N	24	20 m	二层，标准件	合理
21	8830083	C3101A	1	20 m	一层	不合理

第3章 附件3 流程图

流程图

采购件的收货入库(人员)	自制件的入库(人员)	集料出库(人员)
货物到达	生产已完成的自制件	货架上的零部件
收集托盘放到车下	移入库区等待入库	按照Order进行集料
供应商卸货	移入仓库内	放到集料小车上
移到收货区	入库上架	进行数量确认 填写出库单
点数,QA检查		移入集料区等待发料
移到入库区等待入库		发往生产工序
移到仓库内货架旁		
入库上架		

第3章 附件4 调整库位后的工作单 M5851 的领料单状况

集料起点：C1501A

序号	Part No.	Location	Qty.	所在库位距起点	备注	合理性
1	8830085	C1501A	1	0 m	一层	合理
2	8830035	C1501A	1	0 m	一层	合理
3	8830110	C1501A	1	0 m	起点，一层15号货架口	合理
4	8830072	C1501A	1	0 m	二层	合理
5	8830084	C1601A	7	0 m	一层	合理
6	8830111	C1601A	1	0 m	一层	合理
7	8830028	C1601A	1	0 m	一层	合理
8	883022CM	C1601A	1	0 m	一层	合理
9	8830024	C1601B	1	2 m	一层	合理
10	8830027	C1601B	1	2 m	一层	合理
11	8830029	C1601B	4	2 m	一层	合理
12	66003042S	C1801C	144	6 m	一层	合理
13	CB020-115	C2205M	4	20 m	二层，标准件	合理
14	CB020-132	C2205M	4	20 m	二层，标准件	合理
15	CT001-020	C2304O	4	20 m	二层，标准件	合理
16	CT001-030	C2304O	20	20 m	二层，标准件	合理
17	CR019-045	C2305M	4	20 m	二层，标准件	合理
18	CS001-006	C2401M	24	20 m	二层，标准件	合理
19	CT001-107	C2402N	162	20 m	二层，标准件	合理
20	CT004-026	C2403N	24	20 m	二层，标准件	合理
21	8830083	C1601B	1	2 m	一层	合理

第 3 章 附件 5　改善后的流程图

改善后流程图

采购件的收货入库(人员)	自制件的入库(人员)	集料出库(人员)
收集托盘放到车下	生产已完成的自制件	货架上的零部件
供应商卸货	移入仓库内	按照Order进行集料
移到收货区	入库上架	放到集料小车上
点数,QA检查		进行数量确认填写出库单
移到入库区等待入库		发往生产工序
入库上架		

货物到达

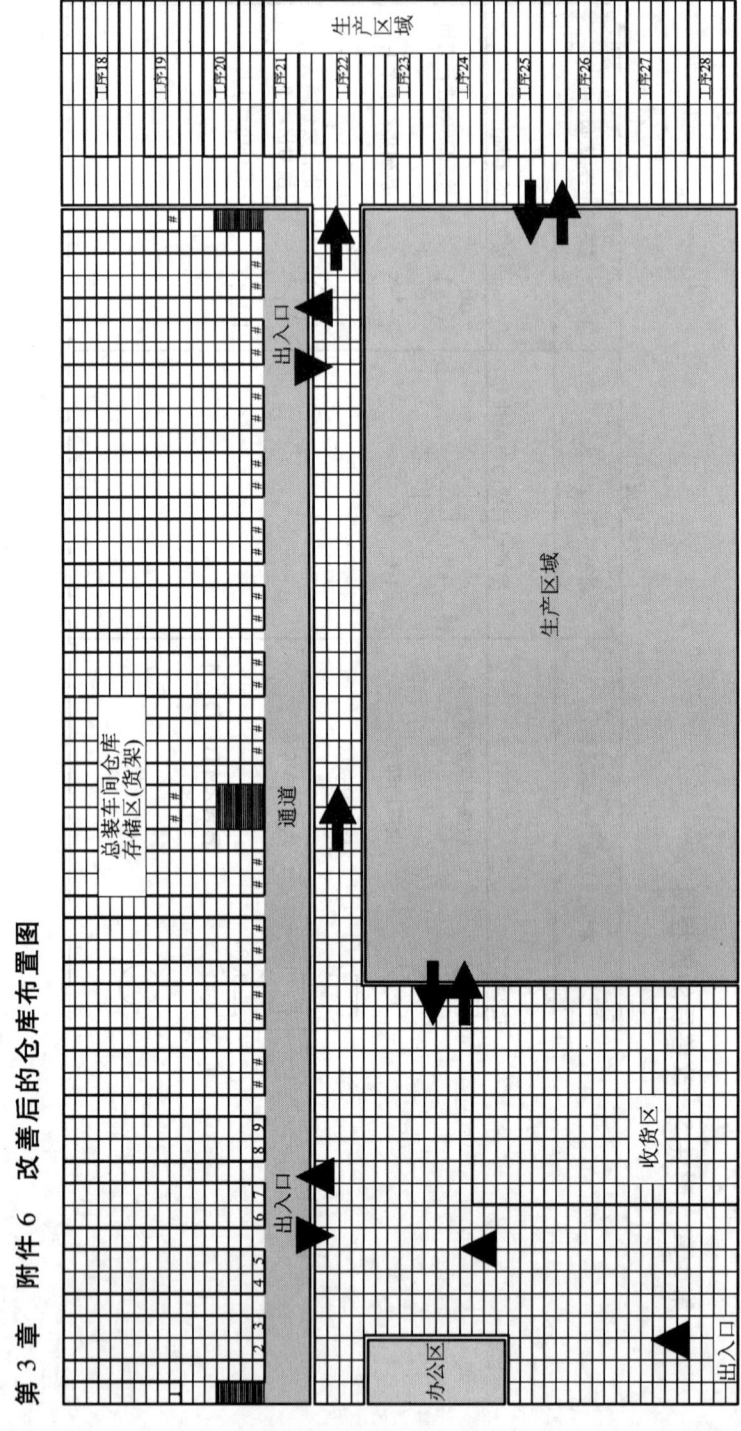

附件6 改善后的仓库布置图

第4章 制冷设备

案例1 BZ公司采购经理工作日记

【案例概要】

本案例取材于一位从事多年采购活动的人士的工作日记。案例通过故事形式表现采购日常运作所遭遇的种种问题以及相应的解决办法，比如部门冲突、加急订货、缺货和库存积压等。

【教学目的】

(1) 掌握供应商国产化步骤与影响因素。

(2) 理解企业部门之间沟通与合作对采购工作的重要性。

(3) 掌握采购运营面临的问题及解决方案。*

【自学时数】

2学时

公司背景

BZ公司是一家以机械制造为主要经营范围的制造型外资企业，其主要产品为精密温控仪器，广泛应用于各种温控系统中，如中央空调、保鲜等领域。该企业引进国外的先进技术，产品技术含量很高，在同行业中有很高的知名度。而且产品的性能价格比优于其他竞争对手的同类产品，因而市场前景看好。

BZ公司如同大多数外资企业一样在华发展经历了三个阶段。第一阶段，首先在中国成立办事处，向市场推广，搞宣传，扩大市场知名度，通过代理的方式，将自己的产品原装进口到中国。这一阶段也称为市场试水阶段。随着产品市场接受程度增高，BZ公司发现如果一味依赖原装产品进口，成本太高，货期也难保证。因为中国客户一般订货计划不强，要求的交货时间短，属于立等可取类型。而欧洲供货方强调按订单生产，通常来自中国订单的交货周期在2个月左右。因此BZ公司在华发展进入第二阶段，即投资设厂，这一阶段主要特点是企业的生产以装配为主，大部分零部件通过母公司从海外采购。随着产品市场日益成熟和竞争对手的模仿，产品竞争更加激烈，制造商需要不断降低产品价格同对手周旋，这时外资企业进入供应商国产化阶段，BZ 公司也不例外。

李穆南小姐从中专毕业来到欧洲背景的 BZ 公司已经快 6 年了。6 年中，李小姐工作兢兢业业，认真钻研，业务能力赢得公司上下的认可，而且在繁忙工作之余，她还修完了国家自学考试工商管理本科课程。凭借出色的工作经历，李小姐的职务如芝麻开花年年见长，现在已荣升为公司采购经理。难能可贵的是，李小姐 6 年来坚持写工作日记，记录自己和部门的工作得失。下面就是摘自李小姐的部分工作日记。

WX-280 的加急采购

BZ 公司进入发展第二阶段时，业务呈现一片欣欣向荣的景象，销售额纪录不断刷新。

在公司产品中，有一款温控仪器，型号为 X-280。该产品上市初期，由于设计先进，性能卓越，加之市场上同类产品很少，市场需求不断增加。X-280 在近 2 年的时间里，成为 BZ 公司的一个很好的利润增长点。X-280 温控器的精密热敏部件 WX-280 需要从欧洲原装进口，以保证整体温控产品系统对温控对象的温度精确的感知。

某日，销售部接到一个非常大的订单，一个华北区的大客户刚刚成功竞标一个国家级项目。该项目中需要 100 台 X-280 温控仪器，但交货时间紧，要求交货期为 2 周。销售部在没有和其他部门沟通的情况下便向客户确认了该订单。

当订单处理人员把该订单录入系统之后，采购与供应部发现库中的 WX-280 仅有 30 个，并且这部分库存已经安排订单，只是离客户要求的交货期还有 1~2 个月。采购与供应部当即向海外供应商紧急订购 100 套 WX-280。但是供应部很快接到海外供应商的订单确认，明确说明该单货物最早于 4 周后发货，无法满足 BZ 公司的交货时间要求。

原来在欧洲制造业很多工厂实行"见单生产"，即他们只有在接到客户的正式订单以后，才向其供应商订货，组织生产。欧洲的制造前置期一般在 4 周以上，加上海运的 1 个月的运输时间（班轮的运输时间），货到中国后办理进出口、清关至少 1 周的时间，再加上原材料到工厂后 2~3 周的国内生产时间，因此，在国内 WX-280 没有库存的情况下，从 BZ 公司的销售部接到客户的订单到产品生产完毕，至少需要 3~4 个月的总前置期。这么长的交货期根本无法满足华北大客户的需求。

怎么办？海运肯定是不能满足需求的，即使改用空运，也要 1 个月的交货期。而且 WX-280 每套净重 20 kg，空运费用将会是一笔不小的开支。换一个供应商呢？不行，该产品是海外供应商为 BZ 公司特制的，也就是说，WX-280 只有一个供应商。经过公司开会研究，为了履行对客户的承诺，公司决定采取以下办法来解决这个难题：

（1）销售部与华北大客户进行充分沟通，希望在 2 周后先交 30 台 X-280 温控仪器，随后的 2 周内，交齐剩余货物。

（2）供应部与海外供应商协调，将交货期提前至 2 周，用空运的方式运出 100 套 WX-280。提前做好所有的进口手续及通关、内陆运输各环节的准备工作。

（3）生产部先将库存的 30 套 WX-280 用于生产，待空运原材料到厂之后，组织加班，1 周内完成生产。

（4）物流部门安排 30 套 X-280 的运输，确保及时到达华北大客户处。

在实际的操作中，由于国外供应商确实不能一下发出 100 套 WX-280，所以经过沟通，改为分 2 批发货，终于保证了货物准时到达。

公司对 X-280 此次抓紧时间交货，事后总结经验教训如下：

（1）销售部在跟客户签订合同时，应先向公司内部人员询问库存状况，再根据客户的具体需求签订合同，避免加急采购。

（2）对于采购前置期较长的零部件，根据以往的销售情况，酌情加大库存量。

采购依据变更

很久以来，BZ 公司由于市场需求还没有到膨胀的状态，公司一直采用"见单生产和见单采购"的原则，并且结合以往的历史销售记录，制定采购计划。随着公司产品市场需求不断增多，原有的采购模式无法满足市场的要求。供应部提出销售部直接接触市场，接触客户，直接了解市场需求。因此要求销售部每月根据市场变化，做出 3 个月后的销售预测，以便采购部门提前备货，满足市场的需求。总经理同意了供应部的请求。该方案运作了 3~4 个月后，效果很好，库存充足，生产安排井然有序，已经很少有客户由于交货期的问题再投诉。

X-280 库存之患

X-280 需求经历过一段高速增长之后，订单量急剧下降。是什么原因导致该产品提前进入衰退期？原来市场上同时出现许多 X-280 的替代产品。其他公司采用国内的部件，生产出许多质量虽不及 X-280，但价格却相对很低的产品，所以导致 X-280 的订单量急剧下降。而 BZ 公司的供应部并未得到相关的市场反馈，还保有大量 WX-280 在库中。等到发现实际订单与原预测有很大差异时，许多货物已经在从欧洲到中国的路上了。

新的问题出现了——库存太高。为什么会出现这种现象呢？供应部对以往的预测和实际销售量做了分析，发现销售人员一般都比较乐观，喜欢多下计划，以便随时提货。如果有一些订单因为种种原因没有签下来，销售人员也不会向总部取消计划中的这部分采购。曾有一个订单涉及一个援外的项目，订单量为 100 多台设备。由于伊拉克战争，该项目被搁置了，但销售人员没有把新的变化通知采购部门。而采购人员对市场并不是很了解，还是按照原来的计划采购，结果该部分的原材料形成高的库存积压。还有一部分原材料由于市场的变化，很少有客户订购，也造成库存积压。

供应部将该信息反馈到总经理处，没想到总经理做了批示，指出销售部的乐观是正常现象，供应部应该追踪订单，确保库存尽快降下来，并责成财务部来督办。

在财务部的大力推动下，许多原有虚拟订单被删除，供应部连续两个月的采购额只及原来的1/3，库存在1~2个月内很快降了下来，财务部经理的脸上露出了笑容。

部门冲突——确定合理的库存水平

财务部经理脸上的笑容尚未消退，新的问题又出现了。因为销售市场火爆，不仅消耗了原来的库存，还产生了大面积的缺货，很多货品数百台地短缺，而且短缺得最多的就是从欧洲采购的精密仪器部件。因为国内的采购可以很快补过来，国际采购则因采购前置期太长，无法迅速补充。这时销售部不仅不能履行对客户一周交货的承诺，还有大批已经到期的合同无法交货。公司甚至动用大规模的空运以弥补不足，最大的一单，仅空运费就高达十几万元。高额的运费使成本迅速增加，但更多的时候空运是治标不治本。缺什么，补什么，导致不断有小件货物需要空运，生产也无法顺畅地安排下去。于是各部门纷纷抱怨，互相指责。

生产部反映，由于产品销售量的增加，维修的部件也相应增加，那么原本在计划中用于生产的部分部件，被临时用于维修了，结果导致相当一部分机器不能按计划生产。通过跟销售部协调，销售部表示，为了客户的利益和公司的信誉，宁可由于部分元件短缺而造成产量下降，也不能降低对客户的服务水平。

财务部抱怨库存周转率不高，资金利用率不高，认为供应部工作效率不高。大家都觉得供应部的工作没有做好，不是缺件，就是库存高。供应部觉得更委屈：我们天天加班，没日没夜地干活，供应不足或过量有许多种原因，怎能全都是供应部的错？到底是哪里出了问题？经过大家的讨论，发现问题如下：

（1）大家对销售预测的准确性重视程度不够，销售预测的准确性不高直接导致采购计划的失真。而且生产部是按照实际的销售订单来安排生产的，供应部是按照销售预测来采购的，预测与现实之间的出入，直接导致了库存积压或货物短缺。

（2）客户服务水平过高。按客户服务部经理的报告，客户服务一直要求要达到客户满意率为99.5%。在供应链管理中，我们追求以最低的成本达到预期的服务水平。这个服务水平的高低，直接影响着库存水平。如果产品的需求呈正态分布，99%的服务水平所需要的库存，可能比95%的服务水平所需要的库存多出近1/3。这意味着1/3的库存只是为了提高4个百分点的服务水平所准备的，其代价和成本自然也是极其昂贵。因此在实施采购和生产计划之前，确定一个合理的服务水平和库存水平是非常必要的。

（3）物料清单的准确性。由于采购计划以物料清单为基础，所以其准确与否直接决定采购人员是否买回了所需要的物料。一件由几百种零件组成的产品，往往会由于缺少一两个部件而无法组装，无法向客户交货，而且99%的部件不得不留在库中等待最后缺件的到来。这样造成库存资源的极大浪费，不仅占用资金，而且占用仓库。用于补救的措施多会采用空运，甚至用 DHL 紧急订购缺件，给公司造成很大的浪费。

例如，有一个从欧洲采购的精密部件 PX33 温控保护装置。该装置属于选配件，但由于这种保护装置可以使温控设备的主机避免由于发生故障而烧掉，有类似于漏电保护的功效，销售部在销售的时候，一般推荐客户选配该部件。但在物料清单中，该部件作为选配件并不在其列。每一次供应部根据销售部的销售预测和物料清单进行采购的时候，无法从系统中得到这种温控保护装置的数量，只是根据以往的历史记录来推算预计的采购数量。但这种历史推算很难跟得上现在市场的变化，该货物经常遭遇短缺的境地。

（4）内部运作与外部销售的沟通不足，部门间的沟通也不足。这不仅反映在市场反馈不足，而且大家对于其他部门的工作及需求不了解，不理解，也不关心。

通过对上述问题的讨论，大家意识到在企业飞速发展的情况下，各部门一定要很好地协作和沟通，才能跟得上企业发展的步伐。

公司的解决方案是这样的：

（1）提高销售预测的准确性。各部门一起参加如何做好销售预测的培训，提高对销售预测的重视程度。由人事部对销售员进行销售预测准确率的考核，将销售预测的准确程度与其奖金挂钩。

（2）对于提高客户服务水平的要求，首先分析其合理性和可行性，销售部和供应部紧密配合，结合公司的采购环境，分析销售趋势并确定出一个合理的库存水平，提交总经理批准。如果认为这样的库存仍然太高，那么就需要相应地调低客户服务水平。该库存水平由供应部专人跟踪。

（3）对于维修的零部件，由客户服务部制定维修备件需求计划，由供应部根据计划单独作备件的储备，避免维修件打断正常的生产安排，如果有特殊情况的确需要调拨生产线上的部件，须有销售总监的批准。

（4）制定合理的采购计划，并时时调整再订购水平和经济订购批量。

（5）技术部负责核对所有物料清单的准确性，消灭由此产生的误采购。根据实际情况酌情调整物料清单，将 80% 的客户选配的部件按照必选件采购，对于少数不选配的客户，由销售部每月底通知供应部调整数量，避免积压库存。

（6）加强与国外供应商的沟通。在国外供应商实行"见单生产"、"零库存"的情况下，尤其要与他们保持密切、有效的沟通，通过年度采购计划和季度采购计划的形式通知供应商及早做出生产和发货的准备。这样可以紧密地跟踪货物的生产情况，及时处理突发事件，敦促供应商及时、准确地发货。

（7）积极推进供应商国产化的进度，尽量减少国际采购部件，尽量减少国际运输。这样可以大大缩短采购前置期，增强企业对市场反应的灵活性。

供应商国产化

随着温控产品市场日益成熟，产品竞争进入白热化。BZ 公司为了适应市场形势，加快了供应商国产化步伐。在国产化的过程中，采购的重心放在供应商的认证和评估工作上。由于国内市场良莠不齐，很多小公司都没有一个如 ISO 9000 等的质量管理体系，更不要说质量实验室，所以对供应商的选择和认证、采购环境的建立是后面采购工作得以顺利进行的基础。

供应部不久就拿到了技术部提供的国产化清单。第一个要进行国产化的是一种不干胶。"这种东西应该很好找呀！"采购员拿着不干胶的实物，心里这样想。现在搜寻一下市场情况吧。

1. 搜集信息

先从不干胶行业入手，从网上搜索制造不干胶的厂家，同时将需求信息发布在阿里巴巴网上。这是一个很好的采购平台，当你有采购需求时，可以将相关的详细信息和图片发布在上面。还可以通过阿里巴巴网的搜索功能，筛出需要的类别和地域，随时了解意向供应商的公司情况。如果对方有贸易通，那么就可以通过贸易通在网上即时沟通。如果对方不在线，还可以给对方留言，取得联系，非常方便。

2. 筛选供应商

供应部自从将不干胶的信息发布出去后，接到了许多厂家的联系信息。在目前信息"爆炸"的年代，如何从铺天盖地的广告、推销中识别有用的供应商信息？供应部从自身业务出发，根据实际需要，设计了一份《供应商调查表》，分资质、企业性质及规模、所占市场份额、技术水平、研发能力、生产工艺状况、生产设备使用情况、质量控制体系、企业管理水平等多角度全方位了解供应商情况，从中筛选出意向供应商 3 家。

3. 考察供应商

在对供应商提供的资料、样品进行充分的研究之后，还要对这 3 家供应商进行实地考察，看一看其实力到底如何。在实地勘察的过程中，供应部按照《供应商实地考察评分表》，对其厂房、设备、人员状况、质量跟踪等各方面予以现场评估，杜绝"李鬼"浑水摸鱼，降低采购风险。

4. 评估供应商

经过两轮的考察和充分的技术沟通，供应部通知这 3 家意向供应商制造样品，说明此不干胶不仅需要按照规定的尺寸生产，最重要的是此不干胶在贴到仪表盘的玻璃上，经过几道工序的处理后，还能从仪表盘上揭下来，并且仪表盘上没有任何背胶的残留物质，专业术语叫"不移胶"。

3 家公司很快就将生产的样品送到供应部，经过现场的实验和质量检测，两家符合要求。

供应商的样品试制过程往往需要双方的技术人员不断沟通，反复改进，最后出来的产品才可能达到企业的要求。而企业在提供供应商样品之前，往往视其技术含量和保密程度的要求，与意向供应商签订保密协议，以防止技术泄漏。在样品通过检测之后，公司中的各相关部门如质量部、技术部、生产部、财务部等会同供应部对供应商分项目予以评估,最后进行加权汇总,得出一个综合得分,作为供应商认证的依据。在此不干胶的供应商评估过程中,质量、技术部和生产部对其样品质量给予评分。供应部从价格、交货期、付款条款、工厂规模和生产线的角度给予评分。最后选取燕郊的一家不干胶专业生产厂家作为合格供应商,另外一家作为备用供应商,向总经理报批。

国产化是一个国际产品或技术与国内厂家磨合的过程,需要耐心地培养供应商,无论是从技术上还是从管理上,都对其予以支持,旨在培养长期合作伙伴。

5. 供应商认证

认证是指供应商通过企业考核,得到许可成为企业合格供应商,可以向其开展采购活动的过程。经过上述几个环节全方位的考察,根据供应商的实际表现和得分,可以将符合企业要求的供应商纳入合格供应商清单中,建立良好的采购环境。

总经理批准向不干胶供应商进行批量采购后,由法律部准备合同,正式开始此部件的小批量采购。第一批交货,数量为 5 000 枚,经过质量检测部门的检验,有少部分边线裁切不齐,并有少量移胶现象,信息反馈供应商,要求将不符合要求的部分重新生产。第二次订货,产品质量稳定,将其正式列入合格供应商清单中。

6. 卖主评估

对于得到认证的供应商,即使其样品通过检测,为了确保以后的产品质量始终如一,也要通过一定的监控评估手段,对卖方实施不间断的跟踪管理,用制度和流程来控制质量,这样的手段就是卖主绩效评估体系。

卖主绩效评估体系主要从以下几个方面以加权的方式考察供应商:

(1)质量:质量对于制造业来说是重中之重,它是企业开拓市场的基石,因此,给予最高的权重。质量的权重一般占到评估总权重的一半以上,该项的评估分数由质量检测部门给出。

(2)货期:是商品可得性的保障,交货期的稳定对于减少断货点作用很大。那么怎样量化到货准时率呢?供应部从与该供应商的第一笔交易开始,记录该供应商应到货时间和实际到货时间,根据这些历史数据来计算到货准时率。

(3)服务:这里是指综合服务,包括售前、售后服务,沟通和信息反馈的及时性,特殊订单的反应速度,发票出具的及时和准确性等。

(4)价格:采购价格是企业产品的主要成本,价格每低一分,相当于净利润增加一分。

(5)投诉:投诉是对卖方不良绩效的一个记录,据此反映以上各方面的具体表现。

根据上述各项评分,不干胶的供应商由于质量稳定、价格合理、服务周到被评定为 A 级供应商,在下一年的合作中与其签订了年度采购协议。

7. 国产化的影响因素

在国产化的过程中,有几个因素直接影响企业的国产化进程。

(1)企业内部的技术支持:由于制造业的行业特点,许多部件均含有相当的技术含量。国内制造的产品要与国际接轨，主要是要达到国际先进的技术水平，所以需要非常强大的技术支持和全程的技术沟通。没有技术支持，几乎谈不上国产化。供应部曾经搜索过一个聚四氟乙烯的环，在国产化的过程中，由于技术指标和要求不明确，导致许多厂家不明白企业的技术需求，当厂家把自己的样品寄至供应部后，技术部门或质检部门不能判断其质量好坏，从而使该零件的国产化程度一度受阻。

（2）国产化的目标：国产化零部件是以达到这些部件本身的功能要求为目标。有的企业觉得国产化就是将进口部件百分之百地复制出来，达到取代进口的目的。为了达到这个标准，可能需要付出许多额外成本，以达到"形神俱似"的目标。合理化的国产化目标是影响国产化进程的重要因素。比如上面提及的不干胶标签，在国产化的过程中，已经找到合适的厂家，产品质量几乎与国外产品一样，只是颜色的深浅稍有不同，一个是深黄，一个是浅黄。这时我们就要考虑在这种功能上完全达标但颜色略有差异的国产品是否满足我们的需求，如果我们一定要国产品无论在功能和外观上都与进口产品完全一致，那么可能公司需要为此支付更多的费用。

（3）公司领导的支持：国产化精密的进口部件，对任何一个公司都是一项挑战，是一项长远的工程，因此需要高层领导的大力支持。发展和培养供应商也需要投入相当多的人力、物力。

【案例分析指南】

本案例的特色是真实地反映了采购日常运营工作。因此，它可以作为读者了解采购工作很好的材料。在阅读和分析案例时，应重点关注采购运营中的冲突和解决方案。

【思考题】

（1）结合案例简述外资企业进入中国市场三阶段，并运用所学的采购知识和案例内容简述采购部门在这三阶段工作的侧重点。

（2）结合案例简述 BZ 公司处理 X-280 加急订单的策略，并指出该企业以后如何避免类似的事件。

（3）BZ 公司应该和 WX-280 温控器供应商建立怎样的关系？对该类物资的采购采取怎样的策略？

（4）你如何评价 BZ 公司总经理对 X-280 库存积压这一问题的意见？它对采购部门是否公平？

（5）结合案例论述设定合理库存服务水平的重要性。

（6）结合案例简述在国产化过程中选择供应商的步骤。

（7）结合案例，请分析 BZ 公司库存周转率不高的原因并提出解决方案。*

（8）结合案例论述采购工作成功的关键点。*

案例 2　DZ公司物流方案选择

【案例概要】

本案例介绍的是一个制造型企业的物流过程，着重于企业仓库的运作情况。在对仓库进行改造时，不要仅仅局限于仓库运作的层面，有时一个全面的改造计划会带来更大的收益。

【教学目的】

（1）了解此类制造型企业仓库的运作过程。

（2）了解案例给出的每一种改造方案的实质含义。

（3）能对各方案进行粗略的成本分析。

（4）对于企业问题的解决方案可以是针对某个环节或某个部门的方案，本案例要求是整体的解决方案。*

【自学时数】

2学时

公司简介

DZ公司于1994年在某沿海城市成立，是一家中日合资企业，主要采用日本技术，生产适合超市使用的制冷设备。员工600人，现在年销售额6亿元，每年以30%的速度递增。DZ公司从1995年至2002年市场占有率一直在30%~40%之间，稳居同行业龙头老大的地位。由于市场竞争越来越激烈，2002年以来，一些小的生产厂家退出了本行业或被其他公司收购，本行业进行了重组，虽然去年DZ公司市场份额有所增加，但竞争对手增加更为迅速。

DZ公司从成立之日起，就与一些大客户保持密切联系，像上海联华、沃尔玛、家乐福、北京华联等每开一家分店都会从DZ公司订购大量的产品，沃尔玛等基本上每家分店都使用DZ公司的产品。DZ公司的产品已销往日本、中国香港、泰国、马来西亚、新加坡、法国、古巴等国家和地区。

日本投资方已经决定增加投资，逐步把日本国内的生产基地向大陆转移，今年DZ公司将新增加20种新产品的生产，所以公司将再增加4条流水生产线。这4条生产线需要12 600m²的厂房，新建厂房的费用是900元/m²。公司的厂区内还有空闲的地方可以建新的厂房。公司厂区平面图如图4-1所示。

作业流程

每周一DZ公司采购科的采购员通过公司的计算机生产管理系统打印零部件需求订单，然后马上将订单传递给供应商，供应商按订单安排生产、发货。外地供应商通过铁路、公路、航空将零部件发到当地中转站，再由DZ公司派车提货；本地供应商将零

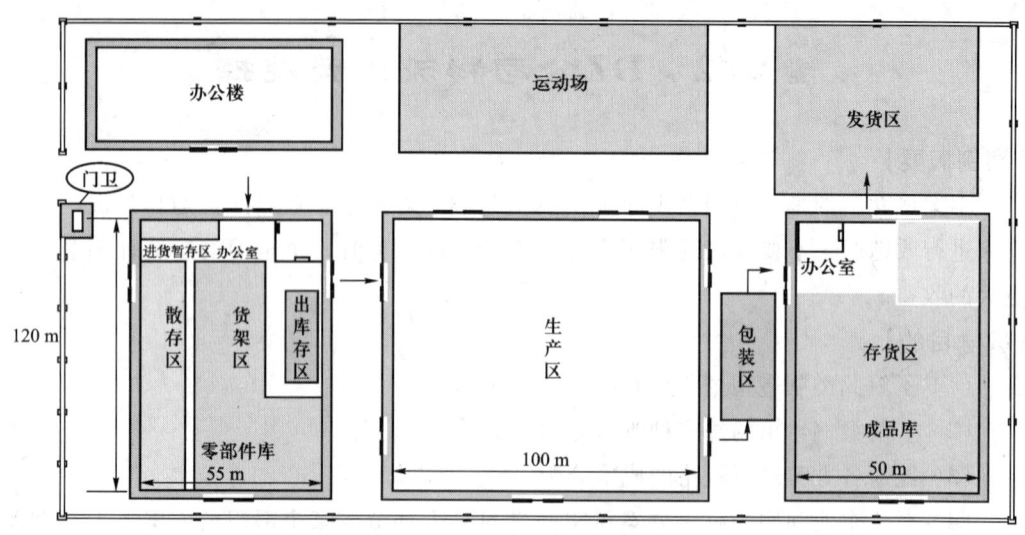

图 4-1　公司厂区平面图

部件直接送到 DZ 公司的仓库。零部件仓库保管人员负责验收零部件、上架、录入计算机仓库管理系统。仓库管理人员根据生产计划，一般提前两天按计算机计算的领料单准备好零部件，提前半天送到生产线。在每周二至周五期间，采购人员处理因生产计划调整而追加订货或调整交货期与供应商沟通与协调。

成品从生产线下线后，在包装区域内，包装、粘上标签，进入成品库。经成品库保管人员验收、入库，录入计算机管理系统。发货人员根据计划科转来的客户订单，安排发货车辆，按订单的数量、交货日期准时发货。公司存货缓冲点的示意图如图 4-2 所示。

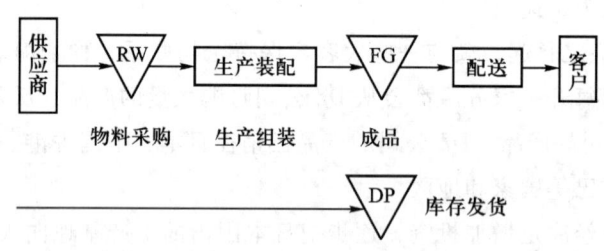

图 4-2　公司存货缓冲点的示意图

DZ 公司现在有 200 多家供应商，5% 的供应商是大型企业、垄断企业或同行业中技术卓越的企业，很难就降价达成协议。50% 的供应商在本地；外地供应商 40% 在以上海为中心的华东地区，最远的供应商在广州。采购人员 11 人，人均月工资 2 200 元。

仓库运作

DZ 公司为了保证连续生产，储存了约 14 000 种零部件。零部件库房面积约

6 600 m², 库房高度是 8 m, 货架区货架是 3 层, 有效高度 2.5 m, 人工上架。散货区使用液压手动叉车摆放和移动托盘, 只能放单层托盘, 有效高度 1.5 m。零部件库存金额约 4 500 万元, 保管员 16 人, 每天处理 2 000 个零部件, 人均月工资 1 200 元。取暖、空调、照明等费用每年约 30 万元。

在零部件仓库拣货时, 保管员推着平板车或拉着手动液压叉车, 把零部件从货架上搬下来, 取出所需数量, 再把余下的零部件放回架子上。有的存放区堆放拥挤, 为了先进先出, 每次拣料都要先将外面后到的零部件搬出, 取出里面的零部件, 再将其余的摆回去。有的存货区通道宽度较窄, 货物摆放不整齐, 取货困难。

成品包装人员共 10 人, 人均月工资 1 000 元。成品库存约 2 000 万元, 成品库面积约 6 000 m², 保管员 5 人, 月工资 1 200 元。取暖、空调、照明等费用每年约 25 万元。成品运输费用每年 1 100 万元。

成品发货: 发货车到仓库后, 司机直接找到成品仓库管理员, 安排货物, 人工装车。每次发货单据多一些时, 车辆都到厂区装货, 装车现场混乱, 时常需要加班发货。有时发货车 8 点就到公司了, 但一直到晚上下班还未全部开出。成品发货应该安排一名调度人员, 由他来根据发货量合理调配发货车辆, 合理安排装车次序。

改进方案

DZ 公司根据目前的状况, 提出了 3 种改进方案。

- **方案一**

零部件库增加 3 台电动叉车, 将保管员调整为 5 人, 叉车工 3 人。在存货区更换货架, 将 8 m 的库高充分利用起来。在散货区和发货区也全部改为货架。零部件重新划分存放区域, 存放时全部使用托盘, 便于叉车作业, 节省拣料时间, 提高拣料速度, 最大限度发挥叉车的作用。

研究历史数据, 分析每一种零部件的使用情况, 结合供应商的生产周期、运输费用等, 计算出合理库存量、最佳订货点, 严禁随意改动, 将库存数量维持在一定的水平。新增的每台叉车采购价是 11.2 万元, 每年运行费用、维修费用和人员工资是 1.8 万元。增加和改造货架需要资金 26.2 万元。

成品库建一个发货月台, 这样货物可以直接由叉车叉到车厢的任何位置, 降低叉车司机的工作强度, 提高装车速度。将成品库调整为 4 人, 1 个叉车司机, 1 个保管员, 1 个发货员, 1 个调度员。调度员负责处理计划科转来的发货单, 根据货物尺寸、重量、调配发货车辆, 安排发货时间和装车次序。

- **方案二**

在公司附近租赁一个仓库, 将数量多、资金占用量大、体积大、易于叉车操作的零部件转到此仓库, 由相关的供应商支付租金, 派人管理。库存数量由供应商根据 DZ 公司的生产计划自行确定。此仓库的人员根据 DZ 公司的生产计划、领料单, 提前一天将生产所需的零部件送到 DZ 公司零部件库指定区域, 这时 DZ 公司才认为已经采购。

由于大量零部件转出，DZ公司零部件库的工作人员减少到4人，3人负责DZ公司库房以前正常的工作，1人负责处理与租用仓库之间的协调和零部件接收工作。

压缩公司成品库库存数量，根据各区域代理商报的销售预计，将成品发到各办事处，与办事处建立起销售与库存管理系统，DZ公司的计划科人员根据系统中的数据，及时向办事处发货，补充办事处的库存或调配办事处之间的品种、数量，以便能及时、准确、高效地满足客户需求，最终成品库存量降低20%。

在厂区内新建一个厂房，安装4条流水生产线。

- 方案三

将DZ公司的零部件库、成品库、采购、运输全部外包。通过招标，确定一家物流公司，物流公司的计算机系统与DZ公司的计算机系统对接，物流公司共享DZ公司的生产计划、采购物料清单、领料单、供应商信息、客户信息及订货情况等数据。物流公司根据DZ公司的生产需求情况，向公司认可的供应商发出订单，订货数量、库存量由物流公司根据DZ公司的生产计划、历史数据确定最佳批量、订货点；物流公司根据生产计划和物料清单，将DZ公司所需零部件的数量，按使用岗位的不同分拣出来，并标识明确，在前一天下午送到DZ公司指定位置，并与负责人员交接。

物流公司送货车返回时，将成品拉回物流公司，并进行包装。物流公司根据DZ公司客户的订货情况，安排发货车辆、发货时间，保证及时准确地到达目的地。

DZ公司负责成品的保管费、发货费；直接从物流公司购买零部件，对零部件的保管费、运费，DZ公司不负责。公司将成品库、零部件库取消，将原库房人员调整为3人，1人负责成品出厂，2人负责零部件的接收。将采购员调整为1人，负责与物流公司的协调和结算。将以上人员组成一个新部门，增加1个主管人员负责总体协调。撤销产品包装人员。

在原库房内，新建4条流水生产线。

【案例分析指南】

在选择改进方案时，要评判每个方案的实施成本以及带来的收益，进行定量的考察。除此之外，还要考虑对公司绩效和运作带来的影响，定性地考察每个方案。

【思考题】

(1) 方案二的实质含义是什么？方案三的实质含义是什么？

(2) 分析各方案的优缺点，对各方案进行成本分析。

(3) 你认为哪一个方案是最优的？说明你的理由。

(4) 为DZ公司提出其他的可行方案。*

第5章 家电行业

案例1 HR公司供应商网络优化之路

【案例概要】

本案例取材于中国一家旗舰家电制造商实施供应商网络优化的经历。该企业在国际化进程中，对供应商进行了重新的评估和选择，取得引人瞩目的成果。但在选择供应商时过于强调国际化，反而给企业竞争力带来了不利的影响。

【教学目的】

(1) 供应商评估程序和考虑因素。
(2) 供应商淘汰程序和策略。
(3) 了解家电物流管理的特点。
(4) 了解供应商关系种类和管理对策。*
(5) 企业实际工作中如何使用采购与供应象限图。*

【自学时数】

3学时

引 言

欧阳文从内地一所不知名的大学分配到这家中国旗舰家电企业工作已经5年。尽管教育背景不突出，但欧阳文工作勤勤恳恳，谦虚好学，再加他在上大学期间担任学生会干部的经历所锻造的组织能力，使他深得企业管理层的赏识，工作几年后职务已从普通采购员提升到供应链高级经理，亲历了企业大大小小的物流与供应链改进项目。但苦于工作的繁忙，一直没有对工作进行总结，所以欧阳文总想找机会对自己的工作进行一次系统的回顾。恰好最近接到中国交通运输协会人力资源培训中心供应链研讨会的邀请作为演讲嘉宾，和物流同仁分享他加入HR公司5年来，公司在物流管理方面所发生的变化，尤其是他在供应商网络建设领域所积累的经验和心得，希望可以为以后物流同仁实施类似项目时提供一些借鉴。以下是根据欧阳先生的演讲稿改写的案例。

公司背景

HR公司成立于20世纪80年代，在公司领导人张先生的领导下，公司从一个濒临破产的小厂快速成长为中国乃至世界前列的家电制造商，产品门类从只有一个型号的冰箱产品，发展到现在拥有包括白色家电、黑色家电、米色家电在内的近百个大门类和超过10 000个规格品种的产品群。公司多元化战略涉及生物制药和金融保险等领域。该公司已经建立了一个具有国际竞争力的全球设计网络、制造网络、营销与服务网络。至2003年，HR公司已有设计中心18个；建立工业园9个，其中海外有3个；13个海外工厂；58 800多个营销网点；11 976个服务网点。HR产品已进入绝大多数欧美大型连锁店。公司近20年的发展经历了一个从名牌战略、多元化战略到国际化战略的世界名牌发展历程，取得了辉煌的成就。随着企业规模扩大和全球化，企业面临的挑战与日俱增，比如部门不协调和小集团利益等大企业病，比如企业全球化所需要的全球供应链建设。为此，HR公司1999年启动了以市场链为纽带的业务流程再造。在这场至今还在继续的管理变革中，整合出HR物流、商流、资金流和信息流等部门，从而形成新的市场链运作模式。

HR公司物流的管理

- **HR公司物流本部的组织结构**

流程再造最显著的一步是公司成立了物流推进本部。HR物流主要担负着HR集团所有生产事业部零部件的采购、配送和成品的仓储、分拨等工作。物流本部组织结构如图5-1所示。

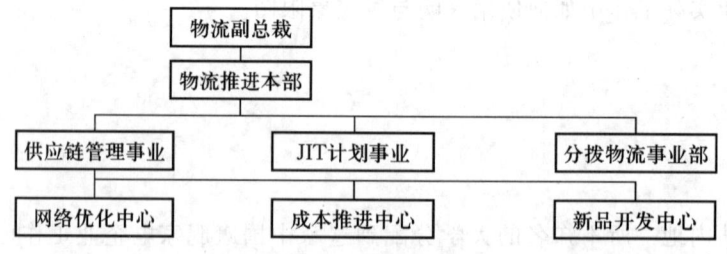

图5-1　HR公司物流本部组织结构图

- **HR公司物流管理模式**

1. 按单采购

在HR公司，仓库不再是存储物资的"水库"，而是一条流动的"河"，河中流动的是按单采购和生产所必需的物资，也就是按订单来进行采购、制造等活动。这样，从根本上消除了呆滞物资，消除了多余库存。

目前，HR集团每月平均可接到5 000多个销售订单，这些订单的定制产品品种6 000多种，需要采购的物料品种达20万余种。在这种复杂的情况下，HR物流整合以来，呆滞物资降低90%，仓库面积减少88%，库存资金减少63%。同时建成的HR国际物流中心，货区面积7 200 m²，但它的吞吐量却相当于30万 m²的普通仓库。同样的工作，HR物流中心只需9人，而一般仓库完成这样的工作量至少需要上百人。

2. 三个JIT流程

3个JIT即JIT采购、JIT材料配送、JIT分拨物流，来实现同步流程。由于HR物流采用先进的设备、ERP管理系统和计算机信息管理的支持，通过3个JIT来实现同步流程。

3. 信息化管理

企业外部，HR公司的CRM（客户关系管理）和电子商务平台的应用架起了与全球用户资源网和全球供应链资源网沟通的桥梁，实现了与用户的零距离。目前，HR公司100%的采购订单从网上下达，使采购周期由原来的平均10天降低到3天；网上支付已达到总支付额的80%。

企业内部，计算机自动控制的各种先进物流设备不但降低了人工成本、提高了劳动效率，还直接提升了物流过程的精细化水平，达到质量零缺陷的目的。计算机管理系统搭建了HR集团内部的信息高速公路，能将电子商务平台上获得的信息迅速转化为企业内部信息，以信息代替库存，达到零运营资本的目的。

4. 第三方物流

HR公司物流运用已有的供应商网络与资源、全国配送网络，并借助信息系统，于2002年开始利用现有资源和网络，开展第三方分拨、第三方采购。HR公司物流目前已经成为日本美宝、AFP集团、乐百氏等公司的物流代理，为新经济时代快速满足用户的需求提供了保障，实现零距离服务，使HR公司物流成为新经济时代集团发展新的核心竞争力。

供应商网络的优化与国际化

HR公司物流在整合集团内部原有的供应商资源初期，发现这样不争的事实：不但供应商数量众多，而且从总体上来看，普遍存在企业规模小、技术水平低的现象。

对此，HR公司物流开始进行了供应商的网络优化工作。以质量、成本、交货期为主要衡量指标，淘汰不合格供应商，重点引入拥有为国际知名家电企业长期供货经验的国际供应商，积极推进国际供应商参与HR公司的产品前端开发与设计，从根本上提升HR公司产品的市场竞争力。

- **建立网络优化的考评体系**

为了确保网络优化工作的质量和速度，HR公司物流在协调其他各部门相互配合的基础上，首先建立起了一整套的对现有供应商的考评体系："TQMC考核机制"。该机制由以下几方面组成：

质量方面：由质量检测公司、产品事业部质管部门配合，对所有的供应商进行质量水平考核和统计，每日通过看板公示当日各供应商的质量水平，并每月、每季度及每年都进行综合考评。

成本方面：由产品事业部和物流本部的成本核算部门适时反馈各供应商的价格情况，并提供出每个供应商的降价情况予以通报。

交货期方面：由各个JIT订单执行处适时反馈各供应商的交货情况、每日延误生产情况。

参与研发方面：由新品管理处和产品事业部的开发部负责考核，考核每个供应商在参与HR产品开发设计方面的积极性和研发成果。

通过对每一个供应商在质量、成本、交货期和参与研发等方面进行全方位监控和考核，为供应商网络优化工作提供了优化依据和优化标准。

- 建立不合格供应商的淘汰机制

根据考核结果，对优秀供应商给予奖励，主要在供货配额、供货种类、新品开发等方面予以调整。对于考核不合格的供应商，限制供货份额。连续3个月考核不合格的供应商，予以淘汰处理。通过引进国际化供应商，将那些规模小、质量水平差、技术水平低、没有发展潜力的供应商淘汰，达到对各类零部件合格供应商整合的效果，使得各类零部件的供货商网络更加合理和优化。

对于供应商的淘汰，主要参照供应商考评结果予以调整，比如，2002年6月份的月度供应商考评结果中，XF电器的月度考评为不合格，而且在2002年4、5月份同样为不合格，针对这样的供应商，资源管理部门会根据供应商考评结果，将XF电器这类的供应商列为淘汰对象。要淘汰XF电器，先期的工作是做好准备，首先列出XF电器的供货明细，并分析每一个供货部件的供应网络状况。XF电器为HR集团商用空调、家用空调、洗衣机、冰箱、燃气灶等6个生产事业部供应零部件，共计33种零部件，其中21种为非单点供货，可以通过系统中的供货配额调整，直接取消该公司的供货配额。剩余12种为单点供货，其中1个已经不再采购，其余11种部件，按照原先模具使用协议，将生产这11种零部件的模具直接调离该公司，调入优秀供应商，以激励考核优秀的供应商。

对于没有模具的电器零部件供应商的优化，可以利用同样的分析方法列明所供应部件，对于单点供货的零部件，利用样件、图纸及技术要求进行重新开发，开发完毕后将新样件交由检测公司予以验证，样件如果合格，进入500件小批量试生产，通过生产事业部生产使用，合格后即可批量采购该公司的部件。这样就可以替代原不合格供应商的供应部件。

- 引入国际化供应商

家电行业是一个高度成熟的行业，为家电产品配套零部件的高水平企业相对比较多，这些供应商不但在生产技术、质量管理和客户服务方面具有丰富经验，而且在成本和反应速度方面也是很有优势的。

对于国际化供应商的引入，HR 公司首先在信息的获取渠道方面做到了国际化，通过各种媒体、诸多的行业协会、国际上的政府和非政府组织、与 HR 公司有着良好关系的国际知名企业的帮助，同全球的各行业的著名企业取得联系，洽谈合作。

初步洽谈后，网络优化员根据供应商提供的资料予以初评，如果初评合格，就要予以现场评审，由一个小组来进行。该评审小组由资源管理部（供应商管理部门）、检测公司（质量控制部门）、生产事业部（产品开发部门）联合组成，由网络优化员牵头组织评审，并按照评审表格要求打分，最终根据三方分值得出评审结果。

- **网络优化的成就**

供应商优化的成果首先在数量上使供应商由原来的 2 336 家优化至目前的 721 家。国际化供应商的比例达到了 82.5%，并且仍在不断提高，从而建立起强大的全球供应链网络。通用电气、艾默生、巴斯夫、陶氏化学等世界 500 强企业都已成为 HR 公司的供应商，使得 HR 集团具有了在全球整合资源的能力。

在产品方面，HR 公司的产品越来越多地采用了国际上最高水平的零部件、组件，从质量和性能方面提高了 HR 公司产品的市场竞争力，提升了 HR 公司的品牌价值。因为作为中国综合实力最强的家电企业和跻身世界家电名牌的家电品牌，HR 公司在设计以及营销方面可以称为专家，但是，在涉及各行各业的零部件的设计方面，HR 公司不一定就是专家。因此，在网络优化工作的同时，HR 公司通过实施并行工程，搭建相应的平台，吸引了一大批国际化大公司以其高科技和新技术参与到 HR 公司产品的前端设计中，不但保证了 HR 公司产品技术的领先性，增加了产品的技术含量，同时也大大地降低了采购成本，提高了开发的速度。例如，在线束产品方面，海泽公司作为 HR 公司的国际化分供方，主要为 HR 公司供应各种线束，通过网络优化人员的推进，该公司积极地参与 HR 公司产品的前端设计开发，将 HR 公司彩电的线束零部件产品的型号，从近 100 种规格型号整合到了 16 种，从而使得这类零部件在采购、仓储、生产、售后等诸多环节上都能够受到标准化所带来的效益，每年可以降低采购成本 300 多万元。

在技术交流方面，HR 公司的物流部门、科研部门、产品生产部门，甚至一直到销售部门和各其他支持部门，由于国际化供应商的参与，都直接面对国际上先进企业的各种高级人才的影响，使得整个集团在管理、技术等方面日益同国际接轨。"下棋找高手"，国际化的供应链资源网络是国际化的 HR 公司不可分割的一部分。

供应商网络优化存在的问题

HR 公司物流在进行供应商网络建设和优化过程中，确实取得了很好的效果，但是值得注意的一点是，在供应商网络优化中，对于电脑板、电阻电容、程控器等电子类零部件供应商的优化，与塑料件、冲压钣金件、包装箱、泡沫件等机械类零部件供应商的优化，采用同一个优化标准，片面强调供应商国际化，这势必为企业带来不利的影响。分述如下：

- 质量

电子类零部件对于家电厂家来讲，属于关键的部件。一台空调的电脑板、遥控器或者压缩机等关键部件出了问题的话，企业失去的将不仅仅是客户，而且是市场和信誉度！因为这类零部件在用户那里将经常反复使用，使用频率很高且时间长，所以就对该类零部件的质量提出更高的要求。但从供应市场来看，国际知名电子部件供应商与国内电子部件供应商在产品质量上存在着较大的差异。因此，在选择电子类零部件供应商时强调供应商国际化是合理和必要的。

而机械类零部件的生产大都是供应商从 HR 公司物流领料进行加工，从加工工艺、模具的制作、包装运输等流程看，国内供应商与国外供应商并没有体现出太大的差距，因而国外供应商与国内供应商在产品质量上基本处在同一水平。但从公司供应商优化标准来看，机械类供应商与电子类供应商使用的都是同一标准，这显然是不合理的。

- 成本

机械类零部件的技术含量相对比较小，属于劳动密集型产品，因此该类零部件的成本竞争比较激烈。目前国外的家电机械类零部件供应商在国内投资还比较少，如果机械类零部件供应商与电子类供应商优化使用统一标准，强调供应商国际化，就需要引进机械零部件国际供应商在国内投资，进行厂房建设，购置新设备，开发新模具。按照 HR 公司目前供应商标准，一家供应商一期投资需要达到 8 000 万元，投资回收期最短也要 5 年，也就是说每年 HR 公司物流要为这样的一家公司承担 1 600 万元的投资支出，不然，这家供应商就无法生存！

HR 公司和当地机械类零部件供应商通过近 20 年的配套合作，已经为这批当地化企业完成各种固定成本的折旧和利润目标，比那些新投资建厂的企业有着不可比拟的成本优势。

- 交货期

国际化供应商由于地理位置的因素，需要长途运输，除了从成本上没有竞争力外，在交货期上同样处于弱势。

HR 公司的销售、生产和采购都采取的是订单拉动模式，个性化产品满足市场需求的理念对供应商的交货期提出更高的标准。柔性生产的计划安排，要求供应商随时补货，这样对于一个非当地的供应商来说将是致命的。

很多国际化供应商做不到 24 小时服务的承诺，对于目前 HR 公司执行的生产计划是不合拍的。因为脱离了供应商的参与和配合，再好的产品也生产不出来。

供应商的交货期如果不能够满足 HR 公司的生产需求，HR 公司物流的正常运转将大打折扣。

问题对策

对于以上问题的出现，欧阳先生认为公司应该建立多层次的供应商管理网络。具体策略如下：

- **使用 ABC 和 XYZ 分类法对现有零部件和供应商进行分类**

对于一个大型家电企业,供应商有 700 多家,必须分清主次,对主要供应商实施重点管理,这样有利于节约企业的人力、物力和财力。可以按照 ABC 分类法对零部件及供应商进行分类。ABC 采购中基本分析原则可以参考图 5-2。

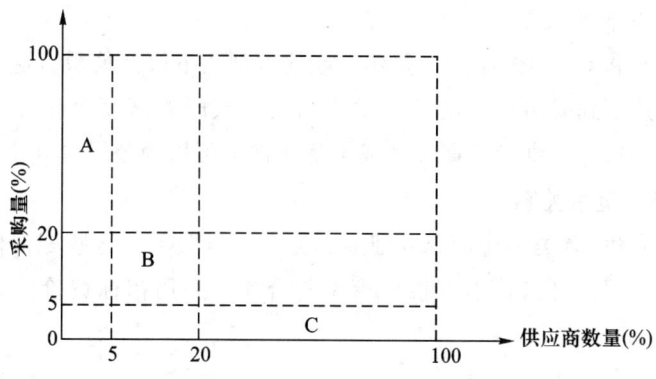

图 5-2 采购 ABC 分类示意图

一般情况下:

A 类供应商数量:5%,供应量:80%;

B 类供应商数量:15%,供应量:15%;

C 类供应商数量:80%,供应量:5%。

根据单台家电产品的零部件种类、价值、重要性分类,这种方法可以参照 XYZ 分析法。ABC 和 XYZ 分析法共同使用时可以参考表 5-1。

表 5-1 ABC 和 XYZ 分析法共同使用的采购策略

	A	B	C
X	大量采购	采购量适中	小采购量
	电子类部件	电子类部件	电子类部件
Y	大量采购	采购量适中	小采购量
	系统类部件	系统类部件	系统类部件
Z	大量采购	采购量适中	小采购量
	机械类部件	机械类部件	机械类部件

X:电子类部件,包括电脑板、压缩机、电机、电容、电阻等;

Y:系统类部件,包括冷凝器、蒸发器、标准件、敷料等;

Z:机械类部件,包括塑料、冲压钣金、泡沫、印刷、包装等。

- **对不同类别零部件及供应商实施分类管理,形成多层次的供应商关系网络**

1. 战略型合作伙伴关系

对于 AX、AY 和 BX 类供应商,要通过各种形式建立起战略型合作伙伴关系。因为这几类供应商对于家电企业起着至关重要的作用，在供应商的质量、成本、交货期和参与研发等方面全面合作，将会提高自己的产品竞争力。

这几类供应商的选择也要严格把关，无论从供应商实力、资格、供货经验、成本竞争力、行业内领先水平，还是从服务看，都要达到国际化领先供应商的水准。

2. 战术型竞争伙伴关系

对于 AZ、BY 和 CX 类供应商，要建立起战术型竞争伙伴关系。这几类零部件也是比较重要的，但达不到战略型，与这些供应商要形成既有高度合作的关系，又要建立相互竞争的机制，这样从供货长期性和成本优化性上可以为公司提高市场竞争力。

3. 运作型完全竞争关系

对于 BZ、CY 和 CZ 类供应商，要建立起完全竞争关系。这些零部件的采购量、重要程度与前两种不同，可以让多家供应商参与合作，采用招标竞价的方法，降低采购成本。

后　记

从实践来看，HR 公司 2004 年的遭遇印证了欧阳先生上述的分析（注：上述分析成文于 2003 年初）。估计是为了跨进 500 强的雄心，HR 公司 2003 年年底开始采用与其以前产品强调个性化策略相异的竞争战略，提出大订单、大客户的竞争战略，即强调规模生产和销售，积极提高销售额。但公司前述片面强调供应商国际化的策略，导致公司竞争战略的调整没有得到全面的实现。

【案例分析指南】

使用本案例时，读者主要关注 HR 公司供应商网络优化过程中值得肯定的地方和需要商榷的地方。采购与供应象限矩阵的灵活运用也是本案例另一个应该重点关注的内容。

【思考题】

（1）请结合案例内容简述供应商评估应考虑的因素。除了案例中列举的供应商评估因素，一个通常的供应商评估过程还应该评估哪些因素？

（2）供应商的评估应包括企业哪些部门的参与？

（3）结合案例内容，简述供应商淘汰的程序。

（4）结合案例，描述欧阳先生是如何通过 ABC 和 XYZ 分析进行供应商分类的。

（5）请评价案例中关于建立多层次的供应商关系网络的三种对策。

（6）通常在大型企业中，除了采购生产物资以外，采购活动还包括大量采购非生产物资，比如办公用品、固定资产等，请简述采购非生产物资与采购生产物资相异之处。由此导致二者在供应商选择侧重点以及采购控制方面有何不同？

（7）HR 公司成立物流推进本部以来开始在集团中推行集中采购。请你结合所学过的采购管理知识，简述 HR 公司集中采购可能遇到哪些问题。*

（8）随着企业规模日益扩大，为什么 HR 公司在采购海外物资时强调采用 FOB 贸易条款？*

（9）为什么后记中提到公司前述片面强调供应商国际化的策略，导致公司竞争战略调整没有得到全面的实现？*

（10）通过本案例和案例"PS公司销售物流改进"，谈谈家电物流有何特点。*

案例2　PS公司销售物流改进

【案例概要】

PS公司是一家大型家用电器制造企业，年产销量达到200万台。公司拥有35种类型的产品，这些产品被销往全国各地。为了满足越来越短的客户供货期，企业不得不在全国各地设立外部成品仓库。问题也随之而来——有限的产品在全国的外部仓库分布不尽合理，经常发生一些区域断货、丧失销售机会，而另一些区域产品积压滞销的情况，由此给企业造成很大的损失。

PS公司利用ABC分类法加强了对产品的分类管理，对利润贡献大的产品进行重点控制。同时强调各类别产品的销售预测的准确性，并对补货流程进行统一管理，严格控制。由此公司在库存管理的各项关键指标都有了很好的改善，同时帮助公司降低了销售成本。

【教学目的】

（1）库存ABC分类法及其具体运用。
（2）掌握库存改进策略及其运用。*
（3）如何设定物流管理KPI指标（关键绩效指标）。*
（4）如何运用KPI指标评价物流管理效果。*
（5）从公司和供应链层面上提出PS公司解决库存问题方案。*

【自学时数】

2学时

引　言

由于拥有7年多的物流仓储管理经验，并且还取得了运营管理方面的MBA学位，陆经理在半年前被PS公司的赵总经理诚邀加入该公司。赵总经理希望能借助陆经理丰富的物流工作经验，扎实的理论功底，帮助公司解决众多制造业企业所普遍面临的问题：库存控制和销售机会之间的平衡。在这一方面，PS公司遭受了相当大的损失。陆经理上任之后的第一个主要任务就是解决这一矛盾，降低PS公司的销售成本。

今天，陆经理到新公司上任已经满半年了。他一大早就来到位于市中心的办公室。他叮嘱秘书，除了必要的会议外帮他推掉所有应酬，因为他需要静静地回顾一下过去的工作，准备向总经理汇报他的工作成绩。

PS 公司概况

- **企业背景**

PS 公司是一家跨国大型的电器生产制造型企业，从 1978 年开始向中国出口产品，迄今为止已向中国出口了多品种的产品和零部件。另一方面，还提供了彩色电视机等 AV 家电、电冰箱等家用电器的生产设备和技术，推动了此类产品的国产化进程。1987 年，PS 公司首次在中国（北京）成立了合资公司。之后，又相继成立了从家用空调、洗衣机等家用电器到通信设备、图像、音响、半导体等生产器材的广泛领域的合资公司。能取得今天的发展，主要是 PS 公司将下列 6 个方面作为成立合资公司的指导思想。

（1）要开办受中国当地欢迎的事业。

（2）开展符合中国国家发展方针的事业。

（3）生产具有国际竞争力的产品。

（4）促进技术转让。

（5）独立自主经营。

（6）培养中国当地企业管理、技术人才。

- **产品销售**

整个 PS 公司在 2003 年的销售量为 200 万台，产品的品类为 35 种。作为这样一家大型的电器制造和销售商，PS 公司在北京、上海、天津、西安、成都、武汉、长沙、广州、济南、杭州、厦门等全国 20 多个省市建立有销售网点，并且致力于建立一个最好的销售团队。正是由于销售团队建设的力量不平衡，同时各地消费能力也不一致，造成了目前库存与销售机会的矛盾。因此，陆经理一上任，便立即了解 PS 公司的运作流程。

- **业务模式**

为了解决库存和销售的两难问题，陆经理决定先要弄清楚 PS 公司目前的业务模式和业务流程。他根据企业的组织结构和年度报表，绘制了一幅 2003—2004 年的企业流程图，如图 5-3 所示。

企业遇到的问题与挑战

PS 公司遇到的问题是：库存控制和销售机会之间的平衡。具体而言，由于客户对供货期的要求越来越高，PS 公司不得不在全国各地设立外部成品仓库，以缩短客户订货的前置期。随之而来的问题是，有限的产品在全国的外部仓库分布不尽合理，经常发生一些区域断货、丧失销售机会，而另一些区域产品又积压滞销的情况。由此产生大量的外部仓库库间调拨、滞销品降价处理等现象，给企业造成很大的损失。

陆经理上任后不久，依照过去的经验，设定了一些"关键绩效指标"，即 KPI。根据这些指标，他可以衡量现实状态，并指出将来的目标。在观察完企业的整个生产流

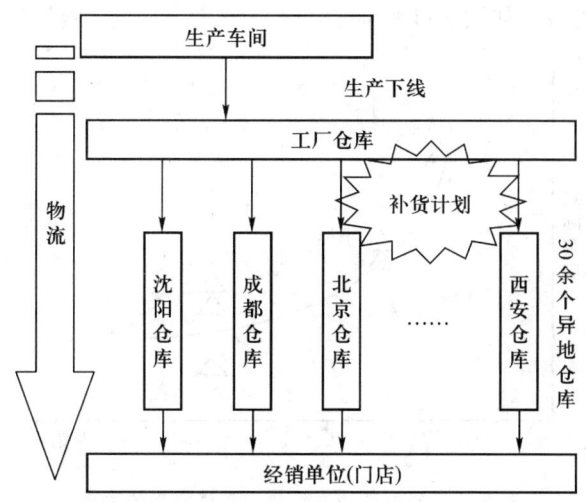

图 5-3 PS 公司的企业流程图

程和仓储布局后，陆经理根据报表，对 PS 公司 2003 年度的整个外部仓库管理状况进行分析。他发现，单个仓库单个型号月度断货次数，也就是平均断货次数为 5 次。按照数量计算，滞销品占月销售数量的比例为 9.8%。而 PS 公司处理这些滞销品总共损失了 250 万元人民币。同时，各个仓库间每月的非正常调拨（滞销品调拨）的产品价值占当月销售额的 3.7%。

从上述数据，陆经理发觉整个企业相当大的一部分资源被糟糕的库存布局侵蚀了。因此，他为 2004 年整个下半年定下了一个控制目标，以改变这样的窘境。目标具体为：单个仓库单个型号月度断货次数小于 5 次；滞销品占月销售数量的比例下降为 1%；处理这些滞销品的损失下降到 50 万元人民币；消灭各个仓库间每月的非正常调拨，即把非正常调拨比例下降到零。

解决方案

结合公司给陆经理的指标，设定完工作目标后，陆经理知道实现这一目标是相当艰巨的。其艰巨不仅仅是在于指标本身，而是在于计划的制定与实施上。从目标本身而言并不复杂，但是它涉及各地区销售和仓储人员之间的配合、资源的重新组合，因此协调方方面面的人员和资源的搭配才是最难的。同时，制定一个详尽而周全的计划也是接下去的一个繁重任务。

凭借 7 年多的专业经验，陆经理马上想到了库存管理方面的经典方法——ABC 分类法。运用这一方法，可以使企业将尽量多的资源集中在对企业贡献更大的那部分产品上。

- **ABC 分类法**

陆经理从公司产品的边际利润与销售量之间的关系入手进行分析，发现这两者之间具有明显的背离关系，如图5-4所示。

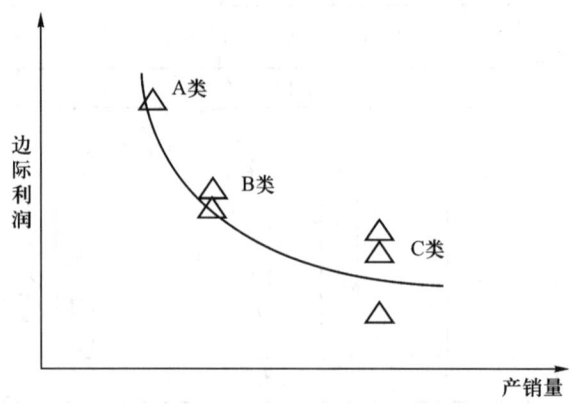

图5-4 公司产品边际利润与销售量的关系

由上图可以看出：边际利润高的产品产销量比较低，可分配库存较少；而另一方面，高边际利润产品的断货、滞销对公司营业利润的影响程度很高。显然，PS公司应加强对此类产品的分配控制。

- **分类的实施**

接下来，陆经理做的就是如何具体实施这一方法。通过与最高管理层的沟通，他发现，PS公司一直把利润看作企业运营的重要健康指标。因此在对产品进行ABC分类时，自然把产品的利润贡献率作为首要的分类依据。

首先，根据20/80原则，陆经理把利润贡献占20%的产品定义为C类。这类产品主要面向低端市场，利润贡献不是最大，但是销量占到PS公司产品总销量的70%。该类别中有3~4个品种的产品，每种产品的价格都低于1 200人民币/件。

然后，再根据销售量的比重，把剩下的一共贡献了80%利润的产品分为A、B两类。其中，定义为A类的产品的销售量占总销量的5%。这类产品有4~6个品种，每种的单件价格至少为1 800元人民币。在利润方面，A类产品贡献了大约30%的利润。

剩下的就是B类产品，它们的销量占总销量的25%。这类产品利润贡献是最大的——占总利润的50%，品种也是最多的——7~10种。而每种的单件价格在1 200到1 800元人民币之间。

- **不同产品类别的库存控制政策**

陆经理和各个部门的同事一起，根据分类的结果，对于不同的产品类别，分别制定了不同的库存政策。

首先，对于A类产品，实行"零库存政策"。也就是说，对于这类产品，客户必须已经有明确的订货意向，货到立即实现销售；该类产品不在外部仓库滞留，绝大部分成品存放于工厂仓库，用以避免局部区域断货、另一区域同时滞销的现象发生；力争不放弃此类商品每一个销售机会。

其次，对于 B 类产品，实行"紧缩库存政策"。即，对于这类产品采取定期销售完毕制度。通常要求销售人员在 10 天内或月末必须将此类产品的外部库存销售出库；要求销售人员必须清楚地了解该类产品的销售动态，有计划地了解该类商品销售的市场信息；谨慎地制定外部仓库的补充货源计划；如果未能按照计划实现销售，总部负责外部仓库库存的库存经理应整理报告，按公司规定对具体营销人员做出经济处罚。

最后，对于 C 类产品，实行"宽松库存政策"。通常 C 类产品销量较大，销售速度快，属于畅销产品，不容易造成滞销。因此对此类产品通常不做严格库存限制，或制定较宽松的库存标准（库存天数最高可达 30 天）。通常在进行 A、B 类产品补货任务时，对实际配车时缺口都使用 C 类产品补充。

- **库存控制政策的执行**

在陆经理的坚持与努力下，PS 公司为库存控制政策配上了严格的执行标准，来保证政策的贯彻执行。

各类不同的产品对销售预测的准确性要求不尽相同——A 类、C 类对销售预测的准确性要求不高，而对于 B 类产品公司制定了较为严谨的预测制度，力争对 B 类产品的销售预测、补货计划准确精密。具体措施如下。

（1）详尽的基础销售数据。公司要求门店终端导购人员对每一台到用户的产品做条件记录。将数据录入数据库，由销售人员专人分类滚动整理。下面这份是陆经理和销售的同事共同设计的表格（表 5-2）。

表 5-2　销售情况调查表

销售门店	产品型号	销售时间	价格水平	促销活动	销售环境	出样情况	导购人员	季节天气	同行竞争	节假日	…	合计
权数	—	5	15—	10—	5—	5—	10—	20—	15—	5—	…	100

（2）各个门店依据条件的变化情况，做出滚动的销售预测，并填写下列销售预测表格（表 5-3）。

表 5-3　销售预测表

销售门店	产品型号	销售时间	价格水平	促销活动	销售环境	出样情况	导购人员	季节天气	同行竞争	节假日	…	权数合计	销售台量
前期	产品 A	3	12—	5—	5—	4—	8—	15—	8—	3—	…	51	20
下期预计		4	10	10	2	4	10	10	10	2	…	68	=68/51*20
…	…	…	…	…	…	…	…	…	…	…	…	…	…

（3）营销人员做出的补货计划总部留档，以备检查评价。具体方法就是填写如下的补货计划申请表（表5-4），并存档。

表5-4 补货申请表

型号	类别	当前库存	库存天数	期间销售预测	补货台量	销售实际
001	A	0	2	10	10	总部评价统计说明
002	B	3	10	20	17	
003	C	40	30	111	60（配车台量）	
…	…	…	…	…	…	…

补货特别说明：××业务单位已经对A订货10台
　　　　　　　××同行品牌开展促销条件

（4）总部外部仓库库存经理每天审查外部仓库库存变化情况。

（5）总部月度做出补货计划实现计划评价表，用以考核营销补货计划人员的工作成绩，根据评价表予以处罚和表扬。

方案结果

方案实施的过程是严格的，有时候甚至是严酷的——陆经理和同事们这半年每天都工作到很晚。他的努力没有白费，现在，他们交出了一份令人满意的答卷，让赵总经理和公司内的所有员工都非常振奋——实际目标不但达到，甚至超出了设定的KPI目标值。

- 2004年度各项KPI值

单个仓库单个型号月度断货次数0.2次；滞销品占月销售数量0.13%；处理这些滞销品的损失为3.1万元人民币；彻底消灭了各个仓库间每月的非正常调拨。

- 2004年度与2003年度KPI对比

显然，PS公司在实行ABC分类法，并且对全国范围内的补货计划做出统一规定后，在已知的各个KPI方面都取得了显著成效。与过去相比，做出接近100%的改善（表5-5）。

表5-5 KPI指标对比

KPI	2003年数值	2004年数值	改善（%）
平均断货次数	5	0.2	96.00
滞销品比例	9.80%	0.13%	98.67
滞销品处理损失	250	3.1	98.76
非正常调拨比例	3.70%	0%	100.00

- 结论

陆经理将向他的上级汇报，PS 公司利用 ABC 分类法加强了对产品的分类管理，对利润贡献大的产品予以重点控制。同时也同其他部门合作，加强各类别产品的销售预测的准确性，并对补货流程加强统一管理，严格控制。由此公司在库存管理的各项关键指标都有了很好的改善，同时帮助公司降低了销售成本。

【案例分析指南】

案例描述了一家大型家用电器制造与销售企业 PS 公司设定 KPI，利用 ABC 分类法加强对产品的分类管理，在实际运营中严格执行与分类相对应的库存控制政策，建立销售信息的文档，最后帮助公司在降低了销售成本的同时，达到库存控制和销售机会之间的平衡。

案例背景从三个方面展开。首先，介绍 PS 公司的企业背景，包括企业历史、主要行业以及指导思想。其次，介绍企业的销售模式、销售网络，作为下一阶段分析的依据之一。最后，通过对业务模式的作图介绍，可以让读者对供应链的环节有直观的了解。

问题描述首先提出了 PS 企业整体运营遇到的问题：库存控制和销售机会之间的平衡。然后引导读者归纳、总结出物流方面可能存在的问题。但是，要清晰地描述问题，还必须使用科学的表达方式："关键绩效指标"，即 KPI。对 KPI 的范围选取、计算方式等可以做进一步的拓展。

最后，重点部分就是解决方案。这一部分重点希望读者了解这些方面：产品的边际利润，销量与库存的关系，划分产品类别时的主要依据；ABC 分类法及其对应的库存控制策略；执行 ABC 分类法时如何制定日常操作流程，保证库存控制计划的实施；最后，学会如何确定 KPI 来衡量企业的物流运营状况改善。

【思考题】

（1）结合案例阐述产品的边际利润、销量与库存的关系。

（2）试阐述库存 ABC 分类法及其库存控制策略。

（3）仓库作业管理 ABC 分类与库存管理 ABC 分类有何不同？

（4）本案例中 ABC 分类的指标设定是否合理？请指明理由。

（5）如何制定日常操作流程，保证 PS 公司库存控制计划的实施？*

（6）如何运用 KPI 来衡量企业的物流运营状况？*

（7）尝试运用本书第一章的分析模型来分析本案例。*

（8）你如何评价陆经理的解决方案？请尝试从公司层面和供应链层面上补充陆经理的解决方案。*

第6章　IT 行 业

案例1　SM公司的库存管理战略

【案例概要】

本案例取材于一家真实的机电企业的物流运作实例。案例介绍了物流部门的结构组成，特别是各部门的具体职能及相关的考评指标。另外，此案例中还介绍了仓库操作流程和影响库存差异的相关因素。

【教学目的】

(1) 理解 ABC 分类的含义，并能够在仓库流程中应用。

(2) 掌握盘点种类及其适用条件。

(3) 掌握库存差异分析方法。

(4) 掌握仓储流程分析。

(5) 掌握库存差异解决方案。*

(6) 掌握物流绩效考评体系及其运用。*

(7) 掌握如何运用物流与供应链分析模型撰写案例分析报告。*

【自学时数】

3 学时

引　言

2005 年第一个工作日的早晨，李经理按时来到 SM 公司总部他的办公室里。李经理是国内某名牌大学的硕士研究生，毕业之后，加入世界著名的汽车零部件企业担任物料控制和仓储经理。在此期间他还通过了英国皇家物流与运输协会物流运营经理的认证。李经理的工作和学习背景得到了 SM 公司物流大部经理赵先生的认可，并在一个月前被 SM 公司邀请加入担任物流成本控制经理，重点是解决库存准确性和控制物流成本。在这一个月中，他的主要任务是了解物流大部目前的现状，找出存在的问题，提出解决的方案。经过一个月的挖掘，他首先从仓库的运作入手，不仅了解了实际操作情况，掌握了大量的运营数据，同时也发觉实际情况不容乐观。在接下来的一个月内，他必须能够拿出相应的方案，搭建必要的框架，构建保证公司库存准确率的方法。

公司背景

SM 公司是一家在电子通信产业处于领先地位的合资企业。它是由国外某世界 500 强企业与国内通信的 3 家龙头企业共同投资成立的，其中外方占 85% 的股份。合资成立的公司主要提供机电类产品，产品覆盖了民用、商用、工业用等各个领域，并且还负责其在国内的售后服务。公司目前拥有员工 1 400 名，产品达到国际领先，并先后通过了质量管理体系要求 ISO 9001：2 000 和环境管理体系要求 ISO 1 4001 的认证。随着公司业务的不断成长，公司的销售额上升到 60 亿元人民币，其产品所服务的地区包括北京、上海、广州、武汉、沈阳、合肥、石家庄、西安、成都、长沙、贵阳、青岛、西宁等 26 个城市。同时，产品出口也是 SM 公司主要的业务来源，其产品主要出口到欧洲、美洲和东南亚地区。SM 公司对质量追求极致，它的宗旨是"把最好的质量提供给客户"。在成立的 10 年间，民用、商用、工业用这 3 个商业单元，分别独立核算并拥有自己的物流系统。2004 年，为了便于更好地控制成本，公司决定对整个组织机构进行重组，将 3 个商业单元所共享的部门合并，物流大部也因此应运而生。

物流组织结构及业务

李经理在加入新的物流大部时，对整个物流部门职能的分配做了充分了解。这里物流部的职能分配和他所从事的汽车行业有些不同。SM 公司的物流大部主要分为进口部、出口部、运输部、仓储部、成本控制部 5 个部门，其中前 4 个为具体操作部门，而李经理所在的部门相当于内部审计，对它们的运营进行审核。SM 公司的主要产品是机电类产品，因此其原材料比较复杂，进口部主要对所有原材料进行预归类，加入电子账册，保证在最短的时间内办理海关放行。因此对于进口部而言，最主要的衡量指标是每票运单的报关速度（见表6–1）。

表 6–1 运单的报关速度

时间	入场时间						总计
	低于 72 小时		72～120 小时		高于 120 小时		
	产品数	所占比例	产品数	所占比例	产品数	所占比例	
10 月	638	93.82%	32	4.71%	10	1.47%	680
11 月	696	88.66%	71	9.04%	18	2.29%	785
12 月	277	91.91%	10	4.85%	3	3.24%	290

出口部主要负责整个公司产品的出口工作，同时还包括接受国外退回返修的产品。

对出口部而言，其主要的 KPI（关键绩效指标）就是出口报关过程的时间。运输部主要是负责选择合适的运输公司和运输方式，负责货物国外段的运输、海关到工厂之间的运输、工厂到客户之间的运输。对运输部而言，其主要的 KPI 就是运输时间及相关的运输成本。仓储部门是整个物流大部的核心，它肩负着对整个集团 3 个商业单元后勤补给的工作。仓储部门管理 15 000 m² 的仓库，负责从原材料接收、配货、发料、接收成品、发货的一整套操作，并且保持 24 小时不间断的连续作业。李经理在对仓储部门近一个月的调研中了解到：整个关系系统（软件）由 SM 公司的人员来操作，而实物操作则是由第三方物流的人员来操作。因此，对于仓储部而言，其 KPI 除了每次收、存、发等动作所消耗的时间外，更加重要的是对库存准确率的控制。成本控制部门主要是负责审核各职能部门的操作成本，制定相关的 KPI，对各个操作部门给予监督。

公司的物流体系

SM 公司很早以前就开始逐步运用 ERP 系统来对其组织流程进行改造。它选用的是德国的 SAP 系统，因此整个物流流程也是按照 SAP 系统的物流模块来操作（见图 6-1）。

销售部门在接到订单后，将客户订单数量输入系统，系统会自动生成生产订单，并且根据 MRP 生成采购订单。采购部门会根据采购订单与供应商联系采购事宜，运输部和进出口部

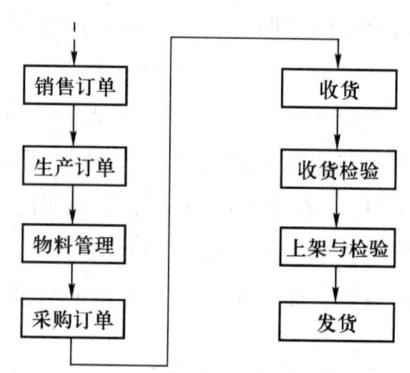

图 6-1　物流信息系统流程图

也会根据相应的采购订单来安排运输和报关事宜。仓库则根据采购订单收料、根据生产订单发料、根据销售订单发货。

仓库操作

李经理花费了一周的时间，了解了上述整个操作流程。凭借以往的工作经历和已经收集到的数据，他觉得 SM 公司的仓库应该是解决问题的基础，因此他决定对仓库进行重点考察，作为其工作的起始点。他在第二周和第三周对 SM 公司的仓库流程详细地做了重点考察。整个仓库是 24 小时运作，每天早晨李经理到仓库，人们总是看到这样一幅忙碌的景象。

- 收货

操作人员将送货单上的零件号、数量与实际所送的货物加以核对，并抽样开箱清点。清点无误后，填写相应的收货单据，并将一式三联的单据交给系统输入人员。系统输入人员会根据所收货物找到相应的订单，将货物的状态转为待检验，同时将一联单据留下，另两联单据分别交给质保部和收货人员。质保部会根据系统内待检验的清单，来查找相应的单据并做检验处理，检验完毕后在系统内做释放。操作人员会定期根据单据来将检验完毕的货物上架，同时将所上的库位填写在单据上，交给系统输入

人员。系统输入人员根据其所写的库位,在系统内做上架处理。整个收货流程结束。

- **拣货**

当待发料区的物料存量低于一定水平时,待发料区的系统操作人员从系统内拉出物料清单,包括物料号、所需数量等相关的信息,交由操作人员来补料。对于不需要特定工位器具的物料,操作人员会直接将原包装物料转移至待发料区。当原包装数量大于或者少于补货单时,操作人员会在单据旁边做出相应的修改。如果物料需要特定的工位器具,则操作人员必须将原包装拆开再包装,完成包装后将物料移入补货区。上述所有的转移操作完毕后,操作人员会将单据交还给系统操作员,由他在系统内做库位转移。至此整个拣货过程完毕。

- **待发货区**

待发货区是直接与生产线缓冲区相连接的区域。当接到生产订单后,系统操作人员会根据生产订单做成配货清单,交由操作人员配货。对于经过再包装的材料,取货人员会严格地按照配货清单的数量配货,而对于未经拣货的原包装材料,按原包装配货,一般根据清单数量多配,并在清单上注明多配的数量。在配货完成后,将配货清单交还给系统操作人员,由操作人员对配货在系统中确认。至此整个发货流程结束。

上述操作流程是由第三方物流服务商和 SM 的员工共同完成的。第三方物流提供者集中在物理的操作上,而 SM 公司的员工则集中在对管理系统的调整上。从流程上来说,李经理认为这样的流程已经非常成熟,也应该能够运行得非常好。但在这两周中,李经理却发现在待验区中经常堆积了大量的物料,在待发区中会发现经过再包装的材料缺损。一方面看到操作人员在懒散地工作或者休息,另一方面却又听到各种各样的声音抱怨人手不够、设备不够。同时,当李经理要求调出上一个月所有单据存档时,被告知还未整理完毕。这不仅让李经理感到疑惑:看似良好的流程究竟是否存在着问题?

盘点运作

目前李经理每天都会收到第三方物流服务供应商所发出的日盘点报告。整个盘点的队伍是由第三方物流的主管负责,清点的人员也是由第三方物流提供,盘点计划是由李经理所在成本控制部门提供。在这两周内,李经理通过与实际操作人员沟通,观察他们的日常工作来对这份报告的数据予以考证。在整个 15 000 m² 的仓库中,总共有近 10 000 个高架库位。在 SAP 系统实施的时候,根据材料的特性不同,对库位做了区分。在全部库位中,将原材料、零件、包装材料、半成品、成品分别于相关的区域摆放。在第三方物流的服务供应商提供一个 5 人团队(1 个为班长、4 个为组员),每日进行库存清点工作(见表 6-2)。由于整个仓库是轮班制 24 小时运作,因此其整个人力资源的分配是:班长上常日班,其他 4 名组员轮班,每 12 个小时换一班。每天清单的对象分为两类:一类是以库位为单位,按照顺序,每天清点一定数量的库位,后一班次的人在前一班次人的基础上继续清点;一类是将每个操作班所操作过的库位清点一遍,以便于及时地纠正错误。操作流程是:清点人员从系统中调出库存数据,然后对库位进行清点,将清点后的数据与系统数据相互核对,当发现差异时,清点人员会做出初步的判断。如果差异是由于系统输入的时间差造成,则属于正常情况,否则将记录下来。班长的职责就是对组员未能解决的差异进行查证,判断原因并做出分析报告。如果差异在一周之内未能找出原因并解决,那么根据每周的总结报告,交由仓库经理、物流经理和财务经理确认。确认之后,又经过专门授权的系统操作人员在系统内加以调整,以使系统和实物相对应。

表6-2 盘点的库位情况

材料分类	库位数量	每小时盘点数
A	1 473	8
B	790	8
C	1 905	15
D	855	15
E	855	5
F	485	50
G	456	5
H	120	15
I	2 440	15
J	90	50

差异报告

李经理每天会从各种渠道收到差异报告:

第一,清点团队的班长会根据每天的盘点结果做出总结,总结结果如表6-3所示。

表6-3 一周盘点差异总结报告

	区域号	零件号	数量差异	状态
星期一	010204	4910100	-1	已处理
	040401	4920244	-30	已处理
星期二	030402	4923333	200	待定
星期三	070403	4921445	-68	已处理
	030504	4978665	-78	已处理
星期四	110303	4912344	-30	已处理
星期五	120304	4965443	-50	待定
	120305	4978660	-65	已处理
星期六	030506	4912445	-76	已处理
星期日	080701	4933241	98	待定

从上述数据可以看出，仓库的运作非常良好，每天整个盘点的数量近 500 个库位，但是发生的数量只有 1~2 起，那么其操作正确率应该在 99.8%，这是一个非常令人振奋的数字。

第二，生产线每天都会给李经理提供一份报告，指明每天的产品在交接过程中发现的错误，其数据我们可以从表 6-4 中得到。

表 6-4　一周产品交接差异报告

	车间订单号	零件号	数量差异	状态
星期一	20041201	4910100	-1	已处理
	20041202	4970004	-6	已处理
	20041204	4930890	-20	待定
	20041204	4924001	-24	待定
	20041210	4920244	-30	已处理
星期二	20041213	4918325	-34	待定
	20041214	4923333	200	待定
星期三	20041230	4921445	-68	已处理
	20041231	4910346	-12	已处理
	20041231	4978665	-78	已处理
星期四	20041245	4933458	-15	待定
	20041247	4912344	-30	已处理
星期五	20041250	4965443	-50	待定
	20041250	4978660	-65	已处理
星期六	20041263	4987665	-67	已处理
	20041267	4912445	-76	已处理
星期日	20041276	4913245	-5	待定
	20041277	4943543	-34	待定
	20041286	4933241	98	待定

第三，仓库中负责收货的主管人员每天会提供一份报告，表明收货开箱检验所发生的原始缺损，其数据如表 6-5 所示。

表 6-5 每日收货缺损原材料数量报告

原始单据号	供应商代号	零件号	原始数量	实际数量	差异
041218-002	300001	4934341	1 764	1 764	—
041218-002	300001	4933223	1 313	1 313	—
041218-002	300001	4933212	5 500	5 500	—
041225-003	300021	4933561	77 760	77 760	—
041225-003	300003	4963271	19 200	19 199	1
041225-004	300001	4934261	2 000	2 000	—
041227-005	300076	4935241	30 600	30 600	—
041227-006	300335	4933251	11 388	11 328	60
041227-007	300046	4943541	4 106	4 105	1
041227-007	300832	4933261	1 000	1 001	-1

第四，仓库在日常的操作中，如再包装、配货、待发货等过程中，也会发现原包装的缺失，负责清点的班长也会每日及时提供相应的数据（表6-6）。

表 6-6 每日存、配、发货缺损报告

区域	供应商代号	零件号	原始数量	实际数量	差异
待发货区	300011	4963473	200	199	1
配料区	300712	49322415	100	102	-2

通过上述的差异报告，李经理的下属会综合成一份完整的差异报告，在每周的部门例会上，将会就这些差异显示出来。同时，与仓库经理、物流经理、采购经理、物料经理、财务经理相互沟通，分析原因并且提出相应的对策加以解决。

仓库中的实际操作情况

李经理对上述报告进行分析，从上述的报告中，他将差异的类型大致分为三类：

第一类：由于并未进行100%的开箱全检，造成的原包装缺损。

第二类：由于操作失误（系统或实物），造成的库存差异。

第三类：由于仓库日常管理不当，发生磕、碰、撞、偷盗等损耗。

为了对这三类损失的具体情况能够有直观的认识，李经理决定再对某些具体的操作细节进行了解。

首先，李经理来到收货区对收货查验的环节进行了考察。在查验处，李经理看到这样一幅景象：3个操作员工正懒散地坐在门口晒太阳，当有货物到达时，两名操作工人负责将货物卸下，一名工人与司机共同核对送货单与实物的数量。核对完毕后，一名工人会将一个包装盒撕开来，看看里面的零件，从上面直观地看看里面的零件，然后在收货单上签字。在一个小时之内,仓库的收货处总共接受5车货物,共有17种零件,其中有12种零件未见员工拆箱检验,4种零件包装被撕开观察,1种零件包装被撕开并且将其中的零件拿出来清点。连续4天,每天李经理都会花一个小时来对收货进行观察,观察的结果都和第一天相差无几。

接着,李经理来到收货缓冲区。他抬手看了看表,正好是早上10时整,正是收货缓冲区最繁忙的时刻,几个操作工正用电瓶拖车往货架区送货。李经理挑选了几个托盘作为自己观察的对象,发觉有些托盘上已经放置了质保部门检验完毕的标示,但是数量与单据不符,往往是少一两个,这样的情况在4天中总共出现了5起。当托盘上架之后,操作人员会将所放的库位写在收货单上,但是这些字迹往往非常潦草,甚至有些漏写。刚刚送完货并填写完单据后,李经理发现所有的人全部放下手中的工作,原来已经11时30分了,休息的时间到了。这些单据也就放在叉车、托盘或者货位上。李经理在当日快要下班时,又和SM公司收料区的主管一起,抽取了一部分收货单据与系统内的数据予以核对,发现有少量的单据并未输入到系统中。

然后李经理来到再包装区。整个再包装区的人员是最多的。在SM公司的物料中大部分都必须经过再包装才能将物料发到生产线。操作工人将一个个纸盒包装打开,供应商已经按照SM公司的要求,将物料一层层平整地摆放在硬板纸上。一个纸盒一般可以装6~8层。李经理看到的情景是这样的:一名操作工人将纸盒包装拆开,然后将里面的纸板全部拿出来放入工位器具内。再包装的时候,手拿补货单验证的操作工人还在和再包装的操作工人开玩笑。

最后,李经理来到配货发料区,这是和生产线交接的最后一道"防线"。李经理观察了一下这里的库位摆放,大部分都是已经经过再包装的物料。操作人员在接到系统人员的补货单据后,会到配料区取料。李经理抽取了一些单据,发觉上面多配货的数量写在各个地方,到系统里面查询,发觉有些多配的数量并未输入系统。在李经理抽取样本查询的一个小时里,实物操作人员和系统操作人员之间只是交接单据,并未有言语上的交流。

在观察完这些流程后,李经理还具体看了一下盘点的情况。盘点人员从系统内调出清单后,会去查找库位,如果库位是第一层或第二层,并且物料不是非常复杂,那么清点人员会去查看一下。如果物料清点起来非常的繁琐或者需要用叉车取下来清点,则盘点人员会看外包装的数量标记。与清单核对无误或者差异很小,则略过,当差异很大时才会清点库位。

李经理抽出了半天时间与清点人员一起清点,清点库位120个,其中30%为空库位,而存在问题的有10个。李经理在查看前面所有的盘点记录时,发觉很多盘点清单并未全部完成,而后一班次的人又按照新的清单来盘点。同时,李经理通过仓库内的监控录像记录,发现晚班盘点的人员并未出现在相应的清点区域,或者盘点人员出现的时间不足以盘点完相应的库区。

第四周,李经理回到办公室,将自己前三周所听、所看都写了下来,并且意识到对自己而言这是一个多么艰巨的任务。他知道目前公司正在压缩成本,任何新的投资和人员的增加都是非常困难的。但是,他也明白要改变这一现状,必须先从某些方面着手,必需的投入是必要的。同时,物流经理也答应会给他必要的支持,但他必须在本周内拿出一个适当可行的计划并在下个月开始实施。

【案例分析指南】

对于本案例,首先要运用结构化的分析方法对目前 SM 公司所面临的问题进行剖析。然后,通过制定不同的绩效考评体系,运用方法研究、时间研究、ABC 分类来制定相应的计划。最后,通过指标回顾来对计划实施的结果进行监控和调整。

【思考题】

(1) 目前 SM 公司物流部的组织结构是否合理?请说明理由,并附上相应的方案。

(2) 什么叫循环盘点?目前循环盘点的方式是否合理?存在哪些问题?

(3) 结合案例内容,请你制定 SM 公司的盘点计划。

(4) SM 公司目前的原包装缺损的情况相当严重,请问如何进行控制?

(5) SOP 的定义是什么?目前仓库操作流程是否合理?存在哪些潜在风险?*

(6) 请对仓库的操作流程提出改进意见,并且提出建立相应的 KPI 指标考评体系。*

(7) 库存差异会造成什么影响?目前的库存差异情况如何?请详细说明。造成这些差异的原因有哪些?*

(8) 如何定义供应链和物流中的 KPI?请分别为物流各分部定义相应的 KPI 指标。*

(9) 根据案例背景,运用本书案例分析方法论,请为 SM 公司撰写一个案例分析报告。*

案例 2 超越计算机公司的供应链改造

【案例概要】

本案例取材于国内一家计算机公司,通过其对自身供应链的优化以及物流运作环节的改进,降低运作成本,提高企业的盈利水平,增强企业竞争力,说明了供应链的优化与物流环节的改善对企业的业绩增长具有重要作用。

【教学目的】

(1) 了解 IT 产品的物流过程。

(2) 学会用"五力模型"对企业的竞争环境进行分析。

(3) 能绘制供应链结构图。

(4) 掌握供应链成本构成分析。*

(5) 掌握供应链成本控制策略。*

(6) 掌握本书案例分析方法论在实践中的具体运用。*

【自学时数】
2 学时

公司背景

超越计算机公司是伴随 IT 行业发展而发展起来的一家大型 IT 技术企业，产品涉及信息技术领域内几乎所有的产品线，其主流产品包括笔记本、台式机、打印机、服务器、通信交换设备等多领域信息技术产品。公司的基本情况如下：

业务范围：台式计算机，年销量 100 万台；笔记本，年销量 15 万台；打印机，年销售量大约 24 万台。公司年营业额 100 亿元。

产品销售覆盖区域包括全国除台湾、香港以外的所有省市，其中，华北、华东、华南地区的销量占据全部销量的 70%。

供应商：伴随全球化趋势，超越公司的供应商，由于产品不同，分布也不一样。其中，CPU、关键内存颗粒、打印机机芯供应商分别分布在美国、日本、新加坡、马来西亚及我国台湾，辅料包装材料供应商主要依靠国内资源。由于现金周期管理的需要，公司最主要的供应商全部采用了不同账期付款，延长应付账期的手段。同时，建立制度化的供应商考评制度，合理选择供应商并有选择地淘汰更新。

制造：超越公司根据销售需要，在北京、东莞建有两家制造工厂，每家工厂分别有 50 万台个人计算机的生产能力，两家工厂之间可以相互调货，满足对方覆盖区域的订单需求，同时，各配备了 3 000～5 000 m^2 的材料仓库。在制造厂周围，建有从第三方租用的成品仓库，作为成品物流中心使用。

代理商：公司签约代理商根据不同的信用水平，可以获得不同的信用额度以保证销售需要。同时，公司对一次性现金付款给予优惠。尽量减少应收账款，缩短应收账期。

- **公司组织结构**

公司的组织结构图如图 6-2 所示。

为了更好地共享公司平台资源和加强管理，超越公司内部采用事业部体制，将相对独立的业务管理单元按照事业部体制分开。同时，根据业务需要将事业部分成平台部门、产品业务部门及销售与客户服务部门三大类。

公司平台部门一般为职能类和平台业务类，包括财务、人力资源、企划等，以物流运作、制造管理及制造厂、订单中心作为平台，服务于各个业务事业部。

产品业务部门为从事不同类别产品的研发、运作的产品事业部。例如从事台式电脑业务的台式电脑事业部，以及从事服务器设计、运作的服务器事业部等。

销售推广和客户服务部门也是公司的销售和服务平台性组织。公司在全国设有 10 个销售公司，负责责任地区的销售推广工作。

在财务核算上，产品事业部、销售服务等事业部，一般定义为利润中心。平台部门一般为成本中心。

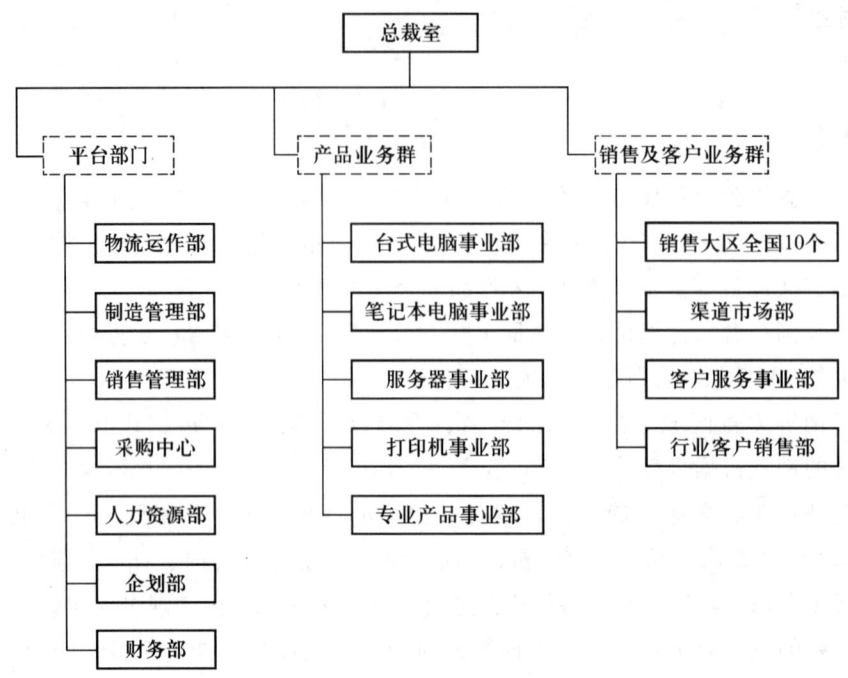

图 6-2 公司的组织结构图

运营结构及流程

作为制造平台，公司在南北各建有一个制造工厂，分别设立在北京和广东的东莞。公司设有制造管理部，负责管理两家制造厂，并负责公司制造资源的规划。制造平台作为平台性工厂，可以承接公司各项业务的制造任务。

销售管理部负责公司销售事务的管理，包括代理资金审核与信用管理、订单处理。采购中心则负责公司整个采购商务的管理，包括采购订单处理、供应商管理等。

- 日常运营流程

（1）原材料采购流程。在日常运营过程中，事业部生产计划部门负责根据产品销售预测，参考在途库存和当前库存，编制主生产计划，并分解为物料需求计划后，向供应商下达采购订单，安排原材料采购。

（2）产品制造流程。材料采购完备后，事业部向制造厂下达生产订单。制造厂接受到事业部生产订单，再根据工厂的整体安排和订单需求安排生产。最后成品存放在制造厂附近的成品仓中。

（3）客户订单交付流程。对于客户订单，公司订单中心负责将确认有效的订单，根据库存情况安排发货。物流运输部门接到系统发货单后，安排仓储及运输公司进行发货操作。

公司面临的环境

IT行业是发展速度最快的行业之一,国内从20世纪80年代末、90年代初开始,涌现出一大批从事计算机技术的企业,这些企业随着当时IT产业的高速发展而快速壮大,造就了一批国内知名的信息技术企业。由于国家最早放开了信息技术产品的关税壁垒,因此,像IBM、惠普、AST等一大批国外大型企业纷纷采用各种途径进入我国市场,使得市场上除了众多公司参与竞争以外,还有很多的国际企业同台参与国内市场的较量。

在行业起步初期,IT产品具备很高的毛利水平。那时信息技术产业的平均毛利水平都在50%~100%之间。高速增长的市场以及丰厚的毛利,吸引了更多的资本流入这个行业。但伴随着技术的发展和成熟,信息技术行业从高回报、高增长逐步过渡为如今的高增长、低回报阶段。以打印机产品为例,根据某调查机构的调查,国内打印机市场2004年主要产品的平均价格水平下降了25%。高端彩色激光打印机价格也下降到4 000元以内的主流价位,平均下降30%。

根据波特的竞争性理论,公司对竞争环境做了分析(如图6-3所示)。

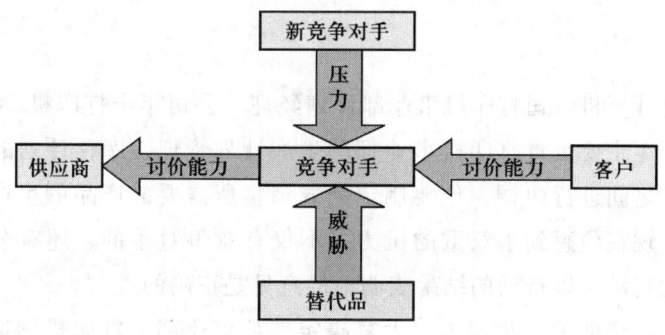

图6-3 "五力模型"分析图

- **新的竞争对手的加入**

据调查,仅2005年第一季度,中国的IT市场总体规模达到578.7亿元,其中硬件占76%。面对如此巨大的市场,不仅越来越多的新公司加入这个充满机会的市场竞争,而且随着中国市场的全面开放以及IT产品零关税,国外所有大型IT公司都逐步参与中国市场的竞争。

国内打印机市场,除了有惠普、三星、联想、爱普生、佳能以外,原来不参与打印机市场的戴尔也在2004年度正式进入竞争市场。

- **替代品的威胁**

表现为产品的同质化。不同公司之间技术差异非常小,不同品牌之间的IT产品,除了在细微功能、外观上存在差异以外,其余的关键性指标、规格几乎完全相同。客户可以轻易更换品牌而不需要付出附加更换成本,品牌忠诚度不足。

- 购买者的还价

显而易见，终端客户的理性、零售渠道的竞争日趋激烈，都造成产品的最终价格厂家无法自主决定，而更多地依赖市场的认可和平衡，因此，来自这方面的压力一直是不可回避的。

- 采购还价能力

采购成本的降低是众多厂家解决压力的一个途径。但是由于规模的限制，在采购端可以压缩的空间毕竟非常有限。

- 同行竞争

在市场容量相对固定，而竞争对手越来越多的情况下，同行之间为了生存而不得不相互打压，企业之间的竞争越来越激烈，很难形成行业垄断而造就价格联盟。

面对如此大的压力，公司内部有两种意见。一是扩大规模，把公司这块蛋糕做大，通过适当的负债经营取得更大的效益，而且可以增强与供应商的讨价能力。另一种意见是首先要缩减成本，特别是运作成本。成本的降低，不但可以使公司的利润增加，还能使市场份额增加，并且降低成本的费用比扩大规模的费用要小得多。李军就是第二种意见的代表人物。

打印机产品

李军是超越计算机公司打印机事业部计划经理。公司年产打印机24万台，是公司的支柱产品。李军主要负责打印机事业部的生产计划管理、库存计划的制定以及在平台资源和制造厂之间进行协调，他要制定完成销售所需要的产品的生产计划，保证业务的正常运转。现在他感到了双重的压力，不仅有竞争对手的，还有公司内部的。看来要采取实际的行动，以行动的结果表明他的意见是正确的。

他把自己的几个助手召集起来，大家决定就从事业部的打印机制造着手。他给大家分了工，去收集相关的数据。两周后，他陆续收到了大家收集的数据，他先看了自己秘书小王拿到的财务数据，小王还对数据做了简要的分析。

- 公司打印机业务的财务数据

小王把得到的财务数据归纳为三大类费用，分别是获取环节的"采购物流费用"，产品制造环节的"制造费用"，以及成品仓储和物流的"成品物流费用"。上述三项费用构成了产品运作成本。按照这个归类，小王计算了以往财政年度的实际运营数据，可以看出在每年的运作成本中，采购物流费用大概占全年成本的20%，制造费用会占到40%，其余的40%为成品仓储和销售发运费用（各种成本比例见图6-4）。

小王还对各种运作成本按照物流和运作的环节进一步分解，分解结果如表6-7所示。

超越公司打印机业务的运作成本分析

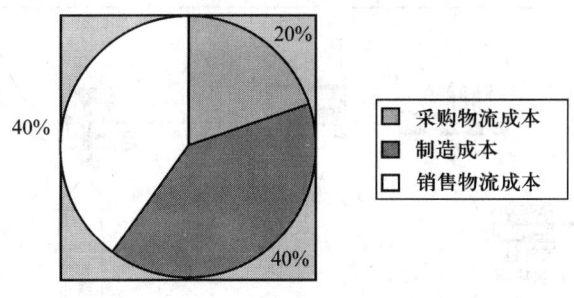

图 6-4 成本比例图

表 6-7 成本分解表

成本大类	成本分解	预算金额（万元）	说明
采购物流成本	采购运费	540	指采购所有材料的运费
	报关费用	60	进口品报关的费用
制造费用	材料仓储费用	480	制造厂材料仓储的费用
	制造工时费用	360	生产的工时费用
	管理费分摊	360	制造厂管理费分摊
成品物流费用	成品仓储费用	480	成品仓储和发运费用
	客户订单发运费用	720	订单发货的运输物流费用

单从这些数据还不能完全看出问题，还要进一步分析。接着李军又看了一份材料，这是一份图文并茂的报告，是他的几个助手对公司供应链以及打印机生产过程的研究。

- 超越计算机公司的供应链结构

超越公司的产品基本是按照原材料—生产制造—成品发运这个顺序来运行的。其中，原材料分为关键物料和辅料，部分关键物料需要从海外进口，辅料和包装材料中绝大多数来自国内的配套工厂（超越公司供应链示意图如图 6-5 所示）。

超越公司在北京和东莞建有两家制造厂。打印机产品目前采用的是由北京的工厂制造，然后发运到两个成品库存地，再对客户依据订单发货。每个制造厂附近分别建有一个成品仓储和配送机构，负责全国各地区的配送。每个工厂的供货区域主要集中在工厂负责的若干省份，但当一地库存不足时，也会跨工厂调货。

李军的助手接着对打印机产品进行了详细的研究：产品的材料分为关键物料和辅料，关键物料主要来自海外的制造工厂，辅料一般在我国北方地区并多集中在天津、河北等地。关键材料需要由海外的供应商送货到港口，等待船班，经海运运输到国内港口，然后等待通过海关进口。之后再经过港口到目的城市的短途运输，运输到指定

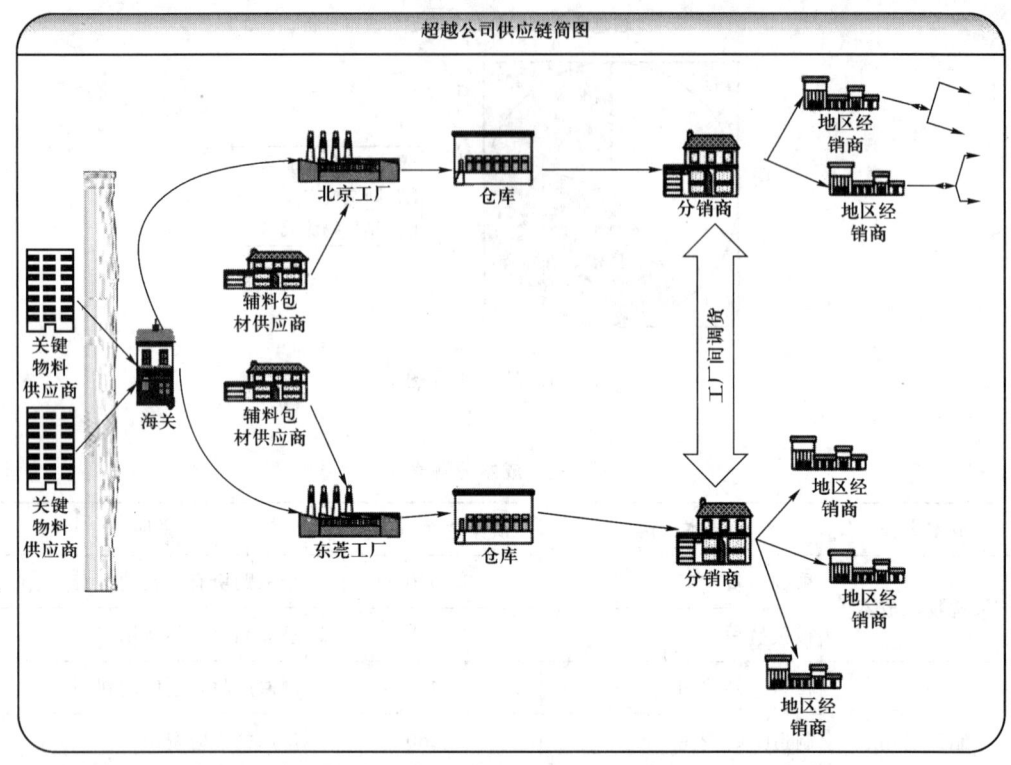

图6-5 超越公司供应链示意图

的工厂，等待组装成成品。材料到制造厂后，还需要经过质量检查，并等待全部材料完整配套以后才能安排生产。一般等待周期为5天，每批生产周期1~3天。生产完成以后，成品经过检验送到工厂附近的成品仓库，等待发货。一部分成品也需要转储运输到另外一个工厂附近的成品仓库，用于那个区域的订单发货（打印机产品的生产流程如图6-6所示）。

打印机主要由以下物料组成：打印机机芯，也就是机械部分；控制板，即打印机的核心部件，负责计算机与打印机机芯之间的接口；还有辅料，包括包装箱和说明书等。李军的助手又按照关键物料及辅料，分别对供应链各个环节的时效和物流成本做了分析。

- 打印机机芯

由于打印机机芯制造技术主要集中在少数几家国际供应商手中，因此机芯需要从海外进口。国际供应商的制造基地设在海外，机芯由于体积较大，所以通过海运，运送到香港，之后经深圳海关进关，然后运输到公司设在东莞的制造工厂。检验后放入材料库等待与其他物料组装成打印机整机，如图6-7所示。

打印机机芯从海外工厂到超越公司的制造厂，必须要经过的环节是港口装船、海运、到达天津或者香港码头、卸货、过海关、运输到公司的制造厂仓库等6个环节。适当合并成3个环节，即海运及码头装卸暂存、报关、海关到制造厂的运输3个环节，

第 6 章 IT 行业

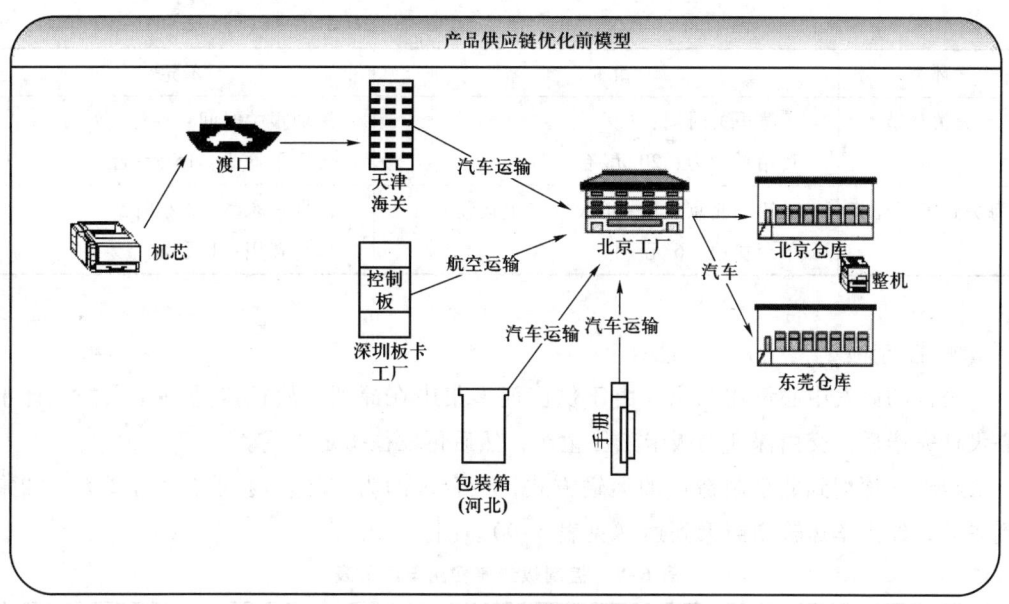

图 6-6 打印机产品的生产流程

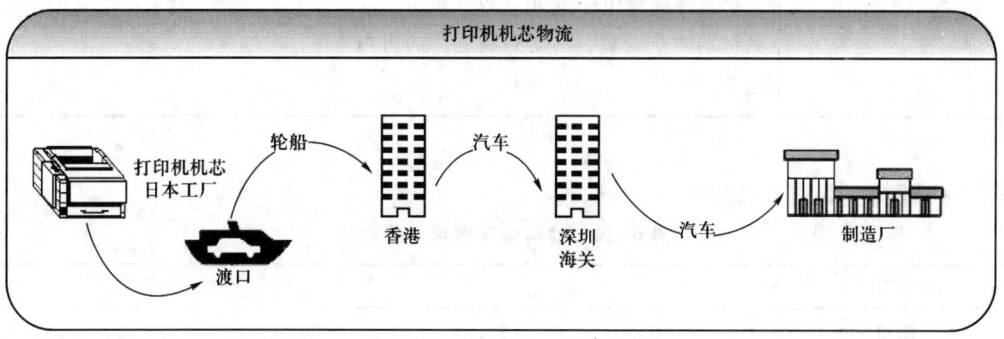

图 6-7 打印机机芯流程示意图

分别列出北京及东莞工厂的各阶段费用与时效（见表 6-8）。

表 6-8 打印机机芯各物流环节费用与时效表

环节	北京	东莞
海运环节	海外港口—天津港，每周一班，运输时间：3 天 最长可能运输时间：15 天（包括港口时间） 单台运输费用：20 美元，折合人民币约 170 元	海外港口—香港，每天若干班次，运输时间：5 天 最长运输时间：8 天 单台运输费用：12 美元，折合人民币约 100 元

续表

环节	北京	东莞
海关环节	天津报关时间：1 天 费用平均为：20 元/台	深圳报关时间：1 天 费用平均为：15 元/台
海关到工厂环节	天津—北京市区：1 天（晚上运输） 单台费用：6 元	深圳—东莞：3 小时 单台费用：1 元

- 控制板

公司的研发中心设在北京。由于供应商多集中在深圳，故板卡是由北京的设计中心设计完毕后，交由深圳的板卡工厂生产，然后再发往指定工厂。

板卡从深圳到北京制造厂的运输方式，最合理的为空运。时间最短为 2 天。如果到东莞，经汽车运输则当天到达（见表6-9）。

表 6-9 控制板物流费用与时效表

环节	北京	东莞
国内板卡物流	深圳—北京：空运 2 天 单台运输费用：10 元（包含板卡工厂到机场的空运费、机场到制造厂的市内运费）	深圳—东莞：3 小时 单台运输费用：1 元

- 辅料（见表6-10）

表 6-10 辅料物流费用与时效表

环节	北京	东莞
辅料	天津、河北—北京：1 天 单台运输费用：5 元左右 辅料仓储费用：每天每台 1 元，平均存储时间为 7 天	东莞工厂附近：随时送货 单台运输费用：1 元以内 辅料仓储费用：每天每台 0.5 元，平均存储时间为 7 天
费用合计	12 元/台	7 元/台

后 记

李军和他的同事经过 3 个月的不懈努力，使打印机产品的采购费用有了很大的降低，公司的领导层开始关注物流成本的节约。这时，李军和他的团队已经把目光集中到了成品的运输和仓储环节上，因为大家一致认为在那里面还有更大的潜力可挖。

【案例分析指南】

考察一个产品的前置期和成本时，要对产品的每一个组成部分进行分析，还要对经过的每一个环节进行分析,因为这些环节消耗的时间和成本都有所不同。

【思考题】

(1)如何计算某一产品物流环节的成本与时效?通过计算结果的分析,请给出一个解决方案。

(2)单纯从成本角度来改进供应链是否合理?为什么?*

(3)在对供应链进行改造时,还要考虑什么问题?*

(4)如果需要进一步降低运作成本,你会从哪个环节入手?试着给出你的解决方案。*

第7章 食品与饮料

案例 CC公司的供应链管理

【案例概要】

饮料是一种典型的快速消费品，本案例展示了一家饮料制造商的供应链管理的各个过程，并着重描述了供应链中计划部门的运作以及在选择第三方运输商时，如何评判投标方提出的运输价格是否合理。

【教学目的】

(1) 了解产品特性对供应链运作的影响。
(2) 了解计划部门在整个供应链运作中发挥的作用和地位。
(3) 掌握根据需求波动情况确定安全库存的方法。*
(4) 掌握盈亏平衡点的计算方法。*
(5) 掌握如何设计供应链管理 KPI（关键绩效指标）。*
(6) 掌握本书物流案例方法论在物流实践中的具体运用。*

【自学时数】

3 学时

引 言

2002 年 1 月 8 日，ZY 集团总公司重组核心业务，成立 ZY 物流公司，将集团的核心主业从单一的远洋运输扩展到远洋运输和现代物流。ZY 物流公司资产近 50 亿元人民币，人员 16 000 名，下属有大连、北京、青岛、上海、宁波、厦门、广州、武汉 8 个口岸区域公司，主要业务有现代物流、船舶代理、货运代理 3 部分。自成立以来，其现代物流业务经过 3 年多时间的发展，业已形成基于家电、汽车、电力、石化、展运、零售业 6 大行业的物流平台，业务规模和企业实力位居国内物流业前列。

BJ 物流公司是 ZY 物流公司的子公司，主要从事家电和零售业的物流业务，为客户提供干线运输、仓库管理、城市配送、进出口货物代理、国际多式联运等业务。2005年，BJ物流公司正考虑服务进一步多元化和升级的问题，比如进入其他行业物流服务，以及提供客户供应链诊断、供应链优化、信息系统设计分析、物流银行等服务。经过多方面考虑，BJ物流公司最终选择快速消费品作为突破口。经业务发展部门的努力以及总公司高层的参与，某国际知名品牌饮料的合资企业（简称CC公司）有意和BJ物流公司进行物流合作，但该公司对BJ物流公司的能力还有疑虑，因此提出双方正式合作之前，BJ物流公司需要对CC公司的供应链现况提出诊断和改进报告，当然，CC公司是为了给BJ物流公司提供前期调研的方便。为此BJ物流公司成立了项目组，项目组组长为袁培成。项目调研期间，袁培成和其他项目成员的主要任务是了解CC公司目前整个运作的情况，到集团公司下属各厂走访调查。

公司背景与产品

CC公司是一家生产某国际知名品牌饮料的合资企业。该知名品牌的饮料在国内与3家大的企业集团合作，CC公司是其中一家集团公司。这3家企业集团划分了全国的市场，CC公司分到其中几个省份。CC公司在这几个省份都投资建设了生产厂（业内叫装瓶厂），而每一家装瓶厂要负责这个品牌系列产品的生产，并在自己所在省份的行政区域内组织和管理销售。集团公司总部的职能是协调与管理这几个装瓶厂的运作，并提供必要的支持和帮助。

各装瓶厂只负责所辖地区的销售，在自己的辖区内设立分公司、营业所或配送中心。各装瓶厂需把产品运送到分公司、营业所或配送中心的仓库，根据客户的订单再从仓库把产品送到客户手中。每一家装瓶厂都有从原材料采购到成品配送的一整套体系，体系的运作内容方式基本相同。

分公司、营业所或配送中心是各装瓶厂的基层销售单位，一般是根据行政区域来划分。比如TZ装瓶厂就是其中最有代表性的一家装瓶厂，厂部所在地是某沿海省份的省会，在20世纪90年代初成立，到现在有10个营业所或分公司（SC1—SC10，一个SC可能就是这个省份的地级行政区域）。分公司、营业所或配送中心租用当地仓库，主要使用公司自己配置的车辆为客户送货，而从装瓶厂的工厂仓库向各分公司、营业所或配送中心的仓库送货主要使用第三方运输商。很明显，各分仓库都必须保存一定的产品库存为当地的客户提供24小时的送货服务，这个服务承诺在整个集团公司是统一的。

这个国际知名品牌的系列产品是软饮料产品，分为碳酸饮料和非碳酸饮料，主打是碳酸饮料，近年来也相继开发了一些非碳酸饮料的品牌。所以公司的产品包括碳酸饮料以及非碳酸的水、果汁和茶饮料。

公司所有品牌产品的一个最大共同之处是都属于冲动购买品。所谓冲动购买品是消费者并不是事先都有购买计划，在购买中因为视觉、嗅觉或其他感官受到刺激而临时决定购买的商品，饮料是典型的冲动购买品之一。一项对超市中消费者购买该产品行为的调查研究表明,人们购买产品更多地是受到产品陈列和展示以及堆头等强烈的视觉冲击的影响,而产生购买欲望的时间只有0.75秒左右。

销售与渠道管理

集团公司的渠道分为 KA 客户、学校、批发商与经销商、直销与 101 客户。KA 客户是大型商场和超市。101 客户是集团公司把部分有一定仓储和配送能力的经销商发展成为 101 客户,这些经销商有自己的下线和网络,公司的销售人员从小的街边店或零售店拿到订单后,交到 101 客户手中,他们再向这些零售店送货,销售人员会定期检查 101 客户的库存,从公司仓库给 101 客户补货。101 客户的开发使公司物流服务的覆盖面更加全面。

直销客户的范围很广,销售人员从直销客户拿订单,公司直接送货。经销商与批发商占有相当的比例,但现在对他们的管理是一个难点,因为市场竞争激烈,完全是买方市场,他们已经摸出规律,公司为了完成销量指标,一定会有让利的促销。有促销活动,他们才进货;平时没有促销活动就不进货。这一方面是公司利润的损失,还使送货量波动很大,因为只是在促销活动的那几天订货,运输量会突然加大。许多装瓶厂的 101 客户项目开展得不错,但随之带来的问题是过于依赖 101 客户,有的 101 客户的销量占装瓶厂销量的 70%,不利于各渠道的均衡发展。所以装瓶厂缩减经销商和 101 客户的数量,把他们原来的下线收回,变成直销客户,扩大直销量。

客户服务与订单处理

集团公司统一的客户服务承诺是 24 小时送货,即今天的订单明日送货。正好前一段时间 TZ 厂进行了一次客户服务方面的调查,调查客户对 TZ 厂服务方面的反映。袁培成向销售部门要来了统计的数据(如表 7-1 所示)。数据显示客户普遍反映 TZ 厂总体的服务还是好的,对公司人员(包括销售和送货人员)的态度和服务、拜访频率、产品价格和质量表示满意,但也有不少报怨,主要集中在送货方面。

表 7-1 客户服务调研统计数据

	评估项目	客户重要性评价	装瓶厂表现	竞争对手表现
1	产品质量	5.3	5.2	4.8
2	供货价格	3.3	4.5	4.6
3	送货及时	6.1	2.9	4.3
4	缺货率	5.4	3.2	5.4
5	业务员的服务态度	4.8	5.7	4.6
6	对客户的响应能力	4.1	5.8	5.1
7	对投诉的处理效率	5.3	4.5	2.9
8	包装的耐用性	2.3	5.5	4.3

不少客户对送货的及时性表示了极大的不满。有些客户表示他们订的饮料没有像公司所承诺的那样在订货次日就能送到，而往往是在两三天之后才收到，这对他们的正常销售产生了影响。有的客户表示在下订单时，因为自己经营的原因有送货时段的要求，如要求上午或下午送到，但总是做不到。还有的客户反映，送货的品种或数量与自己向销售代表下的订单不一致；产品送到的时候有破损。

这要考虑产品的提前期。对客户来讲，产品提前期是从订单下达到收到货物的整个时间。但对装瓶厂来讲，整个过程没有这么简单：销售代表从客户得到订货信息后填写手工订单，经手工订单业务主任审批后给结算部门录入订单处理系统，系统审核客户信息，通过后可打印出相应的单据，然后由车辆调度人员合并或拆分单据，为每一辆车分配订单后，打出装运单和送货单，这些单据供仓库拣货和司机送货使用。

供应链的运作

在这两个月的时间里，袁培成走遍了每个装瓶厂，他既在工厂的生产线上了解生产情况，又到过许多小的营业所查看库存与仓库，既与装瓶厂的供应链总监有过促膝长谈，又和司机一起给客户送货。他与公司供应链以外的销售、财务、IT等部门的经理有过不少沟通，还到一些经销商、零售商那里询问他们对服务的意见。这些让他对整个CC公司供应链的运作有了切身的体会与认识。

库存管理

CC公司许多装瓶厂在成立的头几年里，没有所谓的库存问题。老的员工都知道那时经销商们是拿着现金，自己开车来提货，等待装货的车辆在厂外的街道上排起长龙，产品一下线就装上了车。可是这些如明日黄花，过去的辉煌一去不复返了。仿佛一夜之间，CC公司面前林立了众多的竞争者。CC公司的老对手，也是另一国际知名的饮料制造商，把竞争的战火烧到了国内；国内的饮料厂商以"中国人自己的饮料"为口号参与角逐，一些台湾的食品商也纷纷涉足饮料领域。公司发现资金周转慢了，利润在减少。

CC公司对此进行了深入的分析。利润的下降一方面是外部的原因造成，因为要面对剧烈的市场竞争，公司在产品价格上不得不向下调整，销量虽然增长了，销售收入却没有得到同比例增长。与此同时公司的客户对于公司的服务，包括送货的及时性、产品的多样化、产品的可得性等也提出了更高的要求。因此，各装瓶厂必须更精确地衡量顾客的需求，提供其需要并满意的服务，这增加了公司在服务方面的运作成本。而更主要的另一方面是库存管理的问题。

（1）在对库存进行全面盘点时，发现各装瓶厂许多的营业所仓库内存在不少的过期产品，还有大批量的即将过期的产品。

（2）虽然有大量的产品库存，还有那么多过期和即将过期的产品，而在全年运作中，除节假日期间各装瓶厂发生断货情况外，在销售旺季也会经常发生断货。基层一线销售人员对断货的抱怨集团公司总部都能听见。

(3) 以前都是各营业所或分公司向装瓶厂要货,装瓶厂组织送货。各营业所或分公司要货的品种和数量随意性较大,自己感觉某个品种销售会很好就多要一些,结果造成某个品种工厂仓库和当地营业所仓库都要断货,而在其他某个营业所有不少积压。

(4) 过期产品必须销毁,就需要从各个营业所把产品运回到工厂。因为公司有严格的程序执行销毁的工作,至少是质量、财务、仓库的人员三方现场共同见证。倒掉的液体需要经过处理,达标后才能排放。工厂有污水处理设备,但有时还会因设备能力不足,排污不达标遭到环境监测部门的罚款,所以根本不可能在营业所当地处理。

CC 公司对库存问题进行了分析后认为,销售预测与生产计划是产生问题的源头,销售部门做预测,但不对预测的准确度负责,计划部门埋头做计划,更多考虑的是生产线利用的因素,所以一个品种能生产几天的时间才换模具生产另一品种。由此就催生了需求和营运计划项目。

需求和营运计划(Demand and Operation Planning,D&OP)项目

D&OP 项目是集团公司在所有的装瓶厂开展的一个项目,各个装瓶厂的项目都是以一个核心功能性小组(D&OP 小组)来组织,小组的主要成员包括:项目主持人、需求分析员、营运分析员和生产计划员。

D&OP 项目小组的工作主要有以下几个方面:

- **销售预测**

销售预测是制定生产计划、产品调拨计划和控制产品库存的基础工作。预测的基础是根据历史销量,配合市场的情况和业务判断来进行销售预测,也就是在了解市场趋势、季节性、需求噪声和水平后,来制定供应市场的货量。同时,负责销售预测的人必须明白影响需求的因素,譬如产品的 PLC、内部或外部的竞争因素、售价和促销政策、货龄、季节、天气等。

预测的方式很多,一般来说,基本上以时间系列模式、市场信息为本来推算未来数据。预测的方法很多,如移动平均法、指数平滑法、季节指数法等。

- **库存控制**

库存控制工作的过程有下列几个步骤:

(1) 产品 ABC 分类。ABC 分类的原则各装瓶厂是一致的:

A 类产品:占销售总量的 80% 左右,或短期内需求较大的促销产品;

B 类产品:占销售总量的 15% 左右;

C 类产品:占销售总量的 5% 左右。

(2) 确定库存策略:见表 7-2。

表 7-2 库存分类与库存策略

产品分类	库存目标天数（天）	服务目标（%）	基本预测程序	检查周期	成品补给周期
A-促销	5～10	99	管理层预算	每日	每天
A-常规	5～10	98	销量历史	每日	每天
B	8～16	95	销量历史	每周	每周
C	15～30	90	销量历史	双周	双周

（3）确定客户服务系数：客户服务系数是与确定的服务目标所达到的百分比相对应的。

（4）确定安全库存：对库存水平的控制，重要的一环是确定安全库存的数量，这需要运用有关统计学方面的知识。

袁培成选了 TZ 厂某个营业所某 A 类产品的一个 SKU（库存量单位）在 2 个月内每天的销量数量（表 7-3）来简单地说明如何计算安全库存。

表 7-3 TZ 装瓶厂的某营业所销售数据

日期	星期	销量（箱）	日期	星期	销量（箱）
6月1日	五	417	7月2日	一	378
6月2日	六	151	7月3日	二	473
6月4日	一	209	7月4日	三	523
6月5日	二	179	7月5日	四	385
6月6日	三	357	7月6日	五	242
6月7日	四	266	7月7日	六	297
6月8日	五	157	7月9日	一	379
6月9日	六	282	7月10日	二	293
6月11日	一	200	7月11日	三	413
6月12日	二	311	7月12日	四	376
6月13日	三	261	7月13日	五	362
6月14日	四	275	7月14日	六	415
6月15日	五	347	7月16日	一	485
6月16日	六	393	7月17日	二	568
6月18日	一	223	7月18日	三	367
6月19日	二	197	7月19日	四	500
6月20日	三	398	7月20日	五	476
6月21日	四	330	7月21日	六	282
6月22日	五	234	7月23日	一	496
6月23日	六	258	7月24日	二	612
6月25日	一	326	7月25日	三	523
6月26日	二	217	7月26日	四	290
6月27日	三	369	7月27日	五	501
6月28日	四	310	7月28日	六	477
6月29日	五	380	7月30日	一	415
6月30日	六	390	7月31日	二	353

(5) 对库存水平的确定：确定这个库存水平是最大库存水平，这是控制库存的依据。每个分公司、营业所或配送中心都可以确定一个库存水平，这样装瓶厂也能确定一个库存水平。在这个库存水平下，装瓶厂就能达到客户所要求的服务水平。

- 生产计划与产品调拨计划

有了最大库存水平这个依据，再结合销售预测和实际库存数量，就能制定出装瓶厂的生产计划和向各分公司、营业所或配送中心产品调拨的计划。

采 购

CC 公司各装瓶厂都实行了集中采购，所有生产用的原辅材料、进行促销活动的市场用品、办公用品和材料以及生产线的备品备件都由采购部门负责采购。除生产所需几种主要的原材料之外，其他所需物品的使用部门只需提供物品的时间限制、规格、数量等的要求，由采购部门向供应商询价，供应商报价，必要时提供样品，由使用部门审查，确定供应商。采购部门与供应商签订供需合同，并负责催货，到货后验货直到最后付款的全过程。这是采购促销活动的市场用品、办公用品和材料以及生产线的备品备件的一般流程。

采购生产所需的主要原材料如主剂、糖、空瓶、瓶盖、包装材料等，采购程序有所不同。这些材料全部在国内采购，集团公司给出了提供这些原材料的供应商的一个名录，这些供应商必须通过公司总部的质量认证才能被选入名录，而各装瓶厂的采购部门只能从名录中选择供应商，从名录外的供应商处采购是被绝对禁止的。该品牌的产品有自己的一套非常严密的质量认证体系，比 GB/T 19000 系列质量认证的要求还要严格。以糖的采购为例：装瓶厂一般从名录中选择 2～3 家，至少选择 2 家，在具体运作时，集团公司总部会给装瓶厂一个数量的指引，使整个集团对一个供应商可以保证一个足够的采购量，进而可以得到最优的价格，同时使公司与供应商的合作达到一个长期目标。

采购部门还需要对供应商进行评估。评估的内容有产品质量、配送是否及时、售后服务的质量、培训援助的情况等，按照供应商在这些方面的表现打分，得到供应商绩效的综合分数，再依据这个分数调整采购的比例。

例如某装瓶厂，厂里按集团公司的安排选了两家糖的供应商，其中一家的采购比例达到了 85%，但这家供应商的供货却很不稳定，结果有两次因为糖马上就要用完，而订购的货还没有到，只得向临近的兄弟厂紧急借糖。采购部门统计了所有该供应商的送货数据（如表 7-4 所示）。

表 7-4 供应商送货时间统计

送货时间	提前 3 天	提前 2 天	提前 1 天	及时送货	延迟 1 天	延迟 2 天	延迟 3 天	延迟 4 天及以上
次数	0	3	7	18	9	5	4	2

生 产

生产部门按照 D&OP 制定的生产计划组织生产，对生产过程进行控制。袁培成在各厂的生产部了解情况时不少生产经理就向他诉苦，说现在的生产品种转换太快了，以前一个品种的生产有时持续进行 2~3 天的时间，而现在有时一天之内要变换生产 3 个品种。生产线变换品种时要清洗灌装设备，其他设备要更换模具，一次 5 步清洗再加上更换模具标准时间要 2 个小时，生产线的利用率下降了，而生产线的利用率是考核生产部门的绩效指标之一。

此外生产线开机后要低速运行一段时间，因为线上的模具位置不能立刻适应该品种，需要调整，这样会浪费不少时间。袁培成向某厂的生产经理要了一份前段时间某天的生产记录（如本章附件 1 所示）。

运输与配送

各装瓶厂的成品运输分为两大块：产品调拨和市内配送。这两种运输方式有许多不同的特点。

1. 长途运输

产品在生产出来后被直接送入厂房的仓库。厂房仓库有两项任务，一是作为整个装瓶厂的中心仓库，从这里向分公司或营业所的仓库调拨产品；二是为装瓶厂所在城市的市内配送服务。在该集团公司，把从厂房仓库向各分公司或营业所的仓库调拨产品，以及向各分公司或营业所所辖地区经销商直发产品都定义为长途运输。

目前 CC 公司最希望 BJ 公司接管各装瓶厂长途运输业务，并打算拿出 TZ 工厂仓库到 SC5 的长途运输作为初次合作的尝试，但需要 BJ 公司提出报价。为此，CC 公司提供从 TZ 工厂仓库到 SC5 相关的运输信息（见表 7-5）。

表 7-5 TZ 工厂到 SC5 营业所的产品调拨吨位及运输成本数据

月份	运输量（t）	TZ 工厂到 SC5 的里程	220 km
1 月	837.38	一般运输车辆吨位	15 t
2 月	504.1	养路费	180 元/t·月$^{-1}$
3 月	736.57	运营规费	47 元/t·月$^{-1}$，全年缴费 10 个月
4 月	784.95	保险费	12 000 元，保险费只有第三责任险
5 月	723.11	二级维护与年审	1 500 元/年，包含排污、车船使用税等
6 月	987.98	车辆购置费	200 000 元
7 月	735.45	车辆折旧期	8 年
8 月	658.04	车辆百公里油耗	30 L
9 月	1 086.05	目前平均油价	3.75 元/L
10 月	436.98	司机工资（正副驾驶）	1 800 元/月
11 月	291.83	车辆每公里平均维修费	0.25 元
12 月	412.93	高速公路收费（此吨位单程）	190 元
总计	8195.38	普通公路收费（此吨位单程）	80 元

2. 市内配送

从仓库送货到分公司或营业所所辖客户被定义为市内配送。长途运输是从一点到另一点的运输，市内配送是从一点到多点的运输，因为一趟运输要为多家客户送货。长途运输是公路干线运输，车辆吨位大，市内配送更多的是在城区内道路上穿行，由于城市交通的限制，车辆吨位小。这是长途运输与市内配送的主要区别。

CC公司使用自有车辆用于市内配送，在运力不足时以外租车辆补充运力。在公司，送货车辆的驾驶人员不叫司机而称业务员。业务员除了送货以外，还负有冷饮设备的收压、与客户兑奖、帮助促销活动等其他工作任务。有的装瓶厂是由运输部门负责对市内配送环节的管理，有的是由销售部门负责。

市内配送的流程是这样的：每个销售中心有一名车辆调度员，订单输入订单处理系统后由结算部门打印出送货单，车辆调度员取得第二天送货的所有送货单后，根据车辆运行的线路或区域为每一辆车每趟分配送货单，汇总出每一辆车每趟的装运单和送货明细表。将装运单送到仓库，仓库根据装运单拣货配货后把第二天第一趟要送的货物装车。所有这些都在夜间全部完成，第二天早晨上班时，司机可以直接开车送货。TZ厂为车辆设定的目标运输趟数是平均每天2.5趟。

3. 市内配送的车辆利用率

袁培成认为能否充分地使用车辆是衡量一个装瓶厂配送管理水平的标准，由于公司市内配送主要使用自有车辆，这些车辆每年要支付相当数量的费用，这些费用中许多是固定的，如折旧、营运规费等，充分使用车辆就能降低单位产品的送货成本。为此袁培成从系统中调出了TZ装瓶厂大量有关运输的数据来分析车辆的利用情况。

车辆利用率是考察车辆利用程度的一个指标，它的定义是：

$$车辆利用率 = \frac{自备车每月净运输量（从销售中心的仓库）}{目标每趟运输量 \times 目标每天运输趟数 \times 每月工作天数} \times 100\%$$

因为每个销售中心都有车辆，应分别进行考察。每个营业所的销量与运输量有如下关系：

$$营业所每月销量 = 自备车每月净运输量 + 外租车运量$$

$$自备车每月净运输量 = 每月自备车从仓库运出量 - 当月回库量$$

回库是当送货车辆到客户时，可能因为各种原因，客户拒绝接受全部或部分产品，只好重新运回仓库。TZ厂各地车辆数量和车辆利用率的情况如表7-6。

表7-6 TZ厂各销售中心车辆数量和车辆利用率

销售中心	车辆数	车辆利用率（%）
SC1	15	67
SC2	8	41
SC3	8	37
SC4	3	45

续表

销售中心	车辆数	车辆利用率（%）
SC5	3	48
SC6	3	31
SC7	5	30
SC8	8	24
SC9	5	30
SC10	8	33
TZ厂合计	66	52

可以看出TZ厂整体的车辆利用率很低，最高的营业所SC1也不过是67%，最低的营业所只有24%的利用率。袁培成又进一步分析销量、外租车运输与自有车辆利用率的有关数据（如表7-7所示）。

表7-7 TZ厂各销售中心全年累计的车辆利用率表现

销售中心	车辆数	销量占全公司比例（%）	外租车运输比例（%）	车辆利用率（%）
SC1	15	46	45	67
SC2	8	9	13	41
SC3	8	9	17	37
SC4	3	4	11	45
SC5	3	4	13	48
SC6	3	3	19	31
SC7	5	3	7	30
SC8	8	7	9	24
SC9	5	5	16	30
SC10	8	10	7	33
TZ厂合计	66	100	15	52

接着是把各营业所销量与车辆目标运力（目标运力=目标每趟运输量×目标每天运输趟数×工作天数）加以比较（见图7-1）。

除此之外，袁培成还从销售系统中把上一年全年TZ厂每天的销量提取出来，予以整理与分析，得出的规律如表7-8所示。

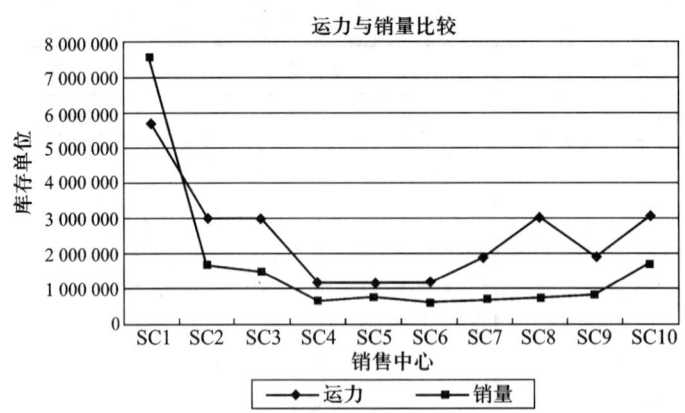

图 7-1　TZ 厂各销售中心运力与销量比较

表 7-8　TZ 厂每日销售统计分析结果

	平均日销量占当月销量比例	一般发生的时间
平常日	2% ~ 4%	每月前两周的每个工作日
高峰日	6% ~ 10%	每月后一周或两周近周末的 3 ~ 4 天内
节假日	12% ~ 15%	春节、五一、国庆节节前的几天内

CC 公司供应链管理面临的十大困难与挑战

袁培成在自己调研的基础上,认真思考了 CC 公司供应链现在所面临的困难与挑战,他认为有以下诸多方面:

1. 供应链内部的协调

供应链内部的部门之间存在着相互的利益冲突,生产与采购、生产与计划、仓储与运输、计划与运输等,协调不好它们的关系,流程不细,责任不清,会使供应链内部的各部门之间相互推诿扯皮,更不要说面对外部的压力。

2. 来自供应链外部的压力

这个外部压力一是来自销售部门,二是来自财务部门。销售部门希望加大库存以满足销售,而财务部门也紧盯库存,要求控制库存。财务部门还对供应链的成本十分关心,希望供应链部门对此拿出对策。

3. D&OP 项目实施

虽然各厂实施 D&OP 项目有一定时间,但袁培成发现其中同时存在一些问题。首先是预测的精度问题,经过他的测算,预测精度一般在 70% 以下,有时甚至不到 50%。同时库存数据的可用性差,袁培成检查发现库存数据并不总是最新的,特别是一些营业所或配送中心不能及时向装瓶厂报送库存的数据,数据的准确性也较差。

此外,销售部门工作人员对 D&OP 小组的抱怨也不少,他们说有关销售预测的数据小组从来没有与他们协商过，各地仓库中的库存数量他们不知道是如何制定出来的，还是有断货的情况发生。但 D&OP 小组却说，对于销售部门的促销计划，他们总是最后一个才了解，不得不紧急调整生产计划。

袁培成随意调出了某营业所最新的库存记录（如本章附件 3 所示），他发现还是有库龄时间长的产品，特别是 B 类与 C 类的产品。这里有计划的问题，还有仓库的问题，或者也有销售的原因。

4. 库存管理

库存管理挑战之一，如何对经销商和 101 批发商的库存进行控制，使渠道的库存透明化。

库存管理挑战之二，新产品上市。集团公司这两年不断推出新产品，有成功的，失败的例子也不少，特别是去年某新产品在 NH 厂上市，办了两次大型的产品推介，媒体、促销一起上，结果都不成功。当时为了铺货，D&OP 订了不少的货，同时压货给经销商和零售商，最后是各地仓库、经销商和零售商手中大量的库存等着过期，公司为此数次召开由销售、财务、结算、仓库、运输各部门的联合会议商讨解决方案，而最终全部处理完毕竟用了一年多的时间。

库存管理挑战之三，供应链部门在考虑是否可以通过增加产能来降低存货水平的策略，但担心集团是否批准。

库存管理挑战之四，积压库存的处理。实际上产品货龄在 90 天以上的，还未过期之前就应想方设法处理掉，削价处理是一个办法，因为削价总比等它过期后销毁要强。但此类方案经常不被装瓶厂的总经理通过。

5. 产品的回库

在送货的过程中，经常发生产品回库现象。产品回库是当把货物送到客户处时，由于各种原因客户拒不接收货物，而不得不拉回仓库。

6. 调整销售策略，扩大直销量

调整销售策略，扩大直销量，减少对经销商和 101 客户的依赖，供应链部门需要认真评估该举措对供应链运作的影响。

7. 对送货区域的调整

目前各装瓶厂的营业所所辖区域都是按行政区域划分的，这种划分销售区域的做法虽然管理较为方便，但从配送的角度看并不合理。如某县属于某营业所，但县城离营业所仓库有 210 km，而它离另一营业所却不到 100 km，所以有时该县城客户是由距离近的营业所送货。这是两个营业所私下形成的默契，虽然送货便利了，但又带来订单传递、销量核算等问题，也会影响到 D&OP 小组对销量的准确预测。而如果重新划分区域，那不是供应链一个部门说了算的事。

8. 物流外包

相对于竞争对手，CC 公司部分人士认为 CC 公司最大的优势是拥有自己的送货车辆，公司的车辆都印有产品标志，在街道上穿梭十分醒目，投资这些车辆需要大量的资金，目前只有 CC 集团公司有这个实力。

9. 内部客户外部化

内部客户外部化的含义是供应链各部门之间建立服务的承诺，供应链对销售部门也有服务的承诺，这个承诺是相互的。比如供应链对送货的及时性做出承诺，同时销售部门也应对诸如订单的准确性做出承诺。但销售部门有些老大哥，要让他们做出保证谈何容易。

10. 供应链的管理人才

"千军易得，一将难求。"袁培成认为制约供应链管理水平提高的一个因素是供应链管理人才的匮乏，改变这一现状只靠供应链自己的努力远远不够。

【案例分析指南】

饮料产品是快速消费品，是以产品的预测来推动产品的生产，产品存储在最靠近客户的地方，执行产品预测计划部门的绩效对整个供应链的绩效有着很大的影响。同时计划部门也要确定安全库存的水平，这与公司的服务水平和销量的波动情况有关。这个集团的 8 个装瓶厂之间就可以采用标杆管理的方法，在比较各厂的绩效时使用的指标是单位产品的成本，考察绝对的数值是说明不了问题的。

【思考题】

（1）为什么上一年末 CC 集团公司在年终财务结算后发现，尽管公司的销量比以前年度增长了 9%，但公司的利润率却下降了 4%？

（2）结合案例描述 D&OP 部门的工作内容。D&OP 对 CC 公司物流管理的提升体现在什么地方？

（3）描述产品调拨量与库存水平、预测销量以及当前库存数量之间的关系；描述产品生产量与库存水平、预测销量以及当前库存数量之间的关系。

（4）CC 公司采购物资，哪些物资应该采用集团集中采购？哪些可以下放到瓶装厂？由此企业可以获得什么好处？在评估集中采购物资供应商和分散采购物资供应商时，评估侧重点有何不同？对哪一类物资可以采用招标策略？

（5）请你根据对案例中各装瓶厂长途运输相关数据的分析，说明 CC 公司的每个瓶装厂是应该使用自有车辆送货，还是使用第三方运输？

（6）结合案例，CC 公司降低市内配送成本可以采取哪些策略和具体的方法？

（7）季节性需求如何影响企业物流资源配置？比如车队、仓储设备、人员等资源。

（8）信息系统在改进客户服务方面能发挥什么样的作用？对整个供应链的运作提高又有什么作用？

（9）根据案例中给出的 TZ 装瓶厂某营业所 2 个月的销量数据，计算销量数据的标准偏差；如果某 A 类产品的补货周期是 0.5 周，客户服务水平要达到 99.5%，安全库存应该是多少？产品最大库存量和平均库存水平是多少？*

（10）根据案例给出的运输成本数据，如何确定第三方运输投标方投标的费率是合理的？*

（11）提出你对客户服务的改进意见，CC公司的客户服务一定有些环节需要提高，用什么方法找到这些环节？*

（12）为什么CC集团公司在8个省每个省份都建有装瓶厂，而不在某一个地方建设一家装瓶厂向这个8个省份供应产品？你可以从产品特性、客户服务政策、延迟制造、存货水平、物流成本等方面如何影响分散生产和集中生产策略的角度进行分析。*

（13）对于CC公司供应链关键绩效指标（KPI）的设计，袁培成十分希望得到您的建议。*

（14）请你针对附件2的成本数据进行成本分析。在8个装瓶厂中哪几个工厂表现好一些？GD和TZ这两家装瓶厂在集团中分别处于什么位置？试运用成本形态分析、80/20原则等予以分析，并对表现差的生产点制订成本降低行动方案。*

（15）请你运用供应链SCOR模型为CC公司画一幅草图。该公司供应链运作包括哪些主要活动？*

（16）请你列举存货缓冲点（DP）的5种表现形式，根据CC公司的产品特性和客户服务政策，指出该公司应采用哪一种缓冲点？企业在该缓冲点展开竞争时，库存控制的难点和重点是什么？*

（17）CC公司在采用案例中的供应链组织结构前，其采购部隶属于财务部门，物流部门仅包括仓储、运输功能，需求预测与生产计划分别由销售部门和生产部门执行。请你分析该公司为什么进行组织变革，采用供应链管理架构？*

（18）结合CC公司案例，企业如何通过物流运作形成成本竞争优势？又如何通过物流运作形成差异化策略？*

下列附件为案例分析其他可能的参考信息：

第7章 附件1

生 产 记 录

生产时间	200×-4-9		计划产量	6 400（箱）
班次	TZA		实际产量	6 243（箱）
生产品种	CC：500ML-24		额定速度	30 000瓶/h
时间	内容	生产线速度	原因	
8：30—8：35	交接班	30 000		
	8：35 开始灌装			
8：35—8：46		30 000		
8：46—8：53	低速	20 000	输送带模具调整	
8：53—9：12		30 500		
9：12—9：17	停机		输送带堵瓶，温瓶机调整	

续表

生产时间	200×-4-9		计划产量	6 400（箱）
班次	TZA		实际产量	6 243（箱）
生产品种	CC：500ML-24		额定速度	30 000 瓶/h
时间	内容	生产线速度	原因	
9：17—9：36		29 980		
9：36—10：05	停机		包装机模具调整，输送带堵瓶	
10：05—10：15	降速	15 000	输送带堵瓶	
10：15—11：21		30 800		
11：21—11：35	停机		调整旋盖机扭矩	
11：35—13：10		31 000		
13：10—13：30	停机		输送带堵瓶，包装机故障，维修	
13：30—13：54		30 000		
13：54—14：06	降速	18 000	瓶子供应不上	
14：06—14：30		31 000		
14：30	结束灌装			

生产时间	200×-4-9		计划产量	4 250（箱）
班次	TZA		实际产量	3 947（箱）
生产品种	SP：1.25L-12		额定速度	15 000 瓶/h
时间	内容	生产线速度	原因	
14：30—16：51	五步清洗，换装模具			
16：52	开始灌装			
16：52—17：08	低速	10 000	灌注不稳定	
17：08—17：50		15 050		
17：50—18：00	低速	7 000	输送线堵瓶，调整包装机模具	
18：00—18：10		15 000		
18：10—18：40	停机		混比器故障，重新混比	
18：40—19：27		15 000		
19：27—19：40	停机		灌注机故障，更换49#灌注阀	
19：40—20：30		15 100		

续表

生产时间	200×-4-9		计划产量	4 250（箱）
班次	TZB		实际产量	4 527（箱）
生产品种	SP：1.25L-12		额定速度	15 000 瓶/h
时间	内容	生产线速度	原因	
20：30—20：35	交接班			
20：35	开始灌装	15 010		
20：35—22：52		15 080		
22：52—23：12	停机		灌注机故障，更换7#灌注阀	
23：12—23：47		14 950		
23：47—0：10	低速	8 000	瓶供应不上	
0：10—0：30		15 100		
0：30	停止灌注			

生产时间	200×-4-10		计划产量	12 750（箱）
班次	TZB		实际产量	11 930（箱）
生产品种	SMA：500ML-12		额定速度	30 000 瓶/h
时间	内容	生产线速度	原因	
0：30—2：50	五步清洗，换装模具			
2：50	开始灌装			
2：50—3：12	低速	18 000	输送线堵瓶，调整模具	
3：12—3：39		30 500		
3：40—3：50	停机		调整旋瓶盖扭矩	
3：50—3：55				
3：55—4：18	停机		包装机故障，并调整包装机模具	
4：18—5：12		30 800		
5：12—5：20	低速	15 000	输送线光电感应故障，堵瓶	
5：20—5：36		30 000		
5：36—5：42	停机		冲瓶机故障，更换二套瓶夹	
5：43—6：07		30 300		
6：07—6：19	低速	20 000	瓶供应不上	
6：20—7：44		30 000		
7：44—7：58	停机		温瓶机光电开关故障，输送线堵瓶	
7：58—8：30	低速	23 000	包装机故障，输送线堵瓶	

第7章 附件2

200×年CC集团公司各装瓶厂仓储与运输费用

装瓶厂	GD	XA	JM	NH	XN	TZ	ZZ	HC
销量（标准箱）	68 442 024	51 324 764	10 845 263	38 212 897	22 973 066	15 433 714	15 427 825	27 832 894
市内配送成本								
自有车辆								
直接人工成本	2 830 847	4 642 698	160 382	2 062 676	590 660	1 349 173	1 258 894	1 606 477
车辆折旧	800 578	864 532	304 404	2 251 343	613 663	422 203	1 394 495	825 963
燃油费用	1 800 911	1 174 576	169 825	1 088 873	269 538	285 744	1 031 641	722 199
维修费用	2 110 012	1 239 707	67 482	1 209 263	210 798	462 903	1 533 310	848 745
养路费	614 196	657 036	158 138	905 692	159 821	241 619	553 054	405 755
车辆税	278 624	355 419	9 634	151 036	80 545	64 182	178 645	134 321
过路过桥费	739 157	438 766	29 733	351 959	161 168	100 321	380 535	269 765
市内自有车辆合计	9 174 325	9 372 734	899 598	8 020 842	2 086 193	2 926 145	6 330 574	4 813 225
第三方运输								
客户自提运费补助		7 853		34 876	8 293		17 833	4 864
运费	16 937 884	4 149 452	5 619 945	554 172	2 945 234	1 157 419	786 292	4 013 360
市内配送第三方运输合计	16 937 884	4 157 305	5 619 945	589 048	2 953 527	1 157 419	804 125	4 018 224
管理费用分担	2 383 889	1 208 569	162 876	1 587 887	224 517	614 590	379 525	814 792
系统费用分担	74 467	59 991	27 133	28 927	28 685	62 420	33 161	33 908

续表

装瓶厂	GD	XA	JM	NH	XN	TZ	ZZ	HG
市内配送费用合计	28 570 565	14 798 599	6 709 552	10 226 704	5 292 922	4 760 574	7 547 385	9 680 149
长途运输								
自有车辆								
直接人工成本								
车辆折旧								
燃油费用								
维修费用								
养路费								
车辆税								
过路过桥费								
长途自有车辆合计								
第三方运输								
客户自提运费补助								
运费	9 442 415	2 466 907	3 268 994	505 845	1 810 061	834 889	632 456	749 450
长途运输第三方运输合计	9 442 415	2 466 907	3 268 994	505 845	1 810 061	834 889	632 456	749 450
管理费用分担	1 503 873	862 789	292 411	1 069 690	326 033	538 800	410 583	503 721
系统费用分担	244 188	236 292	218 369	219 348	219 216	237 617	221 657	201 693

续表

装瓶厂	GD	XA	JM	NH	XN	TZ	ZZ	HG
长途运输费用合计	11 190 476	3 565 988	3 779 774	1 794 883	2 355 310	1 611 306	1 264 696	1 454 864
总运输费用合计	39 761 041	18 364 587	10 489 326	12 021 587	7 648 232	6 371 880	8 812 081	11 135 013
仓储成本								
自有成品仓库成本								
直接人工	1 155 780	1 928 079	33 256	648 342	125 173	289 673	219 029	520 137
叉车操作人员和搬运人员工资	1 401 472	48 069	98 979	529 624	245 880	43 496	279 847	327 949
仓库折旧(建筑物)	259 599	279 123	217 969	169 005	315 171	21 883	144 291	172 909
仓库设施折旧	17 549	67 455	10 987	23 703	27 736	15 130	24 393	20 398
叉车折旧	1 110 311	213 588	147 341	287 912	120 513		394 661	281 889
托盘折旧	1 424 121	1 258 574	304 479	768 647	329 172	408 271	753 463	652 869
仓库维护保养费用	833 603	903 795	98 189	492 442	222 614	132 588	612 756	409 027
仓库搬运与装卸费用	1 312 799	158 711	162 941	37 290	115 523	122 124	393 214	284 854
仓库其他运作费用		401 217	106 354	285 779	407 296	64 703	57 143	162 910
仓库水电费	4 562	13 269	68 767	174 754	67 883	73 015	135 860	64 292
货物破损损失费用	114 576	305 286	102 156	171 085	33 278	160 904	287 304	143 852
自有成品仓库成本合计	7 634 372	5 577 166	1 351 418	3 588 583	2 010 239	1 331 787	3 301 961	3 041 086
自有原材料仓库								
直接人工	157 529	953 888	41 737	222 947	132 660	114 690	14 562	200 530

续表

装瓶厂	GD	XA	JM	NH	XN	TZ	ZZ	HG
叉车操作人员和搬运人员工资	136 583	133 658	4 562	43 579	131 832	28 557		57 445
仓库折旧（建筑物）	55 395		30 693	325 229	38 593	32 202	34 877	62 222
仓库设备折旧	47 536	15 419	20 930	4 562	4 562	103 882	49 685	26 493
仓库设施折旧	418 147	59 714	206 717	173 413	470 475	21 883	131 589	176 734
叉车折旧	63 365		40 257	235 574	37 682	54 219	71 173	67 276
货物破损损失	4 562		20 734	73 989	9 550			12 344
仓库其他运作费用	63 645	7 817	8 436	5 445	7 346	24 362	8 562	9 755
自有原材料仓库成本合计	946 762	1 170 496	374 066	1 084 738	832 700	379 795	310 448	612 799
第三方仓库（原材料或成品）								
成品仓库租金	2 672 515	1 283 121	347 235	1 469 167	288 182	232 422	1 060 496	916 171
原材料仓库租金	162 831			205 991		44 930		51 029
成本合计（成品仓库）	10 306 887	6 860 287	1 698 653	5 057 750	2 298 421	1 564 209	4 362 457	3 957 257
成本合计（原材料仓库）	1 109 593	1 170 496	374 066	1 290 729	832 700	379 795	355 378	663 828
仓库管理费用分担	2 383 889	1 208 569	162 876	1 587 887	224 517	614 590	379 525	814 792
系统费用分担（仓库）	60 558	47 398	17 369	19 158	18 938	49 607	23 007	29 954
总仓储成本合计	13 860 927	9 286 750	2 252 964	7 955 524	3 374 576	2 608 201	5 120 367	5 465 831
储、运费用合计	53 621 968	27 651 337	12 742 290	19 977 111	11 022 808	8 980 081	13 932 448	16 600 844

第7章 附件3

某营业所200×年××月××日库存记录

产品代码	SKU编号	当前分类	库存天数					每箱单价
			0～30	31～90	91～180	180天以上	合计	
CC11	1120	A	1 624	186			1 810	16.5
SP11	1121	B	154	177			331	16.5
FD11	1122	A	569	293			862	16.5
CC41	1150	A	1 270	314			1 584	55.4
SP41	1151	A	1 104	319			1 423	55.4
FD41	1152	B	465	189	63		717	54.7
SMA41	1154	C	102	60	5		167	52.4
CC42	1340	B	137	118		56	311	26.2
SP42	1341	B	344	215			559	26.2
SMA42	1344	C		59	39		98	26.4
CC21	1180	C	82	70			152	48.3
SP21	1181	C		95	23		118	48.3
FD21	1182	C		63			63	48.6
CC51	1100	B	352	138			490	40
TYD	1155	C		174	44		218	19.6
SSH	1156	A	1 838	265			2 103	19.6
QOO500	1741	C	64	125			189	48.5
QOO350	1742	C		167	36		203	36.3
合计			8 105	3 027	210	56	11 398	

第7章 附件4 订单处理流程

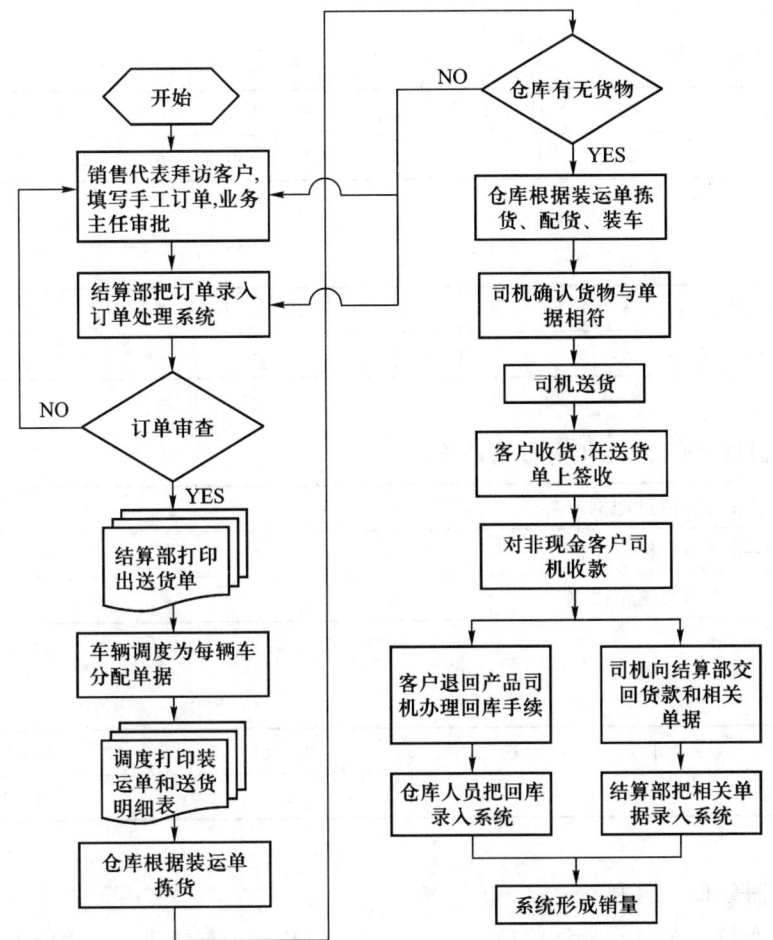

第7章 附件5 车辆运作数据

I 基本条件

I-1 工作天数

1月	2月	3月	4月	5月	6月	7月	8月	9月	10月	11月	12月	总计
22	24	30	24	24	30	24	24	30	24	24	29	309

I-2

	1月	2月	3月	4月	5月	6月	7月	8月	9月	10月	11月	12月
平均高峰日发生天数	3	3	5	3	8	10	8	8	4	3	3	4
特殊假日发生天数	3			3					2			

I-3 根据2002年全年每日销量统计

平均每日运量占当月销量比例	3%
平均高峰日运量占当月销量比例	6%
特殊假日日运量占当月销量比例	15%

Distribution ability

车型	u.c/趟	趟/天	u.c/天
厢车	550	2	1 100

II 车辆分布、运力

II-1 车辆分布（车辆调整前）

营业所	车辆数量
SC1	15
SC2	8
SC3	8
SC4	3
SC5	3
SC6	3
SC7	5
SC8	8
SC9	5
SC10	8
total	66

II-2 车辆每天运输能力

辆	u.c/天
SC1	16 500
SC2	8 800
SC3	8 800
SC4	3 300
SC5	3 300
SC6	3 300
SC7	5 500
SC8	8 800
SC9	5 500
SC10	8 800
total	72 600

III 销量预算（月销量）

u. c	1月	2月	3月	4月	5月	6月	7月	8月	9月	10月	11月	12月	总计
SC1	628 672	438 348	728 922	706 931	639 558	960 970	719 696	598 928	951 575	399 704	286 431	475 845	7 535 580
SC2	153 196	106 817	177 625	172 266	155 849	234 171	175 377	145 948	231 882	97 401	69 798	115 955	1 836 285
SC3	131 697	91 827	152 698	148 092	133 978	201 309	150 766	125 466	199 341	83 732	60 003	99 682	1 578 591
SC4	65 464	45 646	75 904	73 614	66 598	100 067	74 943	62 367	99 089	41 622	29 826	49 550	784 689
SC5	53 930	37 603	62 530	60 643	54 864	82 436	61 738	51 378	81 630	34 288	24 571	40 820	646 430
SC6	53 148	37 058	61 623	59 764	54 069	81 241	60 843	50 634	80 447	33 791	24 215	40 228	637 062
SC7	63 981	44 611	74 183	71 945	65 089	97 799	73 244	60 954	96 843	40 678	29 150	48 427	766 906
SC8	132 952	92 702	154 153	149 503	135 254	203 227	152 202	126 662	201 240	84 530	60 575	100 632	1 593 633
SC9	64 543	45 003	74 835	72 577	65 660	98 658	73 887	61 489	97 693	41 036	29 406	48 853	773 639
SC10	139 828	97 497	162 126	157 235	142 250	213 738	160 074	133 213	211 648	88 902	63 708	105 837	1 676 053
total	1 487 412	1 037 112	1 724 600	1 672 570	1 513 167	2 273 614	1 702 771	1 417 038	2 251 387	945 683	677 684	1 125 829	17 828 868

第8章 医药工业

案例1 SZ制药公司的库存管理与配送方案选择

【案例概要】

本案例取材于一家真实的制药企业的供应链运作实例。案例主要说明供应商的表现对企业原材料库存的影响，特别是供应周期长短与供应周期的波动对库存的影响。此外，案例还详细地介绍了企业在选择配送方案、选择承运商时所应考虑的因素，包括定性因素与定量因素。

【教学目的】

（1）清楚供应商产品供应周期长短及供应周期波动对原材料库存的影响，以及产生影响的原因。

（2）掌握确定安全库存、再订购点的计算方法。

（3）在选择承运商时，企业根据自己经营的需要对各种因素的重要性考虑是不同的，了解企业选择的侧重点。

（4）掌握医药企业物流管理的常见问题、问题成因分析及其解决方案。*

（5）掌握比较复杂的物流数据分析。*

【自学时数】

3学时

随着物质生活水平的不断提高，人们对自己的身体健康也越来越关注，各种药品已经成为人们日常生活的必备之物，同时也对药品的疗效、质量提出了更高的要求。目前国内许多生产西药的企业与外国大的制药公司合资，其目的是利用国外这些制药公司强大的研发能力和先进的管理方法，不断向市场提供更新、疗效更好、质量更佳的产品，满足人们的这种需要。

第 8 章 医药工业

引　言

早晨 8 时 10 分，李文燕经理就来到了公司，她是 SZ 制药公司物流部的经理。李文燕从南京药科大学硕士毕业后就来到了 HZ 制药公司，在 HZ 公司与外方合资成立 SZ 公司时，她就参与了这个项目，历经公司筹建、厂房建设、设备的安装与调试、试生产的全过程。当 SZ 公司正式投产的时候，她被任命为公司物流部的经理。和往常一样，她每天都早到公司 20 分钟，换好衣服后到生产车间，对整个生产线都巡视一遍后才开始一天的工作，她已经养成了习惯。

公司背景

SZ 制药公司成立于 1996 年，是由法国排名第 2 的全球性制药公司与我国某省一家具有 70 年历史的著名药厂合资，在中方药厂的一个分厂基础上成立的合资制药公司，总投资为 2 亿元人民币，外方占 55% 的股份。公司主要从事生产、销售化学和生化药品以及药物中间体、药物辅料的活动，还包括有关的技术咨询。公司主要产品有心血管药品、神经系统药品、抗血栓药品、抗肿瘤药品和抗生素等处方药和少量非处方药。SZ 公司在 1999 年通过国家药品生产企业认证中心的 GMP 认证，公司成立当年的销售额约为 1 200 万元人民币，到 2002 年销售额将近 3 亿，公司员工数量由最初的 100 多人增加到现在的 400 多人，其中销售人员近 300 名。公司在上海、北京、广州、天津、青岛、南京、成都、福州、西安等地设有办事处，销售客户从 1996 年的只有 80 家增加到 2002 年的 200 多家，客户在 1996 年仅分布在国内东南沿海省市和北京一带，至 2000 年已遍布全国除台湾、西藏、青海以外的 29 个省、市、自治区。公司的客户是医药商业公司和药品经营部，公司不经营药品零售业务。

SZ 制药公司的宗旨是："您的健康，我的心愿！""服务社会、回报社会、以人为本"是公司企业文化的核心。SZ 公司的组织结构如图 8-1 所示。

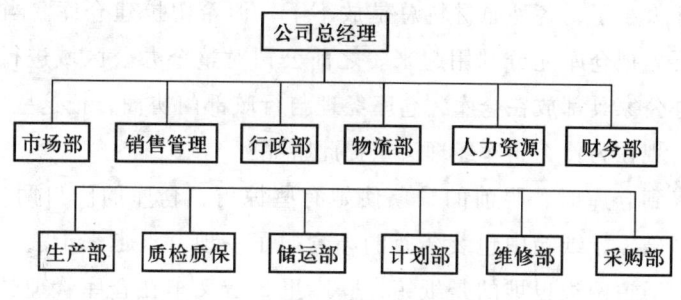

图 8-1　SZ 公司的组织结构图

SZ 制药公司的发展非常快速，它设定的目标是跻身于中国 10 强医药企业的行列，所以公司在运作上非常注重产品质量，公司的工厂在生产过程中几乎照搬了外方在欧洲的质量和安全管理模式，以保证产品质量和人员环境的安全。

采购、生产和信息系统

SZ 制药公司在去年投入了大量的资金开发 ERP（企业资源计划）系统，整个系统在今年刚刚正式启用，公司的采购、生产计划、仓储和运输等工作开始在 ERP 系统上运行。

公司的采购流程如图 8-2 所示。

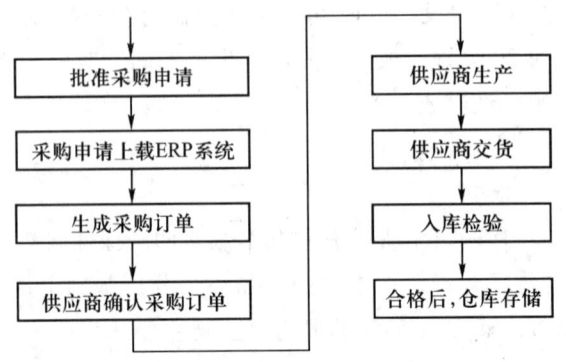

图 8-2　SZ 公司采购流程示意图

公司生产计划的制定是滚动进行的，每周运行一次 ERP，做出一个月的生产安排。公司结合两方面的信息制定生产计划，一方面是用前 12 个月的销售历史数据，做出每个月的滚动销售预测；另一方面的信息是接到的客户订单，同时还要结合公司现有的实际库存情况，制定出生产计划，报物流部经理批准。采购部门同时根据这个计划制定采购计划，报物流部经理批准后执行。

提前期与原材料库存

李文燕经理从车间出来换好衣服后决定去仓库看看。这一段时间仓库经理一直向她抱怨，说仓库太小了，各种原材料总是放不下，他希望扩建仓库。当时李经理就告诉仓库经理，要先把仓库充分利用起来。之前公司对整个办公区域进行改造，改造后被淘汰的许多办公家具都放在仓库，仓库经理与行政部门协商，把这些家具做了处理，腾出不少空间。现在为什么仓库经理又重提此事呢？

当李经理来到仓库时，眼前的景象使她有些惊讶，仓库的门口两边堆满了纸箱，有几个纸箱已经破了，纸箱中包装药瓶的小盒撒了一地，人走来走去，不少小盒已经被踩坏了。仓库通道两边也堆的是纸箱，仓库里 3 台叉车在仓库管理员的指挥下，正在调换货物以腾出库位。再看其他的几种主要材料与辅料，也都堆满了货架，有的已经占据了成品的货位。

回到办公室，李经理让秘书从 ERP 系统中把最近 3 个月每天的原材料库存数据调出来，从中选择公司最常用的两种主原料和两种辅料以及两种主要的包装材料，这 6 种材料占到了公司原、辅材料库存数量的 85% 以上。同时李经理让秘书从系统中调出这6种材料每天的生产用量，计算出平均用量（见表8-1）。

表8-1 库存统计数量及平均生产用量　　　　　　　　　　单位：箱

	总的统计天数	总库存量	平均每天生产用量	单位包装体积（m³）
主料1	90	3 591 267	1 324.36	0.3×0.4×0.4
主料2	90	3 650 335	967.54	0.4×0.5×0.5
辅料1	89	1 254 354	312.78	0.2×0.5×0.3
辅料2	90	1 110 719	435.32	0.3×0.4×0.7
包装材料1	88	4 708 930	1 169.63	0.5×0.6×0.5
包装材料2	87	1 560 506	593.15	0.5×0.7×0.5

了解这些数据还不够，要计算出这6种原、辅材料的平均库存水平。李经理要求采购部提供这几种材料供应商的供货情况，两者相互比照（见表8-2）。

表8-2 平均库存天数与供应商供货情况

	平均库存水平（天）	供应商	供应商平均供货周期（天）	供应商地理位置	与公司距离（km）
主料1	30.13	S1	15	本省本市	30
主料2	41.92	S2	23	A省A市	1 190
辅料1	45.06	S3	25	B省D市	460
辅料2	28.35	S4	20	本省F市	220
包装材料1	45.75	S5	25	B省G市	340
包装材料2	30.24	S6	16	本省本市	25

当李经理看到这个表上的数据时，立刻询问采购部为什么库存水平与供应商供货周期相差如此悬殊，因为这个供货已经包括了运输时间。过了3天，采购部给李经理做了答复，他们的回答是这个供货周期只是一个平均水平，供应商供货相当不稳定，并且这几天统计出了一些数据来说明这个情况（表8-3：供应商供货周期变动情况）。此外，采购部还解释说，在没有运行ERP系统之前，由于库存信息不准确，采购部下订单的数量都偏多，目前还是沿用以前的办法。

表8-3 供应商供货周期变动情况　　　　　　　　　　单位：箱

供应商	提前5天以上	提前4天	提前3天	提前2天	提前1天	正常	延迟1天	延迟2天	延迟3天	延迟4天	延迟5天以上
S1	0	1	5	10	17	34	13	9	6	5	0
S2	1	3	6	11	15	23	17	10	9	4	1

续表

供应商	提前5天以上	提前4天	提前3天	提前2天	提前1天	正常	延迟1天	延迟2天	延迟3天	延迟4天	延迟5天以上
S3	1	2	7	12	14	28	16	8	6	6	0
S4	0	1	5	7	10	53	13	7	4	0	0
S5	1	2	5	8	8	41	11	10	8	4	2
S6	0	3	5	9	14	37	13	8	7	3	1

两天后，在公司总经理陈明远先生的认可下，李文燕经理成立了一个项目小组，该小组由计划、生产、采购、仓库这些部门的成员组成。李经理要求小组拿出两个方案：一个方案是在目前情况下，库存满足率达到95%时，确定每个品种的安全库存水平、再订购点和订货批量；第二个方案是有关供应商管理，包括制订供应商绩效考核办法和考核办法的实施计划，发展与供应商关系的计划，还要评估实施供应商管理库存（VMI）的可行性，还有几家距离公司较远的供应商在公司附近新建原材料厂的可行性，以及实施JIT供应的可行性。关于这两个方案的关系，李经理指出第一个方案能马上降低部分库存，但最终还是要通过降低材料的供货期，减少供货的不确定性来降低库存水平。

经过两个月的努力，公司的库存水平有了明显的降低，目前就实施供应商管理库存的项目与供应商S1已经达成初步意向，双方正在对合作的细节进行谈判。库存控制是一项长期和复杂的工作，让李文燕经理感到欣慰的是毕竟开了个好头。但李经理还没有感到轻松，因为她知道还有一项更艰巨的任务在等着她。

客户签收的运输单据

几天前陈明远总经理召集销售部、物流部、财务部、人力资源部以及储运部的主管开了一个比较重要的会议。会议上财务部的经理对公司当前的财务状况进行汇报，公司今年到目前为止利润完成情况不错，但有大量的应收账款没有收上来，占到公司总利润的35%，其中有些已是呆账死账，这样给公司的现金流动带来极大的困难，公司不得不增加向银行的贷款，向银行支付的利息也增加了。财务经理还提醒储运部，公司的运输费用偏高，同行业的运输成本占总成本的15%左右，而公司的运输成本占到近20%。对第二个问题，陈明远总经理要求储运部会后去研究解决；针对第一个问题，要求几个部门会上一起分析一下，找出原因，尽可能拿出一个解决方案。

针对应收账款不能及时回收的问题，大家分析的原因主要有以下几个：

（1）公司目前制定有对业务人员回款情况的考核指标，但考核力度不够，造成销售人员并不十分关心货款是否收到。

（2）逃款问题。每年都有非本市客户逃款。这些客户逃款的理由是没有收到货物，或者收到的只是价值较低的货物，而不是订单上的高价值药品。这时公司是否有客户签收的运输单据就十分重要了，当与客户发生货款纠纷时，这是最有力的法律依据。公司向外地客户送货有铁路运输、空运和邮局（EMS）3种形式（见图8-3：公司产品配送流程），因向本市客户送货是公司自己的车辆，当时就可取回客户的签收单据。但不论是铁路还是邮局（EMS），因其内部运作方式的原因，均不能向发货方即SZ制药公司提供客户收货时的签收单据。铁路和邮局都规定客户签收的单据只保留在其目的地的分公司。铁路虽然在两年内接受客户查询，但他们让客户签收的包裹单上只注明总件数，而不写明具体药品的名称和数量。邮政规定的单据保留期限则仅为4个月，而公司要求的付款期限却为到货后的3个月。这样有可能在前一笔货款还未收回时，向客户的第二笔货又发出了。而且公司方面因为掌握不了确切的到货时间，规定的3个月回款实际形同虚设。事实上，当公司发现一个客户已收货却一直未付款时，往往已经超过了邮局保留单据的时间，而且未收回的货款可能已经不只一笔。这里有一个明显的例子：H省一个客户以前虽然都是小批量订货，但付款及时，在公司有良好的信誉记录。他在2001年订购某抗癫痫药品178箱，价值150多万元，但在要求付款时，该公司只承认收到的是一般抗生素类药品，与实际价值相差100多万元。虽然有公司的销售订单和发货通知单可以显示实际药品的明细，但这个客户以他们从铁路提到的货物就是抗生素为理由，拒绝按抗癫痫药付款。这样的现象不止一个，公司遇到的逃款客户不止一家，损失由此可知。

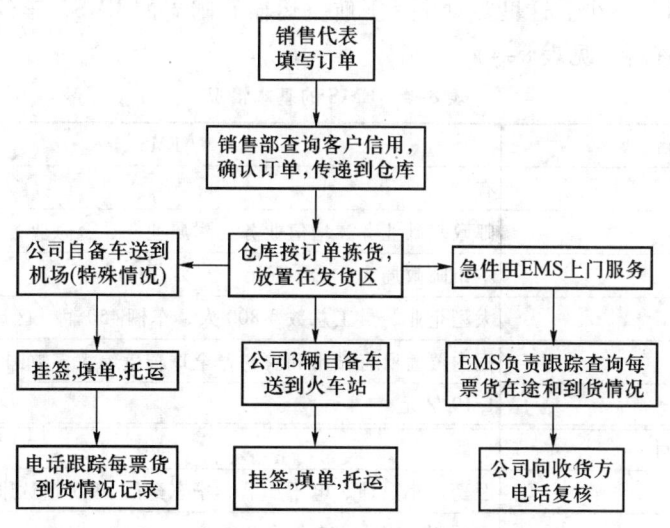

图8-3 公司产品配送流程

对找出的这两条原因，陈明远总经理要求：由销售部和人力资源部修订对销售人员的考核办法，增加回款情况与销售人员收入的挂钩比例。客户的签收单据问题由李经理和储运部经理尽快研究出一个解决办法，从根本上杜绝此类情况的发生。

会后，对运输成本问题，李经理又与储运部经理商讨，储运部经理认为造成运输成本偏高的原因主要有两个：一是药品空运成本高。药品的航空运输量小，但费用高。同时每次还要占用1名货运员开车送货。由于机场距离公司很远，花的时间多，费用也高。并且空运仅比EMS快0~4小时。二是铁路运输货物途中货损严重。货物在运输途中被挤扁、摔破之事更时有发生，还有货物丢失情况。比如今年发生过一次铁路上遗失了20箱货物，而铁路又不愿补偿的事件，虽然事后公司将货物补给了客户，但公司仅此一项就承担了3万多元的损失。并且由于公司对途中货损补货的程序非常复杂，造成货物迟迟不能发给客户，客户十分不满，给公司造成了不良影响。储运经理还谈到，公司自己有3辆货车用于本市内的配送，每年燃油、维修、人员工资、养路费、规费等也要花费不少钱。

李文燕经理感到有必要对整个配送业务重新进行调整，不可能公司自己负责全部的送货业务，因为投入的资金太大。如果能利用好第三方物流，让其提供公司所需的各种服务，不但能降低运输成本，客户签收单据回收的问题也可以一并解决。看来要选择服务好的第三方物流公司。她忽然想起前段时间汽运公司A的经理向她提起要承包部分公司的送货业务，并希望公司把这3辆车转让给他。汽运公司A是SZ制药公司的中方投资公司下属的子公司，合资之前与李经理都是同事。

选择运输商

李文燕经理首先想到的是急件运输问题，因为有的客户订单要求的时间很短，而且这部分的发货量不少。这里要对比一下航空运输和邮局的EMS，李经理让下属收集了EMS的有关资料（见表8-4）。

表8-4 EMS的基本情况

项目	EMS
营业执照	有
经营范围	邮政基础业务、增值业务、附属业务、金融业务
注册资金	本市邮政局为2 416万元
公司规模	大型企业，员工总数4 800人，车辆450辆，区局员工110名
覆盖地区	国内覆盖所有城市和农村，全球覆盖绝大多数国家和地区
年承运量	1.19亿元
项目	EMS
主要产品和客户	医药、小灵通、电子产品、华东药厂、UT斯达康、灵通电子等
员工情况	合同制，以大中专毕业生为主
培训情况	每月1次，以业务培训为主，每月进行技术考核
过去12个月事故频率	无
客户对处理的满意度	满意

空运和EMS比较起来，EMS还有一个优势是可以上门取货，而航空公司方面无法做到，同时航空快件由于起飞的班次较少，到达目的地的机场后投递较慢，其到货时

间只比 EMS 快 0~4 小时，所以可以取消空运这一运输方式，完全由 EMS 承担公司的急件运输。由于运量的增加，公司可以和邮政协商降低运费，更重要的是协商客户签收单据返回公司的问题。李经理想这应该不是难事，EMS 来公司取货时可以把上次的单据带过来，不会增加多少工作。事不宜迟，李经理马上让自己的助理和邮局联系，代表公司与其协商一个协议，把这个事情办妥。

在考虑一般运输时，李经理遇到了难题，因为物流部门内部有两种意见：一种意见是全部货运承包给一家承运商。这样做的好处是由于运量大，运输单价可以更低；统一费率结算方便，在管理上投入的精力少，平时只需要与一家承运商联系。但对这家承运商提出了比较高的要求，即它必须有能力将货物运达全国各地，或者它再将自己无力承运的货物转包给其他公司。同时合作的风险较大，如果这家运输商失败了，公司的运输业务马上会陷入危机，再去寻找别的承运商，要花时间和精力，费用也会增加。

另一种意见是按运输的不同形式将货运外包给几家运输公司，这样的好处是降低合作风险，即使一家公司出现问题，至少还有其他形式可以暂时解决困难。但是货量的分散势必使价格的优惠程度降低，同时管理投入的精力多一些。

但大家一致认为选择承运商的条件，首先是满足公司对送货的要求，尤其是要能返回客户签收的单据，然后才是运输价格。李经理没有马上表明自己的态度，她让下属分别去收集运输公司的信息资料，包括汽运公司和铁路运输公司，多收集几家，要多方面地了解，经过分析和对比再做决策。

两周后，李文燕经理的办公桌上放着两份报告，一份是关于汽车运输公司的，一份是关于铁路快运公司的。关于汽车运输公司的报告一共对 5 家汽运公司做了考察，对比各方面的情况后初步淘汰了 3 家，有两家作为候选，并且给出了一个各方面情况的对照表（见表 8-5）。关于铁路快运公司的报告是询问了 4 家，对比各方面的情况后初步淘汰了两家，同样有两家作为候选，也给出了一个各方面情况的对照表（见表 8-6），不仅如此，还对这两家的运输价格做了对比（见表 8-7 和图 8-4）。

表 8-5 汽运公司比较表

项目	汽运公司 A	汽运公司 D
营业执照	有	有
经营范围	汽车货运，货物托运代理，装卸、批发零售；汽车配件，普通机械配件；含下属分支机构的经营范围	各类物品
注册资金	70 万元	120 万元
公司规模	12 辆货车，专业托运部，一个分公司，200 m² 的仓库，500 m² 的停车场	38 辆大小厢车
覆盖地区	全国各地	全国各地

续表

项目	汽运公司 A	汽运公司 D
年承运量	15 000 t	6 000 t
车辆卫生	随时保证车辆卫生符合要求	需要时可以清洗
主要产品和客户	中方投资公司下属所有分公司的药品及原材料	不固定
员工情况	17名合同工、15名临时工，所有人员一年1次体检	30名，全部临时工
培训情况	所有司机和装卸工经专业培训后持证上岗	不能提供记录
过去12个月事故频率	全年共2次装货破损事件	不能提供记录
其他客户对事故处理的满意程度	满意	可以
流程对本公司的适应性	良好，签收单据能返回公司	签收单据不能交给客户
收货情况（平时）	12小时内可上门提货	只要有车，24小时上门提货
收货情况（节假日）	照常营业	春节前难以满足
发运日期，单号	有	有
发货方、地址、发货人、电话	有	有
收件方、收件人、地址、邮件编码、电话	有	有
产品名称、数量、件数、重量、批号	有	有
货物总件数、总重量、体积	有	有
资费	有	有
上年度准确性投诉次数	0	不能提供记录
上年度及时性投诉次数	0	不能提供记录
上年度安全性投诉次数	2	不能提供记录
投诉总数	2	不能提供记录
途中破损率	0.03/百万小盒	不能提供记录
查询速度	随时	路途中不能查询，到货后可以
查询方式	电话，所有驾驶员有手机	电话

续表

项目	汽运公司 A	汽运公司 D
过去时间回单查询	汽运公司 A 留有上一年度送货存根，将客户签收单据交回发货方保管	汽运公司 D 留有过去一年的货运记录
价格情况	小于 1.5 t, 100 元/车次（相当于 0.07 元/kg） 1.5～2.5 t, 130 元/车次（相当于 0.065 元/kg） 2.5～6 t, 150 元/车次（相当于小于 0.06 元/kg）	0.8 元/kg
签单要求签收人正楷填写	是	不能保证正楷签收
签单回收	是	是
签单整理	可以	可以
签单保管	交回发货方	在汽运公司保管 1 年
加盖公司公章的复印件按时交给承运方	因签收单及时交回发货方，所以没有货运清单	无
能否提供运输计划	能	不能全部保证
违约赔偿	按合同	按合同
途中货损发生时，第一时间通知发货方	可以	可以
向保险公司提供理赔文件	可以	按合同
货物不知原因的丢失，需以开票价赔偿	可以	协商解决
不断提高服务质量	12 小时上门提货，24 小时电话查询，定期访问客户，尽可能满足客户要求，保守客户秘密	口头承诺
与公司的沟通	每周例会	不能全部保证

表 8-6 铁路快运公司比较表

项目	铁路快运公司 A	铁路快运公司 B
营业执照	有	有

续表

项目	铁路快运公司 A	铁路快运公司 B
经营范围	铁路小件货物特快专递运输	货运（普通货运）、运输服务（货运代办）、公路货物运输、公路货运代理等和其他无需报经审批的一切合法项目
注册资金	170 万	100 万
公司规模	拥有 180 名员工 厢车 37 辆，其中本市 18 辆	150 名员工 13 辆大小厢车及 3 辆金杯面包车
覆盖地区	220 个大中城市	600 多个大中城市，本省覆盖率 99%
年承运量	约 14 500 t	约 2 000 t
主要产品和客户	服装、电子产品、药品，客户不固定	棉纱、医疗器械、药品，客户不固定
员工情况	全部合同制	劳动合同制，10 人大专以上学历（其中 2 人为浙大 MBA 硕士学历）
培训情况	所有新上岗、转岗员工均需接受 3～5 天的培训，所有员工每年都接受培训，不能提供培训记录	全体员工每月一次业务培训，内容包括专业物流知识及电脑知识，有培训记录
过去 12 个月事故频率	万分之 2.3	万分之 1.5
客户对处理的满意度	未收到投诉	比较满意
流程对客户要求的适应性	客户不能直接上网查询；与客户信息系统没有连接	客户可以直接上网查询；与客户信息系统的连接正在建立中
收货（平时）	准时或提前上门取货	准时上门取货
收货（节假日）	春节前不能上门取货	春节前能照常上门取货
发运日期，单号	有	有
发货方、地址、发货人、电话	有	有
收件方、收件人、地址、邮件编码、电话	有	有
产品名称、数量、件数、重量、批号	无产品名称数量和批号，有件数重量	均有详细注明
货物总件数、总重量、体积	有	有

续表

项目	铁路快运公司 A	铁路快运公司 B
资费	有	有
价格情况	需进一步对比	需进一步对比
发票	能提供发票	能提供发票
发票抵税	不能抵税	可以抵税
签单要求签收人正楷填写	因牵涉面及区域较广,故暂时无法完全做到	因牵涉面及区域较广,故暂时无法完全做到
签单回收	只能回收被要求的个别签单	全部回收
签单整理	无法做到	可以做到
签单保管	收货地保管 2 年	定期交回 SZ 公司
加盖公司公章的复印件按时交给发货方	可以	可以
违约赔偿	执行合同	执行合同
途中货损发生时,第一时间通知 SZ 公司	可以	可以
向保险公司提供理赔文件	可以	可以
货物不知原因地丢失,需以开票价赔偿	协商解决	协商解决

表 8-7 运输价格比较表   单位:元/kg

地区	北京	上海	广州	南京	合肥	沈阳	西安	深圳	福州	成都	昆明	济南	哈尔滨	乌鲁木齐
铁路快运公司 A	3.00	1.30	3.80	1.30	1.30	4.70	3.80	5.10	2.30	4.90	5.10	2.40	5.30	7.40
铁路快运公司 B	3.10	1.30	4.10	1.30	2.80	4.10	3.60	4.90	2.80	5.10	5.50	2.80	5.50	6.90

单从两家铁路快运公司的报价,不能看出总体价格的高低,还需要运量的数据。销售部门做的有明年的销量预算,包括明年公司全年向各地的发货量(表 8-8),李经理把这个数据也给了储运部,让他们计算出整体的价格。

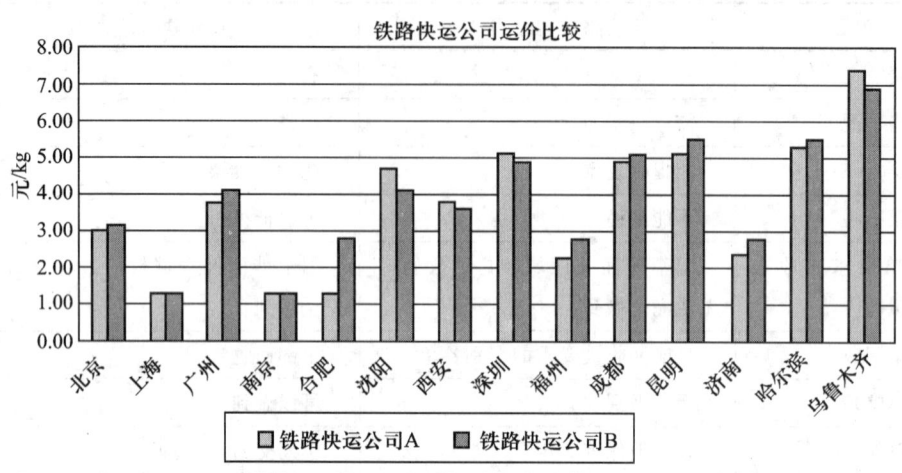

图 8-4　运输价格比较图

表 8-8　200×年各地发货量

地区	北京	上海	广州	南京	合肥	沈阳	西安	深圳	福州	成都	济南	哈尔滨
全年发货量（箱）	10 235	9 867	11 983	7 450	4 451	4 082	3 883	8 261	7 702	5 934	5 820	2 786
平均每箱重量（kg）	50.32	51.13	50.89	50.72	50.67	50.45	50.50	50.67	50.88	51.02	50.50	50.43

对于汽运公司的选择，李文燕经理倾向于 A 汽运公司，因为双方以前都是同事，沟通起来比较容易，A 汽运公司也熟悉 SZ 公司的运作流程，但是对它向全国运输的能力表示怀疑，因为她对他们十分了解。但李经理想无论选择哪一家运输商，必须先试运行 3 个月的时间，这段时间要考察他们适应公司运作流程的能力、和公司及客户沟通的能力、解决问题的能力以及对其承诺兑现的能力。总之，一句话，要满足公司的服务要求，因为他们体现了公司对客户的服务水平。

后　记

3 个月过后，李文燕经理对所选择的承运商的整体表现还是满意的，经过双方这 3 个月试用期的磨合，承运商已经适应了公司的运作流程；虽然在客户签收单据回收方面，还不能做到百分之百，但一直是向好的方向发展，客户逃款现象比以前有了极大的改善。可以与运输商签订正式的协议了，李经理这时才感到有一些轻松了。

【案例分析指南】

决定原材料库存大小除了使用的订货方式外，供应商的供货周期和周期的波动也决定了库存量的大小。在选择第三方运输商时考虑多方面的因素，除了考虑第三方的运输能力、价格、一般的服务外，还要考虑其能否满足公司的一些特殊要求。

【思考题】

(1) 造成 SZ 制药公司原材料库存偏高的原因有哪些？

(2) 对案例中所列举的 6 种材料，用什么订购方法比较合适？

(3) 列出至少 4 项 SZ 公司对供应商绩效考核的指标。SZ 公司可以采取哪些措施帮助供应商缩短供货周期、降低供货周期的不确定性？

(4) 案例中对选择运输商的两种不同意见，你认为李文燕经理最有可能采取哪一种？

(5) 你认为李文燕经理最有可能选择哪一家或几家运输公司？给出你的理由。

(6) 如果由铁路快运公司 A 承担 SZ 公司的运输，它的总体价格是多少？铁路快运公司 B 呢？*

(7) 利用案例中给出的数据，确定 SZ 公司现在每种原材料的安全库存。*

(8) 利用案例中给出的数据，确定 SZ 公司现在每种原材料的再订购点和订购数量。*

(9) 如果供应商的供货周期、供货周期的不确定性都分别降低 20%，SZ 公司的平均库存水平能降低多少？*

案例 2　EH 公司客户服务调研

【案例概要】

生物快速诊断试剂是一个新兴产业，有广阔的发展前景。本案例中的 EH 公司以其强大的研发能力展现了企业良好的成长性，但同时公司也非常重视对客户的服务。对客户服务调研的目的是了解客户的期望以及公司与这个期望的差距，使公司能持续地改进。本案例重点是掌握用物流绩效评估矩阵和相对绩效评估矩阵的方法对调研结果进行分析，并提出整体供应链解决方案。

【教学目的】

(1) 掌握客户服务调研一般问卷的形式。

(2) 掌握用物流绩效评估矩阵和相对绩效评估矩阵的方法对调研结果进行分析。*

(3) 针对利用上述物流绩效评估矩阵和相对绩效评估矩阵的分析结果，提出整体供应链解决方案。*

【自学时数】

2 学时

引 言

随着物质生活水平的提高,人们对自身的健康也越来越重视,经常需要到医院做各种测量、化验和诊断,而拿到结果往往要等待几天的时间,这个时间无疑是漫长和焦虑的。快速诊断试剂的出现正逐步改变这种现象。

公司背景

EH 公司是一家集科研、开发、生产和销售于一体的外商独资的现代化生物技术公司。公司在成立之初便致力于免疫类快速诊断试剂的研制、开发、生产和销售。公司的研发中心设在美国的生物硅谷,拥有强大的研发力量,现已成功地开发出妊娠、传染病、毒品、肿瘤标记物及血糖检测 5 大类 30 余种快速诊断产品,并使之转化成产业化生产,产品销往世界 80 多个国家和地区。EH 公司年产各类生物诊断试剂 2 亿人份,销售额达 4 亿元人民币,其产品 95% 销往美国和国际市场,是全球最大的体外诊断试剂生产厂家之一。

公司的核心竞争力在于通过强大的研发力量,借助成熟的技术平台,依托完善的质量体系,在中国实现生物诊断试剂的大规模生产。在当今社会、毒品、各种传染病,以及由于生活水平的提高所带来的各种疾病,如糖尿病等都威胁着人们的生活与健康;同时在计划生育、新兵招募、疾病普查、义务献血等领域都越来越需要一种便捷的测试方法。EH 公司就是以此为己任。EH 公司的产品由于其经济、方便、快速、准确性等优点,在该领域扮演越来越重要的角色。

随着公司的发展,员工队伍不断壮大,经过多年的探索,公司的组织结构已经演变成适合公司目前生产经营模式的扁平化组织架构。公司的部门按功能可虚拟为:管理中心(IT、行政人事、财务部和工程部)、销售中心(中国市场、美国市场和国际市场)、物流中心(采购部、仓库、生产计划、生产和进出口管理部)、技术中心(技术部、质量保证和控制部、包装设计)和研发中心等。公司的组织结构如图 8-5 所示。

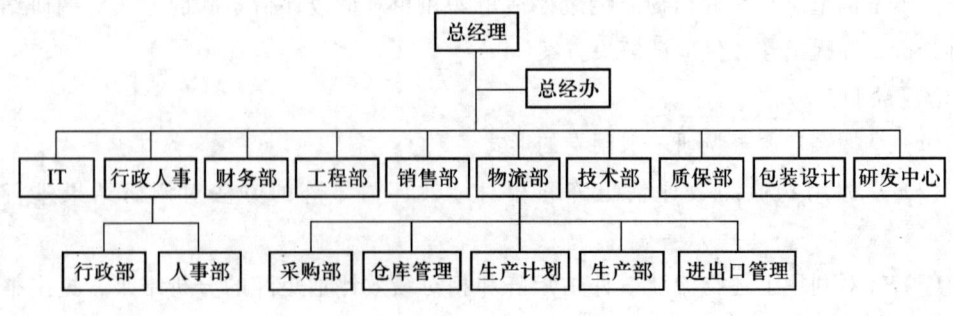

图 8-5 EH 公司组织结构图

供应链过程

EH 公司的生产是按订单装配的生产方式。整个过程如图 8-6 所示。

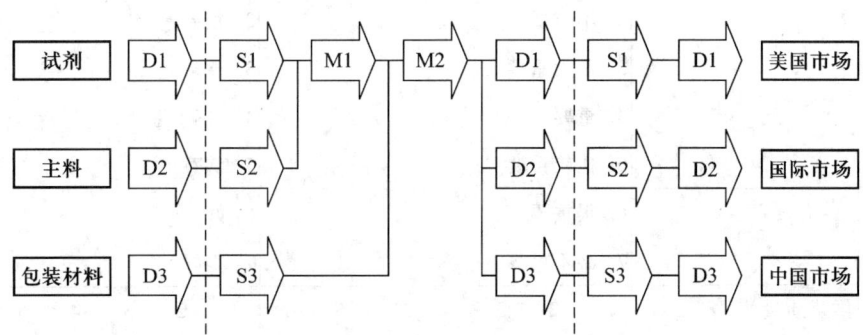

图 8-6　EH 公司供应链示意图

EH 公司的产品由 3 大类原料加工而成，即：试剂（上百种）、主料（几十种）和包装材料（数千种），试剂和主料从国外进口，采购周期为 1.5 个月。首先将试剂和主料制成半成品，熟化后用于生产。在国内采购包装材料，采购周期为 5~7 天。接到订单后，将半成品和包装材料加以装配，使之成为成品。生产计划部根据销售预测，计算出生产需求、采购需求以及产能需求，下达采购试剂和主料的采购计划（S1 和 S2）、半成品生产计划（M1）。收到订单后，生产计划部检查 M1 的存货，并下达采购包装材料的计划（S3）。根据订单交货日期，安排装配（M2），同时将生产计划也提供给客户服务部门和运输部门，用于编制运输计划（D1），并将该运输计划反馈给客户，提供门到门服务。

客户服务调研

生物制剂虽是一个新兴产业，但 EH 公司在国际市场上已经面临强大的竞争对手，辉瑞、罗氏等公司在业内都是著名的快速诊断专家。所以 EH 公司不但重视产品的研发，也十分强调对客户的服务。改进和提高客户服务首先是进行客户服务调研，客户服务调研就是了解客户对公司为其提供的诸如产品、质量、价格、可靠性、及时性等服务的期望和公司的表现，包括竞争对手的表现。了解这些内容，公司针对客户期望值高并且自己表现不太好的项目进行改进，只有这样才能极大地提高客户的满意程度。

进行客户服务调研一般采用问卷调查的方式。EH 公司选择了 10 个项目，设计了一个问卷调查表，挑选了 20 家客户，这 20 家客户占到公司销量的 90% 以上，由公司的销售人员亲自上门把调查问卷送到客户手中（见表 8-9）。

表 8-9　EH 公司客户服务问卷调查表

项目代码	项目	该项服务对您的重要性 1. 完全不重要 2. 不重要 3. 不太重要 4. 重要 5. 比较重要 6. 很重要 7. 必不可少	您对 EH 公司的服务如何评价 1. 无法接受 2. 很差 3. 比较差 4. 一般 5. 满意 6. 好 7. 很好
1	供货质量	1　2　3　4　5　6　7	1　2　3　4　5　6　7
2	供货成本	1　2　3　4　5　6　7	1　2　3　4　5　6　7
3	订单交货期	1　2　3　4　5　6　7	1　2　3　4　5　6　7
4	缺货率	1　2　3　4　5　6　7	1　2　3　4　5　6　7
5	交货期稳定	1　2　3　4　5　6　7	1　2　3　4　5　6　7
6	配送舱位保障	1　2　3　4　5　6　7	1　2　3　4　5　6　7
7	配送正确率	1　2　3　4　5　6　7	1　2　3　4　5　6　7
8	对客户的响应能力	1　2　3　4　5　6　7	1　2　3　4　5　6　7
9	对投诉的处理效率	1　2　3　4　5　6　7	1　2　3　4　5　6　7
10	包装的耐用性	1　2　3　4　5　6　7	1　2　3　4　5　6　7

两周以后，EH 公司陆续收到了这 20 个客户回复的问卷，从客户对各项服务的重要性和客户对公司目前的评价等方面做了整理（见表 8-10 和表 8-11）。

表 8-10　EH 公司服务重要性客户调查结果

客户	项目代码									
	1	2	3	4	5	6	7	8	9	10
C1	6	6	7	6	5	5	6	5	5	3
C2	7	5	6	5	4	4	7	6	5	4
C3	7	4	5	6	6	5	6	5	4	2
C4	6	5	6	4	5	7	5	4	4	2
C5	5	6	6	6	7	5	6	5	3	1
C6	6	5	6	6	6	5	7	6	4	4
C7	7	6	6	4	5	7	6	5	5	3
C8	5	6	6	6	5	5	6	4	5	2
C9	7	5	7	5	4	4	6	3	4	2

续表

客户	项目代码									
	1	2	3	4	5	6	7	8	9	10
C10	7	6	5	6	6	5	4	5	4	2
C11	6	4	7	6	5	4	7	4	5	3
C12	7	4	5	5	6	4	6	5	6	1
C13	7	6	6	4	5	5	6	4	5	2
C14	5	7	5	5	6	3	7	4	5	2
C15	5	5	6	6	7	3	5	4	6	1
C16	7	5	4	6	5	5	6	5	5	2
C17	6	4	5	5	6	5	6	4	5	2
C18	5	5	6	5	5	4	5	4	5	3
C19	7	5	7	4	4	5	7	5	6	2
C20	6	5	6	5	6	3	6	4	5	2

表 8-11 客户对 EH 公司客户服务的评价

客户	项目代码									
	1	2	3	4	5	6	7	8	9	10
C1	4	4	5	6	5	3	6	5	4	5
C2	4	5	6	5	4	4	7	5	5	5
C3	3	5	5	6	5	5	6	6	4	4
C4	3	5	4	6	4	4	7	7	5	5
C5	5	6	4	5	5	4	6	5	4	5
C6	4	4	4	7	4	3	7	6	4	6
C7	4	4	5	5	5	3	6	5	5	4
C8	5	5	4	6	5	3	6	5	5	5
C9	3	5	6	5	4	5	6	6	4	5
C10	4	4	5	6	4	5	6	5	4	5
C11	4	4	4	6	5	4	7	6	5	6
C12	5	3	5	5	4	5	6	7	4	5
C13	3	5	4	6	4	3	6	6	4	5
C14	3	5	5	6	6	4	7	5	5	6
C15	4	6	4	6	4	5	5	6	3	6
C16	4	4	5	6	5	4	6	5	4	5
C17	3	4	5	6	4	5	6	6	5	5
C18	3	4	4	5	5	4	7	6	4	4
C19	2	5	5	7	4	4	6	5	5	5
C20	3	4	6	5	5	5	6	6	5	6

更难能可贵的是，EH公司的销售人员还给竞争对手在这几个方面的表现打了分。他们不但从自己的客户那里，还从竞争对手的客户那里了解竞争对手的表现，包括平时对他们在这些方面的印象，给竞争对手打了分，最后把打分的结果做了处理（表8-12）。

表8-12 EH公司竞争对手的表现

项目	供货质量	供货成本	订单交货期	缺货率	交货期稳定	配送舱位保障	配送正确率	对客户的响应能力	对投诉的处理效率	包装的耐用性
竞争对手的表现（分）	5.4	5.2	6.0	6.3	4.5	3.9	5.1	5.8	3.6	4.8

后 记

EH公司的销售人员把客户服务调研的结果做了整理与分析，现在他们已经十分清楚自己哪些方面做得比较好，哪些地方客户还不满意，这些方面将是他们今后努力的重点。

【案例分析指南】

本案例分析的工具是绩效评估矩阵和相对绩效评估矩阵，在此之前要把每个项目的重要性分值和企业绩效数值计算出来。

【思考题】

（1）运用绩效评估矩阵和相对绩效矩阵分析工具，分析EH公司客户服务调研的结果。

（2）EH公司哪些方面表现得比较好？与竞争对手相比又如何？

（3）EH公司表现好的方面能给它带来竞争优势吗？

（4）请帮助EH公司确定它在客户服务环节上的改进方向。

（5）如果C1客户的销量占40%，C2客户的销量占30%，C3客户的销量占10%，其他客户的销量基本上是均等的。在确定每个服务项目的重要性和企业的表现时，是否要考虑这个因素？如何体现出来？*

（6）运用第（1）题绩效评估矩阵和相对评估矩阵的分析结果，为EH公司提出供应链整体解决方案。*

案例3 HZ公司信息系统的实施

【案例概要】

物流管理与信息化无疑是密切相关的，可以说信息化是物流管理成功的基础。本案例取材于一个真实的企业实施信息系统的案例。信息系统的实施涉及企业的方方面面，必须有周密的考虑和充分的准备才能成功。失败和成功的例子都很多。

第8章 医药工业

【教学目的】

（1）了解一般 EPR 系统由哪些模块组成。

（2）掌握 ERP 系统中物流管理相关模块包含的内容。

（3）了解企业信息化项目实施过程中涉及物流功能的步骤。

（4）了解培训和业务流程改造对信息系统实施的意义，特别是了解信息化系统实施过程中供应链流程所需要的改造。*

【自学时数】

3 学时

引 言

潘钰翔经理是 HZ 公司 IT 部的经理，近一段时间他的压力很大，因为公司马上要实施一套新的信息系统，他责无旁贷地成为整个项目的具体负责人。

公司背景

HZ 公司是由美国某大型制药公司和国内某制药厂于 1989 年合资成立的大型现代化制药企业，总投资为 6 040 万美元，注册资金 5 040 万美元，其合资规模位于国内合资制药企业前列。合资双方中的美国 ZH 全球公司是世界著名的研究开发型跨国制药企业，始创于 1849 年，迄今为止已有 160 多年的悠久历史，目前已成为世界上第一大制药公司，在全球 80 多个国家设有公司或办事机构，产品行销 150 多个国家和地区。

ZH 全球公司分为生产和销售两大部分，在中国的生产集团位于某经济技术开发区，而中国销售集团则位于北京。合资的 HZ 公司担负着供应国内销售集团需要的 20 多种产品，另外从 1995 年开始向国际市场出口成品及半成品，出口的国家包括日本、澳大利亚、比利时、韩国、菲律宾等。随着出口任务的不断增加和 HZ 公司的出色表现，该公司逐渐发展成为亚太地区生产供应基地，得到 ZH 公司总部的青睐和重视。

新的信息系统

HZ 公司目前所使用的管理信息系统是由美国公司总部信息部开发的用于 ZH 公司全球工厂的管理信息系统。新系统也是美国公司总部开发的，但与旧系统相比有很大的改进和提升，模块增加，人机界面更加友善。新系统的缩写是 MAPS，代表生产、财务、计划系统。该系统以 IBM 的 AS/400 小型机作为平台，系统稳定，可以同许多其他系统接口，如财务系统的总账、人力资源系统、全球采购库存系统和其他生产系统，如生产执行、质量检验实验室信息系统，还有物料管理如条形码的应用等。MAPS 系统包括资源模块、库存模块、在制品模块、采购模块、标准成本模块、预算模块及计划模块。

1. 资源模块

此模块是储存用于其他模块重要信息的关键模块，主要是用来定义材料、产品

（包括成品、半成品）的基本信息，如编码、性质、来源、单位、仓储信息、生产、质量检验、采购、计划、财务等。另外在此模块中还定义了产品的处方结构，其中包括：材料标准批用量、劳动及设备工时标准批消耗量，这些信息是生产过程中的最基础的数据资源。资源模块更重要的数据信息是财务部门使用的标准成本，并且 MAPS 设计为可以储存各年度的成本，但只有一个年度的成本可以定义为标准成本。

2. 库存模块

此模块主要用于记录仓库及车间库存变化的业务过程，如接收、完成、消耗、货位区域转移、销售及库存调整等，另外还包括货位及批文件管理，并且用户可以随时查看库存信息。

3. 在制品模块

用于记录整个生产工艺过程：从制单、配料、称量、生产、完成到质量检查发放的全过程。用户可随时查看每一个生产订单的进展状态。当生产结束后，可以在系统中直接打印出差异分析报告。

4. 采购模块

用于采购、仓储、财务部门记录请购、采购订单、仓储接收及财务输入发票计算差异的全过程。此模块和库存、计划模块接口，以后还要和财务应付功能接口。在采购模块里输入采购接收或退货，则库存信息将自动调整，并记录接收业务。

5. 标准成本模块

主要用于预算。每年年中根据总部的规定计算下一年度产品成本，所以首先计划部门根据下一年度销售预测输入所有产品的生产量，从而根据产品的标准结构分解出下一年度的材料、人工及设备工时的需求量。标准模块中可以产生所有预算的重要报告，包括生产计划报告、ABC 分析、年度差异分析、工厂总成本报告等。

6. 预算模块

财务将各部门的费用根据不同的成本中心、财务科目输入 MAPS 系统预算模块，系统根据标准成本模块分解的不同成本中心的工时量和成本分配原则计算出各成本中心的单位成本，即人工、设备标准回收率及管理费用百分比作为计算标准成本的基础。

7. 计划模块

此模块是用于工厂记录市场销售预测、产品销售订单、成品半成品的主生产计划和材料采购计划的产生以及粗生产能力的查询，库存及采购信息在此模块中也可以快速查到。该模块与几乎所有其他模块相关联，如采购、库存、资源、在制品模块，另外计划产量可以传到预算模块中用于预算功能。

MAPS 系统的实质就是 ERP（企业资源计划）。ERP 是一种适用于制造企业、具有代表性的管理技术，它利用信息科学的最新成果，根据市场的需求对企业内部和其供应链上各环节的资源进行全面规划、统筹安排和严格控制，以保证人、财、物、信息等各类资源得到充分、合理的应用，从而达到提高生产效率、降低成本、满足顾客需求、增强企业竞争力的目的。所以 MAPS 系统的实施，关系到 HZ 公司整个的运作，关系到公司未来的发展。潘钰翔经理非常清楚这一点,因此他感到责任重大。这个系统的实施是一个系统工程,他必须有一个通盘的考虑。

项目组织

潘经理首先想到的是成立一个项目组,因为系统涉及公司许多部门,要成功地实施必须要有组织保证。他与公司的陈总经理谈过成立项目组的事,陈总经理同意他的想法,决定由他来筹建这个项目组。

潘经理非常想让陈总经理担任项目组的领导,因为公司高层领导的重视及大力支持可以保证实施项目所需要的各种资源,他想陈总经理应该会答应的。虽然陈总经理对这个事情很支持,但是他平时那么忙,不可能大事小情都向他请示汇报。

潘经理还想让小吴做自己的助手,因为他曾在总部受过培训,对整个系统比较熟悉;IT部门内部他要从系统支持和系统维护开发这两个部分都抽出人手,近期专门做这个工作。至于用户部门一定要有成员参加,因为系统就是为他们服务的。参加的人员必须对本部门的业务流程相当了解,同时如果有一定的系统知识就更好了。他决定让各个部门推荐协调员。潘经理认为项目组的组织结构应该是如图8-7所示的组织结构。

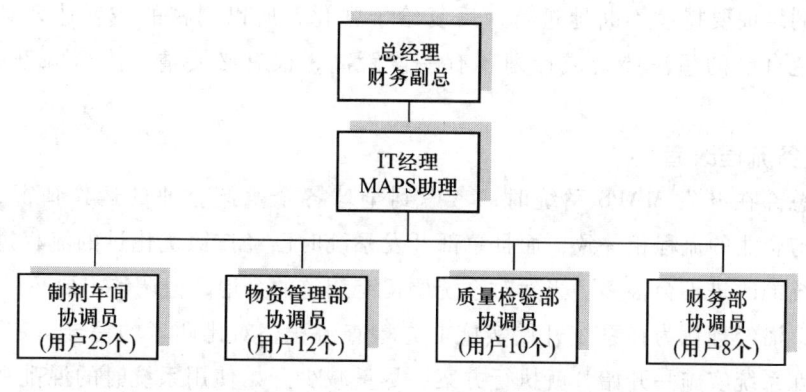

图 8-7 项目组的组织结构简图

如果按照这个结构组织起项目组,潘经理要考虑的一个问题是成员的职责,也就是总经理负责什么,自己和自己的部门负责什么,每个部门的协调员应该做什么工作。另外是如何协调,部门之间如果出现矛盾要协调,各方面的进度也要协调,必须建立一个协调机制。以上这些问题在项目组成立时就要考虑周全,使组员能立刻开展自己的工作。

项目实施计划

详细的实施计划是在项目组充分协商讨论的基础上制订出来的,包括分成几个阶段,每个阶段的目标。但潘经理认为在自己的大脑中现在就应该有一个框架,起码是他认为比较重要的几个环节。

- **培训**

项目组成立后的第一件事就是培训。潘经理对于培训有个想法，就是对于 MAPS 系统的培训对象要几乎囊括所有的企业管理人员。培训的目的是提高 MAPS 用户对实施 MAPS 根本意义的认识，使员工能够主动地将系统的运行与实际业务流程相结合，提高人员的积极性与全员主动参与意识。因为只有真正掌握了系统，MAPS 才能发挥出应有的作用。培训是为他们提供实施、使用系统所必需的所有知识，能迅速地适应从原有工作状态向 MAPS 的工作环境的转换，尽快让系统发挥功效。

但是企业的资源有限，不可能让每一个员工都参与培训，所以要有长期计划和短期计划。短期计划是项目组成员的培训，包括本部门的人员、各部门的协调员。首先是为了保证项目的顺利实施，他们必须掌握 MAPS 的基本原理、各模块内容、系统的具体操作。而他们就像火种一样散播到各个部门，他们就是平时的部门培训员。

对于长期的培训计划，潘经理是这样考虑的：分层次培训。他认为公司可以分 3 个层次：管理决策层、中层管理人员和基层制作人员。显然这 3 个层次在培训时不能一视同仁。层次不同，培训的侧重点不同，培训的时期不同，培训的内容不一样，当然培训要达到的目标也不相同。

整个的培训要持续不断地进行，反复给予强化，所以周密的培训计划必不可少。潘经理知道自己的想法要变成计划还有一段距离，很有必要请人力资源部的同事来帮忙。

- **业务流程改造**

公司总部在开发 MAPS 系统时，考虑到全球各个生产企业的运作情况，系统的 70% 应该与企业的流程相一致，而且总部开发系统时已经按照优化过的流程进行开发，所以对系统的改进不会很多。当然对系统要留有调整的余地，但调整不要超过 10%。

因此，潘经理认为在系统开始实施前先检查流程，对比两者的差异，定下一个解决方案，在系统实施一开始，就执行方案，尽量减少开始使用系统时的混乱和不适应。如现在的库存信息、生产文件信息都要传递到财务部进行综合，输入 EXCEL 文件并整理，总结出财务期末库存账、成本差异分析报表等。而 MAPS 系统就要求车间及仓储部门在完成每一项任务后，将数据信息及时、准确地输入到 MAPS 系统中。所以这些改进要提早做好准备。

潘经理让各部门把部门主要的业务流程报到 IT 部门，由 IT 部门与其他部门一起检查。公司的业务可以分为 3 大块内容：

1. 预算

公司十分重视预算工作，每年年中，各部门根据公司总体预算计划准备预算信息，其中包括：市场预测、新产品计划、产品结构、工时及收率更新，生产计划及材料采购计划，部门各项费用合计，费用分配原则，材料采购标准单价，通过计算产生新年度标准成本，从而进行年度成本差异比较及分析。总部会根据分析结果提出费用调整及全球生产结构调整计划，作为项目实施及计算收益的依据。标准成本一旦固定下来，在下一年度将不再改变，作为计算差异的根据。预算流程如图 8-8 所示。

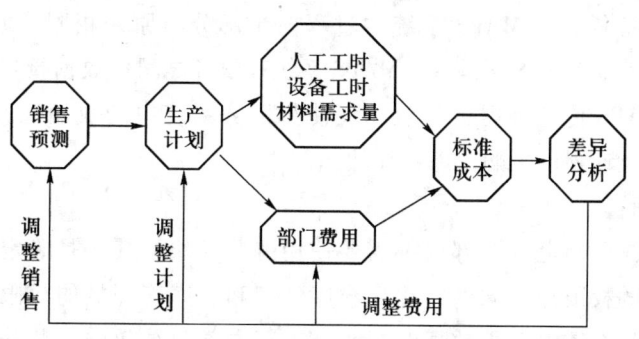

图 8-8　公司预算流程示意图

2. 生产流程

制药行业根据其生产及管理的性质，一般采用流程作业管理方式，从原材料的投入到最终产品，它的生产过程完全是按照顺序连续加工过程进行生产。流程制造是使用生产配方，用批管理方式，通过混合重新构造使产品增值。流程制造有生产、成本、计划及安排生产的功能，配方包括配料关系和工艺路线。因为物流与现金流并进，所以在生产的全过程中体现了物料的转移，在制品的价值及每完成一批产品会产生出各种差异：材料使用差异、产量差异、生产效率差异、费用差异、采购成本差异，这些差异在月终结账时进行汇总。目前都是手工进行差异的汇总。生产流程如图 8-9 所示。

而 MAPS 中的生产流程主要涉及在制品模块及库存模块，记录从计划中提取生产订单、调整生产处方、配料、领料、开始生产、生产完成、人工工时及设备工时的输入、质量检验发放的全过程。在将这些数据输入后，系统根据标准成本很快完成差异的汇总，及时提供报告以供分析。

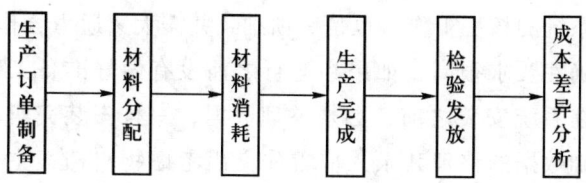

图 8-9　公司生产流程示意图

3. 物流流程

物流流程指的是从原材料采购到最终产品配送的全过程。计划员根据材料采购计划提出材料采购申请，经采购经理批准后，递交给采购员编制采购订单。材料到货后，经采购员与仓库人员共同确认，由仓库接收并通知质量检查部门取样检验。财务在核对请款后，计算完采购差异，结束采购订单。

成品的发运是在销售时，销售部门接到订单后首先核对库存信息，然后把订单录入财务系统中，仓库发运人员通过财务系统打印出销售订单明细表，仓库根据先进先出和有效期原则备货。而 MAPS 系统的过程前半部分与原来相同，但仓库备完货后，要将出库信息输入 MAPS 库存模块。MAPS 系统和财务之间作数据接口，每天将实际成品库存信息从 MAPS 传递到财务系统中，使得财务系统中的成品库存信息得到更新。所以物流流程涉及计划、采购及库存模块。

- 需求分析

需求分析首先要确定各个部门都需要使用哪些模块，其次是确定权限。同一个部门中不同使用者的权限是不同的，比如仓库经理和仓库管理员的权限相比，前者要更多，因为需要他从系统中取得数据和报告，进行本部门绩效的一些分析和决策。对于这个工作，潘经理打算让部门协调员和部门经理共同完成，由他们为本部门使用系统的员工确定权限。

- 实施步骤

潘经理还想到了实施 MAPS 的步骤问题，至少是一个大概的过程，他考虑到了以下几点：

1. 系统配置

首先要在总部的帮助下，公司 IT 系统管理员负责在 AS/400 平台上安装 MAPS 软件。经测试后，由他和 MAPS 助理负责外部表参数的设置，完成系统配置。整个过程需要大约 3 个月时间。

2. 基础数据准备及导入

系统运行的基础是数据，企业有大量的各类数据要录入计算机进行管理，对于录入的每个数据都要分类和编码，编码是否合理很重要。潘经理以前就了解到有不少用户因为对编码的意义不明确而导致实施后期的返工，损失和麻烦都很大。他要考虑一个编码体系，这个编码体系要结合公司的特点和实际，并且考虑到今后的发展。

数据的准备是系统的核心工作，也是一项细致并需大家通力合作的工作。MAPS 系统对基础数据的准确性要求很高，如果在运行之前没有做好准备工作，将会大大延误实施进程。因此，在系统安装之前，必须整理数据，一旦安装完毕，只要对数据稍做修改便可运行。基础数据的整理和录入应首先突出考虑物料档案主数据、库存基础数据、财务基础数据、采购业务基础数据、固定资产档案、销售业务基础数据、生产管理数据、工艺路线及设备数据、供应商和客户档案、产品价格和采购报价、机构与人力资源、系统维护及其他相关基础数据等。基础数据主要包括以下几部分：物料主文件、产品结构文件、工序工时、库存文件、当前订单。

这几方面的数据准备的工作量很大，它们需要由质量部门负责核对编号，生产部门提供标准处方，物资管理部及计划部负责收集和整理。

3. 模拟测试

将配置及基础数据输入后，潘经理就要组织 MAPS 用户对将使用的模块进行测试。

根据总部的验证文件制备本工厂的验证文件,经批准后由他根据测试的模块,组织不同的用户进行测试,将测试的每一个功能所经过的每一个界面都要打印出来备份,测试结果如有出入,根据对生产影响的程度分成严重、不严重,将严重的级别报总部 IT 部门解决。

4. 新旧系统并行及系统切换

经过上述测试后,首先要经过新旧系统并行阶段,一方面检验新旧系统的运行结果是否一致,另一方面给最终用户熟悉各项功能操作的时间。潘经理知道并行阶段的工作量大,这时公司上下要充分做好调配工作,避免员工产生过多的抵触情绪。

在系统切换前,项目组要针对企业的实际情况,编制系统切换的可靠计划。在系统切换计划中要明确规定系统的启用日期、系统的期初数据、系统切换的基本步骤、用户数据的安全及保护措施、可能影响系统切换因素的预测措施等内容。在系统切换运行时,制定系统上线计划,首先是硬件 AS/400 的准备,由 IT 部门负责硬件的管理员完成系统的转换,然后才能宣布正式启动系统。

潘经理以为要确保 MAPS 系统实施的成功,优秀的实施方案和切实可行的实施计划非常重要。除了以上自己考虑的内容外,实施前期任务、实施目标规划、实施过程管理以及实施后期管理同样不可或缺。

实施前期任务重点在于 MAPS 项目组对需求分析与实施内容和范围达成一致,对实施中必要的人力和财力投入达成共识,并进行项目的预算分析,确保对今后项目实施过程中可能遇到的困难和阻力有充分的估计,并且有相应的对策。实施目标规划是确定项目实施的分阶段的时间进度和阶段定义,描述清楚、评价达到这些目标的标准和方法。每一个阶段的责任人、测试、验收及资金投入都要清晰地列明,按评价方法评价是否达到分阶段的目标,这是过程管理。最后要说明实施系统后所达到的效果。

后 记

MAPS 系统的实施已经有半年时间了,正式启用系统也有一个月了,让潘钰翔经理稍微感到轻松的是目前进展比较顺利,虽然有一点波折,但没有造成太大的影响。对于这段时间的实施,潘经理有两点感受颇深:一是企业真的需要既懂企业管理、又懂信息技术、还懂业务流程的复合型人才,这些复合型人才除了人才自身的提高外,企业也要投入资源有意识地去培养。二是企业内部环境,要形成一个学习的氛围,乐于并勇于接受新的事物,这是企业产生活力的源泉,在这一点上,HZ 公司目前的氛围让他感到满意。

【案例分析指南】

信息系统的实施会牵涉到企业所有的部门,必须把它作为一个项目来管理。公司最高层的支持是必不可少的,项目要有自己的组织结构、项目计划和项目的前期准备、项目计划的实施与监控,同时还要有必要的培训。

【思考题】

（1）结合本案例说明信息系统在企业供应链管理中的作用。

（2）描述一下项目组的成员的职责是什么？

（3）培训对信息系统的实施非常重要，根据案例中对公司划分的 3 个层次，考虑培训的目标、时期、内容，为这 3 个层次的公司员工设计培训计划。

（4）在业务流程改造时，有什么方法可以使公司的供应链流程与信息系统相匹配？

（5）在信息系统的实施项目中，除了专业人员外，其余都是各部门的人员，他们还有自己的本职工作，协调好这两者之间的关系对项目的实施比较重要，请考虑建立怎样的协调机制来协调整个项目的实施。*

（6）结合本案例，设计一个整体的实施方案，以保证信息系统项目的实施。*

第9章 化工行业

案例 RC公司的物流管理

【案例概要】

本案例描述了一家化工产品制造商 RC 公司的企业物流运作状况。RC 公司对于物流操作流程有较完整的概念，对于满足客户需求也有明确的计划和措施，并且 RC 公司已经采用了订单牵拉模式组织生产和物料计划。但该公司的物流成本和库存控制问题还没有引起足够的重视。公司需要完善绩效管理，对市场预测、物流、采购和生产等各个供应链环节加强监督。

【教学目的】

(1) 了解 RC 公司的供应链模式。
(2) 了解产生库存问题的原因。
(3) 掌握物流成本的组成及成本控制对策。*
(4) 掌握库存绩效考核的概念及框架。*

【自学时数】

2 学时

公司简介

RC 公司是欧洲著名的化工产品制造商 BR 公司的子公司，公司总投资 2 200 万美元，年生产能力 10 000 t。公司的主要产品为加工助剂、预分散橡胶化学品母胶粒、轮胎喷涂液、胶片隔离剂和白炭黑活化剂 5 大类 60 多个产品，是橡胶行业、塑料行业、润滑油和皮革工业等所需的高质量特殊添加剂，产品在全球销售。

RC 公司拥有 100 多名来自相关专业、受过良好教育、具有丰富工作经验、充满活力的员工。顾客第一、职责分明、意识先进、富于团队精神是 RC 公司企业文化的特征。高素质的员工队伍为实现公司的目标提供了保证。

- **公司的组织结构**

RC 公司的组织结构属于线式和职能组织。公司的组织结构图如图 9-1 所示。

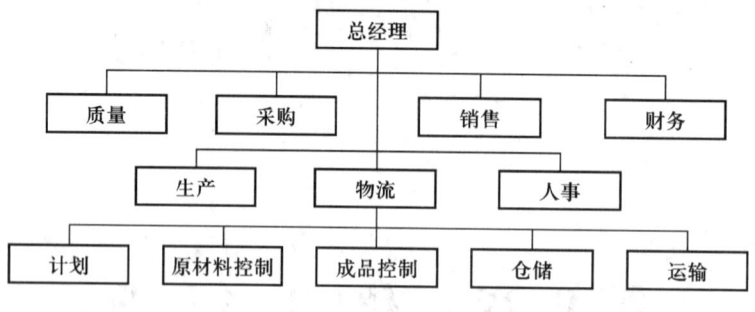

图 9-1 RC 公司的组织结构图

RC 公司的流程现状

RC 公司的物流流程（供应链图）如图 9-2 所示。

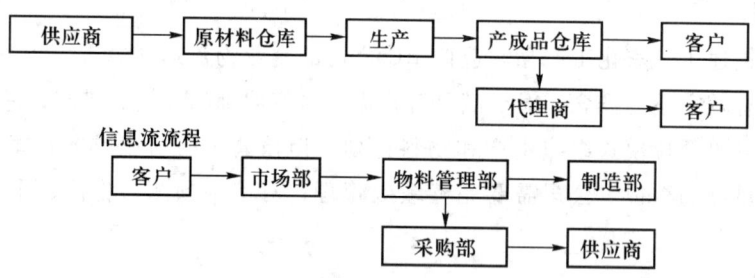

图 9-2 RC 公司的供应链示意图

- **市场预测**

RC 公司的市场预测来自两个方面：首先，30% 的 RC 公司产品份额直接销售给终端用户（限于大陆和极少数海外用户），市场部业务员对这些用户定期进行业务访问，质量保证人员定期进行产品使用指导与使用情况回访，技术支持人员和客户一起开发客户新产品和解决使用上的问题，与客户密切往来，奠定了良好的合作基础，RC 公司能及时掌握客户的需求变化，为准确的市场预测打下基础。

其次，RC 公司产品份额的 70% 供给 RC 产品代理商 XQ 公司，XQ 公司与 RC 的母公司是战略伙伴关系，已成功合作几十年。在预测需求方面，XQ 公司拥有完善的销售网络，在保存、占有、分析顾客资料和预测需求，在货物的有效配送和管理等方面有着强有力的信息技术支持，通过与终端用户的良好合作关系，可以在更大程度上准确地把握终端消费者的需求情况，在此基础上为 RC 公司提供准确的需求预测。

- **生产计划及物料计划流程**

RC 公司采用按订单生产和按需求生产两种模式。首先根据市场预测制订生产计划，在生产的过程中会有客户的订单从市场部门通过内部网络发到物料管理部，即所谓的插单。对于插单，物料管理部先是检查成品库存，如果成品库存不能满足客户的订单或客户要求新配方的产品，物料部参照订单的时间要求马上重新制定近期的生产计划，安排生产。在新的BOM清单生成后，立即检查原材料库存，调整采购计划，下达到采购部，采购部通过与供应商在线网络联系，使供应商能快速调整送货计划，完成对改变计划的快速调整，这种调整通常几小时内便可完成。生产计划和物料流程如图9-3所示。

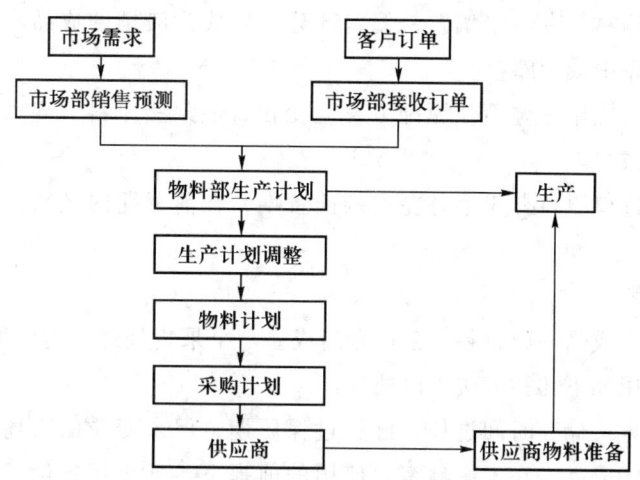

图9-3 生产计划和物料流程示意图

- 生产转换

RC公司共有4条生产线，每条生产线生产一大类产品，可按订单要求以最小尺度和多批次方式快速切换不同产品。生产优先权是由所要求的交货日期驱动的，以在不同时期分别为不同的订单生产不同规格的产品。

RC公司一直致力于原材料国产化，成立专门科研小组推进原材料国产化，目前原材料的国产化率达到90%以上。同时公司注重加强与供应商的合作关系，使RC公司能及时拿到所需的原材料及包装材料。此外，公司的内部网络使信息快速传递，各部门职责、分工明确，部门之间平稳衔接，对订单的反应做到快速实时。

- 供应商协同

通过对供应商给予有效评估，将供应商分成A、B、C 3类，与A类供应商签订长期供货合同，帮助B类供应商改进与发展，努力将C类供应商培养成合作伙伴以至战略合作伙伴。

RC公司的库存

RC公司有近25 000 m^2的仓库，储存成品和原材料。仓库中有保温仓库，以防液体冬季结冰而变质。

- **库存产生的原因**

（1）由于紧急订单的存在，需备一定程度的成品安全库存。另外由于订单有时很紧急，需要有原料马上投入，需备一定数量的合格原料以备紧急订单的生产。

（2）化工产品的生产特性是一次必须投入一定数量的原料，产出一定数量的成品，即有一个最小批量。而有时客户的订货量达不到这个最小批量，会有多余成品。

（3）向供应商订货时，供应商也会要求一个最小批量，生产用不完时而剩下多余原料。

（4）市场预测总会有一定偏差，偏差部分或者成为滞销的成品库存，或者以原料形式存在于原料库中成为库存。

（5）新技术的应用一方面使原配方发生变化，使某些原料被弃用，另一方面使某些原料的使用量减少。

（6）10%的进口原料有3个月左右的前置期，在前置期内必须储备一定库存以保证生产。

- **呆货处理**

由于有库存的成品和原材料，公司专门成立一个呆货处理小组定期处理多余库存。呆货处理小组采用如下几种方法予以处理：

（1）特殊销售：储存时间过长，已超过保质期，但未变质的市场萎缩的产品，低价销售；有瑕疵的成品，在不影响客户使用的前提下，低价销售给可使用的客户；不再使用的原材料，降价退还供应商。

（2）返工：库存时间过长，已超过保质期，但未变质，不能通过特殊销售处理掉的产品，如果可通过再加工方式转化成其他产品的，即可返工处理。

（3）报废：以上方法无法处理的或已变质的产品及原料，送环保部门指定地点焚烧。

绩效评估和物流成本

（1）RC公司现在的形势一片大好，可以说是产销两旺。一方面是因为RC公司是化工加工助剂行业的国际知名企业，产品具有品牌效应，有些国际大公司的产品成分中直接标明选用RC公司的产品。另一方面是国内其他厂家产品的性能与RC公司的产品有相当大的差距，国内客户的销量持续增长。RC公司目前的发展明显处于上升阶段。

（2）但在一片大好的形势下也存在着隐忧，物流成本的控制就是最主要的一项。物流成本是企业除生产费用外第二大支出。现在RC公司忙于生产更多的产品满足客户的需要，并不太在意物流成本。而等到企业的发展变缓、利润下降时再去努力降低物流成本，虽然是亡羊补牢、犹未晚也，但毕竟没有未雨绸缪来得更好。

- **物流成本**

物流成本控制首先是要了解物流成本的组成和具体的数据，这样才能进行分析，找出薄弱环节有针对性地进行改进。RC 公司的一般物流成本包括以下几项：

（1）运输成本：理论上包括车辆折旧费、人工费、保险费、机器维修保养费用等；因 RC 公司的成品运输和进口原料运输采用外包形式，故这块运输成本只以实际发生运费体现；而国内原料采用门到门方式，所以没有运输成本体现。

（2）仓储成本：包括仓储租金、人工操作费、保险费、机器折旧费、机器维修费等。

（3）库存成本：包括库存管理费、库存积压成本费、过时产品成本费等。

（4）信息处理成本：包括员工成本、常备设备成本、设备运转费用等。

（5）管理成本：包括开展物流活动的员工成本、办公室租用/自有办公室折旧费用、其他管理费用等。

了解物流成本的组成后，就要从财务部门获取具体的数据，而 RC 公司物流成本的各个项目分散在企业成本核算的不同会计账户中，无法直接得到物流成本项目金额。

- **库存控制的绩效考核**

有效地控制库存同样能降低物流成本，而库存控制不是一个部门就能做到的。因为市场预测、生产计划、生产管理、采购这些环节都会对库存产生影响。除了采用一些库存控制的方法和策略外，对这些部门的绩效考核也要包含库存控制的内容。而 RC 公司目前还没有建立一套完整的绩效考核体系。

【案例分析指南】

对于本案例的分析，首先要运用供应链和物流管理的视角来对目前 RC 公司所面临的问题进行剖析。对于库存控制，根据各个部门对库存影响方式来设计绩效考核指标。成本一般分为可变成本和固定成本，两者的性质不同，控制的策略也不同。

【思考题】

（1）目前 RC 公司物料部的组织结构是否合理？如果对组织结构有所改进，请详细说明如何改进。

（2）何为 SOP？SOP 对本案例的影响如何？从哪些方面可以看出？

（3）物流中的成本如何分类？这种分类的意义何在？

（4）请就 RC 公司提出成本控制解决方案。*

（5）运用你所学过的库存管理知识并结合本案例背景，为 RC 公司提出库存控制对策。*

（6）如何定义供应链和物流中的 KPI？请结合 RC 公司目前的实际情况，为物流各分部定义相应的绩效考核指标。*

（7）从公司层面上为 RC 公司提出库存解决方案。*

（8）结合案例背景说明化工企业物流管理特点。*

第 10 章 服装行业

案例 SP公司的供应链改革项目

【案例概要】

本案例取材于国内一家服装企业的实际运作。案例介绍了该企业在实施供应链改革前存在的问题,以及这些问题对其经营活动所造成的影响。案例对这些问题做了分析,并探讨了该企业解决这些问题所实施的解决方案。

【教学目的】

(1) 了解服装行业的期货订货方式对企业生产计划和产品生产周期的影响。
(2) 了解 OEM 方式和 ODM 方式的优缺点以及给企业带来的影响。
(3) 了解服装企业在期货订货方式下控制库存的手段。
(4) 掌握提高供应链库存周转率的途径。*
(5) 掌握供应链总成本控制措施。*
(6) 掌握供应链业绩评价的方法。*
(7) 能运用物流网络评价方法。*
(8) 掌握物流与供应链分析模型在实际企业供应链改进中的运用。*

【自学时数】

4 学时

SP 公司背景

SP 公司是一家经营休闲类服装及专业用品的著名品牌公司,产品范围包括:功能性休闲服装、休闲鞋和功能性配件(帽、包、袜等用品)。公司成立已有 20 余年,去年在境外成功上市。

根据国内权威市场调研机构的调研结果,SP 公司的产品在国内同行中品牌声誉和品牌价值都名列首位。而该公司的愿景也是成为国内市场占有率第一和品牌价值第一的公司，在未来准备进入国际市场成为一个世界品牌。

目前，该公司仍以国内市场为主，几年来也曾尝试进入国际市场，尚未能取得较大的进展。按总销售额来讲，该公司在国内同行业中排在首位，其服装产品和配件产品还保持着国内市场占有率第一的地位。虽然近来出现了较多的市场追随者，但是由于 SP 公司很早就投入巨大资源建立了自己的产品研发中心，并将渠道建设和品牌建设作为自己的核心竞争力，因此 SP 公司目前仍能保持较大的整体优势。

SP 公司的销售计划模式

SP 公司分为两级销售网络，一级为全资子公司，二级是加盟店。前者是公司自己出资经营的零售网络，后者是经过认证、加盟经营的经销商。经过几年的销售渠道建设，目前在全国已有 3 500 余家零售专卖店。为了更有针对性地服务当地的消费者，销售部门从地域上划分为 15 个大区，各大区负责当地的市场销售业务，原则上各地区的经销商不允许跨区经营。

SP 公司每年制定总的销售计划，召开春夏季和秋冬季两次订货会。所有子公司和经销商在订货会上以期货方式下达合同，所订购的货物在 4 个月后可以到达店铺销售。由于其经营产品的特点有较大的时尚性和流行性，单款产品的生命周期较短，因此需要为订货会准备大量的备选样品，其中有 50%～70% 的品种可以得到订单。

订货会后 SP 公司的销售部门首先汇总期货订货合同，与年初制定的销售计划相核对，以确保订货的合同金额可以完成年度销售任务。再由销售部门与生产部门协商，形成总的生产和供应计划，然后根据排产计划来组织原材料采购和生产供应工作。

合同下达后的供应工作流程如图 10-1 所示。

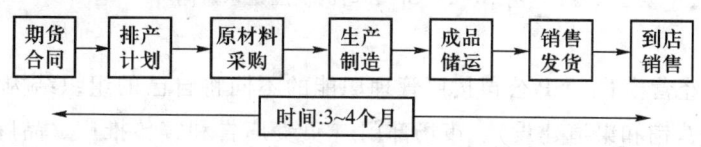

图 10-1 供应工作流程简图

期货订货方式与现货供应方式相比有一个显著的优点，那就是按客户需要的数量生产，从理论上说品牌公司、产品制造商和原材料供应商都不会产生库存。但是这种方式需要品牌公司有较强的产品研发能力和对市场需要的把握能力，同时要在新产品开发和品牌推广上投入较大的资源。

这种方式带来的缺点是，各级供应商都是在接到上游客户的订单后才开始自己的原材料采购和生产准备，因此产品的供应周期较长。由于此类产品的流行性强、消费者需求变化快，较长的供应周期会导致 SP 公司提供给经销商的产品有可能已经过时。经销商们在 4 个月前订期货时，未必能准确地掌握半年后的市场需求，因此当期货到达时可能会因市场需求已变化而成为滞销品，在销售渠道中产生库存。

SP 公司的生产模式

服装类产品的完整供应链包括：产品研发、采购、制造、物流、销售等几个环节。在这一领域中有两类企业，一种擅长产品研发和品牌经营，本身不具备生产能力，将产品生产流程外包给 OEM（原始设备生产商）工厂；而另一类其本身拥有工厂，加工、生产并经营自己的品牌。

SP 公司属于前者，专注于产品研发、品牌经营和销售渠道建设，将其作为自己的核心竞争力。公司将自己不擅长的生产制造过程外包给 OEM 工厂，并打算将物流外包给第三方物流（尚未实现，在计划中）。

公司的供应链模式如图 10-2 所示。

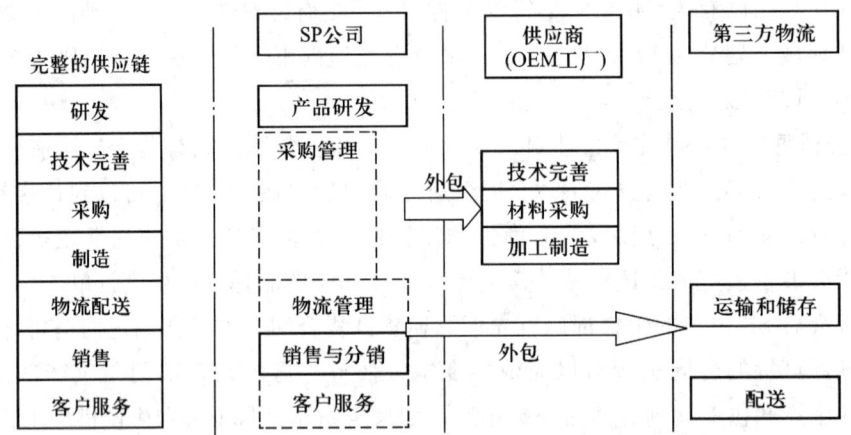

图 10-2　SP 公司的供应链示意图

根据这种经营模式，SP 公司按照管理职能的不同将自己的组织结构划分为销售部门（负责产品营销和渠道建设）、市场部门（负责广告和宣传推广、品牌建设）、研发部门（负责产品研发）、职能部门（负责财务、人力资源、信息化建设）以及运营部门。

SP 公司的采购工作还没有全部集中到采购部门，而是分散在各个系统中，如办公用品的采购由人力资源部门负责，电脑等办公设备的采购由信息部门负责，零售店铺的货架和宣传品等由市场部门负责，运营部门负责服装、鞋和配件 3 类产品的成品采购。

运营部门的工作内容与职责如图 10-3 所示。

如图 10-4 所示，运营系统的定位是供应链的管理者，通过实施采购管理、供应商管理和物流管理来实现供应链价值的最大化。

SP 公司的生产基地布局和期货执行方式

中国优秀的服装和鞋类加工企业大多集中在东南沿海地区，因其周边的原辅材料

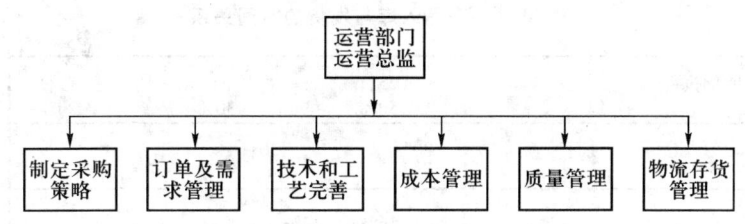

图 10-3 运营部门的工作内容与职责

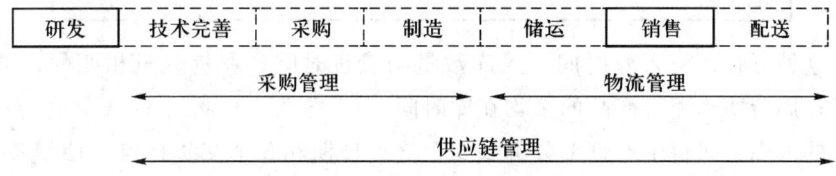

图 10-4 运营部门供应链管理者的定位

配套情况较好,工厂的技术开发水平也较高。SP 公司的生产基地就建立在福建、广东和长江三角洲这 3 个地区。目前 3 地约有 100 家 OEM 工厂,每年为 SP 公司加工十几亿元的产品。

为了更快捷地为各地区的经销商服务,SP 公司在华北、华东和华南 3 个地区交通便利的地方各设立一个分拨中心。华北区的分拨中心是最大的,为华北、西北、东北以及西南地区经销商供货;华东区分拨中心是在 2003 年新设立的,为江、浙和安徽地区的经销商服务;而华南区分拨中心则主要为华南 7 省的经销商供货。公司处理在订货会上得到的期货合同时,按照经销商所在地区加以分类,把形成不同交货地点的生产订单下达给工厂,OEM 工厂加工完成后,按订单中指定的交货地点交货到 3 个分拨中心。

SP 公司使用 SAP 系统管理销售、采购和财务环节,产品入仓后,销售计划人员根据库存和期货合同向经销商提出询问,经销商确认要货并汇出货款后,生成销售订单并指定就近的分拨中心发货。

销售部门在每个月的 25 日到下月的 15 日间,发出下一个月的期货合同的货物。如 1 月 25 日到 2 月 15 日期间的发货是执行 2 月的期货合同。根据发货时间,设定每个月的产品入库时间为每个月的 10 日、20 日和 30 日。

10 日和 20 日入库的产品约占下个月期货合同的 66%,在月底之前可以发给经销商;30 日入库的货物占下个月期货合同的 34%,在下个月 5 日发约一半,余下的一半在 15 日前发给经销商。

表 10-1 为一个示例,显示产品入库与发货之间的时间关系。

表 10-1 产品入库与发货的时间关系

期货执行:			25日 50%		5日 30%		15日 20%
均匀入仓:	10日 33%		20日 33%		30日 34%		
执行期货:		25日 17%	16%	5日 14%	20%	15日	
积压天数:	15天		5天	15天		5天	15天
加权平均							

利用这种方式,将入库时间、入库数量与发货时间、发货数量相匹配,可以有效地提高库存周转率,缩短产品的平均在库时间。

以上的入库方式将生产订单分拆到 3 个交货日期和 3 个交货地点,使得各 OEM 工厂的生产订单比较零碎,虽然有利于控制存货,却不利于安排生产。

表 10-2 显示一个款式的生产订单。

表 10-2 某款式的生产订单

款式	订单数量 交货地点	交货日期				
		1月10日	1月20日	1月30日	2月10日	2月20日
男衬衫款式 A	华北仓	330 打	330 打	340 打	120 打	80 打
	华南仓	100 打	100 打	120 打	80 打	50 打
	华东仓	50 打	50 打	70 打	50 打	30 打

以上总订单量有 1 900 打,但是被分散成 15 个小订单在不同的时间和地点交货。由于 SP 公司实行准时交货制,使得 OEM 工厂不能将同样款式的产品集中在一起生产并交货。而且 SP 公司生产的款式很多,使得 OEM 工厂在生产过程中换线频繁。服装和鞋类产品都属于劳动密集型产品,劳动生产率不能提高,会造成产品的人工成本上升。OEM 工厂为了提高自己的资金效率,往往也要求原材料供应商按分散后的订单需要时间和数量提供原材料,这使得 SP 公司无法集中材料订单以协商一个好价钱,原材料成本也上升。

需要特别说明的是:对鞋类和服装类产品而言,库存商品种类的总数是以乘法倍数加总的:A(样式)×B(颜色)×C(尺码)= D(组合)。从物流角度来看,D 代表了商品种类数量,因为在分拣和包装时每一种组合都要单独对待。以最基本的组合计算,SP 公司每一季总目录上各有 10 000 个以上的品种。规模大的全资子公司可以有 5 000 个以上的品种,规模小的子公司大约在 2 000 个。据对配送单据的分析显示,一半以上的配送订单在 100 双(件)以下,还有 1/3 的订单数量在 50 双(件)以下。

SP 公司与 OEM 工厂的合作关系

SP 公司拥有一个国内规模最大的研发中心,并与美国、欧洲和我国香港地区的设计师合作建立了研发设计室，为每一次订货会设计大量图稿，并由 OEM 工厂的技术部门和 SP 公司的技术员共同完成从图稿到样品的研发过程。销售样品被送到订货会上备选，所得到的订单都分给原来打样的工厂，这种合作模式被称为 ODM（原始设计制造商）方式。

ODM 合作方式要求各工厂为 SP 公司投入大量的人员、设备、技术和资金，这会在短期内造成工厂的成本上升。由于各工厂都看好 SP 公司的品牌效应和市场地位，为了保持长久的合作，都愿意投入。因为新产品的开发周期较长（一般为每次订货会准备样品的时间是 8 个月），其间工厂与公司技术人员要反复打样试做，因此双方建立的是长期的合作伙伴关系，而不是一般的买卖关系。

采用 ODM 方式给 SP 公司带来的好处是节省了大量的研发资金。休闲时尚类的产品为每一季订货会准备的样品多达上万个 SKU（库存保有单位），如果单纯由 SP 公司来完成，所投入的开发资金和人员将是其无法承担的，现在由各工厂分担此成本。而 SP 公司允诺其开发的产品拿到多少订单都由其生产，这就提高了各工厂的积极性，对产品研发的投入和配合都大大增加，同时对产品的质量也更加关注。

但 ODM 方式同时也带来如下问题：

（1）工厂成本上升造成加工费增加：成本控制工作非常重要。由于研发周期长，投入资源多，工厂的成本上升较多，因此造成加工费不断上涨，这给 SP 公司的成本控制工作造成一定难度。产品成本较高，SP 公司与国内那些自己拥有工厂的竞争品牌相比没有价格优势，而国外的竞争者采取的价格打压战术也使得成本控制问题显得更加重要。

（2）新产品研发过程不容易保密：因为产品的研发周期较长，新样品分散在各个工厂，而工厂人员的流动性较大，这使得新产品在上市前不容易保密，易为竞争对手所模仿。

（3）订单分配不均衡：谁开发谁生产的原则虽然提高了工厂的积极性，但是也使得订单在各工厂间的分布不易均衡，有些工厂订单多得做不完，而另一些工厂的订单不能满足产能需要。SP 公司的采购部门对此会予以调整，避免出现因订单过多而延误交货期的问题。

（4）合作伙伴相对固定：不利于新技术和新管理方式的引入。针对此问题 SP 公司建立了供应商评估制度，根据评估结果实行末位淘汰制。SP 公司还经常组织推动工厂间的相互学习，将先进经验推广出去，同时不断地引进行业内高水平的供应商，来提高自己供应商队伍的整体水平。

在这一行业中材料成本要占总成本的 70% 以上，新材料的使用也决定了这类产品的技术含量，选择合适的原材料供应商是非常重要的。因此 SP 公司公布了合格原材料供应商目录，只有经过 SP 公司审核认证的供应商才能进入目录。在合同中 SP 公司规定 OEM 工厂必须从目录中的供应商处购买主要材料，同时规定原材料的价格只能由 SP 公司的成本管理部门直接与材料供应商签订，从而控制产品的总成本。

综上所述，SP公司的生产基地分布于广东、福建和长江三角洲地区，主要原辅材料配套基地也集中在这里。工厂周边的配套设施齐备，交通运输发达，跨省的物流时间不超过4天。其产品以内销为主，设计和研发中心都贴近最终用户，有利于迅速了解客户的需求，并反映到产品上。产品从工厂生产出货到最终上达专卖店货架，最长不超过20天。销售按消费习惯分为15个大区，有利于了解当地的用户细致需求。客户服务中心设于本部，可以直接将客户的意见反映到相关责任部门。

SP公司所在行业的特点是，行业品牌公司所使用的供应商资源经常是相同的，有时甚至是几个竞争品牌共用同样的OEM工厂和原材料供应商。这种关系如图10-5所示。

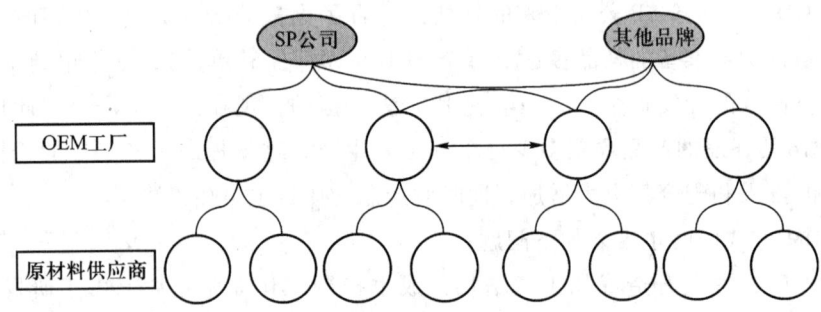

图10-5　SP公司与其他品牌公司的关系

这种合作方式造成供应商反过来也在评估和选择客户。虽然SP公司的品牌声誉较好，但是在单个类别产品上的订单量却不是最多的。国内排名第二的竞争品牌（B公司）因而采取了紧跟策略，凡是SP公司使用的OEM工厂和材料供应商，B公司必定跟进，利用SP公司的技术与研发能力引带自己的产品，吞噬SP公司的技术设计成果。而由于B公司是一个家族型企业，费用和成本较低，其产品的零售价也较SP公司低一个档位，在国内市场有很大的销售量，B公司有些类别产品的订单量还超过了SP公司。因此B公司对供应商有很大的吸引力。由于订单量大，B公司拿到的原材料价格也比SP公司有优势，这使得SP公司深感忧虑。

针对此问题，SP公司采取了缩减供应商数量的战略，通过减少供应商数量来增加每个供应商分得的订单数量，同时提高了供应商对SP公司的依赖性。SP公司还通过各种方式培养自己的品牌在消费者心目中的地位，令消费者可以接受SP公司产品更高的市场价格，也因此得以与更高水平的供应商合作，而这种供应商通常成本较高，这是竞争对手所无法承受的。

SP公司存在问题的分析

2003年时，为了提升供应链效率，SP公司与国内知名的咨询公司合作，制定了自己的供应链战略来规划企业的方向。咨询公司对SP公司的供应链现状做了评估，找出影响供应链效率的主要因素，提出改进方案。他们与人力资源部门达成共识，重新设定了反映SP公司供应链业绩的关键考核指标，以此来考核和提高运营系统的工作业绩。

通过对各部门的访谈，咨询顾问总结了2003年以前影响SP公司供应链效率的几个主要问题：

- **2002年SP公司的库存周转率没有达到管理层期望的指标**

（1）SP公司2002年度库存周转率指标不够理想。

（2）对库存时间过长的产品处理不及时。由于积压库存，造成仓库有效库存利用率下降。

以2002年一个单款为例，具体为商品销售与发货的对比分析（见图10-6），虚线为发货数据，实线为销售数据。第10周开始发货，第13周是发货高峰，销售高峰为第17/18周。在商品集中到经销商手中时，距离销售旺季有约5周的差距，这段时间整个通路中有大量流动资金被占用，堆积了大量产品。

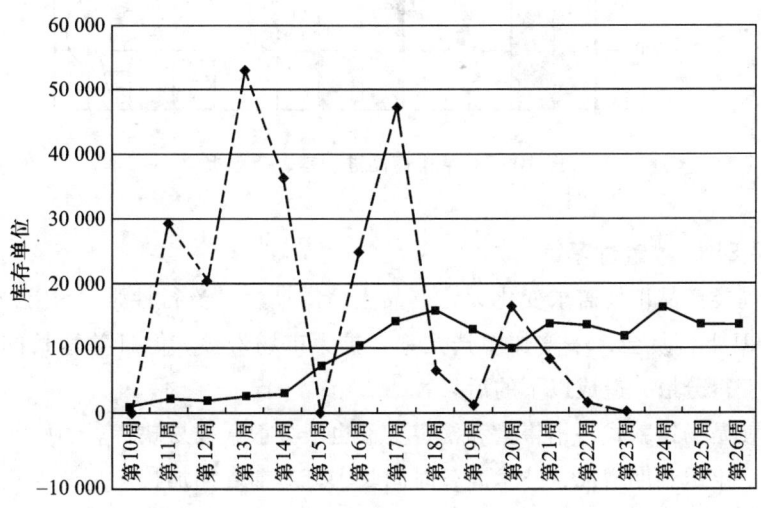

图10-6　商品销售与发货的对比分析

造成这一情况的一个重要原因是SP公司前期为了提高市场占有率，而采取了大面积铺货的策略。通过提高对经销商的让利和返点，促使经销商购进货物。由于产品并没有及时销售出去，这会降低经销商的零售周转率，使整个供应链的现金周转率降低。

针对此情况，2003年SP公司及时调整了销售策略，通过帮助经销商提高单店销售业绩，改善了这一问题。

- **期货订货以金额而不是按品种的执行方式带来的问题**

（1）由于SP公司没有强制经销商必须拿走全部期货合同中订购的货物，对合同的考核方式也是按金额执行而未具体到SKU，这使得期货合同的执行率没有达到100%，因此按期货合同生产出来的产品会产生一定的库存。

（2）对畅销品现货供应不足，容易缺货：以下是对某类商品做的ABC进销存分析

（以一家子公司某个小类商品为例，见图10-7）。图中灰色为发货数据，黑色为销售数据，白色为库存数据。A类商品（左边）进货销售基本持平，会产生现货需求不能满足而造成缺货损失；B类商品（中间）销售占进货的50%左右，产生最大的库存积压；C类商品（最右边）的销售占进货的20%左右。

从图中分析可以知道，A类产品造成缺货损失，而B类和C类商品会造成库存积压。

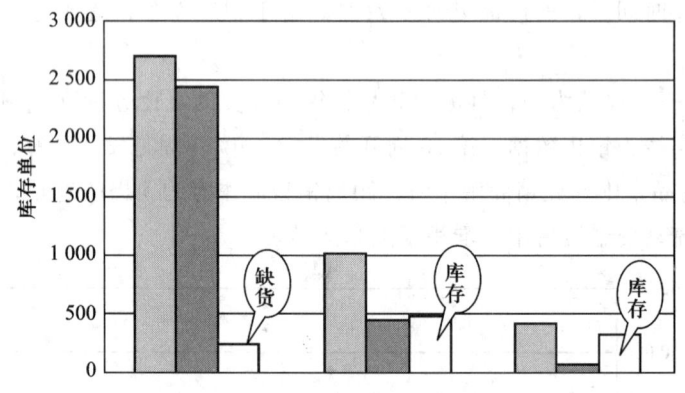

图10-7　某类商品进、销、存分析

- **产品SKU数量过多**

由于时尚类产品市场需求变化大，产品生命周期短，流行性强，SP公司不得不开发大量的SKU上订货会，来增加中选几率，扩大市场份额。但日益增长的SKU使SP公司的订单变得分散，造成以下的后果：

（1）即使是畅销款式，销售量和销售金额也很分散，极易缺货。

（2）生产组织难度增加，技术准备时间长，订单前置期加长。

（3）频繁换线造成生产成本上升，产能下降，OEM工厂的利润降低，满意度下降。

（4）原材料品种太多，单款订单太零散，造成材料采购成本上升。

（5）由于在市场上销售的SKU过多，分散了订单，也容易造成缺货损失。

比如，2002年5月份发生销售的SKU有3 500款，比上年度的同期增长了20%左右。按20/80原则，销售金额合计占总销售额80%的商品共有800款，而销售排名在第一位的款式只占总销售金额的1.05%。在上述800款商品中有550款的销售金额占总销售的68%。

结论：销售SKU过多，销售金额十分分散，很容易造成缺货损失。

- **淡、旺季过于明显，订单波动大**

由于时尚类产品的销售淡、旺季非常明显，因此经销商们通常都抢先拿新产品，提早进货，通过延长销售时间来减少自己的库存积压。这造成了每季订货会后的第一个交货期订单量都非常大，而后几个月订单量则下降较多。

如图10-8所示：以2002年一个单品的生产订单数量与工厂产能间的关系，来反映 SP 公司的订单波动与 OEM 工厂产能间的需求差异（方框线是 SP 公司的订单数量，菱形线是 OEM 工厂的产能）。

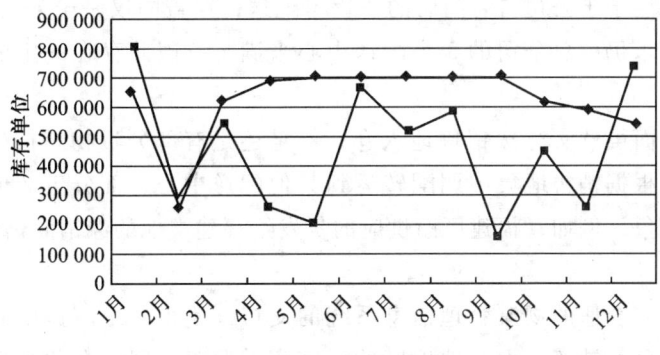

图 10-8　订单数量与产能

从图 10-8 可以看出，一年中有几个月订单量非常之大，已接近或超过 OEM 工厂的产能上限，而其他月份的订单量则下降较多。这造成工厂生产旺季没有足够的产能来交货，而淡季订单量不足令工厂产能闲置，供应链的牛鞭效应被进一步放大。

另外，SP 公司的采购部门只能根据旺季订单数量来决定供应商数量，这使得现有的供应商数量大于 SP 公司的实际需要量，供应商数量过多会带来管理费用上升，效率下降。

- 订单前置期过长，对市场变化的反应不够迅捷

SP 公司的新产品生产周期约为 70 天，从工厂出货到产品配送到零售店约为 10 天，再加上前期数据准备时间约 10 天，经销商在下达期货合同的 90 天后才可以拿到货物。如经销商需要订购在期货合同以外的产品，加单周期约为 60 天，而减少订单的需求则不太可能实现。

时尚类产品的平均生命周期约为 90 天，从产品上市到旺销至少需要 4~6 周的时间，而加单周期为 60 天，再加上 10 天的配送时间，也就是说从经销商下达加单计划到拿到货物已是 70 天，加上前期的 4~6 周，已经过了产品的销售期。因此这种加单周期使得经销商们不愿加单，白白错失了销售机会。

减单则要求在入仓前 60 天提出要求，但此时经销商还无法看出销售趋势，因此基本上无法提出此需求，也造成了后期的滞销品库存积压。

- 物流网络布局不够合理

除华北、华东和华南 3 个分拨中心外，各个全资子公司还设立有自己的地区仓库，运营系统对物流的管理还没有到达子公司一层。3 个分拨中心归物流部管理，负责总公司所有货物的接收、储存、保管、发货、运输、盘点及相应的系统操作和费用结算，而地区仓库则负责子公司的存货管理和门店配送及退货工作。物流没有形成统一的管理，浪费了部分资源。

3 个总配送中心分布在华北、华东、华南，基本上能较合理地覆盖各市场区域。其

中华南配送中心占主导地位，存货量及发运量都占到总体的60%多，华东配送中心的发运目的地也是全国各地，从东北到西南，最长时间需要7天才能到达目的地城市。子公司的仓库只用于子公司自有门店的备货与配送，覆盖的仅是子公司所在地的城市，其周围客户的需求仍由总公司的3个配送中心来满足，因此存在一定的资源浪费和交叉运输。

物流布局方面虽然实行按销售地入仓，但是还是有部分货物是按生产地入仓，之后再由物流部门根据销售地集中调配转运到其他配送中心，部分生产地的货物仍会出现严重的回流现象。例如，福建厂商供应的货发给福建本地的经销商仍然存在1 000多km的回流浪费。

另外由于没有合适的物流管理信息系统的支持，使得一个配送中心的存货只能服务于设定的那部分经销商，而其他地区的经销商需要时，即使在此配送中心是库存积压物品，也无法发运给其他经销商，由于不能共享库存而造成了资源的浪费。

- 对信息系统支持不足

SP公司目前使用的SAP系统加上零售信息系统还不能覆盖全部的经销商和加盟店，每日零售数据不够全面和充分，使得SP公司无法及时准确地获取市场信息。这对于一家以经营时尚产品为主的公司是一个非常重要的问题。

信息系统对物流部门支持不足，没有实行详细货位管理。各仓库在拣货时，仅仅依据发货单和库房管理人员的经验记忆去判断或查找货物的存放点，效率较低。另外对货品的仓龄、在库时间、在途管理等功能还没有具备。物流信息化建设的不足，同时影响到了物流管理的各个方面，例如物流成本管理、物流分析与预警、物流作业流程的优化和效率的提升。

另外，公司与OEM工厂、OEM工厂与材料供应商之间也没有共同的信息平台，这使得生产订单下达后，等待和重复工作的时间很长，信息在传递过程中失真或失误的情况时有发生，一方面造成订单时间的延长，另一方面造成了成本的浪费。

- 真正的运营成本难以体现

当时SP公司还没有找到有效的方法和指标体系来测量供应链的水平和业绩，执行的考核方法也无法真实地反映运营成本的变化。而公司的各层领导者还较关注产品的采购价格，希望通过各种手段将产品价格的议定过程透明化和标准化，没有去关注价格背后的总持有成本。

财务部门较关注采购价格下降的比率，而没有看到由降价而带来的品质下降、供应商素质下降、配合度降低等问题，也没有看到由于管理工作难度上升带来的人员增长、管理费用增加等问题。

- 内部客户满意度低

图10-9是一家咨询公司对SP公司的客户所做的调查。

SP公司采取的改革措施

针对以上的问题，咨询公司向运营总监做了汇报，并提出了10点改进方案。在

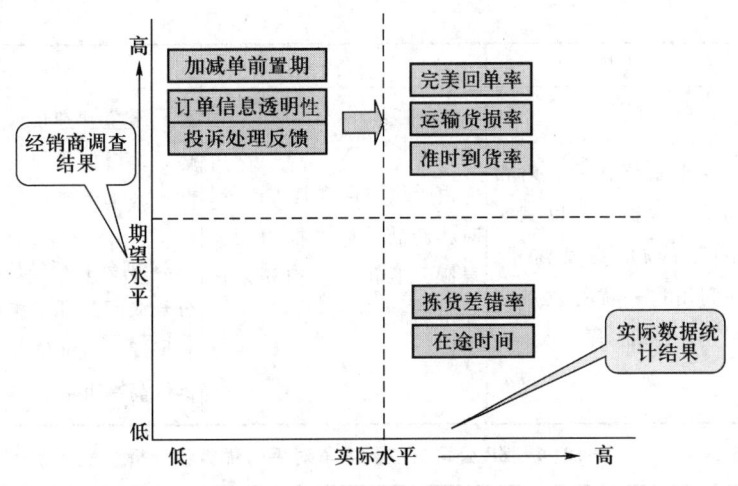

图 10-9 客户满意率的调查

2003 年和 2004 年加以实施,取得了良好的成绩。

- 确认建立反应型供应链运作模式

咨询顾问首先对 SP 公司的供应链现状做了 SWOT 分析(见表 10-3)和 SP 公司与竞争对手的比较(见表 10-4)。

表 10-3 SP 公司的 SWOT 分析

特点	优势	劣势	相应的措施
供应链不规范	有利于利用国际品牌的供应商,通过与他们的合作提高产品技术含量	供应商忠诚度低,容易被竞争对手拉走,同时国内的竞争者也会趁机进入我们的供应体系,对公司构成威胁	1. 增加高水平供应商数量 2. 通过产能计算,减少供应商数量,合并订单,使我们占供应商生意份额提高,从而提升影响力 3. 通过这种影响力打击对手,要求供应商不与国内其他品牌合作
供应商素质不一,能力不齐	有利于根据产品的差异建立成本优势与国际品牌展开竞争	不同供应商贡献不同,不能用统一的标准去衡量供应商,同时他们与高水平二级供应商合作易出现问题	根据产品进行细分,大众型以价格取胜的产品为一类,高端产品为一类,不同类别的产品使用不同的供应商

续表

特点	优势	劣势	相应的措施
供应链短	靠近最终用户,对市场反应敏捷。可以满足中国市场的突发需求,并利用这一优势发展定制业务,减少库存	由于供应商都是国内的,对新产品的研发能力受到局限,不利于我们开发国际市场	1. 建立快速反应的供应链反应体系,增加我们的应变能力,不断缩减供应周期 2. 划分新产品研发的类别,部分长线产品开发国际供应商,以长周期、高价位开发国际市场或国内高端市场

表 10-4 SP 公司与主要竞争对手的优劣势分析

比较内容	国际经营同类产品的竞争对手	SP 公司
产品开发	开发能力强,流程完善	不如国际品牌,仅对国内竞争者有优势
价格	掌握有价格主动权,消费者可以接受其较高价格的产品	没有价格的主动权,消费者对价格比较敏感
市场影响力	欧美和全球市场是市场领导者	主要是中国市场,并跟随这些大品牌
订单数量	订单量大,每家工厂的订单都可以保证其得到最佳客户地位	订单量小而分散,50% 以上的品种达不到起订量
供应商分布	全球采购,供应商资源丰富,新材料新工艺开发能力强	供应商资源单一,新材料新工艺开发能力差
最终客户	全球客户对中国客户并未投入资源	专心关注和服务于中国客户
供应链	是跨国采购,供应链较长	国内生产国内销售,供应链短
供应商物流	全球供应商,海运、跨国运输、在各个海关之间的等待	除一个皮料厂外,全都集中在南方 3 省,各工厂间的最长运输时间是两天
分销物流	产品出厂经过一个月的海运,入关分仓,到达消费者需要 2 个月	产品从出厂到产品在专卖店上架最长 20 天
沟通及合作	跨国采购带来语言、文化、风俗习惯的不同以及不了解不同地区的政策法规	共同的语言、相同的习惯没有不利于沟通的地方

通过以上对比可以看出,SP 公司与经营大品牌的国际公司各有优势,在国内市场上 SP 公司具有快速、成本贴近消费需求的优势,可以利用这一优势在中国与对手一较短长。

- 优势

(1) 成本:国内开发、供应商在中国,人员本土化,由此换来的是较低的费用,这一成本优势是大品牌无法与之竞争的。

（2）反应速度：SP 公司从订货到所有订单下达到二级供应商只需要 1 天，而大品牌公司这一信息层层传递需要至少 2 周左右。

（3）物流周期：各级供应商之间的物流运输，从产品出厂到产品入仓，从销售发货到产品到店，这些物流时间 SP 公司要快于大品牌。

（4）文化同根性：SP 公司与客户、供应商之间没有文化语言的差别，有利于直接的沟通。

（5）客户服务：对大品牌公司的产品研发、客户服务都是面对全球用户，他们更关注自己的传统用户，向中国区投入资源有限，而 SP 公司全力服务于中国用户，产品和品牌更有亲和力。

- **劣势及相应对策**

（1）产品研发能力差：通过与高水平供应商合作，共同开发产品提升能力。另外发挥 SP 公司对市场反应快的特长，将同代产品同时上市。

（2）可接受的产品价格：SP 公司产品价格较低，利润率也较低，因此与优秀供应商的合作也相应受到影响。对此要实施采购差别化策略，将高低产品分开，交付不同级别的供应商生产，对高端产品的供应商给予一定的价格让步。

（3）市场影响力：提高产品营销力，如运动营销等。

（4）订单数量：采取集中的策略，通过减少供应商数量，将 SP 公司订单相对集中到几家供应商，以提高占有对方市场份额的比例，增加影响力。

（5）供应商资源：大品牌国际化公司可以利用全球供应商的资源不断开发新产品、新工艺，而 SP 公司只能是看到对方产品后再将样品交给国内供应商仿制研发，有时国内供应商会做不到。这种情况只能一方面要求供应商增加开发投入，另一方面公司可以尝试进行全球采购。

通过以上分析，咨询公司得出结论，SP 公司需要建立以快速反应为核心能力的反应型供应链，未来的供应链策略应围绕这一方向来实施。

- **实施期货考核改革项目，实施基于 SKU 的期货执行率考核方案**

成立专门的项目小组，改革原来的期货合同考核方式，实行到每个 SKU 的考核。前面分析过，期货合同考核按金额执行的方式给 SP 公司造成了日益严重的库存问题和缺货问题，改为让经销商 100% 的按 SKU 执行期货合同，通过这种手段可以减少大量库存。

- **组建产品委员会，联合控制 SKU 数量**

设立由公司高层直接领导的、跨系统的产品委员会，直接监控 SKU 的增长程度。同时通过与国际高水平的设计定期进行合作，引入先进的国际管理经验，来提高自己对市场需求的把握能力。

- **控制总成本而非价格**

将财务部门的专业成本管理人员分派到研发部门、采购部门和成本核算部门，在各个关键环节实施成本预算和控制。另外，要求各层管理者关注总成本而非价格，以运营总成本观念替代单纯的产品成本观念，以新的指标考核体系来管理供应链总成本。

- **以库存周转率指标考核销售和运营系统各部门，由财务部组织周转率控制小组**

将库存周转率指标考核到销售、运营等各部门的主管负责人，引起各相关人员重视。同时由财务部门组织跨系统的工作小组，通过协调入仓、发货，及时清理过期产品等手段达到预定的目标。

- **对产品和供应商进行差异化管理，对大宗和通用产品进行招标，以降低成本**

咨询顾问将 SP 公司各个品类的产品按采购金额和采购风险做了分析（如图 10-10 所示）。

对于一般产品通过减少供应商数量来提高订单总量，以招标的方式降低价格。

对于杠杆产品也是通过招标来降低价格。这类的供应商数量也被缩减，并通过定期的供应商评估来改进供应商业绩，不断引进更有竞争力的供应商来降低成本。

对于战略性产品则是与关键供应商进行深度合作，通过目标成本法来使产品价格可以被市场接受。

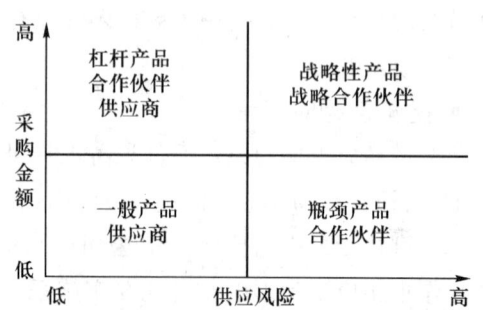

图 10-10　采购与供应风险矩阵图

而对于瓶颈型供应商，则是给予其一定的其他订单的补偿来保证供应，或是将这部分材料通过国产化替代来解决（这部分通常都是国外原材料）。

- **成立客户服务中心，综合受理客户投诉，提高客户满意度**

设立了专门的客户服务部门来受理投诉，缩短处理和反应时间。通过实行由接受投诉的首个人全权负责制，来减少环节，简便手续，提高客户的满意度。

- **通过增加对市场需求的预测功能来均衡订单，减少需求的波动性**

原先从接受客户期货合同开始才安排生产与采购工作，这种方式生产周期过长，不能适应市场变化。现在转变为主动地进行需求预测，在订货会前就开始主动备现货，通过下达现货订单的方式来均衡产能与订单的不匹配性。

增加专门的人员和信息系统，对每日零售数据进行监控和分析，由原先被动地接受客户的加减单需求，转变为主动对零售数据做分析，及时了解需求变化，对销售趋势良好的产品主动加单准备现货，来适应产品生命周期的变化（如图 10-11 所示）。

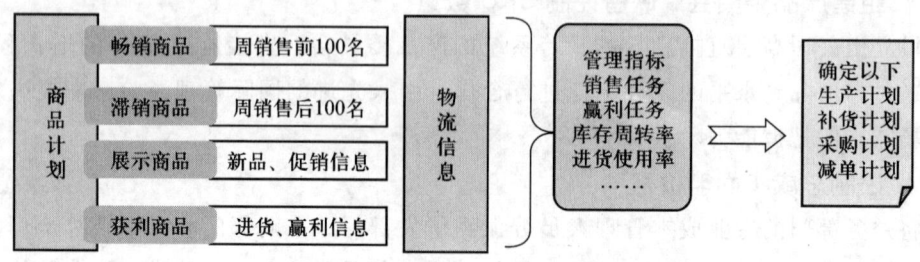

图 10-11　销售、物流信息分析与计划

- **通过与 OEM 工厂建立共享的信息交换平台，来提高整个供应链对市场反应的灵敏性和协调性，缩短订单周期**

建立与 OEM 工厂和原材料供应商共享的中央数据库，将产品的基本技术与制造信息共享。通过在整个供应链中统一规范产品和原材料的代码以及相关信息的格式和内容来统一语言。

当市场需求产生时，根据 BOM 资料产生各级原材料请购单，各级供应商同时开始准备，避免了信息传递过程中的失真和失误，也减少了等待时间。通过部分地实施以上方案，加单周期从 60 天缩短到 25~30 天，首批量生产时间从 70 天缩短到 40 天（如图 10-12 所示）。

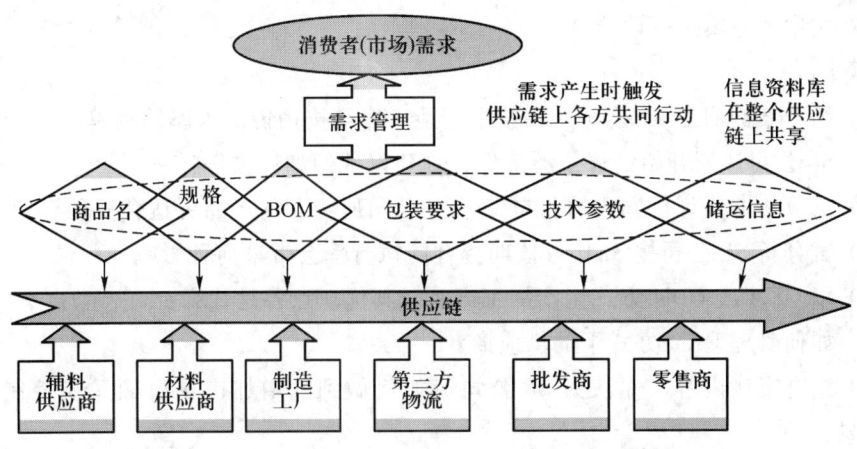

图 10-12　信息系统示意图

- **优化物流网络布局，提高 3 个分拨中心的综合效率**

今后要进一步优化现有的物流网络布局，统一管理各个全资子公司的地区性仓库，提高仓库的使用效率，管理整个渠道中的库存。咨询公司还进一步建议 SP 公司聘请专业的物流咨询公司为其设计和改进物流系统，根据 SP 公司的发展速度，选择合适的时机将物流管理工作外包给第三方物流。在此之前要建立运营模型以衡量两种方式对 SP 公司的利益优劣，判断何时适合将此工作外包。

通过两年的改革与实施，SP 公司的供应链效率获得了很大的提升，现在其运营总监又提出了新的设想，要建立全球化的供应链，与更优秀的伙伴合作，为公司进入国际市场做准备。同时努力追求更低的运营成本，更好地控制存货，为企业增加利润。

【案例分析指南】

分析这一案例要注意以下几个特点：

（1）利用服装行业期货订货方式的特点，注意这一订货方式对生产供应过程的影响及对市场需求满足度的影响和对供应链效率的影响。

（2）注意期货执行方式对产品成本的影响及对库存的影响。

（3）注意服装行业普遍采用的 ODM 方式对于 SP 公司和其供应商间关系的影响，还要注意服装和鞋这一行业"款式×尺码×颜色"这一基本组合对储存和发货的影响。

（4）这一案例提供了改革前 SP 公司的供应链运作现状以及其所处的商业环境。分析这一案例的思路如图 10-13 所示。

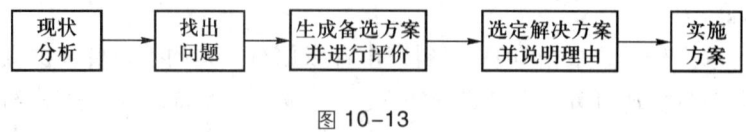

图 10-13

当然你不必局限于文中已提出的问题和解决方案，而是根据自己的见解，提出问题，或对文中的方案予以评价。

【思考题】

（1）结合案例回答 SP 公司产品按生产地入库与按销售地入库的利弊。

（2）SP 公司计划开始销售预测工作，你建议他们如何去做？

（3）试分析期货订货方式的利与弊。SP 公司所经营的产品更适合哪种订货方式？

（4）试分析 SP 公司按 SKU 考核期货合同执行率会带来何种影响。

（5）以 OEM 或 ODM 方式生产加工产品，其优缺点各是什么？

（6）如何管理 OEM 方式下的供应商？

（7）结合案例内容，你认为 SP 公司应如何做到既增加市场份额又能控制合理的 SKU 数量？

（8）结合案例内容回答，SP 公司采取什么措施来控制物流成本？你认为它还能采取什么措施？*

（9）结合案例内容回答，SP 公司采取了哪些措施提高库存周转率？你认为还有什么方法可以实施？*

（10）你对 SP 公司的物流网络规划有何建议？*

（11）SP 公司正考虑物流外包模式。结合案例内容，请你为 SP 公司撰写一份物流外包方案，内容包括外包对 SP 公司的优劣影响以及 SP 公司需要做什么准备工作。*

（12）结合案例内容，请你为 SP 公司建立一个供应链考评指标体系。*

（13）你如何评价咨询公司为 SP 公司供应链制定的改革方案？*

（14）请运用本书物流与供应链分析框架为本案例撰写一份案例分析报告。*

第11章 图书行业

案例 BS公司的配送管理

【案例概要】

本案例是一个综合型案例，涉及企业内部资金流、信息流、物流、公司治理结构、企业核心竞争力以及企业人力资源管理等多方面的内容。

案例描述了BS公司成立后企业组织内部所产生的一系列问题，包括配送成本高、效率低、销售业绩无法扩大以及由此导致部门之间的指责。案例针对这些问题做了分析，并提出了解决方案。

【教学目的】

本案例设计的目的，是帮助学员理解图书的配送管理技术。随着本案例的学习，学员们应该理解：

（1）图书配送运作流程。
（2）图书配送信息操作的基本流程。
（3）图书配送管理主要预测方法。
（4）图书配送管理的基本组织结构。
（5）配送成本的计算和分析方法。*
（6）物流改进项目的分析方法和流程。*
（7）针对企业改进项目后续发展提出解决方案。*

【自学时数】

3学时

随着当今社会改革步伐的加快，人们的工作节奏越来越快，各种报刊、杂志、新华书店、网站成为人们补充知识、了解社会变化、加强与社会沟通的重要渠道。BS公司在多方面的共同努力下，成功地在作者、出版者、读者之间架起了一座稳固的桥梁。

引 言

1995年的10月份，X先生经过D国驻沪领事大力推荐来BS公司担任该公司管理要职。BS公司是世界500强的跨国企业，1995年来中国上海投资图书媒体行业。1995年1月，一个偶然的聚会使X先生与BS公司总经理奥森及D国驻沪领事之间就BS公司在中国的发展进行了热烈的讨论，X先生新颖的观点，使BS公司总经理和D国驻沪领事当即热情邀请他到BS公司共同参与公司的筹建和市场开发。由于当时X先生在另外一家合资企业担任管理工作，经过协商，X先生于1996年1月份正式到BS公司就职。

公司背景

BS公司是世界500强的跨国企业，1995年到中国来投资图书媒体行业。公司位于上海，主要从事图书、音像制品等的销售。由于特殊原因，BS公司不能和新华书店一样将商品主动销售给一般市民，销售对象只能是BS公司的会员。因此，BS公司于1997年正式成立书友会。目前BS公司在中国已拥有百万名会员，每年的营业收入达上亿元人民币。会员中45%来自大城市，其中上海会员占34万。会员的平均年龄为23~24岁，在会员结构中高中生的比例最高。会员购书以邮购为主，电话订购也占相当大的比例。16个货到付款的城市包括：上海、南京、深圳、杭州、北京、广州、苏州、天津、福州、厦门、宁波、武汉、成都、无锡、漳州、泉州。公司采取多种付费方式：信用卡、邮寄、货到付款、上海会员中心、会员预付账户等。公司呼叫中心平均每天接听11 000次电话。仓库包装流水线平均每天处理9 000个包裹。书友会在上海、北京、天津、苏州、无锡等地为会员提供了"会员专卖店"服务，会员可以持会员卡在专卖店悠闲自得地享受购书的乐趣。迄今为止，BS公司与全国100多家出版社和音像制品公司建立了合作关系，图书平均进货折扣为四折，从不退货，较少库存。每季度通过会刊向会员推荐图书，全年推荐的图书在1 500种左右。

BS公司的包裹配送运作情况

X经理到BS公司就职后，马上就与顾客服务部主管商讨工作，了解当前的配送运作流程。顾客服务部主管L说：BS公司希望当上海地区的（内环线以内）顾客在订购图书后能够有专业的配送公司提供"送货上门，代收货款"的服务，但在上海几乎找不到像样的配送公司，唯一可以提供此项服务的上海邮政局服务价格竟高达20元/件。BS公司有自己招募的6名发送员在进行图书发送工作，每天通过直销员取得的订单量为60~120件。直销员对发送时间很苛刻，因为这与他们的薪金挂钩。

BS公司的销售形式：直销员面对面销售（主要在上海）+适当的媒体宣传（在上海以外，主要以广告、报纸夹页等形式做宣传）；上海内环线以外地区和上海以外地区的顾客包裹均通过邮政局以邮寄方式寄出。发送员的送书工具为自行车和助动车。送货品种单一，为一套 12 本的百科丛书，价值 598 元，规格为 280 mm×216 mm，重量为 4 500 g。发送员最大负载能力为 8 套。发送员收入是计件制，成功发送 1 件收入为 8 元、发送失败 1 件扣 4 元+午餐补贴 5 元/天+团体意外险。每天顾客服务部将顾客配送订单打印出来后，驾驶员必须开车到郊区租借的仓库内提货，很不方便。6 名发送员中由 1 名主要发送员负责集中领取图书，发送员没有统一的着装和专用的发送箱，无专人负责解决顾客投诉，也没有任何的发送员培训。BS 公司在上海地区周末不送货。

BS 公司的组织结构如图 11-1 所示。

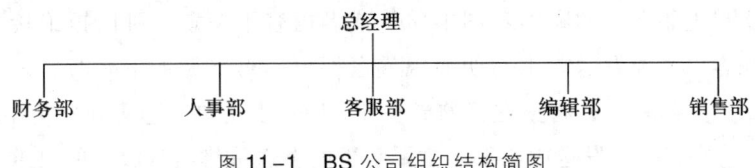

图 11-1　BS 公司组织结构简图

发送中心组织结构如图 11-2 所示。

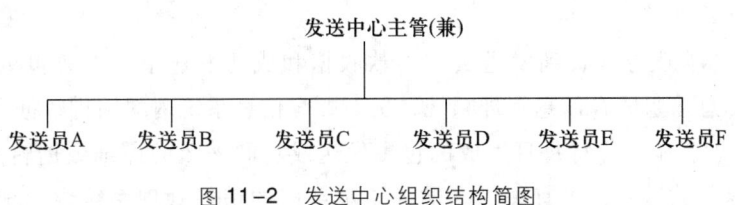

图 11-2　发送中心组织结构简图

BS 公司的包裹操作流程如图 11-3 所示。

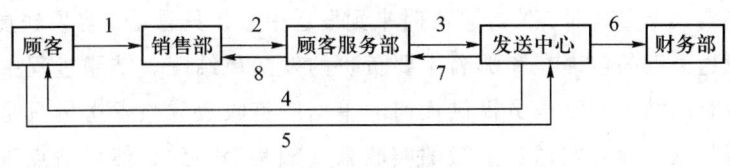

图 11-3　包裹操作流程

流程说明：

流程 1：顾客经过 BS 公司销售部直销员的推荐，填写订书单（提供地址、姓名、电话、邮政编码、付款方式和订购数量）和入会申请单。

流程 2：销售部将各销售小组每天得到的销售订单汇总，输入销售部门的销售管理信息系统之后，将销售订单于次日上午统一交给顾客服务部数据输入组处理。

流程 3：顾客服务部数据输入组收到销售部转交的顾客订单后，立即将订单信息输入顾客信息管理系统。下午 3 时顾客服务部数据组开始打印包裹发送详情单和发送清单（以下简称：发送单）以及图书出库明细数量表。打印完发送单后，顾客服务部根据图书出库明细数量表通知司机去仓库提货，为次日上午的发货做准备。

流程 4：次日上午 10 时，6 名发送员到位于××路××书店 5 楼的顾客服务部领取发送单和相应数量的图书,同时签收交接单据。领取图书之后,发送员手工分配订单,根据自己居住区域分配发送单,发送员在发货单上签收。由于当时没有任何电脑设备,发送中心(其中 1 名发送员)只能将所有发送员每天领取包裹的数量和具体的每一个包裹订单号手工写在每天的包裹分配表格内(按发送员名字分开填写)。发送员领取包裹后马上着手投递(投递范围仅限上海内环线以内)。如果当天包裹量达到 60 个,这些包裹将由这名发送员统一签收并全部领回自己家中另行分配。

流程 5:顾客收到发送员送达的包裹后,检查商品质量和数量确认无误,付款给发送员并在发送单上签名。如顾客对图书质量或者内容不满意,可以拒绝接受发送员送达的图书,顾客只需在发送单上写明原因签名即可。第二天上午 8 时,发送员按公司规定的时间到达发送中心,将整理好的成功和失败的发送单和包裹在发送中心结账。

流程 6:结账完毕,发送中心那名主要负责的发送员将当日收到的书款于上午 9 时上缴公司财务部,财务部核对钱款无误后开具收据给发送员,发送员将财务开具的书款收据和对应的成功发送单交给顾客服务部数据组,同时将发送失败的包裹和发送单退回顾客服务部处理。

流程 7:顾客服务部收到发送员的书款收据和成功发送单、失败包裹和发送单之后,将相关信息输入顾客信息管理系统,更新顾客信息系统内的销售数据和库存数据。

流程 8:顾客服务部将每日生成的包裹发送成功和失败的详细数据转交给销售部,销售部收到这些数据后,将有关信息输入至本部门的销售管理系统内,统计出销售员的销售业绩和销售佣金,供月底做销售员工资使用。

X 经理得到上述信息后,决定第二天上午到发送中心现场亲自观察发送员结账和领货情况。第二天上午 8 时,X 经理准时来到发送中心,只看见 5 名发送员手持现金和发送单以及发送失败的包裹在和那名主要负责的发送员结账。结账过程中那名主要负责的发送员没有向结账的发送员提供任何的单据或签收表。该发送员只是用计算机复核发送单上应收款金额与发送员上缴的实收款金额是否一致,然后清点现金,并将现金放在一个破旧的纸盒子里。

8 时 30 分结账结束后,这名发送员就和其他发送员一起吹牛聊天。差不多到 8 时 40 分左右,那名发送员将现金放入自己的背包中,跑到 BS 公司的财务部将当天收到的货款交给出纳。出纳先复核每张发送单上应收款总额,然后清点现金数量,清点无误后开具收据交给发送员,这时时间已经接近 9 时。在那名发送员将财务开具的收据和发送单交给顾客服务部数据组的同时,其他 5 名发送员也已经到了顾客服务部一个 7 m² 的临时仓库准备领取图书。客服部的司机根据出库清单将图书一次性发给那名主要负责的发送员,出库数量为 30 套。那名发送员一个人清点图书数量后在出库清单上签名。由于包裹数量较少,发送员就在领货现场开始分配发送区域和包裹,将昂贵的图书随地一放,吵吵嚷嚷的声音严重影响了办公室其他员工的正常工作,上午 10 时,这 6 名发送员拿着分配好的包裹迅速离开公司开始发送工作。

等发送员离去后,X 经理便到顾客服务部主管办公室,希望顾客服务部的顾客资源管理系统能够提供去年 12 月份这 6 名发送员领取包裹的数量，包括成功数量、失败数量、库存数量、顾客投诉分析等数据。顾客服务部主管告诉 X 经理，顾客资源管理系统内只有那名总负责的发送员的领货记录和发送记录，其他发送员的发送记录在那名总负责的发送员工作笔记本内。X 经理第二天从那名主要负责的发送员笔记本上获取了 12 月份发送员记录，记录如表 11-1 所示。

表 11-1　发送情况与发送能力分析

发送情况/12 月××年

12月份	工作时间（h）	加班时间（h）	总工时（月）	发送能力（件/天）	月发送能力（件）	当月领货（件）	发送成功（件）	发送失败（件）	成功率（%）
A	198	72	270	20	500	375	337	38	89.9
B	198	42	240	20	500	250	212	38	84.8
C	198	32	230	20	500	200	184	16	92.0
D	198	0	198	20	500	175	131	44	74.9
E	198	0	198	20	500	125	98	27	78.4
F	198	61	259	20	500	325	302	23	92.9
平均	198	34.5	232.5	20	500	1 450	1 264	186	87.2

发送能力分析/12 月××年

12月份	工作时间（h）	加班时间（h）	总工时（月）	当月领货（件）	发送成功（件）	发送失败（件）	成功率（%）	实际发送能力（天）	佣金（月）不包括其他费用
A	198	72	270	375	337	38	89.9	15	2 848
B	198	42	240	250	212	38	84.8	10	1 848
C	198	32	230	200	184	16	92.0	8	1 536
D	198	0	198	175	131	44	74.9	7	1 224
E	198	0	198	125	98	27	78.4	5	892
F	198	61	259	325	302	23	92.9	13	2 508
平均	198	34.5	232.5	1 450	1 264	186	87.2	9.7	1 809.33

X 经理看到上述数据之后，立即询问顾客服务部主管为什么这 6 名发送员之间的收入差距会这么悬殊？50% 的发送员每天的发送能力低于 10 个包裹究竟是什么原因？所有发送员的发送能力与公司预计的发送能力之间的差距这么大又是什么因素造成的？顾客服务部主管认为，目前由于在上海只设置了 1 个发送中心，造成发送员在来回路途上的时间损失非常大，公司预计发送员每天发送的能力为 20 个包裹，而与这个标准比较接近的 A 发送员每天的实际发送能力也只达到了 15 个包裹，造成这种情况有以下

几个原因:

(1) 发送员包裹发送区域分配不合理。

(2) 发送中心位置设置不合理,造成个别发送员路上耗时很多(从家到公司然后从公司出发这一段路程),一个来回竟需要 2 小时左右。

(3) 销售部订单区域规划不合理,造成这 6 名发送员负责的区域每天包裹的发送量不一致,直接影响了发送员的经济收入和工作积极性。

(4) 发送员工作态度问题。这些发送员认为,由于包裹较重,因此投递区域应该比较接近自己居住的区域,拒绝远距离发送,认为其个人发送成本很高(车辆修理费和加油费)。

(5) 发送装备差,没有专用的送货箱,发送员的发送工具根本无法承受高负载。发送最佳工具为摩托车。

(6) 每天包裹的出库量很不均匀,没有很好的方法来安排发送员的工作和控制人均包裹量均衡。

(7) 发送员佣金高是因为他们送的包裹重量和金额高。个别发送员发送包裹成功率低于 90%,主要原因是发送距离远,不愿意多跑,只能退回按失败处理。

(8) 管理经验不足。

另外 X 经理还从顾客服务部主管那里获得了去年全年的发送成本报表(见表11-2)。

表 11-2 发送成本报表

BS 公司发送成本要素	20160	包裹(包/年)		人民币(元/年)
加班费用	发送中心	主管	1	3 600
(发送费)	发送中心	发送员	6	21 600
	固定成本			156 442
仓库设备				
	HPT			—
	CBT			—
运输费用				
				144 000
设施费用			RMB(月)	
	经理		0	—
	保安	夜间	0	—
	其他管理费用		0	—
	产品损坏		0	—
	托盘			—

续表

BS公司发送成本要素	20160	包裹（包/年）		人民币（元/年）
设施费用			RMB（月）	
	租金和费用		2 500	30 000
	电话费		269	3 228
	供暖和照明		450	5 400
人员工资			人数	
	发送中心	客服主管（兼）	1	20 400
	发送中心	发送员福利	6	43 200
	发送中心	清洁工	1	10 800
年处理包裹数量				20 160
单个包裹物流成本				

根据上述发送成本报表可以计算出每个包裹的发送成本达到了21.76元，如此之高的发送成本是根本不能接受的。另外，BS公司每月的租车费高达12 000元，而该车辆仅负责每天一次从公司到郊区仓库取货，按照每月取货20次计算，每次取货的成本高达600元，显然非常不合理。

X经理对BS公司配送管理全过程了解后认为，BS公司采用的是目前比较常见的组织形式，最高层的领导者把专业管理的职责和权限交给相应的职能管理部门，由它们在专业管理活动上直接经营指挥业务机构的活动。这种组织管理形式的优点是，能够充分发挥职能部门专业管理的作用和专业管理人员的专长，加强了管理的专业化分工，提倡内行领导，达到管理工作的正确性和高效率。缺点是各职能部门都有指挥权，形成多头领导，相互协调比较困难。在BS公司中财务部、顾客服务部、销售部这三个部门在供应链作业方面联系和沟通的频率极多，沟通效果的好坏直接影响公司的库存量、资金、预算、配送速度。因此，X经理在给BS公司总经理奥森的报告中写道：BS公司的组织图看似分布合理，管理线条流畅，但实际存在的问题和隐患较多。

存在的问题和隐患

（1）顾客服务部在运营方面权利极端集中，覆盖了仓库、配送、运输、数据输入、销售员和发送员的佣金结算以及与公司财务对账等。如果其中一个环节出现人为阻碍和指令走样，后果不堪设想。

（2）发送中心管理非常混乱。顾客服务部主管只是从形式上兼管发送中心，思想上并不重视发送中心的运营和建设，发送员居然可以身兼发送中心实际运营和管理要职，而图书居然可以像小山一样堆积在那名发送员家里。公司在发送管理方面没有任何的相互监督和约束机制，因此可以认定BS公司在资金管理、库存管理、信息管理方面存在巨大安全隐患。由于当时国外的 BS 公司没有任何配送方面的操作经验可以提供给上海 BS 公司发送中心参考（BS 公司国外的配送模式为，委托 UPS/联邦快递/邮政局，或者是服务顾问送书上门）。所以，上海 BS 公司的发送中心从管理形式上基本采用了当时邮政局邮寄包裹管理的模式"勾挑平衡"来控制发送中心的包裹发送和结算，而这些管理和结算权集中在发送中心 1 名发送员手中。虽然当时只有 6 名发送员，但是各功能块各自为政的管理模式会直接影响公司的库存量、资金、预算、配送速度，存在相当大的资金风险。

（3）财务部在应收账款管理方面仅仅负责核对发送中心每天上缴的营业款，对于发送中心包裹库存数量和欠款没有建立任何制度予以监督和催账，使当时 BS 公司在欠款管理方面处于"真空"状态。

（4）由于销售部的销售员为了追求个人利益最大化，在订单方面存在严重的弄虚作假行为，严重影响了公司正常的销售业绩，造成运营方面的无谓损耗。

（5）公司在关于发送中心管理和运作方面的各项规章制度不健全、不完善；发送中心对发送员的激励机制不健全。

（6）各部门经理和一线管理人员工作责任不明；没有设置独立的质量监察考核部门。

（7）2 周后，BS 公司总经理奥森先生与他的助理一起与顾客服务部主管 L 和 X 经理开会，会上奥森总经理认同 X 经理的观点，建议 X 经理立即组成一个项目组，讨论如何改进下列问题：

上海和上海以外地区发送中心设点的基本要求；

降低发送中心发送成本；

与人事部一起建立发送中心管理规章制度；建立发送员招募、面试、培训、录用、福利待遇等制度；

发送中心结构制定；

降低运输成本；

配送方面与财务、顾客服务部、销售部对资金流、信息流、物流建立一套规范的沟通系统。

改进方案

根据 BS 公司总经理的要求，X 经理和顾客服务部、人事部、财务部、销售部的有关人员组成了特别行动小组，就目前配送流程中存在的问题组织讨论并开始着手制订行动计划。大家一致认为，BS 公司应重点拓展上海、杭州、南京、济南、天津、广州以及北京地区的会员市场，当务之急是如何在这些将要发展会员的城市建立发送中心、如何选择发送中心位置。发送员发送能力的预测、发送中心依据什么配备发送员数量。

带着这些问题，特别行动小组经过热烈讨论，结果出人意料：无论在哪个城市建立发送中心，首先要考虑的并非上述因素，更重要的是要根据这些城市已有的会员数和市场部将要在这些城市招募会员的数量,以及这些城市会员主动订书率、主荐书发送预测数量等数据来制作这些发送城市发送中心的发送预测报表,根据预测报表在这些城市招募发送员从事发送工作。即:首先要增加年度发送城市包裹发送量预测功能。表 11-3 是特别小组做的这些发送城市的发送中心包裹发送数量预测、发送员发送能力预测、发送员需求数预测、发送成功率预测的报表。

表 11-3 发送绩效预测

1996—1997 年	DC1	DC2	DC3	HZ	NJ	JN	TJ	GZ	BJ	合计
普通包裹	83 760	92 231	63 294	41 755	50 079	10 568	23 510	11 964	23 620	400 781
成功佣金(元)	2.00	2.00	2.00	2.00	2.00	2.00	2.00	2.00	2.00	2.00
失败佣金(元)	0.50	0.50	0.50	0.50	0.50	0.50	0.50	0.50	0.50	0.50
主荐书	46 068	50 727	34 812	18 790	22 536	4 756	10 580	5 384	10 629	204 280
成功佣金(元)	2.50	2.50	2.50	2.50	2.50	2.50	2.50	2.50	2.50	2.50
失败佣金(元)	0.00	0.00	0.00	0.00	0.00	0.00	0.00	0.00	0.00	0.00
成功率(%)	94.46	95.54	95.21	98.70	99.20	91.53	89.00	87.00	86.00	92.96
失败率(%)	5.54	4.46	4.79	1.30	0.80	8.47	11.00	13.00	14.00	7.04
发送员发送能力	20	20	20	20	20	20	20	20	20	35
发送员需求数	25	28	19	12	14	3	7	3	7	118

在上述预测报表中用了市场部去年度发送城市会员招募计划数量和顾客服务部提供的发送城市现有会员订书预测数量(普通包裹),以及发送城市主荐书发送预测数量,发送中心可以通过这些重要数据计算出发送员的需求数。

以此为依据,BS 公司在筹建上海或上海以外的发送中心时,可以根据发送员数量和包裹量来考虑发送中心面积大小、中心位置以及租金和管理费用。其次,发送员的发送佣金由原来的普通包裹成功每件 8 元变为 2 元,失败每件 4 元变成 0.5 元。对于降薪可能带来员工流失的风险,特别小组认为人员流失的可能性不大,理由如下:BS 公司去年图书销售品种由原先单一品种转变为多品种销售,每本图书的重量平均为250 g。平均每个会员的订数在2.5本左右,与以前每个客户的包裹重量相比下降了4 250 g。同时,BS公司发送中心的设置将尊重发送员的要求,其发送区域将根据居住区域进行分配,并安排其到最近的发送中心上班,路程时间控制在30 min以内。降薪后虽然发送员的平均工资收入为900~1 000元,但合理的工作区域分配,投递包裹分量的减轻,良好的福利待遇,构成了留住发送员长期稳定工作的重要因素。另外,有了年度包裹发送预测报表后,使发送管理部门的年度费用预算制作变得更加简单和明确。

特别行动小组制作完发送预测报表后,在接下来的讨论中,人事部M经理提出,BS公司要在这么短的时间内迅速建立这么大的发送网络,仅靠目前顾客服务部主管兼管的模式是很不合理的,必须建立一个完善的组织结构,以便于各部门在工作上有效地沟通和协调。大家一致认为M经理的议题非常合理,经过仔细研究和讨论之后,特别小组建议公司的组织结构如图11-4所示。

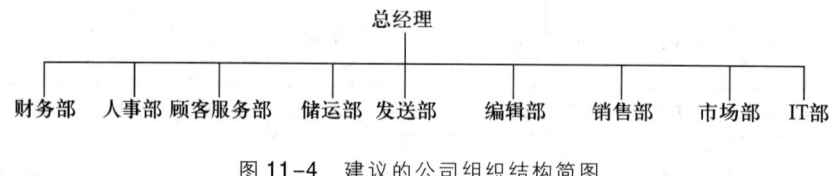

图11-4 建议的公司组织结构简图

发送部的组织结构如图11-5所示。

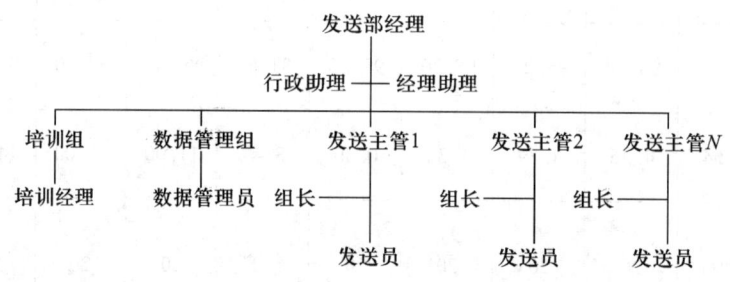

图11-5 建议的发送部组织结构简图

组织结构的调整解决了流程中诸多矛盾和问题,具体如下:

(1) 顾客服务部成为专业的呼叫中心(Inbound, Outbound)和数据输入、维护中心,与仓储、配送、运输、系统管理分离,扬长避短。

(2) IT部为公司新增设的部门,将负责从澳大利亚重点引进澳大利亚BS公司的顾客信息管理系统(AS400),并根据书友会的需求和各部门业务管理需求开发系统和数据库的维护。

(3) 在BS公司调整组织结构后,发送中心从顾客服务部分离,单独成立了发送部,直接向总经理汇报。发送部根据BS公司市场发展计划和发送预测报表,在上海成立了3个发送中心,每个发送中心均配备主管或组长各1名,发送员由原先的6名增加到 60 名，发送范围由内环线扩大到外环线以内。

发送部考虑到各发送中心在增加发送员的同时，势必有部分员工将要流失，对此发送部还专门设置了培训组和行政助理。行政助理负责发送部和发送中心的日常事务及招聘、面试发送员的工作，并负责建立和管理发送员个人档案资料、每月发送员的工资计算和制作等。这样大大降低了公司人事部的招聘、面试压力，也使发送部和发送中心主管能够积极参与到这一非常重要的工作中来。发送部培训组负责新员工入职培训、老员工复训、主荐书培训、发送员奖励机制的贯彻和监督。发送中心主管则负责发送中心日常管理、结账、分配包裹、银行解款、考勤、投递质量监控等工作。发送部在信息管理方面得到了公司的支持，不仅购买了电脑，并增加了数据管理岗位。设置数据管理员 2 名，负责日常各发送中心发送数据的收集、分析、汇总、制作报表。根据市场部市场发展需要，发送部开始在上海以外的城市建立发送中心，这些城市包括杭州、济南、南京，均为 BS 公司直接在当地招募人员进行培训，并由当地发送中心主管负责管理。该主管直接向发送部经理汇报工作。除了这些城市以外，发送部还在北京、天津、广州、苏州等城市寻找第三方发送供应商进行发送合作。

特别行动小组完成了组织结构的讨论后，X 经理建议开始重点讨论 BS 公司的包裹信息操作流程。一个完善严密的包裹信息操作流程将直接决定 BS 公司在中国市场上的销售地位，而兑现服务承诺是 BS 公司服务部门的首要目标。特别行动小组经过到现场观察了解和对运作需求做分析后，制定了新的包裹信息操作新流程，如图 11-6 所示。

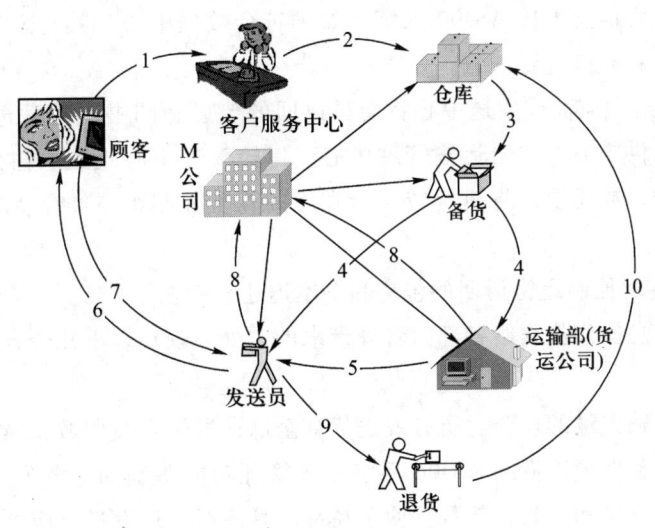

图 11-6 新的包裹操作流程

图解说明：

流程 1：BS 公司会员通过打电话、邮寄或者从网上下单、订购图书等商品，订购信息由呼叫中心 Inbound 受理后将有关信息输入 AS400 系统内，当日晚上 8：00 之前经过夜间处理之后形成正式的订单，该订单将形成发送单和发送清单（代发票）。

流程 2：AS400 将产生图书商品出库预拣清单、扣单、发送单和发送清单给仓库。仓库根据订单拣货、备货，如果缺货（扣单），仓库将通知采购部，并将缺货信息反馈给客户服务部。

流程 3：仓库将按优先级别进行生产，优先顺序为：空运、陆运、自运、邮寄。上午生产发送地区包裹，下午生产邮寄包裹。生产车间将根据包裹生产要求拣货、打包。

流程 4：运输管理中心指示发货区将包裹按不同配送中心代码进行装箱。在将包裹分配给不同的发送供应商前，仓库发货员将逐个扫描包裹上的条形码，在系统中记录下来某一个发送供应商领取的包裹清单，这些信息将由系统发送到发送供应商的子系统上。

流程 5：将包裹装箱并通过各种运输方式交给相关城市的发送中心或发送供应商，由此正式进入发送流程。发送供应商将发送包裹发送给递送员。

流程 6：发送员将包裹送到顾客处，经顾客验收后准备收取货款和签名（顾客不能部分收货）。

流程 7：发送员向顾客收取货款。

流程 8：发送中心或发送供应商每天或每周通过银行划账或邮政局汇款的方式将书款交给 BS 公司财务部，并同时将汇款凭证发传真给发送部以便核对。与此同时，发送供应商通过 E-mail 将相应的包裹发送信息提供给发送部予以对账。对账无误，发送部将包裹发送信息上传顾客服务部数据中心，数据中心再次核对数据和应收账款是否一致。如符合，就将信息上传 AS400 系统，如不符合数据中心，就将发送数据退回发送部，发送部将重新复核直到一致。

流程 9：发送供应商或发送中心将会员退回的包裹和图书连同发送单一起通过 BS 公司指定的运输供应商退回给运输管理中心。运输管理中心收到运输公司转交的退货后，核对箱数和件数无误，将退货转交给仓库的存货控制组，经存货控制组验收后入库处理。

流程 10：存货控制组将退回的包裹和书本退还仓库。

新的包裹信息操作流程给各部门管理带来的益处表现在以下几个方面：

- 财务部

不必每天接触大量的现金。所有发送货款全部通过银行或邮政汇款到达 BS 公司财务部。同时，财务部可以借助 AS400 系统账务管理功能明确知道各发送中心或发送供应商最新的库存数量和欠款金额数，便于在每月月底对各地发送供应商催账。

- 顾客服务部

不再需要其他部门将顾客信息转交，而是直接将顾客当日的订单信息当天就输入 AS400 系统，比原来的信息操作流程缩短了 24 小时。另外，流程变化使顾客服务部不再进行发送单的打印工作，而是改由仓库打印车间负责。

- 发送部

发送部与顾客服务部数据中心之间的数据对账由原来的手工核对发送单金额改为

EXCEL 表格形式，同时通过 BS 公司内部的局域网将数据上传给顾客服务部数据中心。这些改变除降低发送中心或数据中心的手工操作强度、降低人为出错率外，还大大压缩了上海以外发送城市必须将发送单通过 EMS 寄回 BS 公司发送部的费用。

- 监督约束机制

在发送数据和应收账款方面，除了财务部与发送部相互核对外，增加了顾客服务部通过 AS400 系统对发送部转交的各地发送数据和应收账款复核和监督功能。顾客服务部还将每笔汇款单制成特殊匝号输入 AS400 系统，供财务部复查。

- 仓库

新流程取消了设在顾客服务部的临时仓库，在位于市中心边缘地带租借了一个近 2 500 m² 的仓库。该仓库包括了发票打印车间、生产车间、存货控制、运输调度中心、进出货组、质检组。所有与发送中心有关的包裹在仓库生产包装完毕后，装箱交由运输调度中心安排运输，改变了以往发送员拥挤在仓库提书的现象。

特别行动小组完成了配送流程改革后，开始计算改革后的配送成本，结果如表 11-4 所示。

表 11-4 新流程的配送成本

BS 公司关键成本要素	605 060	包裹（包/年）	成本（元）	所占比例（%）
可控成本				
人员工资			1 044 000	29.95
	发送中心（全国）	主管	183 600	5.27
	发送中心（全国）	组长	118 800	3.41
	发送中心（全国）	发送员		0.00
	培训组	培训经理	60 000	1.72
	数据支持	数据支持员	86 400	2.48
	行政	行政经理	24 000	0.69
	经理助理		45 600	1.31
	外地管理人员	城市经理	213 600	6.13
	外地管理人员	员工	168 000	4.82
	部门经理		144 000	4.13
加班费用			66 000	1.89
	数据支持	数据支持员	30 000	0.86
	报表制作	报表制作员	12 000	0.34
	软件开发	工程师	24 000	0.69
奖金			229 000	6.57

续表

BS公司关键成本要素		605 060 包裹（包/年）	成本（元）	所占比例（%）
			229 000	6.57
其他费用			183 830	5.27
	保险		11 900	0.34
	高温费补贴		23 800	0.68
	媒体公关费		20 000	0.57
	发送中心装潢/维修		96 000	2.75
	发送员制服添置		32 130	0.92
可控成本小计			1 522 830	43.68
不可控成本				
设施费用			345 600	9.91
	租金和费用		288 000	8.26
	空调和照明		57 600	1.65
发送员福利			556 920	15.97
	三金		556 920	15.97
发送费			1 008 818	28.94
	发送员佣金		1 008 818	28.94
旅行费			52 100	1.49
	国内		32 100	0.92
	国际		20 000	0.57
不可控成本小计			1 963 438	56.32
成本总计			3 486 268	100.00

年处理包裹数量：605 060 件；

单个包裹发送成本：5.76 元/件；

流程改变前的发送成本：21.76 元，发送城市：上海市区；

流程改变后的发送成本：5.76 元，发送城市：上海市区、杭州市区、南京市区、济南市区、天津市区、广州市区、北京市区。

总 结

BS公司成立初期，由于存在不合理的配送流程，使BS公司的管理一片混乱。经过公司各部门的通力协作，在短时间内制定了合理的组织结构和包裹配送信息流程，大胆引进了澳大利亚BS公司的AS400系统，使BS公司在国内市场上迅速发展，成为行业领头者，2000年BS公司已经在国内拥有百万会员。作为市场发展的重要支撑部门，发送部经过组织结构的调整，使部门之间的协作性、目标性更加明确。而发送部这种不仅建立自己的发送队伍，还在其他城市寻找第三方发送供应商的做法，也开创了邮购递送行业的先河，以后陆续成立的邮购公司均沿用了这套管理模式。

后　记

2003年12月份，随着行业竞争对手在国内市场的逐步发展，使BS公司在国内的市场发展遇到了很大的挑战，在配送服务方面，BS公司希望能够走在竞争对手的前面，BS公司目前的情况如表11-5、表11-6、表11-7所示。

表11-5　BS公司与竞争对手在发送速度方面的比较

城市名称	BS公司	对手1	对手2
上海市区	24H—72H	24H	72H—240H
上海郊县	144H—360H	72H	72H
北京	72H—144H	48H	24H
天津	144H—168H	N	72H—240H
广州	72H—144H	N	72H—240H
济南	144H—168H	N	N
南京	72H—120H	N	72H—240H
杭州	72H—120H	N	72H—240H

表11-6　BS公司与竞争对手在发送价格方面的比较

城市	BS公司	对手1	对手2
上海市区	4	4	4
上海郊县	6	5	5
北京	6	5	5
广州	6	5	5
天津	6	5	5
杭州	5	5	5
济南	6	5	5
南京	5	5	5

表 11-7 BS 公司运输成本（2003 年发送包裹运输数据）   单位：件

发送城市		合计				平均每只包裹重量（g）	平均每只包裹成本（元/只）	平均每天包裹重量（kg）	备注（现运输费率）
		总计	包裹数量	包裹重量	运作费用				
杭州	包裹数量	30 637				1 081.17	1.05	108.96	0.5 元/kg，最低起运 200 kg
	包裹重量	33 124	30 637.00	33 123.70	32 186.50				
	成本	32 187							
济南	包裹数量	26 318				1 075.01	1.08	95.91	0.5 元/kg+短驳费 50 元
	包裹重量	28 292	26 318.00	28 292.00	28 344.25				
	成本	28 344							
天津	包裹数量	107 665				1 041.84	1.21	368.98	0.8 元/kg，最低起运 200 kg
	包裹重量	112 170	107 665.00	112 170.00	130 279.40				
	成本	130 279							
北京	包裹数量	98 747				1 065.31	2.56	295.49	2.4 元/kg
	包裹重量	105 196	98 747.00	105 196.00	252 470.40				
	成本	252 470							
广州	包裹数量	97 972				1 199.70	3.36	330.16	2.8 元/kg
	包裹重量	117 537	97 972.00	117 536.85	329 243.20				
	成本	329 243							
南京	包裹数量	61 474				1 013.09	0.86	204.86	0.6 元/kg，最低起运 200 kg
	包裹重量	62 279	61 474.00	62 278.80	52 957.79				
	成本	52 958							
无锡	包裹数量	21 195				1 081.58	1.30	75.41	0.5 元/kg+短驳费 50 元

其中上述竞争对手均没有自己的发送队伍，而是将发送业务全部外包给了第三方

物流公司，这一点引起了 BS 公司总经理奥森和 X 经理的注意。某一天，BS 公司总经理奥森和 X 经理又坐在一起开始商讨对策。试问，假如你是 BS 公司发送部经理，为了应对行业竞争的挑战和成本压力，你将如何改进配送方案？是否要解散自己公司的发送队伍（北京、杭州、济南、南京、上海市区均为 BS 公司的发送队伍）？为什么？如何防范风险等？你的依据是什么？

【案例分析指南】

使用本案例时，建议分析路线如下：

（1）从成立初期的配送管理模式的角度分析当时在包裹配送中存在的问题及对策。

（2）通过 X 经理与客服主管沟通时发现的问题，你可以选择哪些思路及措施（包括治标与治本）去解决 BS 公司内部存在的问题及对策？

【思考题】

（1）如果你是 X 经理，你认为 BS 公司成立初期内部矛盾产生的主要原因是什么？你会采取哪些控制措施来着手解决这些问题？

（2）X 经理拿到了去年发送成本报表后，为什么认为去年 21.76 元的发送成本是无法接受的？

（3）为什么特别行动小组一致同意将发送单独成立一个部门，而不是将其放在储运中心？你有什么不同的意见或建议？

（4）结合案例背景，请你阐述图书配送管理的特点。

（5）BS 公司在损失防范方面存在哪些问题？你有什么好的改进建议？

（6）虽然特别行动小组制定了包裹发送预测功能，但在使用过程中你认为还应该注意哪些方面？

（7）请你试着将报表中的费用栏目按可控成本和不可控成本加以区分，然后推导出 21.76 元的发送成本是如何计算出来的。*

（8）针对案例后记部分，假如你是 BS 公司发送部经理，为了应对行业竞争的挑战和成本压力，在配送方面你将做出如何改进的方案？*

第 12 章 建筑与建材

案例 1 WQ公司的项目采购战略

【案例概要】
　　项目采购在项目管理中处于非常关键的地位，本案例展示了一家港口基础设施建设项目的主要原材料采购管理的过程，并着重描述了在项目采购过程中物料控制部门采购的运作、采购对项目投资成本的影响以及对采购运营的绩效分析衡量。

【教学目的】
　　(1) 了解项目采购的业务流程及物料控制部门在项目采购运作中的作用。
　　(2) 理解项目采购计划的制订和执行采购活动应遵循的原则，以及这些原则对项目投资成本的重要影响。
　　(3) 在供应和需求不确定的条件下，了解计算采购批量的方法。
　　(4) 能对采购绩效考核指标进行计算。*
　　(5) 对 WQ 公司提出采购改进方案。*

【自学时数】
　　3 学时

引 言

　　H 先生担任某公司项目建设的物资采购计划与库存控制员，如今已有两年时间了。H 先生还是很喜爱采购工作的，工作起来也很认真细致，为了更好地完成工作任务，他刻苦学习物流方面的专业知识，还获得了英国皇家物流与运输协会的物流运营经理证书。除了白天的工作外，晚上他喜欢上网浏览，主要了解国内外钢材市场行情及其价格走势的变化，记录各种有用的价格信息，他自己做了一个 LW 钢材（某钢材型号）的"采购时间—数量—价格走势图"。另外每季度、每年度他都要做采购绩效分析报告上报公司，这个分析报告中要指出当前的采购绩效与标杆绩效的差距。H 先生还运用所学到的现代物流、采购与供应链管理等知识，找出目前项目采购供应中存在的问题，提出相应的解决措施与方案，两年来他已经做了6次这样的采购绩效分析。

WQ 公司背景

WQ 公司是国内 10 大港口企业之一，主要从事集装箱、原油、矿石、煤炭和粮食等货物的装卸作业。近年来，进出口货物的运输向着散装化和集装箱化方向发展，特别是集装箱化的比例大幅度提高，国内港口集装箱的吞吐量每年都以 30% 以上的速度增长。随着运输船舶的大型化、散装化和集装箱化，大大提高了港口的装卸效率，有效地降低了货物的运输成本。WQ 公司为了适应现代运输技术的发展，提高港口的吞吐能力，加快了港口基础设施建设的步伐，在未来 5 年的港口规划中将投资近百亿元人民币，增加吞吐能力 1 亿吨，开工建设 6 大工程项目。港口码头基础设施建设原材料、设备的投资占总投资的比重很大，一般要达到 50% ~ 60% 左右。WQ 公司每年项目建设所需的原材料中仅钢材和水泥的采购金额就达到 1 亿元人民币左右，占每年投资总额的 15% 左右，其中钢材为 60%，水泥为 40%。公司项目建设提出的目标就是要使项目达到"质量优、工期短、投资省"，因此，项目采购的成功与否将决定项目的质量、工期和投资成本。

WQ 公司的项目采购战略目标

WQ 公司目前项目采购的目标是：物资供应部门要全力以赴地保证各项目建设的物资供应。H 先生认为这个目标是最基本的目标，这样低的目标，很容易实现，而且比较片面，因为根本不用考虑成本问题。所以为了确保供应目标的完成，采购供应部门往往采取大量采购、增大库存的做法，致使库存占用许多资金；并且由于市场价格的剧烈波动，会造成库存资金的损失，加大了库存的风险。

H 先生认为项目采购的目标不应该只是从有资格的厂家或供应商处采购，保证以质量可靠、时间恰当、数量准确、价格合理的材料来满足项目建设施工的需要，确保项目施工的正常进行。在市场经济条件下，项目采购仅仅满足这些目标是远远不够的，只有建立采购战略目标，并且目标能以某种方式测量，才能取得项目的最佳投入效果。H 先生考虑项目采购的战略目标应该包括以下几个方面：

（1）采购部门能够向项目提供稳定的材料以满足其需要。

（2）除同现有的供应来源保持有效的联系外，还要发展其他供应来源或代替现有的供应商，或者满足额外的紧急需求，来保证供应的连续性，防止发生缺货造成停工待料现象。

（3）采购部门能够与其他有关部门保持紧密和牢固的合作关系，加强沟通，及时获取必要的信息，以确保有效的采购。

（4）物料控制部门要加强对存货的有效控制，以最低的"最终总采购成本"向项目提供所需材料。

(5) 要选择市场中最好的供应商,与供应商建立起"双赢"的战略合作伙伴关系。双方之间建立起的关系是高度的信任关系,包括对供求信息、成本的高度共享。

(6) 对所采购的材料进行价值、成本分析,确定采购的"目标价格",使采购的原材料有最优的性价比。

(7) 能始终关注并监测供应市场供求关系的变化趋势。

(8) 能对项目的采购绩效进行持续监测、持续改进,不断降低项目的采购成本。

(9) 在市场经济条件下,项目采购应实施"以动态需求链来拉动采购"的采购战略。

WQ 公司的项目采购组织结构

WQ 公司的采购组织结构主要包括财务部门、采购部门、审计部门、工程计划管理部门、物料控制部门、物料仓储部门、质保部门、施工部门。财务部门设有两名项目成本核算员,采购部设采购主管和采购员,物料控制部门设有主管、采购计划员、催料员,仓储部门设库存管理员,质保部门设质量检验员。项目采购的组织结构图如图 12-1 所示。

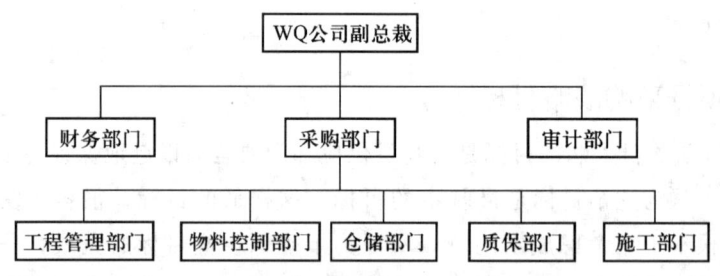

图 12-1 WQ 公司项目采购的组织结构简图

H 先生认为 WQ 公司的组织结构中人员、岗位设置并不合理,缺少负责分析供应市场、供应商管理、成本分析与核算、进货管理验收等工作的人员,这样容易导致掌握不准供求关系及市场行情的变化,难以准确把握市场脉搏,会加大采购风险,增加采购成本,难以保证采购质量。

采购的组织结构和人员配备是否科学合理,反映了采购在组织中的地位以及组织对采购职能的重视程度,对项目采购同样有着重要的影响。一般采购部门不论人员多少,应设有需求分析、市场分析与供应商管理、采购计划、进货管理、质量管理、库存管理、采购统计、财务与成本核算这些职能,这些职能能为采购战略目标的实现提供有力的保证。

WQ 公司项目采购供应的业务流程

工程计划管理部门的项目主管负责审批施工部门提供的项目物资需求计划,物料控制部门汇总各施工部门的物资需求计划,根据项目的施工进度计划、物资的需求时间、物资的采购周期、采购提前期、安全库存等因素,由物料控制员(计划员)对供应市场进行初步的分析,将制订的采购计划提供给采购部门;采购部门的采购员向公司指定的供应商(每年选择一次合格供应商成员)发出询价单或者发布招标公告,以公开招标、邀标、竞争性谈判、网上公开竞价、传真电话询价比价等方式进行采购。物料控制部门和仓储部门对到货物资进行验收;财务部门为供应商支付货款;仓储部门根据供应计划为各项目施工部门供应施工所需物资,并办理各种物资的领料手续。WQ公司的项目采购供应业务流程图如图12-2所示。

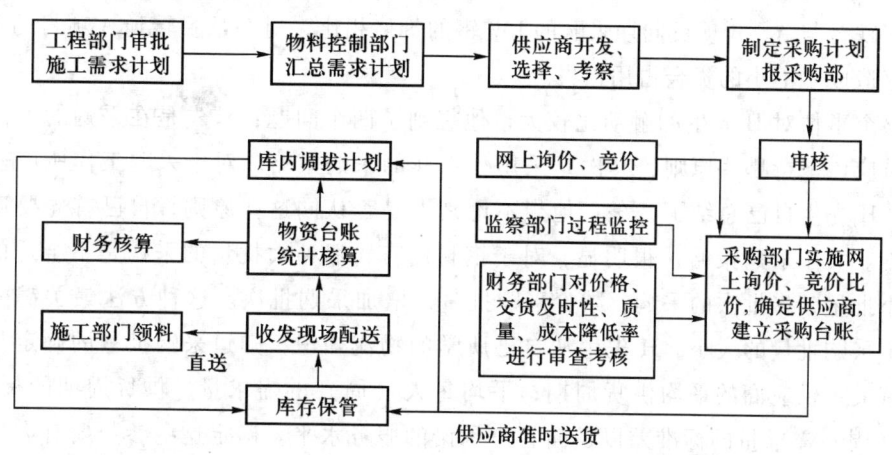

图 12-2　WQ公司的项目采购供应业务流程图

2003年,WQ公司有A、B、C 3个工程项目同时施工,部门主管做了分工,A、B、C 3个项目的水泥需求计划,根据采购部门的要求由H先生提报全年3个项目的总的需求数量实施招标采购;A、B两个项目全年预计需求钢材10 000 t,C项目全年预计需求钢材8 000 t左右,由采购员Z负责制定采购计划。

根据项目的材料预算计划统计,A、B、C 3个项目所需的LW钢(7个规格)基本占到项目钢材采购总量的75%~80%,其他辅助材料30多个规格占总采购量的20%左右。根据各项目施工进度计划的安排,A项目供应时间为12个月,每月平均需求LW钢350 t左右;B项目供应时间为6个月,每月平均需求LW钢200 t左右;C项目供应时间为8个月,每月需求LW钢750 t左右。A项目施工点多,每个月需求量差异较大,B、C项目需求量差异较小。WQ公司项目建设需求的钢材规格在市场上的资源比较丰富,属于易采购的品种。但是市场价格经过3个月的大涨,涨幅已超过40%。市场上钢材真正的使用量不大,但由于价格的暴涨,供应商在投机囤积钢材,市场上反而需求旺盛,价格还在不断抬高,因此,采购存在很大的市场风险。

按照分工,A、B、C 3个项目由Z采购员一个人向供应商发出询价通知单、进行询价,由供应商们报价。这段时间是Z采购员最忙的时候,各个供应商都与Z采购员进行情感沟通,以希望拿到3个项目的订单。而最后,与Z采购员关系密切的供应商

FGG 从 Z 采购员处得到了其他供应商的报价，报出了比其他供应商的价格稍低的价格，最后一个报到公司，FGG 供应商就这样拿走了这 3 个项目 70% 以上的采购总量。2003 年 7 月，采购部门开始在网上竞价平台实施"网上公开竞价"采购，同时公司做了调整，由 H 先生负责 A 与 B 两个项目钢材的采购，Z 采购员负责 C 项目的采购。

2003 年年底，Z 采购员一次订购了 C 项目正常施工情况下 LW 钢 3 个月的需求数量。后来 C 项目由于客观原因于 2004 年 3 月被迫停工，截至 3 月末，LW 钢材只使用了 350 t 左右，用了总量的 15%，剩余的材料转到 A 项目使用。此批钢材在 2004 年 4—6 月份 3 个月内逐步消耗使用完。而 LW 钢材市场价格恰好在 2004 年 4—6 月份大幅度下跌，与 A、B 项目同期采购的 LW 钢的价格相比，对 C 项目转到 A 项目的 LW 钢的库存造成了不小的资金占用损失。

整个事情对 H 先生的触动比较大，他想到了两个问题：首先是在采购的工作中采购人员应该坚持哪些原则；其次是采用什么样的采购策略。对于采购工作所应遵循的原则，H 先生自己总结了几条，他想不论别人是否认同这些原则，自己首先要遵守这些原则。关于采购策略，很明显，对于钢材而言，那种大批量的采购是不合适的，应该是小批量、多批次的采购，减少采购批量，增加采购批次。这种方法最关键的地方是确定采购批量的大小。H 先生从自己所学的物流知识，知道采购批量的确定与下列因素有关：供应商的平均供货周期；平均每天（周）的需求量；供货周期的标准差；每天（周）需求量的标准差以及向客户承诺的服务水平。确定这些参数要有大量的数据为基础，所以 H 先生亲自到各项目施工现场了解施工进度，测算各项目、各规格材料的日消耗数量，了解供应商的供货周期波动情况。但 H 先生感到仅仅确定采购批量是不够的，虽然，在这个批量能保证为项目提供所需材料的同时，也使库存数量得到减少，但不能有效规避市场价格剧烈波动带来的库存损失，所以在确定采购批量时，还要考虑当前的市场价格和价格变化的趋势。

WQ 公司采购绩效考核与评价

2003 年 2 月 WQ 公司制定采购绩效考核与评价指标：采购计划数量完成率、采购成本降低率、采购价格与市场价格相比采购成本降低率、质量合格率、及时（准时）供货率，由财务部门考核，但考核部门的考核人员因缺乏真实可靠的数据而无法考核，特别是对采购成本降低率这个指标感到无法准确计算，所以就没考核。这 5 个指标确实对项目高效采购有着非常重要的作用，怎样才能实施有效的考核已成为 WQ 公司当前急需解决的一个问题。2004 年公司对项目建设用物资的采购提出降低采购成本 6% 的目标，H 先生在与考核部门的管理人员交流时，询问他们怎样计算考核的指标，他们也无法回答，仍然找不到客观真实的数据。

H 先生认为项目采购的绩效衡量与评价应该建立起一套体系来保证实施，他认为项目绩效的衡量与评价体系一般应包括 5 个方面的因素：为什么评价（评价的目的）、评价什么（评价的内容）、由谁来评价（评价人员）、何时评价（评价时机）、如何评价（评价方法）。所以 H 先生先后给出了一系列的评价指标。

- **项目采购绩效考核指标**

（1）反映采购计划任务完成情况的指标：包括采购计划总量、采购计划完成率、采购计划及时完成率、采购计划增长率 4 个指标。

① 采购计划完成率=采购实际数量/计划采购的数量×100%。

② 采购计划及时完成率=在规定的时间内实际完成计划采购的数量/计划采购的数量×100%。

③ 采购计划增长率=（本期实际采购数量−上期实际采购数量）/上期实际采购数量×100%。

（2）采购成本降低率指标：这个反映采购绩效的指标，也是考核供应商绩效的重要指标，是实现项目采购绩效目标的根本指标，主要包括如下 4 个指标。

① 实际采购价格与市场平均价格相比采购成本降低率=（实际采购价格−市场平均价格）/市场平均价格×100%。

② 实际采购价格与目标价格（预算价格）相比采购成本降低率=（实际采购价格−目标价格）/目标价格×100%。

③ 实际采购价格与上年度平均采购价格相比成本降低率=（实际采购价格−上年度平均采购价格）/上年度平均采购价格×100%。

④ 实际采购价格与使用时的平均价格相比采购成本降低率=（实际采购价格−使用时的市场平均价格）/使用时的市场平均价格×100%。

上述前 3 个指标是反映采购绩效的直接指标；最后 1 个指标是考核库存控制绩效的主要指标，常常被忽视，因为使用时的平均价格计算比较难。（可参看本案例附件 3 中 WQ 公司 2004 年 1—4 月 LW 钢库存控制绩效的计算）。

（3）质量合格率指标：材料质量是确保项目顺利施工和项目质量的重要前提。

① 退货率：反映供应商材料质量一般可用退货率来表示，其公式为：

退货率=退货批数/交货总批数×100%。

② 准时交货率指标：该指标是考核供应商绩效和能力的关键指标，其公式为：

准时交货率 = 在规定交货时间内交货的数量/在规定交货期内应该交货的数量×100%。

后　记

H 先生准备拿出一整套的方案，包括采购组织的调整、供应商的选择与评估、采购策略、采购绩效的考核，除此之外，还有各种数据的收集与分析。他知道，凭自己一人之力很难在短时间内完全有所改变，但他相信自己的努力一定会有回报的。

【案例分析指南】

本案例的重点首先是如何通过制定采购策略来规避采购风险，特别是在物品市场价格波动剧烈的情况下；其次是通过设定采购的绩效指标对采购工作进行管理和控制。

本案例的难点在于计算库存损失，首先要计算出一定时期内采购物品的平均价格，平均价格是使用时期内采购的总金额与采购总量的比值。

【思考题】

（1）你认为应该如何调整 WQ 公司的采购组织结构？

（2）请讨论 WQ 公司一年选择和评估供应商一次的做法。如何选择和评估供应商？

（3）为了规避受市场价格波动的影响，除了确定合适的采购批量，还可以采取什么样的采购策略？

（4）结合案例内容以及你所学的采购管理知识，为 WQ 公司提出一份采购改进方案。

（5）根据本案例附件 1 的数据，计算采购员 Z 在项目 C 的采购中与项目 A、B 相比库存资金的占用增加多少。*

（6）除了案例中列举的采购绩效考核的指标外，还有什么指标可以使用？根据本案例附件 2、3 的数据，试计算 WQ 公司的采购绩效。*

（7）请结合本案例以及本书中其他有关采购的案例，阐述项目采购与生产型企业生产物资采购的异同。*

（8）请按照本书案例分析报告要求为本案例撰写一份案例报告。*

第 12 章 案例 1 附件 1 2003 年 WQ 公司 A、B、C 项目 LW 钢采购情况统计分析

月份	A（询比价、网上竞价）		B（电话传真询比价）		C（电话传真询比价）	
	数量（t）	价格（元/t）	数量（t）	价格（元/t）	数量（t）	价格（元/t）
1			173.883	4 000	2 266.91	4 022.43
2	339.324	3 980	176.472	3 984.53		
3			86.506	4 007.48		
4	129.222	3 857.11	94.938	3 756.02		
5	346.714	2 888.06	279.548	3 201.4		
6			402.346	3 051.84		
7	304.051	3 200.76				
8	584.135	3 537.12				
9	722.063	3 428.29				
10	360.956	3 420.5				
11	199.321	3 429.05				
12	123.86	3 443.21				

第12章 案例1 附件2 200×年8月WQ公司LW钢采购绩效分析

序号	规格Φ	上月底 采购数量	上月底 出厂价格(元)	提报时间7.27—/竞价时间8.2—/供货时间8.4— 出厂价格(元)	实际价格(元)	采购数量(t)	计划数量(t)	采购金额(元)	提报时间8.5—/竞价时间8.10—/供货时间8.13— 出厂价格(元)	实际价格(元)	采购数量(t)	计划数量(t)	采购金额(元)	提报时间8.20—/竞价时间8.25—/供货时间8.27— 出厂价格(元)	实际价格(元)	采购数量(t)	计划数量(t)	采购金额(元)
1	25	760	3 700	3 650	3 600	110.187	406	396 673.20	3 550	3 483	297.297	850	1 035 485.5	3 450	3 400	349.272	562	1 187 524.80
2	20	80	3 700	3 700	3 700	19.864	20	73 496.80	3 550	3 370	40.903	112	137 843.11	3 450	3 420	40.02	67	136 868.40
3	14	20	3 750						3 650	3 630	75.924	140	275 604.12					
4	12	240	3 800	3 750	3 680	39.960	112	147 052.80						3 550	3 470	120.84	112	419 314.80
合计		1 100	3 722.7		3 630.49	170.011	538	617 222.80		3 498.82	414.12	1 102	1 448 932.7		3 418.16	510.13	741	1 743 708.00

第12章 案例1 附件3 2004年1—4月WQ公司采购LW钢的库存控制绩效

时间	摘要	材料入库 采购数量(t)	采购价格(元)	市场价格(元)	采购金额(元)	材料出库 出库数量(t)	出库时市场价格(元)	出库金额(元)	材料库存 库存数量(t)	库存价格(元)	库存金额(元)
1.1	上年结转								79.002	3 440	271 766.9
1.4	SC公司(A项目)					4.158	3 490	14 511.42	74.844	3 440	257 463.4
1.7	GG公司(A项目)					33.264	3 490	116 091.36	41.58	3 440	143 035.2
2.28	GG公司(A项目)					31.185	3 580	111 642.3	10.395	3 440	35 758.8

续表

时间	摘要	材料入库			材料出库				材料库存			库存绩效
		采购数量(t)	采购价格(元)	市场价格(元)	采购金额(元)	出库数量(t)	出库时市场价格(元)	出库金额(元)	库存数量(t)	库存价格(元)	库存金额(元)	
3.1	SC公司(A项目)					10.395	3 580	37 214.1	0	3 440	0	
3.1	JC公司	498.96	3 505	3 580	1 748 854.8 合计	79.002	3 537.37	279 459.18	498.96	3 505	1 748 855	
3.10	GG公司(A项目)					83.16	3 920	325 987.2	415.8	3 505	1 457 379	
3.14	GG公司(A项目)					2.079	3 920	8 149.68	413.721	3 505	1 450 092	
3.13	SC公司(A项目)					20.79	3 920	81 496.8	392.931	3 505	1 377 223	
3.22	SF公司(A项目)					37.422	3 770	141 080.94	355.509	3 505	1 246 059	
3.23	SF公司(A项目)					56.133	3 770	211 621.41	299.376	3 505	1 049 313	
3.24	SF公司(A项目)					74.844	3 770	282 161.88	224.532	3 505	786 984.7	
3.31	SF公司(A项目)					37.422	3 680	137 712.96	187.11	3 505	655 820.6	
3.30	GG公司(A项目)					31.185	3 740	116 631.9	155.925	3 505	546 517.1	
4.16	GG公司(A项目)					35.343	3 520	124 407.36	120.582	3 505	422 639.9	
4.8	SF公司(A项目)					45.738	3 570	163 284.66	74.844	3 505	262 328.2	
4.15	SF公司(A项目)					2.079	3 520	7 318.08	72.765	3 505	255 041.3	
4.6	SC公司(A项目)					20.79	3 570	74 220.3	51.975	3 505	182 172.4	
4.28	SC公司(A项目)					51.975	3 367	174 999.83 合计	0	3 505	0	
						498.96	3 705.85	1 849 073.0				

案例 2　MX 公司的物流管理

【案例概要】

本案例是一家国内领先建筑装饰工程公司物流运作的真实反映。案例介绍了建材企业物流管理运作模式，着重探讨了该企业推行集中采购政策的过程及其所带来的问题与挑战。

【教学目的】

(1) 分散采购和集中采购的具体运用。
(2) 掌握库存 ABC 分析法。
(3) 了解工程类企业物流管理的特点。
(4) 结合企业实际提出物流管理改进方案。*

【自学时数】

3 学时

引　言

今天晚上就是平安夜，同事们都下班了，秦军和大家打完招呼又继续留在了座位上深思。秦军刚刚在 1 个月前被这家集团公司任命为商贸公司总经理助理，负责物流和采购工作。他多年从事建材产品的市场运作和公司管理工作，对物流有着深刻的了解和浓厚的兴趣，还获得了 ILT 3 级物流运营经理证书。他清楚地知道自己的责任和义务，必须在 1 周内完成对本年的工作总结和明年的工作计划，分析今年公司运作的现状，探究存在问题背后的本质，提出整体的解决方案。

公司概况

MX 公司是一家大型建筑装饰工程公司，在行业内具有很高的品牌知名度。由于进入该行业门槛较低，竞争对手无数。行业经过数年洗牌，先后经历了广告战、品牌战、价格战、服务战，逐步形成了数家争霸、三国鼎立的格局。EAST 公司和 OCEAN 公司也是比较优秀的家庭装饰公司。

MX 公司经过了从包括工程施工、工程设计到主材销售、家居集成、材料配送、材料生产、网络化连锁经营、特许加盟的经营模式。MX 公司为了让客户尽可能详细了解公司的设计、施工水平及质量，特意抽调多部空调客车组成专门的看房班车，每周固定免费带客户参观公司的装修样板间。客户只需在图片样式中确定相应的品号，其余工作即可交由公司相关部门执行。

MX 公司拥有自有材料库及物流配送中心。板材、涂料和水泥等材料从国内知名厂家统一批量进货，避免出现假冒伪劣材料问题。

组织结构

MX集团公司总部在北京,总裁负责各个公司和部门的工作。下设商贸公司、生产基地、北京公司、公装公司、运营管理中心、特许加盟管理中心、工程管理中心、财务中心、人力资源中心等部门。生产基地由橱柜生产车间、橱柜设计部、原料采购部、售后服务部、仓储部组成。商贸公司由物流配送部、采购部和销售部组成。采购部负责公司橱柜以外施工材料(基础材料)和装饰材料(主材)产品的采购。北京公司下设设计中心、工程部、监理部、客服部。运营管理中心负责直营分公司的战略管理。特许加盟管理中心负责加盟公司的开发和维护。公司的组织结构如图12-3所示。

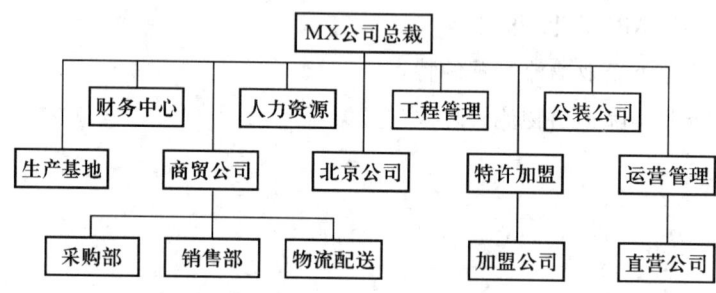

图12-3 公司的组织结构图

市场分布

到目前为止,MX公司在国内有20家直营公司,20家加盟公司。直营公司以大中城市和经济发达城市为主,加盟公司以中小城市为主。加盟公司大多分布在直营公司的周边。

采 购

MX公司生产用材料中的基础材料和生产工具统一由MX集团商贸公司采购,而生产用材料中的主材由各分公司自行采购。

- **主材采购**

主材包括家庭装修用的卫生洁具、瓷砖、五金、门窗、灯具等产品。这部分产品由集团各分公司向当地供应商采购。MX公司的北京公司,每年主材采购量达到5 000万元,有100多家供应商。

公司主材采购存在的问题是,相对其他竞争对手而言,MX公司主材采购定位不明确,即采购人员不清楚到底应该采购高端产品还是低端产品。再者,采购员对装修客户信息不甚了解。由于主材的销售对象是在MX公司签单装修的客户,每年主材采购量是和装修客户的数量密不可分的,采购人员对客户需求信息的不了解导致采购的产品与市场需求不一致。

秦助理在调研中发现，MX 公司与竞争对手 OCEAN 公司在主材方面的采购量相接近。OCEAN 公司的业务模式是靠采购产品的销售来拉动家庭装修业务的。OCEAN 公司的采购人员在主材的产品组合和采购市场反应等方面远胜 MX 公司的采购人员。MX 公司的竞争模式与 OCEAN 公司不一样，主要是靠装修业务来带动采购产品的销售。EAST 公司所采购产品的品牌知名度相对较高，销售价位较高，客户群是高端的。MX 公司较少有高端客户，客户群属中档，客户对产品价格敏感。

- 基础材料采购

基础材料包括板材、油漆、电线、腻子、白乳胶等建筑装饰材料。公司基础材料供应商共 30 多家，分布在中国东北、山东、广东、河北、北京等地区，由总部统一采购、统一管理，向各个分公司统一配送，期望以此降低成本，减少产品质量问题，杜绝工人使用假冒伪劣产品。

采购方法是这些产品统一使用"MX"商标，由相应的生产厂家供应。公司加大产品 OEM 的范围和深度，和生产型企业加强合作，让对方按照高于国家标准的标准加工生产，承担所有的产品库存。

- 采购问题与挑战

挑战一：

采购部门首先遭遇的挑战是公司执行基础材料统一采购政策不够理想。尽管公司曾多次声明，分公司必须全部使用公司的基础材料，但是实际运行中却事与愿违。表 12-1 是本年前 3 个季度各分公司对公司的材料请购状况。"√"代表某公司使用了此种产品。

表 12-1 基础材料使用情况统计表

公司 产品	天津	沈阳	郑州	武汉	西安	南昌	南京	苏州	杭州	重庆	成都	昆明	南宁
细木工板	√	√	√	√	√			√					
油漆	√		√		√	√			√	√			√
石膏粉	√			√	√						√		
腻子													
墙衬	√			√			√						
白乳胶		√						√	√				
821 胶								√					
防腐剂							√						√
防水涂料	√	√		√	√	√	√	√	√	√			
防火涂料	√	√				√					√		
原子灰				√									
PVC 管	√	√	√	√	√	√	√	√		√	√		

续表

公司 产品	天津	沈阳	郑州	武汉	西安	南昌	南京	苏州	杭州	重庆	成都	昆明	南宁
电线			√				√	√				√	
五金												√	

从上表可见,没有任何一个分公司使用了配送材料一览表上的全部产品。换言之,各分公司对公司采购的材料有抵触情绪,不支持统一采购。

秦助理认为产生这个问题的原因是:

(1) 公司在集中采购基础材料时没有结合各分公司当地市场的需求信息:公司属全国的连锁经营,各地的需求不一样。以北京的材料供应全国市场,供应的材料不一定是当地所需的材料,材料的价格在当地市场也不一定具有竞争力。以2004年10月9日成都请购单为例(见表12-2)。

表12-2 材料请购单分析统计表

分公司:成都　　　　　　　　　　　　　　　　　　　请购日期 2004.10.9

序号	名称	数量	单位	单位重量（kg）	总重量（kg）	重量百分比（%）	相应运费（元）	单位运费（元）	单价（元）	金额（元）	运价比（%）
1	石膏粉	100	袋	20	2 000	10.00	1 200	12.00	13	1 300	0.92
2	墙衬	40	袋	25	1 000	5.00	600	15.00	12	480	1.25
3	白乳胶	200	桶	20	4 000	20.00	2 400	12.00	92	18 400	0.13
4	821胶	150	桶	20	3 000	15.00	1 800	12.00	42	6 300	0.29
5	防水涂料	50	袋	10	500	2.50	300	6.00	135	6 750	0.04
6	防火涂料	50	桶	10	500	2.50	300	6.00	118	5 900	0.05
7	腻子	400	袋	20	8 000	40.00	4 800	12.00	30	12 000	0.40
8	原子灰	100	袋	3.5	350	1.75	210	2.10	33	3 300	0.06
9	PVC管	3 000	根	0.217	650	3.25	390	0.13	2.5	7 500	0.05
10	总计				20 000	100.00	12 000			61 930	0.19

从上表可以看出,石膏粉、墙衬、腻子、821胶的运价比很高,最高可达125%。此类产品的价格在当地市场不具有竞争力,不适合长途运输。

(2) 政策不一:MX公司对直营公司与加盟公司在干线运输收费政策上不一致,导致加盟公司对集中采购政策产生较为强烈的抵触情绪。加盟公司需要承担北京到分公司的运费,而直营公司不需要承担这部分运费。

（3）订单处理时间过长：订单处理时间长的原因不一，其中总部和分公司信息沟通欠佳是其中的一个原因。总部与分公司之间的联系还停留在电话和传真的水平上，信息交流的手段比较原始。人为沟通不善也造成沟通欠佳，比如有些订单分公司苦苦等待了一周的时间，才发现总部没有收到材料请购单。再者总部必须在加盟公司请购的材料款到账后才发货，如果财务未能及时到银行查询，订单交货周期便延长了。还有由于各公司对产品的称谓不统一，单据错误经常发生，所需的材料不能及时快速地供应，导致二次运输。

（4）当产品出现质量问题时：不能及时到达现场解决，造成的损失不能得到赔偿。

挑战二：

采购部门遇到的第二个挑战是没有完成公司下达的采购成本降低目标。表面看来是由于采购部门在和供应商谈判时没能实现采购价格的降低。秦助理认为该问题的根源在于公司还没有建立适当的和供应商关系的策略。

和 MX 公司合作的供应商，其中只有 5 家已和 MX 公司形成战略合作。他们不仅提供产品和服务，还将所用原材料的采购价格、人员成本、生产前置期等相关费用的数据和 MX 公司共享。若某种成本有了很大的改变，双方可以尽快地协商调整价格。

但公司 90% 的供应商关系仅停留在一种买卖关系。公司在与供应商谈价时处于劣势，导致所获采购价格不理想。秦助理认为产生问题的原因有下面几种：

（1）供应商没有得到重视：具体表现为公司只片面强调采购价格。换言之，只关注供应商是否提供最低价格，忽视供应商的能动性和积极性，比如他们的营销能力、促销计划不能得到认真的对待，即使供应商的建议被采纳，供应商也很少能够得到好处。公司还经常在没有与供应商提前协商的情况下做出一些单方面的决策，在无意中给供应商造成麻烦。有时，因为质量问题，供应商会遭到严重的处罚。

（2）不了解需求信息：由于采购部的员工不了解销售部和工程部对这个供应商的要求，一个供应商常常要和公司的多个部门打交道，使供应商工作难度很大。

（3）退货：公司实行退货策略，即将多余的库存退还给供应商，其成本和贬值的损失全部由供应商承担，这种方法是不利于形成长期合作关系的。

（4）公司缺乏一个系统来处理有争议的账单：账单经常由于实际送货的数量和公司要求的数量不符而拒付，造成供应商不能按时收到货款，一直等到下一个结算月，才可以结算。供应商账期一般为 1~3 个月。在跟供应商谈判过程中，供应商最担心的条款就是付款的条款和时间。公司如不能根据合同及时支付货款，会在所有供应商之间形成不良的口碑，就会减少采购部门在价格谈判中的筹码。

采购部门遇到的另一个问题是采购工作的出错率较高，工作的完成率较低，进而耽误工程进度。秦助理在调查中发现此问题与采购管理工作不当有很大的关系。比如采购人员的抱怨无处申述，采购人员的工作量很大，每天工作 11 个小时，平均每月工作 28 天，并且没有加班工资。部门利益和部门沟通障碍更加加剧了采购效率较低的问题。

仓 储

在主材方面，瓷砖、洁具、地板、涂料和灯具等系列产品，供应商负责所有的仓储与库存，并且保证产品的及时供应。公司不保留库存，减少了二次搬运，减少了货物的破损消耗，减少了库存的贬值。

每个分公司都有自己的仓库，总部和北京使用同一配送中心。

公司没有形成仓库管理统一制度。分公司配送中心库位有的采用固定库位，有的用随机货位，大部分未采用托盘，货物的码放比较凌乱。货物的出库未采用先进先出的原则，一些分公司出现产品过期的现象。

分公司的仓库面积、装卸员工、设备机械等信息，在财务中心可以得到相关的数据。但这些数据不适合物流的统计和分析。

产生问题的原因很多。比如公司没有专业的物流人员，没有引起公司领导层的重视；再比如物流仓储配送在行政上由分公司管理，仓库管理各自为政。

库 存

在 MX 公司的库存管理中，分公司的库存结构和产品的安全库存是由分公司的工程部经理决定的。分公司工程部根据施工进度，对工程材料的需求进行预测，决定请购单的下达时间。

目前公司库存问题表现为分公司的紧急订单率太高和断货现象较严重。紧急订单直接带来成本的增加，断货则影响工程作业、施工进度，给客户造成麻烦。甚至客户向公司索赔，给公司带来经济上和名誉上的损失。

秦助理在调查中发现，库存结构失衡、对订货时间和数量把握不准，是上述问题的部分原因。再者，公司总部和分部之间的沟通较少，对分部库存的监控能力不强，也可造成此类问题的发生。还有，订单周期较长也是断货的一个重要原因。最后，产品特性也加剧了紧急订单和缺货现象。比如，白乳胶、821 胶等材料的保质期只有 3 个月，也对产品的快速流动提出了要求。

秦助理为了解决这些问题，从公司相关库存资料中调出数据（见附件），打算对这些数据进行分析，期望从这些数据分析中找到解决缺货和紧急订单的对策。

运 输

- **市内配送**

客户和 MX 公司签订家装合同后，客户的需求信息到达工程部，由工程部填写基础材料配送单并发传真到配送中心。配送中心根据客户分布、材料种类安排公司车辆运送。材料进场后由客户验收。

主材的运输是由供应商直接送货到最终用户指定地点，MX 公司不保持库存，且供应商还要提供上门测量、送货、退货、换货的服务。秦助理认为在这些方面，公司的方案还是比较理想的。

- 干线运输

统购的基础材料，除油漆和细木工板由厂家直接配送到各分公司以外，MX 公司负责从北京总部到各分公司的基础材料运输，简称干线运输。干线运输每月在 1 000 t 以上。由于货值低，公司原来规定干线运输一律采用铁路集装箱运输。但这一措施受到严重的挑战，集装箱大多不能按时发运，不能保证产品的及时供应。

该问题与全国铁路运输能力不足有关。铁道部近日公布，全国各地每天向铁道部门申请的车皮量达到 15~16 万辆，而铁路只能满足 9 万多辆。

为了解决这一问题，MX 公司在干线运输方式选择上渐渐倾向于公路运输。但公司对运输商的选择仅依赖于招标这一手段。从去年招标效果来看，很多中标公司在中标之后不能履行原来的承诺。

【案例分析指南】

本案例结构简单，案例暴露出来的物流管理问题也属常见。在学习、研究本案例时，主要注意建材物流管理的特点以及集中采购和分散采购适用的情形和优缺点。

【思考题】

(1) 试回答为什么 MX 各分公司自行采购主材，而基础材料和施工工具却由集团统一采购和配送？

(2) 请你结合本案例内容论述建材企业物流管理特点。

(3) 通过对 MX 公司材料统计表（见本案例附件）的分析，你将如何制定措施，以解决或缓解缺货问题？ *

(4) 结合案例，试论述通过招标选择物流承运商可能带来哪些问题？ *

(5) 请你为 MX 公司撰写一份物流管理改进方案。 *

第 12 章 案例 2 附件 MX 公司材料统计

发货日期	分公司	名称	数量	单位	单价（元）	金额（元）	单位重量（kg）	总重量（kg）
2004-5-12	成都	821 胶	450	桶	42	18 900	20	9 000
2004-5-12	成都	PVC 管	22 100	根	2.5	55 250	0.22	4 862
2004-5-12	成都	白乳胶	750	桶	92	69 000	20	15 000
2004-5-12	成都	防火涂料	200	桶	115	23 000	10	2 000
2004-5-12	成都	防水涂料	280	袋	135	37 800	10	2 800
2004-5-12	成都	腻子	1 500	袋	30	45 000	20	30 000

续表

发货日期	分公司	名称	数量	单位	单价（元）	金额（元）	单位重量（kg）	总重量（kg）
2004-4-10	成都	墙衬	40	袋	12	480	25	1 000
2004-4-10	成都	石膏粉	100	袋	13	1 300	20	2 000
2004-4-10	成都	原子灰	400	桶	33	13 200	3.5	1 400
2004-7-19	杭州	821胶	840	桶	42	35 280	20	16 800
2004-7-4	杭州	白乳胶	1 400	桶	92	128 800	20	28 000
2004-10-8	杭州	防水涂料	400	袋	135	54 000	10	4 000
2004-7-19	杭州	腻子	10 285	袋	30	308 550	20	205 700
2004-7-19	杭州	墙衬	2 250	袋	14	31 500	25	56 250
2004-7-19	杭州	石膏粉	2 340	袋	13	30 420	20	46 800
2004-7-19	杭州	原子灰	810	桶	33	26 730	3.5	2 835
2004-6-1	南昌	821胶	185	桶	42	7 770	20	3 700
2004-4-19	南昌	PVC管	25 080	根	2.5	62 700	0.22	5 517.6
2004-8-21	南昌	白乳胶	280	桶	92	25 760	20	5 600
2004-7-13	南昌	防火涂料	60	桶	115	6 900	10	600
2004-7-13	南昌	防水涂料	195	袋	135	26 325	10	1 950
2004-7-13	南昌	腻子	3 830	袋	30	114 900	20	76 600
2004-7-13	南昌	墙衬	2 300	袋	14	32 200	25	57 500
2004-7-13	南昌	石膏粉	500	袋	13	6 500	20	10 000
2004-4-19	南昌	原子灰	370	桶	33	12 210	3.5	1 295
2004-2-22	南京	821胶	700	桶	42	29 400	20	14 000
2004-4-23	南京	PVC管	12 300	根	2.5	30 750	0.22	2 706
2004-4-23	南京	白乳胶	900	桶	92	82 800	20	18 000
2004-10-31	南京	防火涂料	50	桶	115	5 750	10	500
2004-8-9	南京	防水涂料	300	袋	135	40 500	10	3 000
2004-4-23	南京	腻子	8 498	袋	30	254 940	20	169 960
2004-2-22	南京	墙衬	1 500	袋	12	18 000	25	37 500
2004-2-22	南京	石膏粉	2 000	袋	13	26 000	20	40 000
2004-4-23	南京	原子灰	1 000	桶	33	33 000	3.5	3 500
2004-4-28	南宁	821胶	70	桶	42	2 940	20	1 400
2004-4-28	南宁	PVC管	7 650	根	2.5	19 125	0.22	1 683

续表

发货日期	分公司	名称	数量	单位	单价（元）	金额（元）	单位重量（kg）	总重量（kg）
2004-4-28	南宁	白乳胶	105	桶	92	9 660	20	2 100
2004-4-28	南宁	防火涂料	50	桶	115	5 750	10	500
2004-4-28	南宁	防水涂料	50	袋	135	6 750	10	500
2004-4-28	南宁	腻子	750	袋	30	22 500	20	15 000
2004-4-28	南宁	石膏粉	300	袋	13	3 900	20	6 000
2004-11-5	南宁	原子灰	26	桶	39	1 014	3.5	91
2004-2-11	沈阳	821胶	600	桶	42	25 200	20	12 000
2004-2-11	沈阳	PVC管	24 000	根	2.5	60 000	0.22	5 280
2004-3-28	沈阳	白乳胶	700	桶	92	64 400	20	14 000
2004-3-28	沈阳	防火涂料	230	桶	115	26 450	10	2 300
2004-2-11	沈阳	防水涂料	750	袋	135	101 250	10	7 500
2004-4-20	沈阳	腻子	5 730	袋	30	171 900	20	114 600
2004-4-20	沈阳	墙衬	1 550	袋	12	18 600	25	38 750
2004-11-20	沈阳	石膏粉	1 000	袋	14	14 000	20	20 000
2004-4-23	沈阳	原子灰	760	桶	33	25 080	3.5	2 660
2004-5-28	苏州	821胶	310	桶	42	13 020	20	6 200
2004-5-17	苏州	PVC管	24 300	根	2.5	60 750	0.22	5 346
2004-6-21	苏州	白乳胶	410	桶	92	37 720	20	8 200
2004-7-7	苏州	防水涂料	140	袋	135	18 900	10	1 400
2004-6-21	苏州	腻子	6 870	袋	30	206 100	20	137 400
2004-7-7	苏州	墙衬	640	袋	14	8 960	25	16 000
2004-6-21	苏州	石膏粉	1 220	袋	13	15 860	20	24 400
2004-12-19	苏州	原子灰	400	桶	39	15 600	3.5	1 400
2004-4-7	郑州	原子灰	1 390	桶	33	45 870	3.5	4 865
2004-4-7	郑州	石膏粉	3 290	袋	13	42 770	20	65 800
2004-5-6	郑州	墙衬	200	袋	12	2 400	25	5 000
2004-5-23	郑州	腻子	16 950	袋	30	508 500	20	339 000
2004-5-9	郑州	821胶	740	桶	42	31 080	20	14 800
2004-5-6	郑州	防水涂料	150	袋	135	20 250	10	1 500
2004-6-5	郑州	防火涂料	170	桶	115	19 550	10	1 700

续表

发货日期	分公司	名称	数量	单位	单价（元）	金额（元）	单位重量（kg）	总重量（kg）
2004-5-23	郑州	白乳胶	1 760	桶	92	161 920	20	35 200
2004-8-11	郑州	PVC 管	44 100	根	2.5	110 250	0.22	9 702
2004-2-19	西安	821 胶	710	桶	42	29 820	20	14 200
2004-4-24	西安	PVC 管	39 900	根	2.5	99 750	0.22	8 778
2004-6-23	西安	白乳胶	1 300	桶	92	119 600	20	26 000
2004-3-26	西安	防水涂料	160	袋	135	21 600	10	1 600
2004-6-23	西安	腻子	12 694	袋	30	380 820	20	253 880
2004-7-24	西安	墙衬	680	袋	14	9 520	25	17 000
2004-10-10	西安	石膏粉	2 270	袋	14	31 780	20	45 400
2004-8-9	西安	原子灰	982	桶	33	32 406	3.5	3 437
2004-7-7	新乡	防水涂料	140	袋	135	18 900	10	1 400
2004-6-21	台州	腻子	6 870	袋	30	206 100	20	137 400
2004-12-19	晋城	原子灰	400	桶	39	15 600	3.5	1 400
2004-5-9	临沂	821 胶	740	桶	42	31 080	20	14 800
2004-4-24	包头	PVC 管	39 900	根	2.5	99 750	0.22	8 778
2004-6-5	东营	防火涂料	170	桶	115	19 550	10	1 700
2004-5-9	运城	821 胶	740	桶	42	31 080	20	14 800
2004-6-23	太原	白乳胶	1 300	桶	92	119 600	20	26 000
2004-5-23	大同	腻子	1 695	袋	30	50 850	20	33 900
2004-5-23	聊城	腻子	1 950	袋	30	58 500	20	39 000
2004-8-9	濮阳	原子灰	982	桶	33	32 406	3.5	3 437
2004-7-24	安阳	墙衬	680	袋	14	9 520	25	17 000
2004-3-26	银川	防水涂料	160	袋	135	21 600	10	1 600
2004-6-23	烟台	腻子	1 269	袋	30	38 070	20	25 380

第 13 章　分销与零售企业

案例 1　AS 连锁超市集团公司供应链改进

【案例概要】

本案例介绍了一家连锁超市集团公司的运作情况，分析了目前国内连锁零售企业物流运作中普遍存在的问题以及问题产生的原因。解决这些问题不仅需要方法和手段，更需要的是树立供应链管理的理念。

【教学目的】

（1）了解目前制约国内连锁零售企业发展的因素以及这些因素产生的原因。

（2）掌握"五力模型"和"SWOT 分析"这两个工具，能对企业所面临的内外部环境进行分析。

（3）了解目前国内连锁零售企业物流运作中普遍存在的问题以及问题产生的原因，并能提出解决方案。*

（4）掌握从整体供应链的角度去分析和解决零售物流问题的方法。*

【自学时数】

3 学时

引　言

陈星河总监是 AS 连锁超市集团公司的物流总监。这两三年以来，AS 集团公司有了一个飞速的发展，公司目前的势头比较喜人。但陈总监认为不能过分沉迷于当前的形势，还应看到公司还存在着隐忧。他想来一次自我诊断，为公司今后的发展打下更坚实的基础。在这个想法得到了总经理的支持后，他组建了包括几个部门经理在内的一个小组来实施他的想法，他给这个小组取名"诊断小组"。

公司简介

AS 连锁超市集团公司的前身是一个具有 50 年历史的国有批发企业。在改革创新思路的引导下，自 1997 年 12 月开始创办第一家大卖场超市，从此，该企业在省内地区得到快速发展，经过几年的努力，目前在省内区域是最大的连锁超市企业。公司注册资金 1.2 亿元，已连续 5 年保持全省在连锁超市网点、销售规模第一的优势地位。现共有大卖场、综合超市、标准超市、便利店 4 种超市业态的大小门店 300 多家，其中单店面积最大的达 2 万多平方米。省内 10 个地市区均有该企业的门店，有员工近万人，2002 年销售额达 18 亿元，税后利润达 3 000 多万元；2003 年销售额达 28 亿元，税后利润达 5 000 万元；2004 年销售额达 34 亿元，税后净利润达 6 000 万元。目前正以每年新开 125 家门店的规模，快速地向前发展。

企业发展的分析

首先陈总监认为有必要对影响公司发展的内外部因素进行分析，他介绍了"SWOT 分析"和"五力模型"这两个工具，在大家熟练运用这两个工具后，小组得出了分析结果。

- SWOT 分析

1. 优势

AS 连锁超市集团公司从其销售渠道来看，它的优势之一是门店的发展速度及其各个门店的销售额。门店发展速度越快，市场的占有率就越高，集团公司目前正以每年 125 家新开门店的速度向前推进；与此同时各个门店也在快速发展，平均每个门店的销售额今年比去年同期增长了 37%，发展势头强劲。因此企业在省内行业中始终占据领先的地位，预计今年全年的销售额可达 45 亿元左右。

AS 集团公司的优势之二是企业在省内的知名度。集团公司在广大消费者中有一定的吸引力，所销售的商品不仅品质优良，而且品种齐全（总共有近 30 000 多种商品），能满足各种消费者一站式的购物需求。该公司目前有员工近万人，年轻人占 70%，全国各地的大学生都有。不仅如此，企业还每年吸引近百名大学毕业生进入企业，为企业补充新鲜血液。

AS 集团公司的优势之三是该企业的供应链技术支撑。目前该企业的供应链建设已列入企业发展的议事日程，正全面实施，尤其是已经投入运营的物流配送中心。这是一个在国内具有领先地位的物流配送中心，占地 160 亩（约 1.1 公顷），由高位库、多层库、办公楼三部分组成，总建筑面积 7.2 万 m^2。配送中心的设计容量可支持企业每年 80 亿元销售额中近 40% 的配货量，日均处理货物容量 18 万箱。目前能为该集团在省内的大卖场、综合超市、标准超市、便利店 4 种业态 300 多家门店以及社会上的门店提供方便、快捷的商品配送服务。配送中心从日本引进的一套自动化仓库，一个近 2.1 万多个储存位和拣货位的高位库，一个近 5 000 m^2 的生鲜配送仓库，研制开发了新的WMS（仓库管理系统）信息系统，有108台的无线手持终端，从收货、拣货、集货、装车等配送的一系列工作，全部实现了无纸化的运作，不仅如此，还使库区的各种运作数据达到了实时化。这些设备的投入，有力地提升了该企业物流配送的水平，从而使该企业的供应链响应速度达到了一个新的层次。

2. 劣势

中国流通企业无论在整体竞争能力，还是在微观企业的竞争力方面，都与发达国家有较大差距，具体体现在财务运作能力不高、营销技术能力低以及成本控制能力弱等方面。这是目前流通企业的一个通病。

3. 机会

从经济和社会的宏观角度来看连锁业发展的前景，连锁超市业是一个朝阳产业。这几年正以每年10%以上的增长速度向前发展。连锁业态的发展符合社会发展的需求，有极强的生命力。再者连锁超市正被越来越多的老百姓所接受，尤其是已经深入到一些县、市的二、三级市场，这就为该企业的连锁超市发展提供了一个广阔的市场空间。

4. 威胁

随着我国加入世界贸易组织后，外资逐步进入零售业等行业，他们可不分资金、地区，全面地进入零售业各个业态。所以目前国内外有实力的连锁超市企业，纷纷以抢占市场的姿态，以积极的态度快速地进入连锁超市这一朝阳产业。尤其是外资连锁企业，正以快速的发展步伐，进入国内一、二、三级市场，与国内连锁企业抢占市场。由此可见，连锁超市的竞争激烈程度是其他业态、行业少有的，连锁超市业之间强强联合、企业间并购之事时有发生，如联华和华商家友合并，华润和万佳合并等案例就是一个明证。因此目前集团公司所面临的行业竞争也是前所未有的。

- **"五力模型"分析**

大家又用"五力模型"从另一个角度分析了AS集团公司当前的经营环境。"五力模型"的分析如图13-1所示。

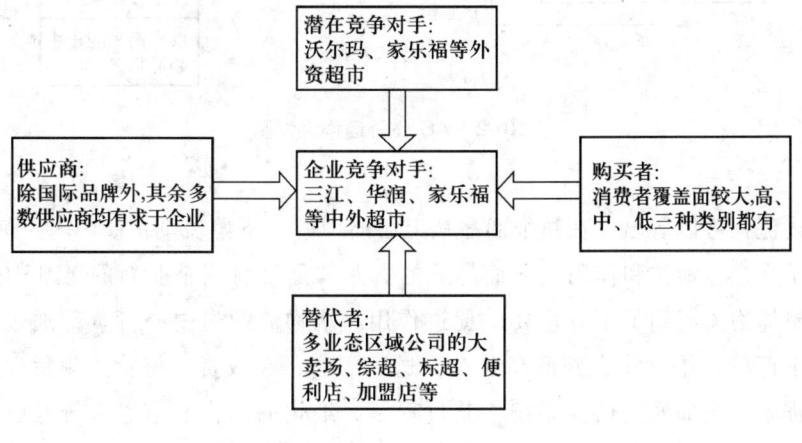

图13-1 "五力模型"分析

集团公司运作的流程

接着，陈总监带领他的团队对 AS 连锁超市集团的运作流程进行了考察。

- 公司运作的流程

公司运作的流程概括如图 13-2 所示。

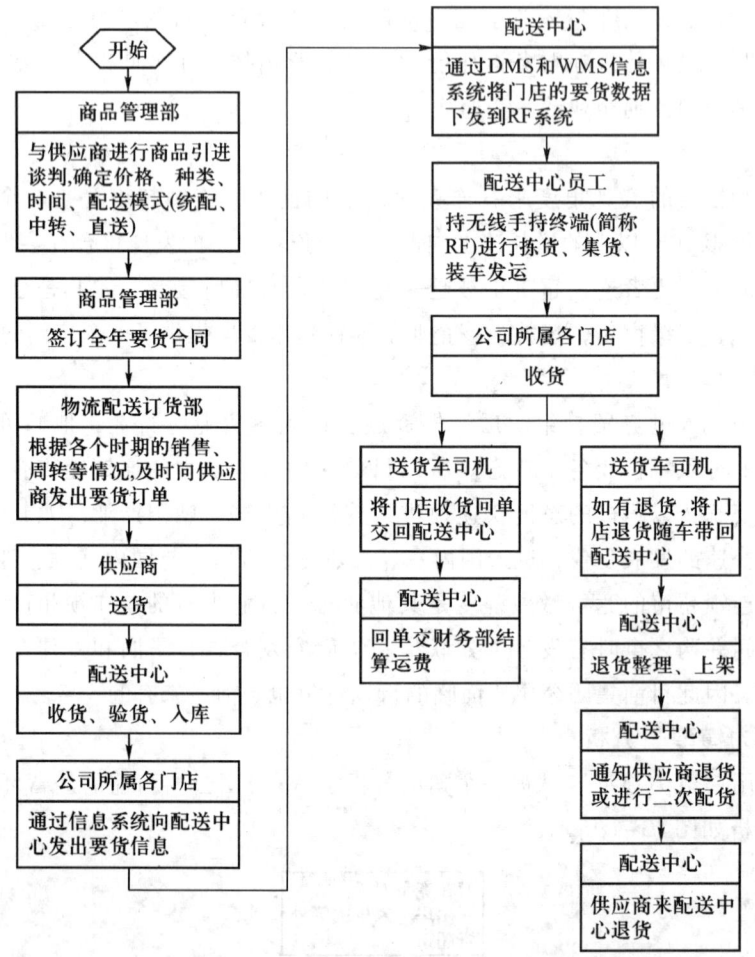

图 13-2　AS 公司运作流程图

从上述流程可以看出，在整个商品从上游向中游、下游流动的 15 个环节中，配送中心就占了 9 个，地位和作用是显而易见的。尤其是目前该企业新的 WMS 信息系统，对企业的整体物流起到了十分重要的促进作用。从物流配送中心订货部通过订单系统向供应商下订单开始，一直到商品装车，送到门店，在收货、拣货、集货、装车的整个运作过程中，全部通过信息系统，其过程是无纸化的运作。信息系统在物流配送中的运用，使配送中心的库存管理、配送管理等都在原有的基础上，达到了一个新的水平。

- 配送中心的运作

集团公司在新的 WMS 信息系统上线之际,就开始实施商品的储存单元条码(简称箱码)自动识别技术。储存单元条码是专门表示储运单元编码的一种条码,这种条码常见于搬运、仓储、订货和运输过程中,一般由消费单元组成的商品包装单元构成。它与物流配送中心新开发的 WMS 信息系统以及无线手持终端配合使用,实现了物流配送中心数据的实时化传递。

配送中心的工作程序一般是这样的:配送中心员工接受供应商送货开始,用叉车将商品上到高位货架;需要向拣货货位补货时,用叉车从货架上将商品取下送到补货位;员工从拣货货位上拣货;将拣出来的商品集中放至各个门店的待装区;装卸工将各门店已集好的商品装车。这一系列的运作过程,全部通过单元条码自动识别技术、无线手持终端、WMS 信息系统等,提高了物流配送中心的运作效率。

- 库存管理

AS 集团公司现在的订货使用了自动补货系统,它根据各个商品的销售量和配送中心、门店的安全库存等多个参数,通过订单管理信息系统,从网上向供应商进行订货,供应商从网上下载订单,并在规定时间内送货到物流配送中心。物流配送中心的员工收货完毕,在无线手持终端上确认订单后,收货数据马上传送到 WMS 系统,在系统中体现库存。员工从拣货货位上将货物拣下来,装上车,同样在无线手持终端上确认单据,系统数据库即将库存减少,这样就达到了实时的库存管理。

实时库存管理带来的直接益处是使物流配送中心的库存周转天数达到了一个先进的水平。虽然配送中心经营的商品较多,共有统配商品 15 000 个左右。同时配送中心对门店的配送量、配送产品价值逐年上升,从 2002 年的 8 亿元、2003 年的 10 亿元到 2004 年的 12.6 亿元,但库存周转天数却逐年下降,从 2002 年的 28 天、2003 年的 18 天到 2004 年的 13 天。这足以说明公司在供应链运作管理中的库存管理取得了比较明显的效益(见图 13-3)。

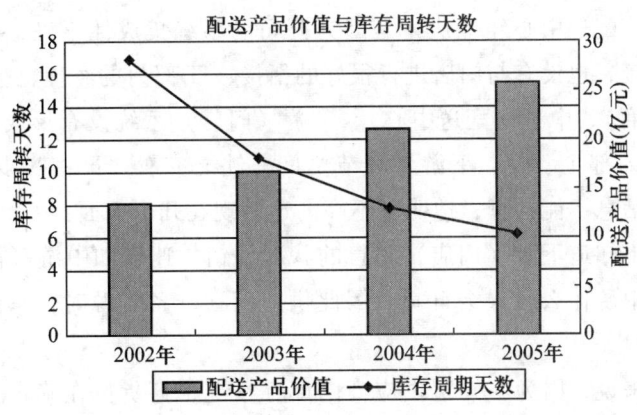

图 13-3 配送产品价值与库存周期天数

自 2003 年下半年物流配送中心新的 WMS 信息系统和无线手持终端上线后，该系统的成效正逐步体现，收货速度与拣货速度加快，准确率提高，基本无商品差错产生，收货效率提高了 50%，拣货效率是原先的两倍以上，使企业的信息流、物流、单据流、资金流均实现了高度的统一，并在商品管理、进货核算、采购订货、物流配送、商品销售、财务管理等企业供应链的全程实现了流程规范化、操作标准化、信息网络化，为企业响应市场变化，更好地参与竞争提供了及时、正确的数据。这些使配送中心的客户服务水平有了极大的提高，现在物流配送中心从接收下游门店要货信息开始，到将商品运送到门店最快只要半天就行了，最慢的也只要一天时间（离总部配送中心有 350 km）。

集团公司存在的问题

在陈总监的主持下开了一个座谈会。除了小组成员外，集团公司的许多中层、高层的经理也参加了会议，有财务总监、物流总监、商品管理部经理、配送中心经理、人力资源部经理、IT 部门的经理。会议开始前陈总监要求大家抛开职务和级别，畅所欲言，不仅从本部门的角度，也从整个公司的角度提出问题，同时也要分析，谈自己的认识。会议不一会儿就变得热火朝天，从中午一直开到晚上。秘书小牛把大家所谈的内容归纳为下面几点。

- **系统集成性不强**

配送中心经理反映最强烈的是缺货或胀库的问题，他举的一个例子是 2005 年 4 月份该企业有 270 多个商品断货达一个月以上，有的甚至断货达几个月之久。这就严重影响了门店的销售。但同时还有许多商品经常出现积压，比较典型的现象是春节等各大节假日的备货，节后往往造成配送中心严重积压，出现胀库。这给配送中心的运营造成很大的影响，为了顺利地运作，配送中心只好马上退货给供应商，供应商的意见很大。

对这个问题，配送中心经理认为是因为公司的系统集成性不好，没有与供应商的信息系统进行衔接，也没有与门店进行很好的衔接，IT 部门的经理也很同意这一分析。这样上游（供应商）、中游（配送中心）、下游（门店）系统没有形成严密的链条，与各供应商、企业内部上、中、下游各环节之间，缺乏完善、严密、步调一致的计划，企业与供应商的信息不能共享，透明度不高。这表现在几个方面：

一是供应商不知道下游（门店）销售的状况、销售速度和中游（配送中心）的库存状况；不知道中游什么时候会订货。因此供应商在准备货源时，只能根据公司的订单来组织生产。

二是对公司来说，因为不知道供应商的库存情况，订货员在确定订货数量时不知道供应商能否保证公司所需的货源，所以会出现中游（配送中心）发出的订单供应商无货可供，使配送中心出现断货，造成下游（门店）得不到急需的商品，影响配送中心对门店配货的满足率，最终影响门店的销售。

三是由于门店与配送中心之间的衔接不好，公司不能及时得到下游（门店）的销售信息。一旦消费市场对商品需求发生变化，公司不能及时改变与供应商已有的订货合同。如果需求减少，门店退货后配送中心马上又退给供应商，造成供应商库存增加；而需求增加时，配送中心和供应商又都会出现供不应求的现象，甚至两方同时断货。

- **库存管理**

陈总监还认为出现缺货和胀库现象的另一个原因是库存管理策略，也就是订购策略。库存控制决策没有与上游（供应商、采购）、中游（配送）、下游（门店、消费者需求）联系起来，公司还是实行传统的预测订购。商品管理部门采购商品，从自身的角度，以过去历史的销售数据和对当前市场情况进行推测的基础上，预测出所需商品的品种与数量，然后与供应商进行所需商品的谈判、采购。这样就出现了：一方面，当对不同地区和不同门店的需求不能很好把握时，会使有些销路不佳的商品被引进，经由物流配送中心运送到门店后，却长期滞留在门店的货架上，影响门店的销售。尤其在节假日，商品管理部为保证节日销售不断货，要求配送中心多备货。但市场变化无穷，如果节日销售不理想，就会造成配送中心商品积压，出现胀库。另一方面，对门店销售好的商品，订购数量不足，供应商库存准备也就不足，会出现缺货现象，直接影响门店的销售。

- **与供应商的关系**

商品管理部的经理谈到了公司与供应商的合作，他抱怨供应商没有给予公司足够的支持。比如2004年公司有一个远离总部配送中心350多公里的新门店，第二天就要开张，但有部分供应商的商品却还没有送到配送中心，导致配送中心对新开门店无货可运，直接影响了下游新开门店的按时开店和销售额。

财务总监就与供应商的关系问题谈了自己的想法，他认为这是因为公司与供应商之间缺乏双赢和长期合作的理念。虽然公司的高层与中层认识到与供应商双赢和合作的重要性，但基层的员工对这点普遍认识不足，而他们才是经常与供应商接触的人，他们的态度实际上反映了公司的态度。财务总监说他曾经询问过订货员如何确定订购商品数量，许多订货员都说为防止缺货会加大订购量，反正销售不出去的退回供应商就是了，完全不考虑供应商的利益。

在目前连锁业竞争白热化的情况下，连锁超市行业的企业普遍注重如何从供应商手中取得更多的费用，来提高企业自身的利润。当发生利益冲突时，也多从自身的利益去考虑，缺乏从长期的战略角度、从供应商的角度去考虑自己和供应商的利益，导致的结果就是供应方与需求方的关系多是临时性的或者是短时性的合作，且竞争多于合作，更谈不上长期战略合作。具体的表现有：当销售市场形势好时，企业对供应商的态度傲慢；当销售市场形势不好或采购决策失误时，又企图将企业的损失转嫁给供应商，导致许多供应商敢怒不敢言，既爱又恨。这种做法，失去了供应商的信任与合作基础，也就得不到供应商的信任与长期的战略合作。

- **引进商品**

陈总监又谈到了公司引进商品的问题,他感到公司在这方面缺乏供应链整体成本观念,就是从上、中、下游整体供应链运作的成本去考虑问题,确定一个商品总量。上游引进的商品,要通过中、下游的渠道,传输到消费者手中,这个过程必将产生许多运营成本。包括商品在上游层面的引进、谈判、订货等的采购成本;中游配送中心的收、发、储存(货位资源、仓库、商品资金)、运输等的物流成本;下游的货架、作业等门店的运营成本。公司目前为了应对下游门店的缺货,满足不同地区、不同消费者的各种需求,要引进大量的商品。另外,为了增加对供应商费用的收取,公司也大量引入新品,这样就扩大了商品总量。

但是,商品总量的增加并不代表销售数量的增加,销量增加的幅度要远低于商品总量增加的幅度。最有力的证据是 2004 年公司引入的新品,存活率只有 30% 左右,另有 70% 被淘汰。而商品总量的增加与运作成本的增加是成正比,商品总量越多,其在供应链上流动的成本也越高。目前公司统配商品有 14 000 个左右,中转(通过式)商品 13 000 个左右,总计有近 30 000 个商品品项在物流配送中心运作,需通过配送中心将这些商品运送到全省各地的门店,庞大的商品总量造成运作成本居高不下。

- **逆向物流成本高**

公司的财务总监对公司逆向物流成本高印象深刻。他列举了几个数据:2003 年退货商品总值达 8 000 万元,退配货比率(门店退货商品总值与配送中心对门店的配送商品总值之比)达 8%;2004 年退货 1.1 亿元,退配货之比达 8.7%。2004 年公司配送中心的费用将近 3 500 万元,其中运输费用将近 1 000 万元,因为回程货物要向运输方付费,非正常送货的运费占到运输费用的 18.4%,比 2003 年此项费用增加 45%。

作为一个零售业的连锁企业的门店,面积是一定的,库存数量有限,对销售量不大的商品、季节性商品、淘汰商品、破损商品等问题商品,要退还给配送中心,再由配送中心经过整理、分类,退还给各个供应商。对连锁超市来说,就是退货。

财务总监分析的原因是:逆向物流成本高是系统集成、库存管理、与供应商的合作、引进商品这些方面的原因所导致的一个必然结果。商品品项多而门店销售量没有同比例增加,退货就增加了;新引进商品 30% 的存活率意味着有 70% 的新品要送去还要拉回,这些都造成了逆向运输成本的增加。除此之外,商品在配送中心要整理、分类,商品的损耗(商品每搬运一次都会产生成本,且由于搬动次数的增加,其损耗的比例也会相应地增加)费用增加,人工整理费用也在增加。

他还提到一点:退货增加,配送中心的能力被不良品项商品占用,配送能力大大浪费,供应链整体的有效运作被大大降低。商品总量庞大说明资金占用量大,公司资金的时间价值损失会上升,直接影响到盈利商品品项的引进和推广,最终影响下游门店的销售和企业整体经济效益的提高。

- **部门的本位主义**

小组的成员小吴提出的一个问题引起了大家的关注,就是公司内部部门之间的隔阅较深。小吴是公司刚招聘的大学生，学物流专业的，陈总监发现他很爱动脑子，觉得有培养前途，就让他参加了这次活动。小吴说他时常听到员工对其他部门有不少报怨，有什么问题总是把原因向其他部门身上推。比如配送中心的员工报怨商品管理部订的商品过多，门店销售不好经常退货；门店的员工报怨畅销商品总是断货，卖不动的商品总是向门店送；商品管理部认为是门店销售不力，配送中心的效率不高。有的员工还感到相比供应商和顾客，与本公司其他部门的沟通反倒更困难。

陈总监说这可以从公司的绩效指标体系去考察。因为部门设定的指标都是部门内部指标，没有公司整体供应链绩效的指标，这样对各部门业绩的评价是非常孤立的，是部门的利益对其产生了激励作用。所以各部门都追求各自部门的利益，都从各自部门的角度，很少从公司整个供应链效益的角度去考虑和看待问题。这直接导致了信息在企业内部就不能准确和快速地流动，企业的整体供应链资源得不到有效的利用和发挥，影响企业整体的经济效益。

最后，陈总监还拿出了一组数据，就是2005年一季度公司的库存周转情况：公司整体的库存天数20天，其中物流配送中心库存周转只有9.8天，而上游商品管理部和下游营运部却分别为26天和22天（库存周转天数见图13-4）。库存周转率反映了资金周转的情况，资金周转率不高说明公司资源没有被充分地利用起来，说明公司的运作与管理存在问题，而以上大家所谈的正是存在的问题以及产生问题的原因。

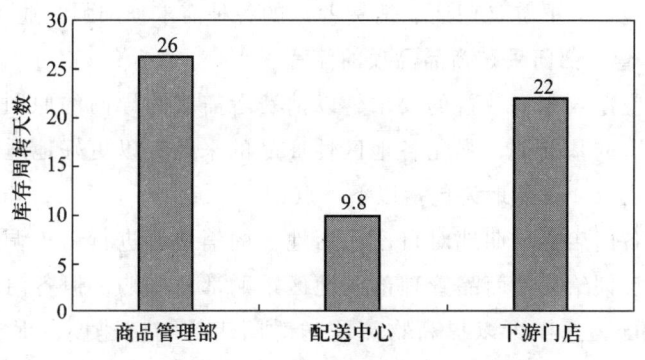

图13-4　上、中、下游库存周转天数

诊断小组的初步报告

诊断小组通过这一段时期的调研与考察，拿出了一个初步报告。报告中除了对公司所处环境的评估和对公司存在问题的原因分析外，有很大的篇幅是提出的意见与改进方案，以供集团公司最高管理层参考。

- **公司业务流程的再造**

小组认为应快速、柔性地对应消费者的需求，对企业内部的整个组织体制和业务流程进行再造。其目的是通过公司内部供应链各环节的综合和协调，最大限度地满足下游客户（门店、消费者）的各种需求。这不仅要对商品管理实施控制和协调，而且也要对商品信息的提供、适当的促销手段与方法、适当的价格、快速化的物流、合理的库存管理等所有业务流程，实行全方位的管理（小组建议开始可以搞一个项目进行试点，取得成功后再予以推广）。为此要在企业供应链各环节上，开始实践拉式供应链的管理体制，具体包含以下几个方面：

1. 要逐步地实行实需对应型的营销体制

公司首先要对反映消费者购买行动的 POS（销售时点系统）数据按照不同地域、不同门店分别进行汇总，加以分析，识别出不同地区、不同消费者购买模式和消费需求的差异。然后根据这些不同的购买模式和消费需求，分别制定出商品引进、物流配送、经营和管理的政策。将这些政策运用在商品的选择、引进、订货和备货管理的同时，通过与供应商建立起合作关系，向他们提供各门店的 POS 销售数据，实现信息的共享。即是将下游门店销售时点的信息同步地传输给供应链的上游、中游，从而实现商品引进、物流、经营等决策的一体化。也就是说，尽最大可能缩短从消费者需求的了解到商品的引进这段前置时间，以达到快速响应、增加企业竞争力的目的。

2. 组织架构的调整

与以上这些做法相对应，公司就要在组织架构上进行改造。要建立扁平化的企业运作管理组织机构，使它能更好地适应企业供应链体系高效率、低成本的机制，比如在一些大的地区设地区采购部门，负责本地区所有门店的采购任务，从而达到快速响应消费者，更好地适应下游（门店、消费者）的各种需求，加强企业的竞争力。

3. 优化商品管理部门采购商品品项的流程

根据整体供应链效率、效益的要求，以消费者需求为导向的原则，公司要在加强总部商品集中采购的基础上，强化各地区性商品的采购，以更好地适应不同区域、不同门店消费者的需求。具体地说包括以下三点：

第一，下游各门店要定期地对自己门店地区的消费者进行需求调查，列出所需商品品项的变化，反馈给总部商品管理部或地区采购部门采购，但各门店的库存实行统一管理，统一调配，这样可以提高物流配送对门店的响应速度，促进该地区门店的销售。

第二，总部采购部门对现有的商品品项进行分类，按 80/20 定律，排出哪些是必须覆盖全部门店的，哪些商品只是适应某些地区、某些门店销售的。然后对一些属于地区销售的品项，就限于在那个地区采购。对于新品引进，实行门店"点菜"制，即商品管理部列出近期新品的种类，下发各门店，由各门店根据各地消费者的需求进行"点菜"，列出需要的商品。这样做能有效提高新品在各门店的存活率，减少由于新品不适销而产生的退货。

第三，各地区的各门店要定期排出自己地区消费者的商品需求以及需求变化，及时反馈给上游，使上游采购部门能及时地采购到下游门店急需的商品，满足消费者的需求，以此达到拉动需求的目的。

- **逐步实行 JIT 系统**

在公司供应链上、中、下游的各环节上，要逐步实行 JIT 系统，即采购、配送、门店上架等的准时制，其目标是在订货（供应商运送商品）、配送中心在向门店运送商品、门店上架时，正好是公司的库存为安全库存、门店急需销售之时，形成既无延迟，也无积压的情形。

具体来讲，要做到这点，企业必须建立完善的管理体制。从上游、中游来说，对供应商的送货时间要采取定时制，即公司根据商品在下游门店销售、物流配送的时效，对供应商的送货时段进行合理的设定，使对各供应商的送货时间能够有效地控制，能与门店的销售进行衔接。供应商送货到配送中心时刚好是在该商品的库存必须订货时；配送中心将该商品送到门店时，门店刚好要上架。要达到这一目的，对于配送中心来说，要形成有效的准时配送。这就要求配送中心在收货、上架、拣货、集货、运输等各环节都要建立科学、严密的衔接制度，否则就不可能达到准时的目的。

同时下游门店要建立自动补货系统，使门店要货之时刚好在其安全库存之临界点，配送中心送货到门店、门店上架时，刚好是在其货架排面商品数量达到最低数量之时。这样，使商品在供应链中产生连续同步的运动过程，缩短它在各环节的运动时间，同时缓冲库存逐级从下游往上游移动，缩短了门店订货的前置期，减少公司整体的库存水平。这样既能消除商品积压与浪费，加速资金周转；又能提高物流运作效率，降低物流运营成本。

- **实施完善的 KPI 考核指标和激励机制**

小组建议实施完善的供应链 KPI 考核指标和激励机制，以确保企业各环节、各部门切实以消费者的需求作为自己工作的出发点的目标。对于配送中心来讲，就是如何做到科学的管理、合理安排库存商品，并能快速、准时、准确地将商品合理地配载送达下游门店，让门店能及时地进行销售。对于下游门店就是如何做到合理、科学要货，把要来的商品尽最大可能销售出去，不使商品在下游门店产生堆积。这些，都必须有一整套严格的绩效考核指标，必须对企业供应链的上、中、下游进行整体考核，所下达的经济指标和完成程度的奖罚，不应有轻有重，应一视同仁。

对上游商品管理部，要对商品的总集、引进速度、价格、库存周转、适销率、新品存活率等指标进行考核。对配送中心来说，要对门店的满足率、库存周转、配送时效、人均劳效、总费率、账实相符、下游需求满足率、订货平均成本、库存缺货的平均损失成本等指标进行考核。对下游门店要对销售、利润、对消费者需求掌握（对所在门店区域消费者的各种需求变化能及时地掌握，并及时地向上游部门进行反馈）、购物环境（含卖场环境、收银速度、方便消费者、商品陈列等）、要货准确率、逆向物流成本等指标进行考核。

通过对上、中、下游整体供应链的各项指标进行一系列的 KPI 指标考核的基础上，建立科学、完善、合理的激励机制。在对各环节独立考核的基础上，必须形成一个上、中、下游供应链的整体考核机制（二者之比可以是 80/20，即部门考核 80%，公司整体绩效考核 20%）。如库存周转、销售、利润、消费者需求满足率等一些需要整个供应链必须协同运作才能取得成效的指标，所有供应链环节上的部门都必须在 100% 的考核中，拿出 20% 对这些指标进行整体考核。这是因为类似周转率、销售、利润等指标，如果只对某个环节进行分列考核，而不与整体供应链上各环节相挂钩，那么即使上游或中游、下游很努力，但要取得良好的业绩也是困难的。无法想象，上游不引进质优价廉的商品，下游能提高销售？反之，采购部门引进好的商品，但配送中心不配合、下游门店销售不积极，商品能销得出去？企业能完成最终销售指标？

因此，在整体供应链中，如上游销售、利润完不成，中、下游也必须予以追究；中游库存周转不到位，上游、下游也必须追究；下游销售、利润完不成，上游、中游也必须追究。同理，如对供应链中，上、中、下游某个环节取得成效，进行奖励时，其他几个环节也必须根据所发挥的作用给予相应的奖励，以此达到整个供应链上各环节的员工都能从整个供应链上去考虑和理解所产生的各类问题。

- **实行 VMI（供应商管理库存）管理**

小组还建议在部分有条件的供应商中，实行 VMI 管理，实现产销之间的战略联盟，亦即供应商管理用户库存。实行 VMI 管理，不仅使供应商能有效地安排生产，而且也能使其所服务的对象零售企业的库存，达到一个既不缺货，也不胀库的合理库存水平。这样就能使零售企业与供应商二者达到双赢的目的。而 VMI 管理能够有效地突破传统的条块分割的库存管理模式，以系统的、集成的管理思想进行库存管理，使供应链系统能够获得同步化的运作。实施 VMI 公司必须做到以下几点：

首先，库存状态透明化，公司与供应商共享所有影响库存水平的信息，包括配送中心、门店的实时库存、销售量、促销活动信息、所需的安全库存水平等数据。

其次，供应商要承诺维持门店日常所需的库存，由供应商决定补货的数量和频率（也就是日常的库存管理由供应商进行）。

第三，供应商承担对商品的需求预测，对零售企业配送中心的库存进行 SKU（库存保有单位）水平的预测，使配送中心、门店的库存始终保持在一个合理的水平。

实行 VMI 管理，由于供应商承担库存占用的资金，供应商就要想方设法既保证自己的商品销售不断货，又要保持合理的库存水平，减少资金占用。所以它能使企业配送中心的库存始终在一个最优的水平，确保门店货架不缺货；同时又能使供应商从中受益，减少商品生产过程中的过多或过少而产生的损失。有资料显示，VMI 管理能使采购成本（保守估计）降低 10%~15%，这样就能使商品价格对消费者更具有吸引力。

- **实行科学的品类管理和排面管理**

品类管理和货架排面管理，是根据消费者的需求，高效地利用企业内部资源以满足消费者需求，实现零售企业经营目的的有效手段。通过高效的商品优化与高效的货架优化重新合理、科学地分配货架资源，从而最终降低企业整体商品库存，减少积压商品，降低物流运作费用，降低适销商品的脱销率，更好地满足消费者的各种需求。

企业实行有效的品类管理和排面管理，首先能大量地排除滞销品，有效地导入消费者所需要的新产品，从而不断地优化产品的结构以维持企业的竞争力。

其次，由于进行了品类和排面管理，能使供应链中、下游的库存减少，加快整体商品库存周转，减少资金的占用，降低企业整体物流管理和运作的各种成本。

第三，滞销品的排除减少了商品的降价处理销售，从而提高了总利润率。

第四，由于库存水平下降，周转加快，整体库存管理所需要的人力资源、工作强度大大下降，这也有助于公司削减对库存管理等方面的各项费用，提高公司物流运作的水平，降低成本。不仅如此，实行品类和排面管理，能使商品管理部门有针对性地做好商品的引进工作，有效地满足顾客需求，从而提高企业的品类效率和盈利能力。另一方面，门店搞好品类管理和排面管理，对于提高门店的要货准确性，减少由于不合理要货而产生的不必要的退货，降低企业逆向物流所产生的运作成本，也有重要的促进作用。

小组的报告最后建议：公司可先行对某些品牌进行试点运作，从组织架构、消费者需求、一整套标准化的品类检查程序、供应商的能力、库存控制、销售评估以及相关配套的信息技术、奖惩制度等方面着手进行，设立品牌经理实行项目运作，在取得成效的基础上，给予逐步地推广。品类管理的确定必须以消费者的需要为基础，而不能基于供应商的组织结构或分销方式。与此相对应，在门店试行货架的排面管理，使品牌的效果能更好地体现出来。

后　记

诊断小组给出的方案实质是将集团公司的供应链管理从推动型向拉动型转变，建立实需对应型的营销体制，即将下游（门店）销售时点的信息同步地传输给上游（供应商、采购部门）、中游（配送中心），实现供应商生产、企业采购、物流、经营决策等的一体化，商品在上游（生产、采购）、中游（配送中心）的在库数量以及商品的具体事项等，都是按照下游（门店、消费者）的需求来决定。

公司可以通过改进方案的实施，同时提高企业的各项基础管理工作水平，特别是建立标准化的流程体系，规范各环节的操作程序，提高工作效率，使企业的物流能更好地发挥作用，降低公司的整体运营成本。而企业基础管理水平的提高才是企业发展的根基，才能给企业带来比各种改进方案更长远的收益。

【案例分析指南】

从本案例可以看出，企业上、中、下游各个环节的绩效在影响其他环节的绩效同时也受到其他环节的影响，并且企业的绩效管理也穿插其中。所以要从整个供应链的角度考虑整体的解决方案，某个环节或职能绩效的提高并不一定使整个企业的绩效得到改善。

【思考题】

（1）企业与供应商的合作过程中应持有什么样的理念和态度？为什么？

（2）VMI 的实质是什么？实施 VMI 为什么能为双方都带来收益？

（3）简述什么是品牌管理和排面管理。

（4）结合案例阐述零售物流管理问题的种类及问题形成的原因，并针对这些问题提出对策。*

（5）你如何评价本案例中诊断小组提出的问题对策？*

（6）参考诊断小组的报告，利用本书供应链分析的方法，为 AS 集团公司提出一个整体的供应链解决方案。*

案例 2　CV 公司的物流实践

【案例概要】

本案例主要分为三大部分：第一部分为公司背景及组织结构介绍；第二部分为公司供应链流程描述，包含的内容为 CV 公司华东业务单元供应链架构、订单管理系统、库存管理、配送方式、逆向物流管理等；第三部分是 CV 公司华东业务单元供应链运作中存在的问题、原因分析以及对策，该部分涉及缺品、库存管理、物流成本三块内容。

【教学目的】

（1）对大型连锁零售企业供应链运作情况的了解和认识。

（2）掌握零售企业缺品问题成因分析和解决方案。*

（3）掌握零售企业库存管理的常见问题和解决方案。*

（4）掌握零售企业物流成本分析方法和成本解决方案。*

【自学时数】

3 学时

公司概况

CV 公司是中国最具有规模的零售连锁企业之一，是国资委直管、实力雄厚的 CR 集团旗下一级利润中心。CR 集团是个多元化企业，涉足很多竞争性领域，集团层面的战略管理遵循"集团多元化，利润中心专业化"理念，将零售业作为主业来发展，并制定了规模宏大的 5 年发展战略，以期利用零售这个平台，打通相关产业链，以达到产业协同发展。

目前 CV 公司在香港、广东、浙江、江苏、北京、天津等地拥有门店超过 480 家，形成了华南、华东、华北、香港四大业务发展区域，主营大型综合超市、中型生活超市、便利超市 3 种业态。其中大型综合超市近 20 家，面积在 8 000 m^2 以上，高者可达 4、5 万 m^2，是公司发展过程中形成比较成熟的业态模式，以齐全的商品品种，最大限度地满足消费者"一站式"的购物需求；中型生活超市超过 50 家，面积在 2 000 m^2 至 8 000 m^2，华南、华东、华北都有分布，以经营快速消费品为主，为现代城市居民快节奏的城市生活提供了便利；便利超市门店数量最多，面积在 2 000 m^2 以下，其分布遍及 4 大业务区域，以社区居民为依托，突出了便利的优势。2004 年 5 月份，CV 公司全面启动新品牌战略，将公司旗下原各异的 3 个业态品牌进行统一，同时开展了全国范围的新品牌推介活动，新品牌光鲜的公众形象走进千家万户。

　　本文要介绍的是 CV 公司华东业务单元的物流供应链管理实践情况。CV 公司华东业务单元成立于 2002 年下半年，下辖 3 个二级城市公司（A、B、C），城市公司是按业务集中发展区域兼行政区划分，比如 A 公司，它负责开拓的是 A 公司所在省的全省市场。华东业务单元辖有 18 家综合型超市（以下简称综超，代号 SS1－SS18）和超过 100 家标准型超市（以下简称标超，代号 CS1－CSX），共有两个配送中心（DC）为其提供商品配送服务；综超门店依市内、市外不同，门店商品由配送中心统配的比例高低不等，一般的情况是市内门店商品统配比例较低，市外门店较高，市外门店商品统配比例最高可达 80%；标超门店主要是进行连片开发、密集布点，因为数量众多，标超门店商品的统配比率较高，标超整体统配比例在 70% 左右。在组织职能方面，连锁零售企业的一个显著特点是强总部、弱门店，终端门店只是一个执行部门，实行统一采购、统一配货、统一价格、统一营销。在华东业务单元内部，大宗商品为区域统采商品，如 HBA 的洗化、清洁等商品，对应供应商如外资洗化类巨头宝洁、联合利华、强生、高露洁及国产强式品牌雕牌等；小部分商品如生鲜大类商品等由于商品特性实行地域性采购，由门店所在地供应商提供；其他商品一般进行城市公司内部统一采购。所以供应商的分布比较分散，这也给供应链的正常运行提出较高要求，CV 公司组织结构如图 13-5 所示。

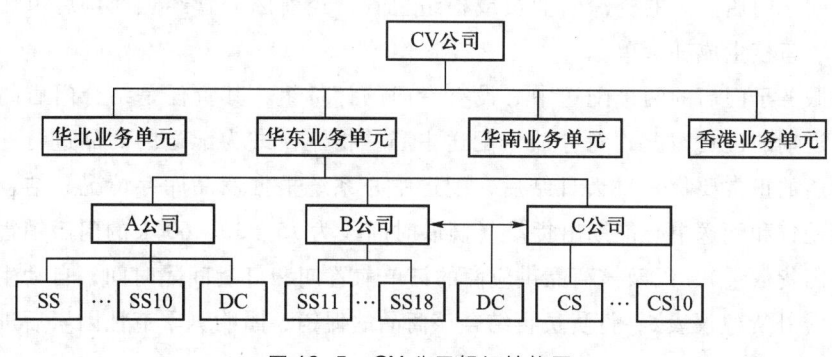

图 13-5　CV 公司组织结构图

供应链运作

- **CV 公司华东业务单元供应链架构**

　　CV 公司华东业务单元供应链架构包括采购部管辖的品类采购、采购支持，物流部的 DC1、DC2，营运部的门店等部门，其结构如图 13-6 所示。

　　连锁零售企业的物流特点是处理的 SKU（库存保有单位）众多，季节需求波动大。供应链运行的具体表现为商品引进，商品信息维护，商品进、存、配送，门店接货，商品上架陈列以及滞销、淘汰商品退货等，它是多部门交叉、复杂的物流运作，需要

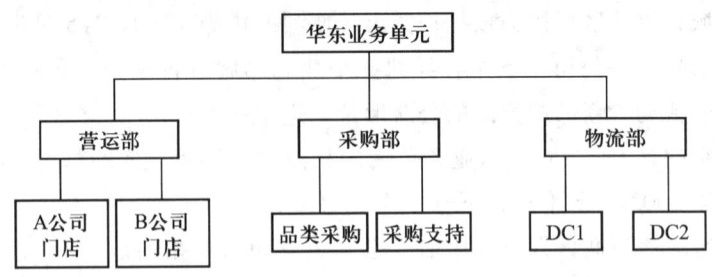

图 13-6 华东业务单元组织结构图

企业内部营运、采购、物流三个部门的通力配合，方能保证整个供应链平稳运行。

- **订单管理系统**

在门店，设有专门的传单组，该组的一个重要工作是向供应商（商品物流模式为直通）或配送中心（商品物流模式为配送）进行订货。每天日结后，门店系统会根据商品库存数量，结合该商品前两周的销售量以及安全库存量（3 天平均销售量），自动形成《商品补货建议表》，门店传单员结合商品的季节性、促销、团购、供应商等因素后，将《商品补货建议表》上的申请补货数量进行修改、审核后生成《商品补货单》；同时，门店还有个辅助生成《商品补货单》的手工订货过程，这种订单是由于门店临时性团购或系统自动订货不完善而发生遗漏，此时就产生了《商品补货单》（手工），该单据发起于门店前区的资深营业员或柜组主管，经前区分管经理确认后由后区的传单员录入、审核生成补货单。

专门服务于门店的两个配送中心设有专门的订货组，其责任是结合门店的销售及配送中心近期的出货情况，对存放于配送中心、物流模式为配送的商品进行补货，随时保证门店的正常要货。每天日结后，配送中心系统根据商品库存情况，结合该商品门店前期销售和配送中心前期出货量（摘取时间段为 15、30、60 天的门店销售数量和配送中心出货数量），以及该商品供应商的订单前置期和订货间隔时间，自动生成配送中心商品《补货建议表》；订货员再结合该商品的促销、团购、季节性因素后进行补货数量修改、审核、形成配送中心《商品补货单》。

公司系统每天定时地把门店和配送中心系统传上来的补货订单进行拆分，将物流模式为配送的商品要货信息转到配送中心系统，形成配送中心拣货通知单；将物流模式为直送和直通的商品要货信息通过电子商务平台（EC）系统转给供应商，供应商进入电子商务平台客户端后就可以拉下订单，进行送货前的操作。对于那些没有上电子商务平台的供应商，门店和配送中心补货员将补货单传真传与供应商。《商品补货单》包含的信息较多，大致包括供应商信息（供应商名称、电话、地址、传真号码等），送货地信息（送货地是门店还是配送中心），订货单商品信息（商品编码、条码、名称、订货规格、数量等）以及商品的物流模式和订单的有效周期等（订单信息流如图 13-7 所示）。

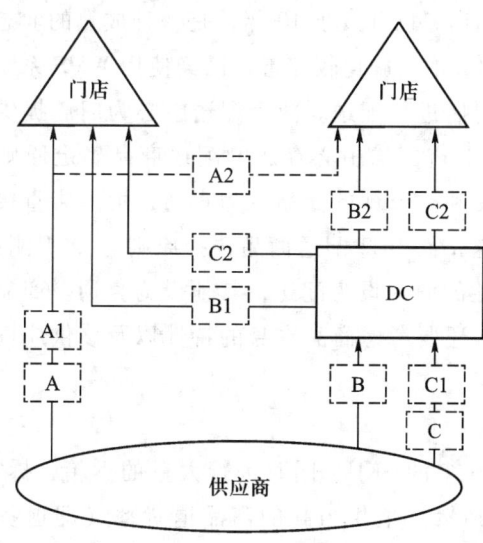

图 13-7 订单信息流程

- **库存管理**

CV 公司华东业务单元相关职能部门在供应链运作上的分工为:采购控制进行门店品类 SKU 的规划,采购品类采购员负责相关品类商品的引进、淘汰以及更换,采购支持跟进完成新品信息开通、淘汰商品信息加注、促销商品信息及调价等,配送中心负责配送、直通商品的进、存、销;营运门店负责直送商品收货及配送中心配送车辆的接收、商品的上架、淘汰清场等。物流部负责对供应链运行进行监控,出现问题时以总协调人的身份协调相关部门进行解决。

物流部对整个业务单元的库存金额和库存周转指标负责,物流总监每月末的一个例行工作是制定整个业务单元库存 OTB 计划,即将物流部的库存和周转指标进行分解并分摊到每个门店,同时根据门店上月的销售预测达成情况,结合季节、促销因素而形成各门店下月的库存和周转指标,门店 OTB 库存计划要分阶段进行,月中的指标表明计划执行进度;物流总监月末还要对各店本月库存和周转指标完成情况进行点评、打分。

门店 OTB 计划库存公式:

门店库存 OTB 计划金额=本月各店销售预测净额(不含税、联营)×上月各店销售预测净额达成率×本月各店周转天数预测/月营业天数。

- **配送方式**

华东业务单元中的 DC1、DC2,其分别服务的是 A 公司和 B、C 公司。A 公司成立较晚,旗下的 10 家综超分布于全省各地,各店和 DC1 的距离不一,近的只有 20 km,远的则超过 300 km。为 DC1 提供运输的主要是第三方物流公司车辆,外部车辆综合运作费用较低,有限的自有车辆主要进行近距离的市内配送。B、C 公司设立较早,门店分布相对集中,特别是C公司的标超门店,已开发了10年,是一种成熟的业态,在已完成布点的地区,居市场领先地位。DC2的设施比较完善,已经使用WMS系统,日均吞吐量约3万箱,主要用自有车辆为门店进行配送。两个配送中心为门店提供配送和直通商品的统配服务,但DC1和DC2对进配送中心存放的配送商品确定原则并不统一:DC1把门店周转快、销售好的商品和季节性的商品设为直通,由门店直接下补货单到供应商处要货,其他商品设为配送;而DC2配送商品选择原则与DC1刚好相反,将门店周转快、销售好的商品和季节性的商品设为配送,其他设为直通。商品物流模式确定原则,除了考虑简单、经济外,还要考虑商品本身的特性以及该供应商的供货能力和配送能力。

- 逆向物流管理

连锁零售企业每天需要处理数量众多的SKU,同时进行大量的拆箱、拆零作业,加之零售业商品淘汰性、季节性强,必然产生相当高的商品退货率(即退货于供应商)。CV公司综超门店的退配率一直比较高,A公司综超门店表现甚为突出,其月退配率(本月门店退配占上月进货比)经常超过10%的门店有5~6家之多,个别市外门店甚至达到40%的月退配率。门店的大退配量必然导致配送中心大量退货给供应商,时常有供应商反映同样的商品一边进货又一边退货的现象。

公司物流运作存在的问题、原因分析及对策

- 缺品问题

2004年10月初,公司的会议室,年度销售研讨会正在高分贝的讨论声中进行。与会者是门店店长,采购品类经理,配送中心经理及营运部、采购部、物流部职能部门经理级以上人员。与会人员手中的会议材料显示:华东业务单元1—9月销售预算完成情况仅为90%,老店销售增长缓慢,新店销售增长后劲不足。造成销售预算不能如期完成的原因:一是市场竞争激烈,竞争对手增加导致顾客分流,同时也使消费者的忠诚度下降;二是公司商品结构和营销、促销缺乏吸引力,有效性不足;三是目前供应链运作不力,门店要货可得性较低,使门店高动销商品经常缺货,进而影响了销售。对门店缺品问题的声讨逐渐成为本次销售研讨会的焦点。图13-8为综超门店9月份的缺品数值。

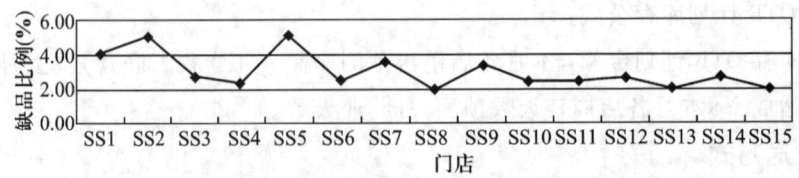

图13-8 综超门店9月份的缺品数值

缺品比例由门店产生缺货的SKU品种数与该店规划的SKU品种数之比而得。1%

的缺品数值，按该店 15 000 个 SKU 品类，就有高达 150 类商品缺品。如果缺品是邮报商品，那后果就比较严重了。公司营运督导在巡店时就曾经几次发生过家庭主妇顾客拿着门店当期邮报宣传单质问该单上的商品为何没有，认为 CV 公司做虚假广告、欺骗消费者，还扬言到报社和消费者协会告状。公司员工花了大量时间苦口婆心进行解释并道歉后，该几个顾客仍表示今后再也不会来 CV 公司的门店购物。所以缺品问题不解决，流失的就不仅仅是几个顾客的事情，而是销售机会甚至是整个市场。

- **缺品原因分析**

缺品问题产生的表面原因是配送中心供应商送货到货率低。以下为 DC1 的供应商到货率状况（图 13-9）：

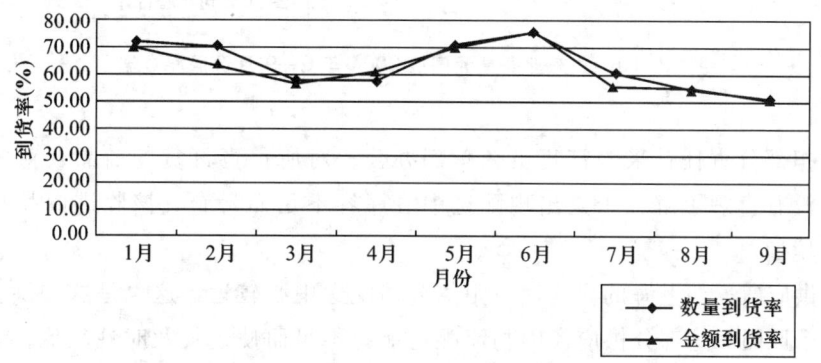

图 13-9　DC1 的供应商到货情况

从上图可以看出，DC1 到货率从没有高过 80%。目前门店依赖配送中心配送的商品种类越来越多，配送中心供应商到货率低的问题必然导致门店的缺品现象。

从供应商到货率低的原因来看，公司内部对此争论纷纭。SS1 店长认为是采购对供应商的纵容导致了门店/配送中心订单到货率偏低，主张加强对供应商的管理，对那些长期缺品不到货的供应商实行罚款甚至进行淘汰。

食品采购经理则认为，供应商到货率偏低，是门店经常进行大量的违规手工补货造成的，只凭经验进行的手工补货，常常把要货需求信息放大，于是出现了门店商品大批量进货又大批量退配的反常现象。华东业务单元门店在 2004 年 6—9 月份的高额退配率，特别是综超的退配率在 6 月和 9 月份都超过了 20%，具体退配比率见图 13-10。居高不下的退货比率，导致供应商反感，影响了供应商对公司的支持力度。

食品经理还认为，配送中心收货效率低是供应商到货率低的另一个原因。供应商经常反映配送中心收货速度慢且混乱，供应商在送货时等待时间过长，有时等待甚至超过 3 个小时。于是经常出现这种现象：供应商在等待了半天后才能将商品送进配送中心，又花了半天时间才将配送中心退货交接好，而退货的量甚至大于当天的送货量。这种情况长期发生时，就会影响供应商对公司的信心，于是送货积极性就下降，门店缺品会上升。而配送中心经理认为配送中心到货率的问题，采购部门

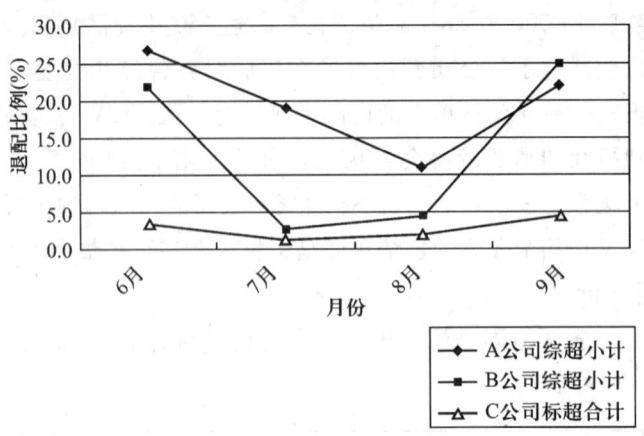

图 13-10　华东业务单元门店 2004 年 6—9 月份退配数据

也应该承担部分责任：采购订货员在总部办公，对所负责订货的商品及对配送中心仓库情况没有直观了解，于是出现配送中心库容不足而暴仓、该收进商品却没法收进的两难境地。

外地供应商，如上海的供应商，距离公司配送中心较远，这也是这些供应商到货率低的一个原因。这部分供应商因物流配送能力不足而使送货及时性较低，公司由于考虑门店品类规划的齐全性，又必须和他们继续合作。

除了配送中心供应商的到货率低导致门店缺品外，还有一个重要原因是采购订货公式有问题。采购订货公式只考虑商品前期销售量，不考虑到该商品配送中心前期的出货量。实际上，商品销售量与商品配送中心出货量并不一致，后者往往大于前者，所以按此订货公式操作，经常出现门店要不到货的情况。

订货公式Ⅰ：配送中心补货申请量=门店当前 18 天销售量-配送中心当前库存。

- **缺品处理行动**

经过此次销售研讨会后，华东物流部开始了成立半年以来的首次供应链优化行动。

1. 权限转移

配送中心的订货、补货权限由采购支持转移到配送中心，由配送中心订货人员来进行配送中心的订货操作。订货职能转到配送中心后实行了新的订货公式：

订货公式Ⅱ：配送中心申请补货数量=（供应商订单反应时间+订货周期）×日均销售1+7×日均销售2-配送中心当前库存。

日均销售1=（15 天出货+15 天销售）×0.5/（15×2）+（30 天出货+30 天销售）×0.3/（30×2）+（60 天出货+60 天销售）×0.2/（60×2）。

日均销售2=（15 天出货+15 天销售+30 天出货+30 天销售+60 天出货+60 天销售）/（60×2）。

2. 配送中心收货预约

所有送货到配送中心的供应商送货时原则上必须经过预约，紧急、团购送货进行例外管理。收货预约规定配送中心单据预约员在供应商准备送货前一两天接受预约；进行收货预约时，供应商要提供其供应商编码、送货订单号、预计送货时间等信息；当配送中心预计收货量满负荷时，供应商预约送货时间可以顺延一天。

3. 缺品处罚制度

2004年11月份两个配送中心开始实施供应商订单未到货处罚制度。对供应商已预约而未送货进行处罚；同时督促采购支持加强对供应商的管理，对那些拿到订单后不进行送货预约、也不送货的供应商实行警告、甚至淘汰。实行供应商缺品处罚制度后，配送中心的到货率逐步提高，DC1到货率情况如表13-1所示。

表13-1 DC1到货率情况（2004年11月—2005年4月）

项目（月份）	订单到货率（%）	数量到货率（%）	金额到货率（%）	品次到货率（%）
11	72	63	63	69
12	69	72	71	73
1	67	70	64	67
2	91	58	61	74
3	80	71	70	90
4	82	75	76	97

4. 配送中心异地代收货制度及两个配送中心上海收货点的设立

物流部决定于2005年在两个配送中心间开展异地收货服务，这既可以解决供应商的异地送货难题，又可以增加配送中心的收入。另外，针对上海供应商到货率低、到货时间长的问题，两个配送中心分别在上海设立了收货点，不久又对配送中心上海收货点进行合并。至此，配送中心异地代收货的信息流确定为：两个配送中心分别在对方设立本配送中心的系统终端，代收货时分别在对方系统完成审核、入库，以避免跨公司收货、调拨产生额外纳税；货物运输安排为：每周五由DC1发一辆定期货运班车至DC2，返程时带回DC2代收的上海供应商和本地的商品。

5. 门店退配控制

物流部每月对各综超和标超门店整体的退配率进行考核，定期在公司内部通报那些退配指标超标的门店。同时对门店退配实行额度审批制，严格控制门店随意要货以及由此带来的随意退配货。但控制门店退配工作进展不甚理想，在这方面营运门店和物流、采购的意见不够统一，需要营运、采购、物流三部门进一步沟通方能统一行动。门店退配情况如表13-2所示。

表13-2 2004年底以来A、B公司综超门店退配比

时间（月份）	A公司综超门店退配比（%）	B公司综超门店退配比（%）
12	17	10
1	8	5
2	34	17
3	11	14
4	9	8

- **库存问题**

华东业务单元经常遇到门店各月的OTB库存金额及库存周转天数等库存绩效指标均不是很理想。如表13-3所示，华东业务单元某月库存OTB计划完成情况是库存整体超标1 000万元。

1. 库存原因分析

库存绩效不佳的原因是门店销售预测数据偏高，销售达成率低，有些门店的销售达成率只有50%，华东业务单元整体的销售达成率一般在80%~90%。

通过对门店本月库存OTB超标的分析，发现各店都有相当比例、金额很大的长期不动销商品，而且大都是买断或不可退货供应商的商品。本着对商品负责到底的原则，采购需要对这些商品最终处置负责，最后往往不得不采取削价处理。但削价是个双刃剑，它会损失公司的毛利率，同时涉及营运、采购、物流等部门，所以处置进度比较缓慢。

对这些高库存、不动销商品的要货记录分析后还发现，这些商品大都是门店盲目要货后遗留下来的。门店在向配送中心或供应商进行这些商品的补货之前，没有查看这些商品的历史销售数据，导致要货数量被放大。

门店对后仓管理不善也是OBT超标的原因。在对门店后仓进行检查时发现：门店后区仓库存放了大量HBA洗化类商品，这些商品在门店的库存周转天数达上百天。这类商品，公司是拿自己的流动资金买断商品后进行的销售，因门店大量屯集买断商品，使公司现金流面临很大压力。

2. 解决库存不佳的对策

物流部决定由配送中心订货员对供应紧张的商品如乐事薯片、品客薯片、中华香烟等和HBA强势供应商如宝洁、联合利华、强生、高露洁、雕牌等供应商，要求他们的商品主动分货到门店；普通流量的商品配送中心不预留库存，只对那些流量大的商品保留安全库存以备门店紧急要货。配送中心分货的效果喜人，HBA类的库存周转天数大幅下降。华东业务单元某月计划OTB库存金额数据如表13-3所示。

表 13-3　华东业务单元某月计划 OTB 库存金额表　　　　　　　单位：元

时间 门店/指标	某月 30 日不含税库存金额	本月中 OTB 计划库存（考核指标）	本月末 OTB 计划库存（考核指标）	本月各店销售预测净额	本月份各店周转天数预测	上月份销售达成率（％）
ss1	6 469	6 035	6 000	9 013	25	86.8
ss2	4 071	3 343	3 300	3 566	45	70.3
ss3	3 050	3 184	3 100	3 473	35	86.0
ss4	2 365	2 500	2 500	1 750	58	105.2
ss5	2 592	2 523	2 600	1 630	65	65.9
ss6	3 137	3 051	3 000	2 441	60	51.0
ss7	2 885	3 030	3 100	3 127	37	69.2
ss8	2 028	1 929	1 800	1 473	50	94.0
ss9	2 297	1 828	1 800	698	100	55.4
ss10	2 497	2 096	2 100	1 291	62	62.8
DC1	3 500	5 000	5 000	10 000	15	100
A 公司综超合计	31 391	29 520	29 300	28 462	44	75.46
ss11	4 619	4 176	4 200	5 905	27	87.9
ss12	4 787	4 760	4 700	4 544	40	75.2
ss13	4 630	4 756	4 700	4 035	45	71.7
ss14	4 622	4 200	4 200	4 297	36	87.4
ss15	2 764	2 618	2 500	1 538	65	82.2
ss16	2 132	2 231	2 050	1 217	70	74.1
ss17	3 433	2 649	2 600	1 124	90	34.5
ss18	3 976	3 229	3 200	1 370	90	41.9
DC2	16 413	16 000	16 000	23 000	21	100
B 公司综超合计	30 964	28 620	28 150	24 030	45	72.72
C 公司标超	33 164	27 039	27 000	28 678	36	86
华东业务单元合计	115 432	106 179	105 450	81 170	51	77.96

- **配送中心的物流成本**

在 2004 年底的一次物流内部会议上，财务部提供的数据令与会的两个配送中心经理汗颜：配送中心物流运作成本高昂，每配出百元的成本为 2.5～2.8 元；而采购部从供应商处取得的物流费最多只有两个点，即配送中心每发货100元钱将给公司带来0.5~0.8元的亏空，国内标杆竞争企业的百元出货成本为2.0~2.2元，差距不言而喻。

- 配送中心成本问题分析

通过对财务管理报表中配送中心费用（本案例附件1）进行分析时发现：两个配送中心200×全年主要费用发生于员工成本、固定资产折旧和摊销、仓库租金和运输费科目上。这4项费用占DC1的全部费用超过90%；DC2的4项费用占全部费用的70%~80%。鉴于DC2所用车辆全为自有车辆，车辆修理费另计入维修费科目，且仓库自建，因此如果把车辆修理费因素考虑在内，4项费用占DC2的费用比例也超过90%。配送中心这4项费用中的前三项属于固定成本支出，于配送中心而言是不可控制的。

因而如果想要降低配送中心的运作成本，必须考虑从占配送中心费用30%的运输费着手。配送中心运输车辆编排，主要视各店的要货情况进行。配送中心对门店的承诺是：不管门店的要货量多少，市内门店24小时送达；距离在200 km以内的市外门店48小时内送达；距离超过200 km的市外门店，72小时内送达。同时为支持门店开展团购业务，配送中心还承诺对于紧急团购订单，门店集货量超过1/3车就可以发车。实际运作中，门店经常违规进行补货导致要货量人为放大，还时常把正常要货单以团购的名义要求配送中心加快处理，这使配送中心临时安排更多的车次以满足门店要求，运输成本问题只能次要考虑。

至于人均劳动效率方面，DC2年人均进出货金额为300万元/年·人$^{-1}$，继续提高的潜力有限；DC1则为230万/年·人$^{-1}$，人均劳效远低于DC2的原因有多方面，主要为没有运行WMS系统，产生很多作业重复操作所致。

- 成本控制对策

2005年开始，华东业务单元决定对配送中心进行财务上的独立核算，以激励配送中心想办法将其运作费用降低；同时将配送中心每月发生的运输费用划到门店，并入门店的损益表。配送中心还大力开展一些新的收费服务项目，如配送中心异地代收货、设立上海收货点、配送车辆返程带货以及仓储共享等。由于新业务刚开始不久，业务量也不是很大，预想通过新业务收入使配送中心实现盈利的计划，看来还有好长的路要走。

此外，DC1的WMS系统问题，因公司预算太紧，只能当做非紧急、非必需而被延后；DC1仓储费、外部车辆运输费谈判也因自身规模不大而进展缓慢。想要实现像沃尔玛、易初莲花配送中心那样每年盈利上百万元的计划，CV公司还有太多的事情要做。

2005年5月，是华东物流部成立一周年的日子，也是华东业务单元物流总监空降而来一周年的日子。一年来的风风雨雨，他需要好好静下来理一理了。

【案例分析指南】

连锁零售企业所进行的所有业务活动不外乎商品进、存、销三部曲，其供应链管理所要解决的就是商品引进、保存及上架陈列、销售失败后退货三个过程中商品和信息的无缝交接问题及成本问题，所以商品进、存、销过程的信息与成本以及门店商品的可得性是解剖本文的钥匙。

【思考题】

（1）根据案例，请您描述直送、直通、配送三种商品物流模式的区别之处。

（2）为什么 DC1 和 DC2 对配送商品物流模式的设置是截然相反的？

（3）如果在超市购物时，发现您最急需的商品缺货，会影响您继续购物吗？缺品对超市的影响如何？请谈谈您的看法。

（4）你认为 CV 公司华东物流部应采取什么措施进一步降低门店的退配量问题？

（5）假设你为物流部的经理，对表 13-3 中 OTB 库存金额大幅超标的门店，你会采取什么措施？

（6）假设你为门店店长，面对门店利润被高额的运输费所侵蚀，你将采取什么对策？

（7）配送中心向利润中心转型中，准备大力开展收费服务项目，还有哪些项目可以进行？

（8）现在很多企业都在进行运输外包，试分析外包运输对企业的利弊。

（9）信息系统对改进配送中心的服务水平和运作成本有何影响？DC1 上 WMS 系统的问题已被 CV 公司高层否决，请分析原因。*

（10）你认为有哪些措施可以降低 DC1 的租金支出？*

（11）请你分析附件 1 中的配送中心运作费用，还有哪些办法可以压缩配送中心的运作费用？请结合案例撰写配送中心成本降低行动方案。*

（12）运用你所掌握的管理知识，说明 CV 公司的组织结构是如何划分的？这种组织结构设置对供应链运作有何影响？*

（13）根据案例，你认为 CV 公司华东业务单元是否应将采购部与物流部合并，组成供应链管理部？*

第 13 章　案例 2　附件 1

200×年华东业务单元两个配送中心的运作费用　　　　　　　　单位：元

费用 \ 季节	一季度 DC2	一季度 DC1	二季度 DC2	二季度 DC1	三季度 DC2	三季度 DC1	四季度 DC2	四季度 DC1	全年合计 DC2	全年合计 DC1
员工成本										
薪金及工资	446	174	271	168	246	158	286	218	1 249	718
奖金	37	17	38	19	76	18	86	21	237	75
福利费	(3)	26	0	25	34	26		51	31	128
员工保险	95	48	59	18	80	34	62	34	296	134
公积金/强积金	3	5	0	0	0	3		5	3	13
员工培训	0	0	4	0	0	0			4	0
其他员工成本	0	0	0	0	4	12	0	0	4	12
小计	578	270	372	230	440	251	434	329	1 824	1 080

续表

季节\费用	一季度 DC2	一季度 DC1	二季度 DC2	二季度 DC1	三季度 DC2	三季度 DC1	四季度 DC2	四季度 DC1	全年合计 DC2	全年合计 DC1
其他费用										
折旧和摊销	611	31	410	28	387	45	435	45	1 843	149
租金、大厦管理费和差饷	0	162	14	164	0	164		162	14	652
冷气费	0	0	0	0	0	0		3	0	3
修理费	100	12	58	4	102	3	68		328	19
交际应酬费	0	1	0	4	0	0		5	0	10
通讯费	7	7	25	7	13	5	15	10	60	29
差旅费	3	11	3	15	1	14			7	40
水电暖	68	11	51	2	52	0	60		231	13
文具印刷费	0	0	0	0	0	1			0	1
保险费	38	2	0	3	17	3	21	3	76	11
耗用品	33	34	41	23	53	38	104	58	231	153
管理费	0	0	0	0	0	0			0	0
装卸驳运费	0	0	0	0	0	0			0	0
运输费	176	275	180	184	188	218	146	436	690	1113
税金	0	0	304	0	0	0			304	0
其他	519	(14)	(121)	(3)	11	2	(138)	8	271	(7)
其中：存货损耗	428	(14)	(79)	(3)	0	0	(19)	8	330	(9)
公司活动费	14	0	0	0	0	0	0	0	14	0
环境费	0	0	1	0	1	0	0	0	2	0
其他	77	0	(43)	0	10	2	(119)	0	(75)	2
小计	1 655	532	965	431	824	493	711	730	4 155	2 186
合计	2 133	802	1 337	661	1 264	744	1 145	1 059	5 879	3 266
费用率										
员工成本费用率（%）	27	34	28	35	35	34	38	31	31	33
折旧和摊销费用率（%）	29	4	31	4	31	6	38	4	31	5
租金费用率（%）	0	20	1	25	0	22	0	15	0	20
运输费用率（%）	8.25	34.29	13.46	27.84	14.87	29.30	12.75	41.17	11.74	34.08

案例 3 XF公司的物流战略推进

【案例概要】

本案例从分销型企业运作的实际出发,描述了该类型企业中涉及物流运作及相关流程的一些疑难问题。案例运用现代供应链管理理论,在数据分析的基础上,对这些问题给出了科学的解决方法。

【教学目的】

(1) 知识目标

本案例内容涉及的物流管理理论:物流规划中的设施选址、运输车辆调度;库存管理中安全库存、订货系统、水平网络的库存合并—平方根法则;预测算法以及简单线性规划的内容。实际中有些问题的解决需要用到以上知识的结合。

(2) 能力目标

本案例力求以实际工作中的具体问题作为切入点,介绍分析问题和解决问题的方法,使物流管理理论与实际工作相结合,进而加深读者对略显枯燥的物流专业理论的理解,同时间接培养读者的实际问题解决能力。

本案例的数据处理均使用 EXCEL,这也锻炼了读者的计算机使用能力。有 BASIC 语言基础的读者,还可以练习和尝试 VBA 编程,最大限度地提升 EXCEL 的运算和功能。

【自学时数】

3 学时

引 言

XF 公司新任物流战略经理肖瑞明天就职,今天本来和家人游园的计划在早晨 7 点被总裁秘书的电话破坏了。今天上午 8:30 公司要召开一个产品部门、销售部门和商务部门的高层联席会议,总结公司半年来的运营,总裁要提出下半年的工作战略,其中要涉及物流部的工作,肖瑞是必须要参加的。

公司背景

XF 公司是 IT 分销型企业,是国际著名品牌 GW 公司在中国的总代理之一,负责其主要产品线在中国大陆境内分销。公司有部分直接客户,主营业务是面对销售区域各个城市的 IT 销售商。GW 公司的产品主要包括:笔记本电脑、打印机、扫描仪、台式机、服务器、图形工作站等。2004 年,GW 公司产品的销售额占 XF 公司的年度销售总额的 80%,为 8 亿元人民币,XF 公司其他 20% 的销售额来源是在陕西省内的 JCN 品牌显示器和笔记本电脑的地区性代理。

XF 公司总部位于西安,在北京、厦门、济南、郑州、南京、上海、杭州、武汉等城市有8家分公司,另外在沈阳、广州、成都有3家办事处,办事处与分公司的区别在于没有物流功能,即没有仓储、市内运输和区域运输,其管理和销售均通过挂靠的分公司来完成。目前XF公司所使用的仓库以及运输都是由第三方物流公司提供的。

根据代理协议,JCN公司西安工厂会根据XF公司的采购订单,将产品直接送到5 km外的XF公司西安仓库;GW公司根据XF公司的采购订单,直接在固定的运送时限内将产品发送到XF公司在全国的9个仓库内。XF公司与JCN和GW的结款方式都是货到付款。

各分公司和办事处组织架构如图13-11所示。

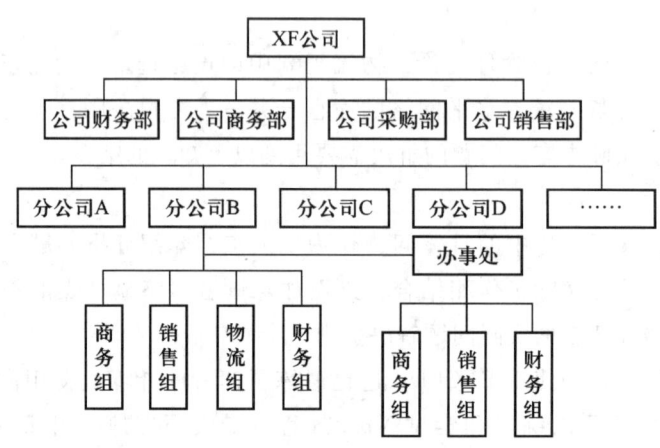

图13-11 公司的组织架构图

运营状况

XF公司创建于1998年,从当年的800万元营业额开始,逐步从IT销售公司成长为分销型企业,在西安乃至陕西,目前仍然保留延伸至三四级城镇的销售网络。由于近年来的业务发展很快,一些品牌主动与XF公司接触,希望通过XF公司的网络在全国或陕西分销产品,这说明XF公司在业界的影响力在逐渐加强。

由于公司发展速度很快,公司内部管理面临的问题越来越多,物流问题就是其中一个重要问题。与行业领头羊相比,无论从物流信息化、物流人员培养、物流成本控制、库存管理等方面,XF公司都有很多需要改进的方面,这也是肖瑞火线加盟的一个重要原因。XF公司于2003年成功实施了ERP(企业资源计划)系统,内容涵盖销售、财务和物料管理,受诸多因素影响,系统的库存、运输等模块尚未开通。

另外,受到国家西部开发战略影响,陕西的经济处于良好发展态势,与此对应的是IT业的供需两旺,这从近3年公司销售额每年40%的增长率就可以看出。随着电子商务的逐渐升温,公司高层有意向进军IT网络营销领域。同时公司销售网络要向华南区延伸,以扩张公司的销售范围,争取更大的市场份额。

在公司目前业务顺利开展的同时，来自多方面的不利因素也越来越多。2004 年的利率调整为 2005 年公司运营带来了更多的财务成本支出，竞争对手的几次促销和降价也使 XF 公司减少很多利润，为此，肖瑞首先需要解决的是费用控制、库存控制，配合公司营销网络拓展的物流网络延伸也是工作重点之一，而贯穿上述工作的核心，就是逐步建立 XF 公司的物流信息系统。

在联席会议上，各部门总结了半年来公司运营的成绩和不足，主要表现在以下几点：

（1）行业竞争加剧，整体 IT 业利润空间急剧缩小，IT 产品逐渐走下神坛，PC 已经成为耐用消费品类家电。

（2）厂家继续保持强势，提高月度和年度压货数量，造成资金大量占用。

（3）由于 JCN 公司的全国总代理不只 XF 公司一家，下游经销商受利益驱动，在诸多总代理间游移，销售价格和政策以及物流配送时效、配送质量等导致出货量波动剧烈。

（4）公司代理的 JCN 和 GW 公司的产品受到来自于国内厂商强有力的竞争，一些下游经销商已经倒戈，加盟国产品牌的渠道。

（5）GW 公司年初新增加的代理资金实力雄厚，在各条产品线强力出击，由于表现出色，GW 公司正在考虑将原来分散在几个总代理手里的笔记本电脑产品交由其一家，而 GW 公司的笔记本电脑是贡献公司年度总营业额 19% 的产品。

会议开完了，肖瑞被留下与总裁单独谈话，还没有正式就职肖瑞就已经感受到自己的压力了。

业务流程

- **采购流程**

XF 公司的产品采购由公司采购部完成，采购经理会通过公司 ERP 系统，获得某产品线或产品型号在全国各个仓库的库存，根据经验以及厂家规定的每月采购金额，在每月安排 2~3 次采购，采购订单通过厂家网站的入口界面下达并确认，厂家在确认订单后安排发运，产品会根据订单规定的数量和时间发运到指定分公司的仓库。

JCN 的供货周期固定且采购压力低，基本随时采购都可以在当日送达西安仓库，而 GW 公司在上海有组装工厂且还有一些产品需要进口，供货周期不稳定，一般在 10 天左右，采购订单被修改的情况时有发生。

采购经理有权平衡全国 9 个仓库的库存，有时会发出调货指令，从某分公司仓库调往另外某分公司的仓库，然后再在新的分公司进行销售。

- **销售流程**

分公司或办事处的销售订单通过分公司汇总，通知仓库出库，并安排运输。运输分为市内运输和区域运输两种，市内运输发生在分公司所在城市，就是从仓库按照固定配送时限，将产品送达经销商店面，每天随时响应销售订单，有的经销商一天多达 3~4 次订货。区域运输是指分公司及办事处所在城市的周边二三级城市的区域配送。

运输与仓库选址

上任伊始,肖瑞开始对 XF 公司的物流网络架构进行分析,无论从市内运输还是区域运输,他都发现目前的物流运作存在很多问题。

- **市内运输**

以某分公司所在城市为例,该城市的主要 IT 产品销售均在数码一条街完成,该商业街位于城市的西北,靠近城市郊区,与大学城毗邻,占 XF 这个分公司销售量 85% 的经销商都集中在这 4 km² 的区域内。目前与分公司合作的第三方物流仓库位于城市的西南,靠近城市公路网出口,与商业街的实际距离 30 km,要经过商业区和居民区。运输车型为 10 m³ 的大车和 2.5 m³ 的小车。

由于运输要经过人口密度较大地区,在车流高峰期,尤其是下午 17:00—18:00 之间,堵车状况相当严重,而此时又是经销商销售订单发出的高峰,承诺的送货时效肯定不能满足。为此肖瑞开始着手分析市内运输的基础数据,用 EXCEL 表格整理市内销售订单的出入库记录,然后用 VBA 编制宏,从而得到市内运输所需车辆总数量。

运用带有时间窗和车辆体积的约束条件构造算法思路,模拟实际车辆调度运作,程序框图如图 13-12 所示。

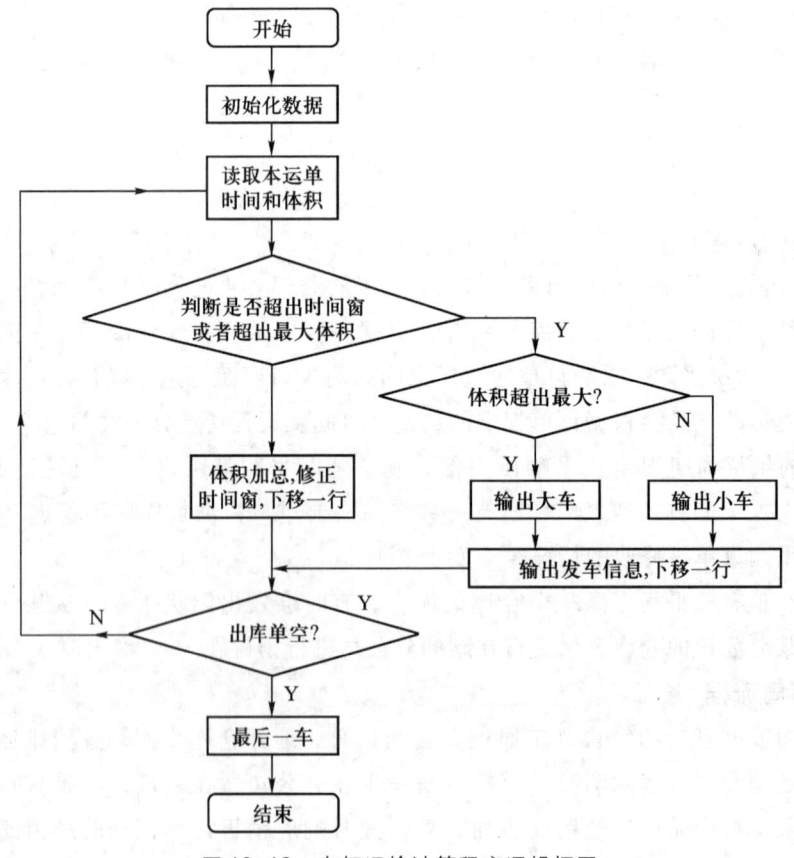

图 13-12 车辆运输计算程序逻辑框图

表 13-4 是某天该分公司的市内发货记录。

表 13-4 分公司市内发货记录

代理名称	数量	接单时间	发货通知时间	体积（m³）	发车	体积（m³）	车型
新悦科技	2	10：29	10：36	0.390 2	Y	0.390 2	小车
捷来美	30	10：23	11：30	2.48	Y	2.48	小车
新时代	70	11：59	12：06	12.877 2	Y	12.877 2	大车
众和美	30	13：18	13：36	3.632 6			
星悦虹	2	13：43	13：57	0.009 8			
众和美	10	14：01	14：10	1.351 8			
创佳新科技	2	14：16	14：19	0.15	Y	5.144 2	大车
纽曼	30	14：50	14：58	2.868 6			
兴博伟业	7	15：30	15：34	0.527 7			
锐通	21	15：42	15：59	2.542 8			
众和美	15	15：38	16：14	2.759 4			
纽曼	5	15：25	16：20	0.72	Y	9.418 5	大车
兴博伟业	40	15：34	16：20	4.892 2			
锐通	5	15：25	16：20	0.735 8			
众和美	12	16：20	16：26	1.372 2			
星悦虹	9	16：24	16：30	0.167 2			
众和美	1	16：10	16：34	0.713	Y	7.880 4	大车
创佳新科技	150	16：31	16：40	7.717 5			
纽曼	1	16：15	16：40	0.483 8			
新悦科技	1	16：48	16：56	0.117 6			
捷来美	10	16：59	17：08	0.514 4	Y	8.833 3	大车
新时代	10	16：27	17：09	1.839 6			
众和美	30	17：15	17：28	0.012 3			
创佳新科技	1	17：04	17：28	0.012 3			
纽曼	45	17：11	17：30	3.765 8			
兴博伟业	192	17：03	17：32	0.059 4			
锐通	2	16：51	17：37	0.000 3			
众和美	5	17：55	18：04	0.69	Y	6.379 7	大车
信通伟业	12	17：58	18：06	3.679 2			
捷来美	9	18：32	18：39	0.9		4.579 2	大车
众和美	1	18：29	18：40	9.198	Y	9.198	大车
众和美	150	18：20	18：40	1.751			
创佳新科技	50	18：23	18：40	2.572 5	Y	4.323 5	大车

通过计算，可以清楚得到每天所需各类型车辆的数量。但如果增加车辆，满足经销商的订货需求，势必会增加成本。

为解决这一问题，肖瑞经与销售总监沟通，希望减少出货次数以降低车辆不足的压力，最后由销售部给经销商规定，每天每个经销商下达的销售订单不得超过2个，并且下达订单的时间也规定尽量避开交通高峰期。再通过对累计一个月的经销商订单进行合并后，肖瑞发现目前3PL的车辆配置是可以满足实际需求的。

从供应链的全局来看，下游物流主体为了降低物流综合成本，一般会采用增加订货次数，减少订货批量的方法。从XF公司本身出发，对GW公司的采购要进行改革的思想在肖瑞的脑海里坚定了。

由于不同城市的实际特征不同，肖瑞又通过各分公司的物流专员布置了以下工作，用重心法测算城市中最佳库房位置，结合具体城市情况，设计FDC即前沿库房，用以缓解配送时效不能达成的难题。下面是其下发邮件的主要内容：

一、项目目的

1. 节约成本。

2. 满足数码一条街客户响应时效要求。

3. 适合公司新的商务策略。

二、数据搜集和测算

1. 静态数据对比

（1）测算市内需求量趋势。

（2）适当放大该数据测算平面库面积并计算相关成本。

（3）根据货量设计运输计划（从FDC到经销商）：

① 在响应时效内按照车型限定设计车辆配送计划表。

② 计算车辆租赁成本及购买成本对比。

（4）信息系统投入成本。

（5）人员配备成本。

（6）其他成本（保险、水电暖、燃油等）。

（7）减少的运费费用。

（8）减少的仓储费用。

2. 动态数据对比

（1）2005年预算下的成本对比。

（2）2005年预算下新的销售模式的成本对比。

三、商务流程的调整

1. 信息。

2. 商务。

3. 物流。

四、项目负责人：物流经理；项目成员：物流专员；技术支持：肖瑞。

五、项目时间：2004 年×月 12 日—2005 年×月 31 日。
·项目结论：分析报告（如果可行，附实施计划）。

需要强调的是，物流是追求成本与服务的平衡，单纯追求任一个极端，都是不可取的。工作布置下去了，肖瑞又把目标锁定在区域运输上。

- 区域运输

为分析区域运输成本的合理性，肖瑞设计了一个标准模板，请各分公司的物流经理将该分公司每月的区域运输货量和区域运费按照目的城市进行统计，然后按照货量大小进行排序，同时计算其线路运输费率以及累计比例。

表 13-5 是南京分公司反馈的数据。

表 13-5 南京分公司运输数据

区域运输目的城市	重量（kg）	重量比（%）	累计重量比（%）	费用（元）	费用比（%）	累计费用比（%）	实际单价（元）
苏州	8 144.64	37.19	37.19	5 610.00	37.11	37.11	0.69
合肥	6 589.98	30.09	67.27	4 342.80	28.73	65.84	0.66
常州	4 523.31	20.65	87.93	3 111.90	20.59	86.43	0.69
徐州	995.13	4.54	92.47	656.70	4.34	90.77	0.66
无锡	728.10	3.32	95.79	690.80	4.57	95.34	0.95
扬州	429.93	1.96	97.76	289.30	1.91	97.26	0.67
南通	206.46	0.94	98.70	154.00	1.02	98.27	0.75
泰州	100.98	0.46	99.16	77.00	0.51	98.78	0.76
淮安	84.24	0.38	99.55	59.40	0.39	99.18	0.71
淮南	56.16	0.26	99.80	92.51	0.61	99.79	1.65
盐城	23.85	0.11	99.91	11.00	0.07	99.86	0.46
镇江	14.04	0.06	99.98	13.20	0.09	99.95	0.94
连云港	5.40	0.02	100.00	7.70	0.05	100.00	1.43
合计	21 902.22			15 116.31			0.69

按照 80/20 原则，肖瑞将分析重点放在南京分公司 88% 的货量分布点：苏州、合肥和常州，这三条线路的运输费率单价与当地运输市场运价中游水平接近，考虑到单票货物起运价的问题，上述价格是可以接受的。

通过对西安以及 8 个分公司一年累计数据的分析，很快，运费单价不合理的几条线路浮出水面，后续工作就是如何降低这些线路上的运输单价问题了。但运输单价合理是否就意味着运输成本最低呢？为解决这个问题，搜集的基础货量分布数据又发挥了作用。

单设施选址问题在城市 FDC 设计时已经应用过,在区域货量的基础上再与分公司所在城市的货量综合考虑,就会得到合理重心分布的答案。经过分析,在分公司销售区域内就发现仓库位置选址不合理的问题,这个问题在厦门分公司表现非常突出。

表 13-6 是厦门分公司某月的区域运输数据。

表 13-6　厦门分公司某月运输数据

城市	重量（kg）	重量比（%）	累计重量比（%）	费用（元）	费用比（%）	累计费用比（%）	实际单价（元）
福州	8 574.70	63.55	63.55	11 347.11	65.39	65.39	1.32
厦门	3 352.30	24.84	88.39	3 787.53	21.83	87.21	1.13
泉州	1 102.10	8.17	96.56	1 402.52	8.08	95.30	1.27
漳州	302.00	2.24	98.80	513.00	2.96	98.25	1.70
南平	55.00	0.41	99.21	98.00	0.56	98.82	1.78
龙岩	52.00	0.39	99.59	88.00	0.51	99.32	1.69
三明	35.20	0.26	99.85	73.36	0.42	99.75	2.08
莆田	20.00	0.15	100.00	44.00	0.25	100.00	2.20
合计	13 493.30			17 353.52			1.29

通过重心法分析,其合理的 RDC（区域配送中心）应该在福州附近,如图 13-13 所示。

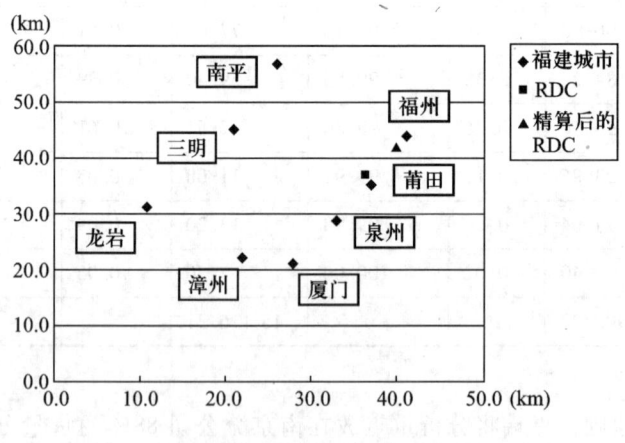

图 13-13　区域配送中心选址

为此,肖瑞按照仓库位置设立在福州的思想,在仓储成本保持不变的前提下,以福州 3PL 公司平均水平重新测算了整体的运输成本,通过比对分析,参照人口、经济发展水平等因素,提出厦门分公司迁移至福州的建议书。

连续补货系统的建立

库存是分销企业心中之痛,库存不够造成产品脱销,失去销售额和利润;库存过高,又会产生资金占用和产品降价的风险。如何在保证销售的前提下,最大可能地降低库存,解决或缓解这个问题成为肖瑞的工作重点。

从采购部得到库存的数据和销售部获得的数据,经过加工,使肖瑞感到问题的严重性。

表 13-7 是 2004 年×月的库存情况。

表 13-7 某期库存数据

品牌	产品类型	期末库存金额(万元)	当月销售(万元)	近3个月累计销售(万元)	预计库存可销售天数
GW	笔记本电脑	281.60	450.56	1 431.68	17
	打印机	1 126.40	1 689.60	4 968.80	20
	扫描仪	665.60	865.28	2 655.84	22
	台式机	1 177.60	2 119.68	6 239.04	16
	服务器	102.40	153.60	560.80	16
	图形工作站	51.20	61.44	172.32	26
JCN	显示器	614.40	3 072.00	9 116.00	6
	笔记本电脑	245.76	1 474.56	4 503.68	4

按照:订货点=平均日销量×供货周期+平均日销量×供货周期波动+销量波动这个公式来推导:库存可销售天数=供货周期+供货周期波动+因销量波动造成的修正。

JCN 公司的供货周期为 1 天,没有延误,而库存显示器居然有 6 天的库存,可见库存占用有多么严重。

肖瑞按照 GW 打印机设计了一个连续补货系统,以 EXCEL 表格实现,该打印机的供货周期为 3 天。以下数据为该打印机某一型号数据(表 13-8)和图示(图 13-14),其中在销售初期,订货点开始使用固定订货点策略,在第 29 天开始使用销售预测数据和销售标准偏差以及供货周期测算订货点,从实施的效果来看,平均库存从 1 919 下降为 771,下降比例为 59.8%。

表 13-8 某型号打印机数据

日期	实际销售	实际采购和库存		连续补货采购和库存				
		采购	库存	订货点	采购	在途1	在途2	库存
1	265	1 000	735	1 320				735
2	350	0	385	1 320	935	0	0	385

续表

日期	实际销售	实际采购和库存		连续补货采购和库存				
		采购	库存	订货点	采购	在途1	在途2	库存
3	119	0	266	1 320	119	935	0	266
4	59	0	207	1 320	0	119	935	1 142
5	0	0	207	1 320	0	0	119	1 261
6	180	0	27	1 320	239	0	0	1 081
7	0	0	27	1 320	0	239	0	1 081
8	324	720	423	1 320	85	0	239	996
9	112	0	311	1 320	351	85	0	884
10	0	0	311	1 320	0	351	85	969
11	362	2 700	2 649	1 320	11	0	351	958
12	53	0	2 596	1 320	404	11	0	905
13	345	0	2 251	1 320	334	404	11	571
14	137	0	2 114	1 320	0	334	404	838
15	218	0	1 896	1 320	32	0	334	954
16	193	691	2 394	1 320	527	32	0	761
17	121	0	2 273	1 320	89	527	32	672
18	193	0	2 080	1 320	0	89	527	1 006
19	75	0	2 005	1 320	211	0	89	1 020
20	217	0	1 788	1 320	306	211	0	803
21	288	0	1 500	1 320	77	306	211	726
22	568	2 250	3 182	1 320	473	77	306	464
23	193	135	3 124	1 320	422	473	77	348
24	175	0	2 949	1 320	0	422	473	646
25	0	0	2 949	1 320	0	0	422	1 068
26	0	0	2 949	1 320	252	0	0	1 068
27	27	0	2 922	1 320	27	252	0	1 041
28	135	0	2 787	1 320	0	27	252	1 158
29	54	0	2 733	1 011	0	0	27	1 131
30	80	0	2 653	983	0	0	0	1 051
31	349	0	2 304	952	250	0	0	702
32	0	0	2 304	989	37	250	0	702

续表

日期	实际销售	实际采购和库存		连续补货采购和库存				
		采购	库存	订货点	采购	在途1	在途2	库存
33	246	0	2 058	979	0	37	250	706
34	105	0	1 953	998	323	0	37	638
35	333	0	1 620	1 003	375	323	0	305
36	130	360	1 850	1 033	0	375	323	498
37	757	0	1 093	1 119	628	0	375	116
38	45	0	1 048	1 203	504	628	0	71
39	9	0	1 039	1 206	0	504	628	690
40	179	1 900	2 760	1 155	0	0	504	1 015
41	66	0	2 694	1 166	217	0	0	949
42	54	0	2 640	1 128	16	217	0	895
43	105	0	2 535	1 118	0	16	217	1 007
44	171	0	2 364	1 104	236	0	16	852
45	414	0	1 950	1 119	445	236	0	438
46	18	0	1 932	1 163	0	445	236	656
47	227	0	1 705	1 142	0	0	445	874
48	146	1 200	2 759	1 157	429	0	0	728
49	403	0	2 356	1 165	411	429	0	325
50	112	356	2 600	1 176	0	411	429	642
51	251	0	2 349	1 070	0	0	411	802
52	324	1 134	3 159	1 083	605	0	0	478
平均库存			1 919					771

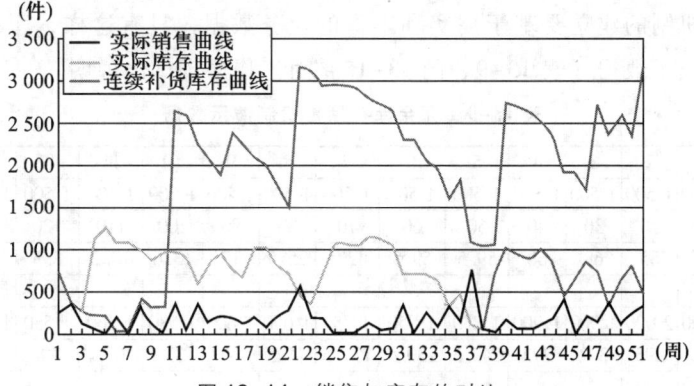

图 13-14 销售与库存的对比

在历史数据中，我们可以看到采购部发出的频率低而采购量大的订单，而连续补货系统会根据动态的库存控制点来发出连续的高频低量的采购订单，这样，实际库存水平控制在一个比较低的状态。但主要关注点要放在用库存 ABC 分类的货值较大的产品型号。

由于实际业务中 JCN 公司限定 XF 公司对于其显示器产品每个月有固定的采购量，一般情况下，采购经理会在月末发出一个采购大单，以完成采购指标。自动补货系统实施以后，可能由于每个产品型号的订单数量都是最优，但最终结果与实际业务脱节，为此，肖瑞又用 VBA 设计了一个宏，在所有显示器型号中选择销售增长较快的产品，从月中开始，根据每个型号产品的采购价格估算其采购价值的未完成额，并自动增加这些增长型产品的采购数量，从而实现在采购压力和市场销售的实际情况下，最优调节库存。

程序编制完毕，肖瑞感觉到一个物流信息系统必须建立了，为此他开始与 ERP 实施厂商联系，准备按照自己的需求，开通库存管理和运输费用结算模块，以提高工作效率。

冗余库存预警

为减少冗余库存的产生，肖瑞又开始准备引进库存预警机制，其原理如下：库存商品保本期是指商品从购进到销售，不出现经营性亏损的最长存放时间，它所保的"本"，既包括进行分析时已经发生和支付了的商品购进成本、购进费用，又包括进行分析时尚未发生，但必将发生而又必须支付的费用。最长储存期是商品盈亏的分界点，在最长储存期内能取得一定的利润，如果超过最长储存期就会发生亏损。

商品售价大于进价的差额称为毛利，毛利减去应交纳税金后，如果与发生费用相等，即不盈不亏，正好保本，即为保本点，商品储存达到保本点的期限，即商品保本期。毛利和税金不随商品储存期的长短而变动，商品购进后至销售前发生的费用，如保管费、利息等，则随商品储存期长短而变动，商品储存期越长，发生费用越多。超过商品保本储存时间越长，发生的亏损越多。结合各产品的实际情况，多种多样的"价保"政策也要在其中加以考虑。

库存预警机制的建立要基于翔实和丰富的业务数据，只有这样，库存预警才可以实现，以下用演示数据（表 13-9、图 13-15）对工作原理做出说明。

表 13-9 冗余库存预警机制演示数据

周期	1	2	3	4	5	6	7	8	9	10	11	12	13	14	15
采购成本	1 500	1 500	1 500	1 500	1 500	1 500	1 500	1 500	1 500	1 500	1 500	1 500	1 500	1 500	1 500
物流成本	10	20	30	40	50	60	70	80	90	100	110	120	130	140	150
税	85	85	68	68	59.5	59.5	42.5	25.5	17	13.6	10.2	8.5	0	0	0
其他															
市场售价	2 000	2 000	1 900	1 900	1 850	1 850	1 750	1 650	1 600	1 580	1 560	1 550	1 490	1 460	1 400
利润	405	395	302	292	240.5	230.5	137.5	44.5	−7	−33.6	−60.2	−78.5	−140	−180	−250
冗余库存产生于	7	6	5	4	4	3	1								

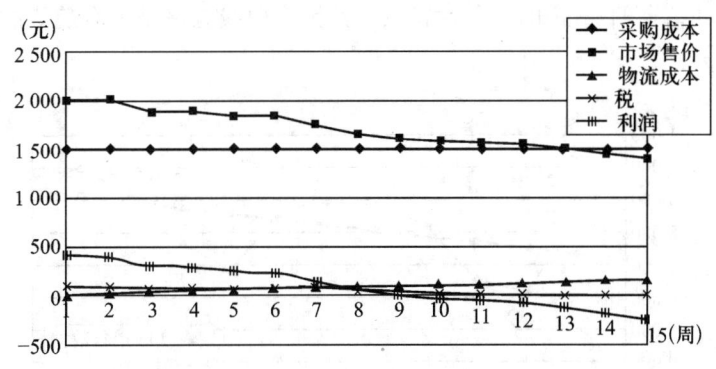

图 13-15 冗余库存预警机制演示图

由于该系统需要大量的数据处理,看来在物流信息系统没有上线之前,这个工作只有先放一放了。

销售预测

分销企业正常运作的核心之一就是资金流的顺畅,为保证采购工作的正常开展,资金计划也是企业运作的工作重点,为此,肖瑞开始运用销售预测的方法,来帮助采购部进行资金计划。

XF 公司的 ERP 系统中数据还是很丰富的,在财务部同事的帮助下,肖瑞拿到了 2003 年 6 月至 2004 年 6 月的月度销售数据(表 13-10)。

表 13-10 月度销售数据

日期	月度销售额(万元)
2003 年 6 月	7 876.23
2003 年 7 月	8 308.19
2003 年 8 月	6 143.78
2003 年 9 月	6 524.62
2003 年 10 月	8 190.92
2003 年 11 月	8 876.39
2003 年 12 月	8 956.53
2004 年 1 月	8 718.44
2004 年 2 月	6 815.89
2004 年 3 月	7 674.45
2004 年 4 月	9 172.87
2004 年 5 月	9 945.82
2004 年 6 月	9 707.25

通过数据并结合 IT 销售的季节性特点，其销售曲线应该是带有趋势的季节性曲线，如图 13-16 所示。

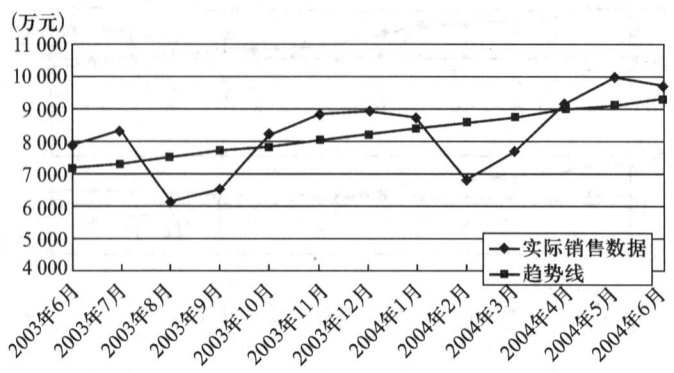

图 13-16 销售趋势曲线图

带有趋势的季节性预测是非常成熟的预测算法之一，肖瑞干脆将原理和参考书提供给财务部经理，由他自己来预测月度销售额，进而推导资金计划，如果时间和精力允许，能按照产品来预测是最好的结果。同时肖瑞又推荐了另外的几种常用的预测算法。

区域网络架构调整带来的库存、运输成本、财务成本的变化

在物流参考书中都介绍过"平方根法则"，其由经济订货批量公式推导得来，用以计算当水平库存合并后带来的安全库存量的降低比例。

设原来 4 个仓库需求量分别为 a、b、c、d，S_1 为仓库合并前总的安全库存水平，S_2 为仓库合并后的安全库存水平：

$$S_1 = \sqrt{a}+\sqrt{b}+\sqrt{c}+\sqrt{d}$$

$$S_2 = \sqrt{a+b+c+d}$$

安全库存节约比例：

$$r = \frac{S_1-S_2}{S_1}\times 100\%$$

如果 a、b、c、d 相等，则 $r=50\%$。

需要强调的是节约的是安全库存部分，在具体应用中，安全库存占平均库存的比例可以估算得到。目前 XF 公司在南京、上海和杭州都有仓库，如果通过仓库合并，则可以带来安全库存的降低，进而可以降低资金占用，达到节约财务费用的目的，通过货量分布，集中于上海也是最佳选择。但由于仓库合并带来的区域运输模式的改变会造成运输成本的上升以及延长了配送时间，如原来由 GW 公司负担的送达南京和杭州的物流费用现在需要 XF 公司自己承担。为此，肖瑞开始陷入苦思冥想之中。看来不得不建立模型，用线性规划来求解了。

第13章　分销与零售企业

【案例分析指南】

本案例从一个分销型企业新就职的物流战略经理的视角,围绕分销型企业业务运作和物流运作的实际情况,以服务与成本相平衡作为准则,从企业物流活动的具体运作作为切入点,围绕市内运输、区域运输、库存管理,结合实际业务数据,运用现代物流管理理论,选择适当的方法(算法),使用简便的 EXCEL,分析和处理数据以最终支持决策。

本案例的实践活动均来源于作者的实际工作,以上分析问题和解决问题的方法均可以在实际工作中使用。案例中涉及的对问题的处理在实际应用中不必拘泥于时间顺序,可根据读者遇到的问题重要程度单独来使用。

本案例内容涉及的有关供应链管理的基础知识并未全部引用,相关知识请参照有关资料。

在不损害原公司商业利益、商业秘密的前提下,作者对 XF 公司的参照公司流程、数据和基本信息都做了充分的技术处理。

【思考题】

(1) 在需求已知的前提下,平均库存是与订货频率成反比的,增加订货次数,减少每次订货的数量,可以起到降低平均库存的目的。假设订货随时可以到达,请按照表格中的数据计算该产品(螺丝钉)每一种采购方式下的平均库存。

年需求　6 000　　　　　　　平均月需求　500

年采购次数	库存量(库存单位)												平均库存
	1月	2月	3月	4月	5月	6月	7月	8月	9月	10月	11月	12月	
年采购次数1	5 500	5 000	4 500	4 000	3 500	3 000	2 500	2 000	1 500	1 000	500	0	
年采购次数2	2 500	2 000	1 500	1 000	500	0	2 500	2 000	1 500	1 000	500	0	
年采购次数3	1 500	1 000	500	0	1 500	1 000	500	0	1 500	1 000	500	0	
年采购次数4	1 000	500	0	1 000	500	0	1 000	500	0	1 000	500	0	

(2) 以下是合并四个仓库为一个仓库,某产品的库存量如表中数据所示,其中安全库存占20%,试计算由于库存合并带来安全库存量的降低比例。*

	合并前库存量	其中安全库存20%
仓库 A	1 525	305
仓库 B	210	42
仓库 C	735	147
仓库 D	470	94
合计	2 940	588
	合并后库存量	其中安全库存20%

安全库存节约比例

节约量

节约量占总量比例

（3）请根据案例中的 2003 年 6 月—2004 年 6 月的销售数据，建立带有趋势和周期的预测模型，并测算未来两个月的销售额。

（4）按照现代物流管理理论，根据最终客户的不同需求，供应链中的库存会放置在不同的环节中，简述钢琴和复印纸两种产品的物流网络体系的不同。

（5）计算运输费率是物流专员的工作之一，以下是 XF 公司的 3PL 的服务价格：

始发地	目的地	单价（元/kg）
上海	杭州	1.2
南京	北京	1.8
上海	西安	2.0
郑州	上海	1.7
……	……	……

请用 EXCEL 完成一个简单计算器，输入始发地、目的地和产品质量，输出运费金额。*

（6）某仓库每天需操作 1 000 箱的货物，搬运工人平均操作 1 箱用 3 分钟，假设工人每天工作 8 小时，有效工作时间 6 小时，请计算需要搬运工人的数量。假设每个搬运工人工资为 500 元/月，叉车司机工资为 3 500 元/月，购买一部电动叉车 8 万元人民币，成本按照 5 年分摊，该叉车的工作效率为 10 箱/分钟，忽略用电成本。作为物流经理，你将怎样决策？如果货量增加 10 倍，为每月操作 10 000 箱呢？*

（7）按照下列数据测算分拨中心位置，用 EXCEL 实现上述计算并且用"xy 散点图"来实现上述各点位置，尝试改变某点的货量，观察分拨中心的位置变化。*

城市	x 坐标	y 坐标	货量
A	1.2	3.5	2
B	4.3	1.3	3
C	2.3	7.1	1
D	6.5	4.3	4
E	5.6	8.2	5
F	4.7	2.3	1
分拨中心位置			

（8）下表所列产品 A 为 1—9 月销售数量的基础数据，请根据上述数据，用 EXCEL 分别实现短期预测方法：简单平均、加权平均、移动平均、趋势移动、简单指数平滑，预测 10 月份的销售量。

产品A	1月	2月	3月	4月	5月	6月	7月	8月	9月
	170	230	196	175	160	190	240	267	221

(9) 试根据本案例内容阐述分销型企业物流管理的特点。*

案例4 ZZ公司的配送中心

【案例概要】

本案例介绍了某药品配送中心仓库的运作情况，着重于货物拣选的方式。货物的拣选方式要适合产品特点，不同拣选方式、使用不同的物流设备会造成不同的人员、资金投入，运作的效率也大不相同。

【教学目的】

(1) 了解医药配送中心的运作过程。

(2) 掌握在仓库中各种拣选方式的特点。

(3) 掌握如何根据仓库结构和产品特点制订拣选方式。

(4) 掌握配送中心常见问题的分析方法和解决对策。*

【自学时数】

2学时

公司背景

ZZ公司为本地区规模较大的药品流通企业，主要从事药品的批发、零售及药品物流配送业务，主要服务对象为药店、诊所、医院等。公司是本地区最早开始进行药品配售的医药流通企业（注：药品配售是指药品的配送销售方式，主要特点是送药上门，现金结算），由于价格灵活，服务快捷，目前已经占领本地区同类市场的50%以上。ZZ公司目前经营600个药厂的4 000余种药品，为扩大销售渠道，ZZ公司还开设直营连锁店和加盟连锁店，并且拥有自己的药品电子商务网站。

ZZ公司接受客户多种订货方式，包括网上订单、连锁店、电话订单、自提订单（由客户到配送中心取货）等，所有的订单都要先在市内的总部进行处理，其中呼叫中心受理的电话订单占订单总数的70%。ZZ公司已建立起较完善的物流信息管理系统，可以达到及时处理各种类型的订单请求，并且所有订单可以实时传送到ZZ公司在市内另一地点的配送中心，由配送中心安排送货服务和收款（如图13-17所示）。

ZZ公司拥有占地面积6 000 m² 并通过国家药品GSP认证管理的药品配送中心，去年销售额达人民币2亿元。配送中心是ZZ公司最大的一个职能部门，其组织结构图如图13-18所示。

ZZ公司配送中心的运作

ZZ公司配送中心的仓库和运输设施主要是租用，由于ZZ公司药品配送量多年来

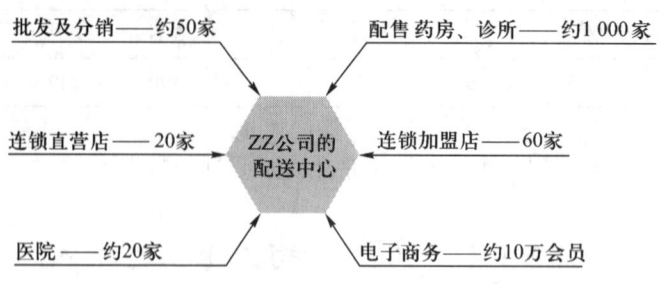

图 13-17 ZZ 公司配送中心运作示意图

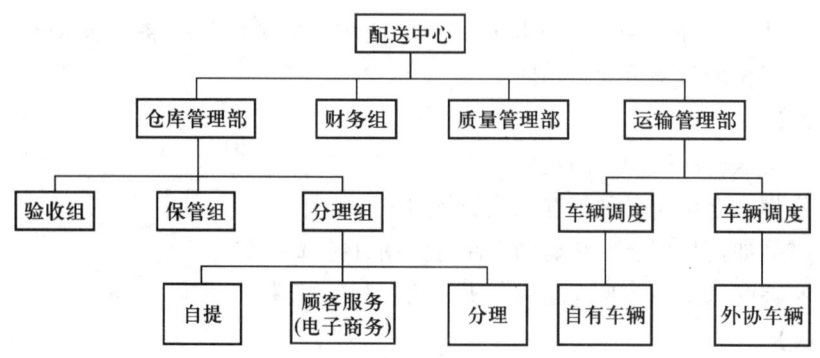

图 13-18 ZZ 公司的组织结构图

持续增长,在仓储和运输方面投入逐年增加,目前使用的仓库还有 3 年的使用期。2004 年,ZZ 公司物流成本为人民币 200 万元,以当年销售额 1.4 亿算,其物流成本约占销售额的 1.42%。包括:

仓库租金:50 万元/年;

工作人员工资:50 万元/年(45 名员工);

运输成本:90 万元/年;

其他支出:10 万元/年。

ZZ 公司为客户提供免费送货服务,其服务承诺是市内客户订货后 24 小时内可收货,郊区 48 小时收货。ZZ 公司目前可以达到 99.99% 的送货及时率。ZZ 公司的配送中心每周工作 6 天,日订单处理量为 600~700 张订单,高峰时为 1 000 笔。据测算,每个客户(不含电子商务)平均 1.8 日就会发出一次订单,平均每笔订单的品项数为 8 品,ZZ 公司配送中心属于典型的小额高频率物流。ZZ 公司的配送中心目前发货准确率不高,平均为 98%,时常引起客户投诉。

由于国家对医药市场管理的逐步规范,药品市场的渠道向扁平化发展。ZZ 公司绝大部分药品直接从药厂采购,在采购价格方面,与主要竞争对手并没有明显的差距。主要竞争对手准备实现市内 12 小时送货的服务承诺,ZZ 公司已经感受到服务的压力。

拣货问题的提出

为了改善绩效，ZZ 公司将要升级物流信息系统并改造原有的物流流程。ZZ 公司配送中心的目标是要达到 12 小时送货响应，在系统升级前，进行了服务绩效内部作业流程的审计。

- **仓库**

ZZ 公司租用了一个大型建筑中的 4 层作为仓库，拥有 2、3、4、5 层，每层楼的面积约 1 500m^2，分别保管不同种类药品。

（1）ZZ 公司可以使用仓库的停车场及设备。

（2）依靠 1 部货梯，药品完成进货和出库。

（3）在二楼，设有面积 400 m^2 的发货区。

- **ZZ 公司配送中心的配送作业流程（图 13-19）**

（1）ZZ 公司总部与配送中心距离较远，配送中心可与总部订单管理系统实时连接，总部和配送中心之间的数据传输时间可忽略不计。

（2）ZZ 公司配送中心仓库的 2、3、4、5 层分别保管不同种类的药品。在接到订单后，信息系统按药品所在楼层分别打印客户拣货单，分发到各楼层保管员。100 张订单处理、打印及分发所需时间为 30 分钟。

（3）各层保管员/拣货员分别按订单拣选，拣选药品放入周转箱。作业完成后，周转箱通过货梯移动到二楼发货区。

拣货人员每次拣取一张拣货单，每层楼的拣货人员从接到拣货单到拣出药品，平均需要 3.5 分钟，包括：查看清单，寻找药品，行走，核对批号，清点数量，再查看清单，参与拣货的人员有 12 人。这个环节处理 100 张订单平均需要 120 分钟。配送中心规定的工作时间为 8：00—17：00，但经常需要加班到 20：00 甚至更晚，中间有 2 次休息。

（4）在二楼发货区，分理组进行客户订单"合箱"作业，找到客户订单的每一层的拣货箱，合并后打包。参与"合箱"作业的人员有 6 人，他们还负责从各楼层已拣完药品到发货区的移动工作。由于各楼层拣货进度并不一致，每处理 100 张订单的时间达 1 小时。100 张订单的平均处理时间=订单处理 30 分钟+分层拣选 120 分钟+合并 60 分钟，总计 210 分钟。

（5）主要搬运工具及器具：手推车。

采用两种运输/包装箱（长×宽×高）：

$$460 \text{ mm} \times 380 \text{ mm} \times 350 \text{ mm}$$
$$460 \text{ mm} \times 380 \text{ mm} \times 180 \text{ mm}$$

从接到客户订单到配送到客户所需要的时间如表 13-11（以 100 张订单计）所示。

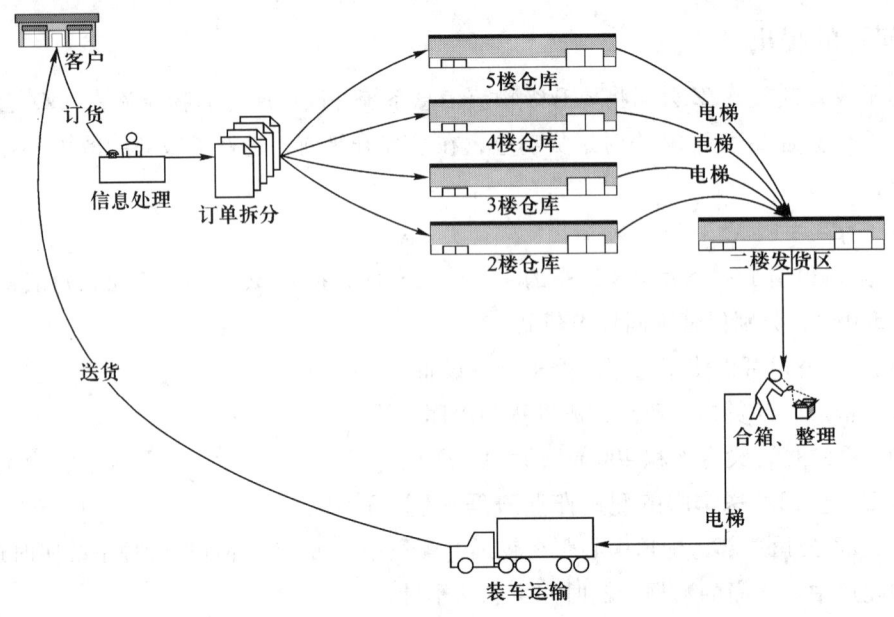

图 13-19 配送中心配货流程

表 13-11 配送时间统计表

项　　目	耗费时间（min）	耗费人力（个）
总部订单受理	0	—
订单传递到配送中心	0	—
配送中心单据处理	30	1
拣货（每张订单每层平均）	120	12
合箱	60	6
合计	210	

（6）ZZ公司配送中心运作的主要问题：

① 拣货作业组织落后，绩效低下，只能靠延长员工的工作时间来弥补不足。

② 拣货设备落后，辅助拣货工具不足。

③ 完全靠人工根据单据作业，容易疲劳。

④ 拣货差错率高，造成客户对ZZ公司药品数量不放心，要逐个药品验收。

药品拣货方案及设备

- **药品配送的特点**

（1）药品管理的特点。按国家要求，药品需进行批号管理，即在药品流通的每一个环节，药品的批号都必须被检查和记录。药品实行批号管理，对药品企业的仓储保管及拣货作业提出更高的要求。

（2）在药品保管中，同种药品往往有几种甚至十几种批号，这些不同批号的同种药品，如果实行单品管理，尤其对药品流通企业来说，四五千个品种，上万个批号，实现库位管理都很困难。

（3）由于批号管理，在药品拣货作业中也难以严格实现先进先出管理，更多的是指定批号拣货。

- **一般药品配送中心拣货方法**

拣货作业所消耗的时间，主要分为走动时间或物品移动时间、物品拣取时间及物品寻找时间。在拣货作业中，行走距离越短，寻找药品所花费的时间越少，效率越高。目前在规模较大的药品配送企业中，常见的拣货形式有：

（1）按订单分别拣货：又称为"摘果法"（摘果式拣货示意图如图13-20所示）。这种方式是针对每一张订单，拣货人员在仓库内巡回进行拣货，直至拣出所有货品。ZZ公司配送中心目前的拣货作业属于该种方式的一个变种。大型药品物流中心的标准做法是：仓库分为药品储存区和拣货区。

① 在储存区，药品以"箱"或"托盘"为出入库和保管单位。

② 在拣货区，按单品管理。

③ 订单被分为"整箱出库"和"拆零出库"，分别从"储存区"和"拣货区"出库，最后整理、包装后发货。

这种仓库布局和拣货方式的特点是：

① 优点：所有药品在储存/保管区和拣货区都有库存分布。拣选时，零散药品集中于相对集中的区域内，拣货人员行走距离缩短。

作业简单，导入和管理容易；拆零和整箱商品分别拣货，互不干扰；作业方式灵活，可以实时处理订单和进行插单作业。

② 缺点：药品品项多时，拣货行走路线长，拣货效率下降；拣货区域过大时，搬运系统设计困难。

少量多次拣货情况下，造成大量重复行走的拣货路径。

需要进行从储存/保管区向拣货区进行补货作业，作业量大的情况下，需要及时补货，补货的作业量也大。

（2）批量拣选：又称为"播种式作业"（"分类—播种式"拣货方式示意图如图13-21所示），这种方式把多张订单合并为一个拣货批次，按品项分别汇总后拣取，然后再按客户的订单进行分类作业。

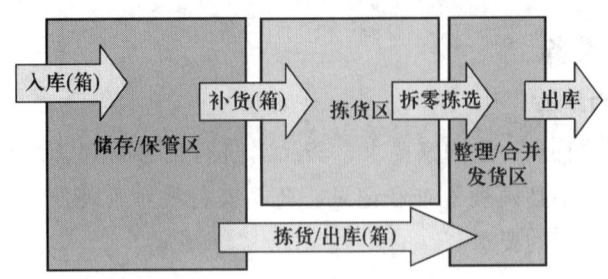

图13-20 "摘果式"分区拣货示意图

库内主要作业区域为储存区和分拣区，只有储存区保管药品。订单汇总后，拣货员依次按汇总数逐个品项进行拣货，发运到分拣区。分拣区是一块空地，用于进行分类作业。分拣区工作人员按每个品项的分类单进行分类作业。

批量拣选的特点：

① 优点：适合订单数量多、品项多、高频率的拣货的情况。可以大大缩短拣货行走的距离，消除重复行走。

② 缺点：等待订单汇总，会产生订单停滞的时间。流程比"摘果式"复杂，要注意对二批作业衔接的管理。

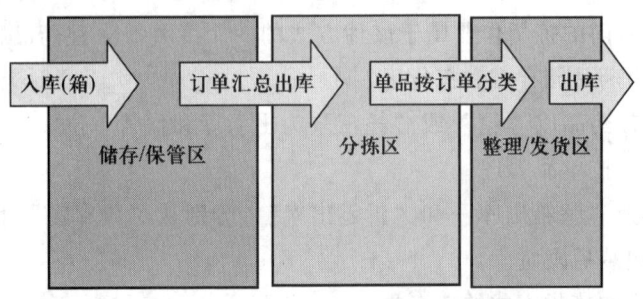

图13-21 "分类—播种式"拣货方式示意图

● **物流设备的导入**

据统计，人工在步行状态下，如果使用列印的表单拣货，一般每人每小时只能拣选60~80行（品项）。拣货作业所消耗的时间，主要包括三部分：一是人员/物品的走动/移动时间；二是物品寻找、核对的时间；三是物品拣取和搬运的时间。其中，人员/物品的移动时间通常占拣货总时间的60%。

（1）DPS（数码拣货系统）：在药品流通行业，数码拣货系统是采用无纸化作业，靠视觉和声音引导的拣货方式，具有很大的优势（见图13-22）：

① 每人每小时拣选200~500行（根据不同方式）。

② 拣货准确率达到99.99%；良好的适应性和灵活性

③ 缺点：投资回收期长，一般在3到5年的时间。

图 13-22　DPS 工作示意图

（2）输送机：在进行拆零拣货作业时，拣货员必须直接面对所拣货品，通常可以采用两类方式：一是人至物的方式，其次是物至人的方式。人工拆零拣货时，在局部范围内采用"人至物"方式，如"柜台式拣货"；而物品的移动则采用"物至人"方式，通过输送机将各作业部分连接起来。

- **其他方法**

多品种、拆零拣货的方案：

在发达国家，人力成本较高，在品种多、拣货频率高的场合下，一般采用"批量拣货"的方式。其作业方式是：

（1）将多张订单（<10）汇总为一张拣货单。

（2）拣货员使用拣货推车，拣货推车上装有代表各张订单的容器（周转箱）。

（3）拣货员找到所拣商品后，同时进行拣货和分类作业。

这种方式结合了"摘果式"和"播种式"的特点，适合品种多、拣货量不高、拣货频率高的场合，并且在采用数字化手推车后，效率更得到进一步提高。这种方式使用的设备如图 13-23 所示。

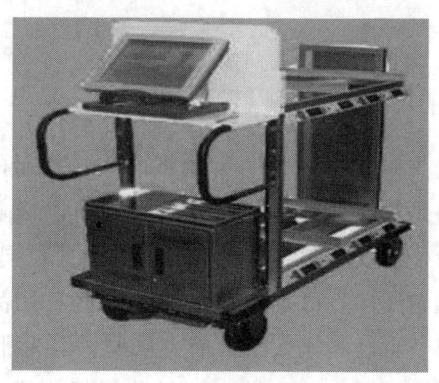

图 13-23　专用拣选车

【案例分析指南】

阅读本案例时，需要关注拣选方式如何影响配送中心的作业效率。

【思考题】

（1）药品管理中的批号管理对物流运作带来什么样的影响？

(2) 结合案例阐述拣选方式如何影响配送中心作业效率。

(3) ZZ 公司的配送中心改进的目标是什么？

(4) 为 ZZ 公司的配送中心设计一套改进方案，方案要估计人员的安排与拣货时间的变化。*

(5) 配送中心如果引入物流设备需要做哪些评估？*

案例5 刘清林DF公司实习经历

【案例概要】

本案例叙述了一个职业学校的学生在毕业前实习的一段经历，通过他的所见、所闻把一个配送中心的运作过程详细地展现给读者。

【教学目的】

(1) 了解配送中心作业的几个过程。

(2) 了解每个过程中每一个步骤和每个步骤的次序。

(3) 了解储位管理的作用。

(4) 了解固定货位和随机货位的含义及其适用情况。

(5) 了解配送中心常用技术和设备。

(6) 掌握配送中心实现仓储成本最小化途径。

(7) 掌握配送中心的拣货方式以及理论依据。

(8) 掌握配送中心绩效考核方法。*

【自学时数】

3 学时

引 言

晚上，刘清林有一点失眠了，因为明天他将面临一个新的环境。刘清林是北京某职业学校的学生，他学的是物流专业，今年就要毕业了。毕业前，学校的老师与北京市的各物流企业联系，为他们安排实习，他和班上的十几位同学被分到 DF 公司的配送中心实习一个月。小刘知道 DF 公司是经营食品和一些日用品的企业，开有多家连锁店，他们家附近就有一家，自己和家人经常前去采购，因为那里的食品新鲜、质量好、价格不贵。学了物流以后小刘明白，连锁店要经营得好，配送中心是关键。配送中心到底是什么样的，小刘以前从未见过，他的脑子中闪现了许多样子，慢慢地他就在胡思乱想中睡着了。

DF 公司的配送中心

第二天早上，刘清林和同学们来到了 DF 公司的配送中心，配送中心的陈经理亲自出来迎接他们，把他们带到会议室。陈经理告诉大家他的安排：首先要向他们介绍公司的情况，接着带他们参观整个中心，然后给他们分配岗位，过一段时间岗位轮换一次，这样在一个月的时间内大家都可以对整个配送中心的作业有一个较全面的了解。

陈经理介绍 DF 公司是世界零售业巨头之一的 LF 公司的全资子公司。LF 公司是一家主要经营食品的国际连锁折扣集团，成立以来，在经过 14 年的本土经营后，于 1993 年开始了快速的国际扩张道路，先后进入了欧洲、亚洲、南美的数个国家。目前，公司自身拥有或授权加盟拥有超过 4 000 家门店，35 家物流中心和 25 000 多名员工，2003 年营业额达 66 亿欧元。它的经营范围限定为消费者日常必需品，主要包括包装食品、生鲜、洗化用品、纺织品和百货产品，并且食品和日常用品的比例保持在 4∶1 左右，这使得它能避开大超市的打压，也不用加入大卖场的"厮杀"。由于其独特的经营模式能够使其始终保持比竞争对手低 20% 左右的售价，所以 DF 折扣店从来都不用打特价、做促销，也能保持较高的顾客流量和可观的销量。DF 折扣店的每种商品都只有两个品牌，一个是制造商品牌，一个是自有品牌，其中制造商品牌占 50%，其余 50% 是自有品牌。DF 公司为折扣店选择商品很有讲究，特别是挑选制造商品牌时，条件相当苛刻，程序也非常严格，前期需要做大量的市场调查和研究、分析。一般只有以下两类制造商品牌才能被 DF 公司选中作为产品供应折扣店：一是国际知名品牌产品，二是商店所在地的知名品牌，且属于同类产品中非常畅销的品种。

DF 公司 2003 年才进入北京市场，到现在只有不到两年时间，但由于其独特的经营理念，折扣连锁店发展非常迅速，至今已开店近百家。配送中心负责北京的折扣店配货与送货，日均出入库量约 50 000 箱。管理人员 15 人，工人约 60 人。

陈经理介绍完公司的情况后就带大家去参观整个配送中心。在去仓库的路上，陈经理介绍了仓库的状况：中心仓库长 170 m，宽 60 m，建筑面积 10 200 m²。其中常温库 8 000 m²，冷冻库 500 m²，冷藏库 1 500 m²。收发货平台可同时容纳近 40 辆车同时装载。中心的管理采用 RF（无线终端扫描技术）并结合仓库管理系统（WMS）进行运作。仓库内采用立体横梁式货架结合流利架存储货物。中心的搬运设备包括前移式叉车、电动托盘拣选车、电动托盘车。货物的储存采用欧式托盘（0.8 m×1.2 m），使用笼车作为拣货及运输时的容器。在进入仓库前，陈经理提醒大家，仓库内人车分道，地面有标志线，大家平时都要在规定的通道内行走，这既是方便库内作业，更是为了大家的安全。

参观完仓库回到会议室，陈经理给大家分了组，又安排文员给大家领工作服，办理胸卡和餐卡。刘清林认为这次机会十分难得，他随身带了一个本子，他要把他所看到、听到的都记下来，这不光是因为实习完后要交一份实习报告，他觉得对以后的工作也有极大帮助。

收货作业

刘清林先被分到收货部的收货一组，中心的收货部下又有三个收货组，一组的组长姓张，是一位 30 多岁的中年妇女，人显得精明强干，十分热情，大家都亲切地叫她张姐。张组长对照墙上的收货流程图把收货过程向小刘讲了一遍。整个收货过程是这样的：

第一步是收货前的准备：公司的订货部在为供应商下订单时，公司系统中站台分布模块会根据要求的到货日期及卸货平台的占用情况，自动分派该订单的卸货平台号码。配送中心的收货部每日都会在下班前得到次日到货预告及每个时段的到货量分布表格。收货部则可以根据到货计划来安排空闲货位及叉车、托盘、人员的预留，每个组都能得到这个信息。

第二步是行政收货：在配送中心大门前一个小型的办公室，行政收货文员在此工作。行政收货的主要工作内容包括：

• 检查供应商订单。由于DF公司的订单具有时效性，所以文员首先要通过输入订单号来检验订单是否有效。

• 录入供应商送货单，系统当时记录送货时间。此项工作目的在于：

（1）通过录入到货数量来核对供应商的到货满足率，如数量、品类。这是供应商绩效考核的重要指标。

（2）统计送货时间。供应商的送货准时率也是公司考核供应商绩效的一个重要指标，采购部每月根据中心统计上来的指标会对供应商进行评估。

（3）将供应商的到货数据传输到中心的RF系统中，收货员工的RF手持终端上接到信息后才可以进行下一步的物理收货。

• 安排供应商卸货顺序。因为每日有近百家供应商前来送货，所以要有一个次序。一般是按照先来先收的原则，如果仓库缺货的品种来送货也会优先安排。

• 根据收货员的通知放入供应商车辆到货台卸货。每个收货平台的收货员在结束每一笔收货后都会通知行政文员放入下一家供应商。

• 根据物理收货的差异标签来对供应商的送货单进行签字盖章。

第三步是物理收货：就是收货组的任务了。物理收货具体是这样的步骤：

• 通知行政收货部放入供应商车辆，到闲置货台后，收货员在手持终端中调出该供应商的订单开始收货。

• 当商品第一次进入配送中心时，收货部会在WMS中建立单品主档，主要包括这个物品的体积、重量、托盘码放规则、拣货位类型、拣货位的位置、拣货位的补货基数等。

• 指挥供应商卸车。收货员要按照终端的提示要求供应商按照下列标准卸货：

（1）每种单品分开码放托盘，并且按照系统提示的每托盘货物的数量码放货物，这是中心内部货位管理的需要。

（2）按照订单中的包装规格拆箱卸货。对于一些高价、流动慢的商品，订单的订货规格一般都会以商品的中包装为一箱，所以收货员必须要求供应商将包装规格拆到中包装后再码放托盘。

（3）对于一些保质期极短的货物，如酸奶、熟食等，相对于DF折扣店的业态，供应商的统一包装则显然偏大，由于这些商品没有中包装，收货组需要在收货后进行重新包装。这些货物在卸货时仍然按照供应商原包装卸货。

- 商品识别。收货员用手持终端的条码读取功能来扫描商品的国际条形码，辨别是否为所订货物。如果无法读取或读取错误，则拒收该商品。
- 商品保质期识别。收货员在终端中录入商品的保质期，系统会提示是否属于可接受的日期。如保质期过短，系统则报警。但如果该货物确实是紧缺商品，如果有采购部的授权，收货员也可拒绝系统的提示，确认收货。
- 商品标识的检验。这个步骤是检查商品的销售包装上的信息是否齐全，如生产商的名称、地址、联系方式、卫生许可证号、企业标准编号、质量合格标志、成分构成信息、进口卫生许可标签（进口商品适用）等。如果这些信息不全，日后在店铺的销售过程中可能产生许多争议。
- 商品外观的检验。收货员要检验货物的包装是否完整、无破损、商品外包装与销售包装的标识内容是否相符。
- 温度的测量。如果是冷链商品，收货员还要对送货车厢温度及货物温度进行测量，如温度超过可接受的区间，就要拒收货物。
- 商品数量的清点。首先，收货员要随机打开一箱，检查规格是否与订单相符。其次，收货员需清点到货的总箱数。
- 最后，收货员录入货物的总箱数。如果收货员录入的数量与行政收货文员录入的箱数不同，RF 终端会报警。

张组长告诉小刘，这时收货员就不能轻易确认这个送货单了。"你知道这种差异是怎样产生的？"张组长问小刘，

小刘想了想说："可能是由于我们清点时出错或供应商装车数量不对吧。"

"对！"张组长说："还可能是行政收货文员录入时出错，如果送来的货物保质期、温度、标识、送错货等这些原因我们收货组也同样拒收，所以在系统报警时，我们一定要与文员联系找出错误的原因。如果真是供应商的送货数量出现问题，那就要按照实际到货数量来确认收货数量。"张组长又接着给小刘介绍：

- 在收货员确认收货数量后，收货部的条码打印机会打印出托盘标签。仓库系统为每一托盘货物都打印一个标签，标签上的信息有：商品名称、编号、每箱规格、入库日期、到期日、每箱数量、每托盘数量，条形码包含上述所有信息。收货员要将标签准确无误地贴在每托盘货物上。
- 如果实际确认收货数量与行政文员录入的供应商送货数量有差异，系统会打印差异标签。

最后，行政收货文员在签收供应商送货单时会依据仓库系统打印出的收货核对单及差异标签来进行操作。如有差异则在送货单标出实际接收数量，并经与供应商签字确认。

张组长对小刘说，虽然这个流程看起来复杂一些，但实际操作几遍就清楚了，关

键是要细心，流程的每个步骤不能错或遗漏，每个项目要认真检查。正说着，一辆送货车靠上了月台，张组长吩咐小刘："我们一起来吧。"

入库作业

一周以后，小刘对收货的过程已经有了了解，他还独立地完成了几次收货，虽然清点的时候速度慢，但都没有出现差错。按照岗位轮换，现在他到了入库组。

入库全部用叉车进行，在完成了收货后，叉车工将托盘货物放到仓库系统提示的货位上去，即入位。具体操作的过程是：

- 当一单收货结束后，每一托盘完成收货的货物都会在系统中产生成一个入库上架的指令。叉车工在车载终端接收到指令后，按照指令来到指定的货台叉取货物。
- 叉车工用扫描枪读取托盘上的标签条码，终端会提示他应该放置的货位。然后他按照提示来到指定货位将货物入位。入位后他再用扫描枪读取目的货位的条形码，确认货物入位完毕。

但叉车工在进行入库操作时会遇到下列特殊情况：

（1）目标货位已经放有货物。这可能由于该货物被放错了位置或系统库存出现故障。这时，他应该将问题货物取下，而将入库货物放上去。随后，他必须通知主管前来解决问题货物。

（2）如果目标货位由于横梁变形或体积偏小，货物无法放入，他可以向系统申请人工选择其他货位，并将新货位的号码输入系统。

（3）在车载终端上有一个特殊的选项，叉车工可以随时查询在即将入库的货物中那些属于当时仓库内部已经断货的品种，他可以根据提示将这些货物优先入库。

小刘了解到在配送中心，仓库的拣货货位是采用固定货位，每个单品只能存在一个固定的拣货位。存货货位则采用随机货位，由 WMS 系统随机产生一个货位，系统会搜寻距离该货物拣货位最近的存货货位指派给叉车工，这样会方便日后的补货。

拣货作业

过了几天，小刘轮岗到了拣货部。拣货部的文员小李给他们详细讲解了拣货作业的过程，首先是拣货的方式，中心仓库的拣货方式有 3 种：

一是低位拣选，拣货员在地面拣货，即只从货架的一二层拣货。

二是分区拣选，将一张店铺订单按照干货、冷藏、冷冻分成 3 个区进行拣选，不同区域的拣货员分别在 3 个区域拣选，最终合作完成整张订单的拣货。

三是定量拣货。对于拣选量大的区域，如干货区，拣货任务被分成了若干个拣货段，系统按照一个拣货员对应一个拣货段的规则将拣货任务分配下去。每个拣货段是由系统按照拣货的顺序将所拣货物体积按照每 4 台笼车可装载的体积为标准进行分配。这样分配的依据是一台电动托盘拣选车可以装载 4 台笼车，这样就保证一个工人可以完成一个拣货段。

其次是整个的拣货流程：
- 一张店铺订单由订单系统导入到 WMS 系统，WMS 系统将该订单按照干货、冷藏、冷冻分为 3 个区域拣货任务，同时将每个拣货任务按照每 4 个笼车的体积标准分成若干个拣货段子任务，如果不满 4 个笼车就按照实际分配。
- 拣货员输入员工号及密码进入 WMS 系统，此时每个拣货段的子任务则由 RF 传输到每个拣货员的车载终端上。终端提示如下内容：店铺信息、订单号码、拣货段的号码、发货区编号（即告知拣货员拣出来的货物应放在哪个发货区）以及需要取的笼车数。
- 拣货员在随身携带的拣货标签上填写：店铺号、拣货段号、发货区编号。此拣货段有几个笼车，就应该准备几个标签。拣货员按照系统提示领取笼车后，开始驾驶电动托盘拣选车进行拣货。这时终端会提示如下信息：

（1）当前所拣货物的拣货位。
（2）当前所拣货物的编号、名称。
（3）需要拣货的箱数。
（4）下一个货物的编号及名称。

- 拣货员开车到达目的拣货位，使用扫描枪读取货位条形码，如读取了错误货位，终端则报错。拣货员按照提示在拣货位拣取货物，在终端上确认，屏幕上会跳出下一个商品的拣货界面。
- 当该拣货段结束后，终端屏幕上会显示该拣货段的拣货员所拣取的总箱数、笼车数供拣货员确认，拣货员确认后则就在拣货标签上填写上述信息，并将标签粘贴在每个笼车上。
- 拣货员将拣完货的笼车按照系统的提示放到发货区。终端屏幕上此时将显示下一个拣货段的信息。当一张订单的最后一个拣货段的最后一个确认完成后，运输部的打印机则将该订单的送货单打印出来，该张订单的拣货宣告结束。

小李又告诉小刘他们，拣货是一个繁琐的过程，经常会出现各种问题，出现问题时应该这样解决：
- 当拣货员发现拣货位上的货物并非所拣货物，即货位不准确，他通常选择"跳过键"，拣选下一个商品。此时，拣货主管的手持终端就会报警，主管会按照系统提示来到该拣货位进行库存调整。
- 当拣货员拣取某个货位上的货物后，发现该货位已经没有货物，他必须敲"清空库存"键。此时如果存货位上尚有库存，则产生一个补货指令并传输到做补货任务的叉车工的车载终端上提示其补货。
- 当拣货员发现货位中的货物的数量不够拣，如需要拣 5 个，但货位只有 3 个，则拣取 3 个，敲"清空库存"键，此时如果存货位上尚有库存，则产生一个补货指令并传输到做补货任务的叉车工的车载终端上提示其补货。此时，拣货员无需等待并开始拣下一个货物。等到本拣货段的其他货物拣完后，系统会提示他再回到该货位补足所缺数量。

- 如果拣货员发现货位上的货物已经过期，则可以取消该货物的拣选，该操作也会使主管的终端报警。
- 拣货员在码放货物时需注意上轻下重的常识，同时要将货物放在笼车的两侧，并且商标朝外，中间避免插货，这样做的优点是便于复核员的清点。

小李告诉大家，在电动拣选车上的终端指示的拣货次序，是已经优化好的，按这个次序走的距离最短。小李安排刘清林跟着一位师傅，看一看实际操作的过程。

补货作业

在拣货作业一周时间里，小刘不光是看师傅操作，还帮着拣货，他和师傅的配合逐渐默契起来。他和几位同学接着又到了补货组。补货是将存货位的货物补充到拣货位供拣货，补货组是拣货部下的一个小组。补货作业首先是产生补货指令，接到指令后才开始补货。补货指令的产生有以下方式：一是自动补货命令的产生。每种单品的拣货位都会设置一个补货提示量，如果库存低于这个量，则补货命令自动产生。二是主管根据拣货情况，在库存未达到提示量前就主动在系统中下达补货命令。另一个情况是上面提到的当拣货员敲"清空库存"键时引发补货命令。

补货的过程：叉车工接到终端屏幕上提示的补货指示后，按提示驾驶叉车来到补货货位，取下托盘并扫描托盘上的标签（收货时粘贴）；随后叉车工按提示来到货物的拣货位，将托盘货物放入货位；最后叉车工用扫描枪读取拣货位标签确认补货完毕。

盘 点

DF公司配送中心的盘点由拣货部负责，按时间跨度有日盘、月盘、季盘、年度盘点这些方式。小刘记得在学校里老师曾经讲过，仓库管理的重点之一是账实相符，所以盘点是十分重要的，他就很留心拣货部的盘点工作。中心的盘点又分为几种：

- 循环盘点（也是每日盘点）

拣货主管每日都会安排员工使用手持终端对拣货位、存货位进行盘点。操作流程是这样的：首先盘点员用手持终端对盘点货位的货位号条形码进行读取，屏幕上就会出现该货位上的货物编号、名称、数量等信息。然后盘点员进行实际货物数量的清点，如有差异则在终端上输入实际数量，此时WMS系统会自动进行可用数量的库存增减。

循环盘点的对象一般为：

（1）进出库非常频繁的货物，如大宗货位的货物。
（2）拣货随机盘点时发现的错误频率较高的货物。
（3）当日做过货位调整的货物。
（4）按照盘点计划，当日需要盘点的区域。

- 季度盘点

季度盘点的规模、重要性仅次于年度盘点。小刘有幸见到了一次。

1. 盘点准备

在盘点前，中心一般需要在人员、流程、订单处理、货物码放等方面做好准备。

（1）盘点队伍的组成。配送中心与财务部、审计员共同组成盘点委员会。委员会将盘点人员按照盘点区域分成若干个盘点小组，明确组长、组员人选。

（2）流程培训及盘点单据讲解。这一点非常重要。由于盘点期间，所有的进出库等各种操作必须全部停止，在系统中，没有未确认的任何交易。所以如果盘点时间拖延太长，势必会影响中心的运作。只有每个盘点人员都熟悉盘点的全部流程和单据，才能避免在盘点时产生混乱，从而能够按照盘点计划在规定的时间内完成任务。

（3）在打印盘点表之后，所有人员都不能进入系统及各种终端，所有的货物都不能进出仓库。

（4）中心的员工将所有拣货位的货物码放整齐，确保按照系统要求的层高及每层箱数码放。这样会使数量清点变得简单，可以节省时间。

2. 盘点的实施

（1）打印盘点表。盘点表将配送中心每个货位的信息全部打印出来，一式两份，盘点委员会一联上会出现货位上的货物信息，如编号、名称、数量等；盘点小组一联则没有货物数量信息，而是要求盘点员在进行"盲盘"后填入。盘点委员会将盘点表编号，分给每个盘点小组长。盘点小组按照大宗货位、拣货位、存货位，再依次按照区域（干货区、冷藏区、冷冻区）划分。为了控制盘点表的回收，盘点组长在领表时都需要在盘点控制表上签字。

（2）盘点小组按照盘点表上的顺序依次对货位进行盘点，首先核对货物编号及名称是否与盘点表上相同，而后再将清点后的货位上的货物数量填在盘点表上。盘点时往往会出现下列情况：

① 盘点表的回收。盘点小组结束盘点，组长在检查了填写的信息后将盘点表交回到盘点委员会并在控制表上签字。

② 盘点表的核对。盘点委员会的文员将留存表与盘点表进行核对。

③ 二次盘点。当文员发现两表中的差异信息后，将问题货位做标注。其他盘点组长将再次领表对问题货物进行二次交叉盘点。盘点时，盘点小组如发现前一小组清点的数量有误，则将数据进行更改。盘点结束后，组长将盘点表交回。

④ 三次盘点。文员对盘点表进行再次核对。对于依旧有差异的货物中差异数量较大的品种，由中心的经理亲自进行盘点。

⑤ 盘点差异的录入。在三次盘点后，盘点委员会开始将盘点差异录入系统，生成最终的盘点差异报告。

⑥ 盘点结果评估。盘点差异报告上会显示出盘点差异的净货值、差异品数、盘点差异金额占库存金额的百分比。盘点委员会根据报告来对中心的库存管理进行评估。

退 货

小刘结束拣货部的实习后来到了退货部。在配送中心，退货一般分成两种情况：

店铺退货给中心和中心退货给供应商。

- **店铺退货**

店铺退货根据退货原因在包装箱上粘贴不同颜色的退货标签。标签有 4 种颜色，代表 4 种不同的退货原因：

绿色：表示在促销期间的代销货物，在促销期结束后未出售的货物可以退给供应商。

红色：表示货物过期或破损，无法继续销售。

白色：表示货物存在质量问题，无法销售。

黄色：表示店铺订货过量，短期销售不出去。货物退回到仓库可以继续配给其他店铺。

中心对于店铺的退货处理流程如下：

（1）退货部根据退货清单清点店铺退货数量，出现实际数量与退货单上的退货数量出现差异时以实际数量为准。

（2）在系统中确认所有退货，将店铺退货库存转到 WMS 系统中不可用库存。

（3）将黄色标签退货由退货库存调整成可用库存继续销售。将绿色标签退货重新包装准备退给供应商。

（4）白标签退货由质量控制主管进行查看、检验、定性。如属于采购合同中质量问题范畴之列的情况，质量部将定性为质量问题，货物继续放在退货区，质量部通知供应商提取退货。如不属于质量问题，质量部认为可以继续销售，则退给店铺继续销售，反之则视同于红标签退货。

（5）红标签退货按照采购部与供应商签订的退货条款进行操作。可以退货的货物继续留在退货区等待供应商退货，不可退货的货物则由不可用库存转移到报废状态，并由退货部集中销毁。

- **退货给供应商**

退货部将可以退货的货物按货物种类进行归类，制作出每周退货计划表并交给采购部，由采购部通知供应商退货。在供应商提取退货时，退货部在系统中确认退货后系统冲减应付款。

运输作业

还有不到一周的时间，刘清林的实习就要结束了，他现在轮换到了配送中心最后一个部门：运输部。运输部负责店铺订单的导入和拣货任务的分配，包括监督车辆的装车过程。运输部的王部长让他跟着调度员小吴看一看整个的程序。

- **订单导入**

订单导入的具体操作过程是：运输部在订单接收系统中查询店铺发送来的订单，根据送货时间表的先后顺序将送货时间靠前的店铺订单导入 WMS 系统。WMS 系统此时会根据发货区通道的闲置情况自动将一个闲置的发货区分配给导入的那一张订单。

当此时没有闲置的发货区时,系统会给该订单一个虚拟的发货通道编号"ZZZ",如果在拣货过程中某个通道被清空,系统会自动将"ZZZ"变成该通道编号。

- 复核

为了避免由于拣货错误造成中心为店铺发错货、中心的库存发生差错,复核工作不可避免。复核工作是指复核员依照送货单,对完成拣货的货物进行清点核对以发现拣货错误并及时改正。在配送中心,采取几种不同的复核方式:

(1) 称重复核:这种方式在 DF 公司国外的配送中心被普遍使用。由于复核是一项非常耗费时间和人力的工作,在国外的配送中心,出库量非常大,干货的人工复核工作通常被称重所取代。即拣货员在拣货前将自己与电动托盘拣选车及车载的笼车过一下地秤,将总重量输入终端,等拣完货后再连同货物过地秤并输入终端。如果系统中理论货物重量与实际重量的差距在 5 kg 以上,则该拣货段的货物需要复核员依照送货单清点明细。否则,复核员只清点箱数。

(2) 全部复核明细:在北京的配送中心,由于出库量并不大,加之员工操作并不熟练,所以采取百分之百的清点明细的复核方式。复核员对每箱货物逐一勾对,发现错误后通知拣货部进行货物调换。由于配送的商品种类繁多、规格各异,所以复核员在与司机进行交接时只共同清点箱数。

复核时,复核人员要注意下列问题:

① 当库存货物的规格由于销售需要拆包装的情况发生时,运输部需在公告栏上做出提示,避免复核员清点时产生错误。同时,拣货主管也应将该提示贴到该货物的拣货位上,避免拣货员由于不了解变化而出现失误。

② 将每笼车的货物数量随点随写在拣货标签上,便于以后司机及其店铺清点。

③ 当发现货物码放不规范,复核员需立即通知拣货员重新码放。

④ 复核员与司机共同清点或监督其清点,避免双方因数量纠缠不清导致时间的浪费。

⑤ 冷链货物须在冷库内清点。

⑥ 认真填写复核控制表,因为这是日后出现错误可以复查原因的依据。

- 装车

装车是运输过程中非常重要的一个环节。在仓库运输部的办公点,小刘看到一个装车的流程图,装车主要涉及的步骤如图 13-24 所示。

同时复核员还要注意在装车过程中以下现象必须避免:

(1) 车辆的封条需由主管控制,包括领出登记,单独上锁存放。

(2) 司机必须全部清点完后再装车,不能边装车边清点。因为如果出差错的话难以复核、清点,往往这样做的后果是当货物全装上车才发现数量有问题,重新复核就只能将货物重新卸车。

(3) 司机不得给车辆上铅封。这种做法会使某些不法之徒有可乘之机。某些司机会采取偷梁换柱的方式在送货路上将铅封换掉,从而偷窃货物。

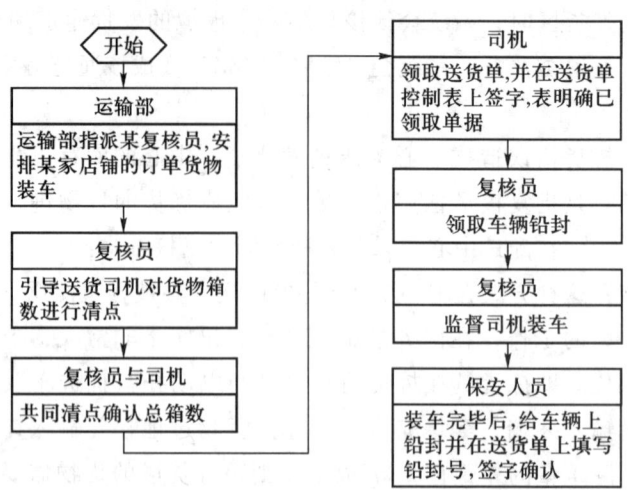

图 13-24 装车流程图

(4) 司机不得自行装车，必须有复核员在场监督。如果复核员不能监督司机的装车全过程，极易发生司机无意或故意装错货的事件。

(5) 必须按照送货时间表制定出发车顺序。通过在系统中设置中心到各店铺及店铺间的千米数、平均复核时间、平均车速、平均装车时间、平均卸车时间等信息，公司的送货单可以清楚地显示每张订单的复核时间段、装车时间段、送货时间段等信息。如有多家店铺订单拼车的情况，系统会提示按照后到达先装货的原则安排每车的装车顺序。

(6) 装车时，一般要求将货物较零散的笼车后装，从而在最后有机会将货物拼笼。

(7) 冷藏车在装车前30分钟需将车辆预冷。

后　记

时间真的是太快了，一个月的实习已经结束了。虽然这一个月实习中的每一天都是那么忙碌，几乎没有什么空闲时间，但刘清林觉得他过得十分充实。他在给老师的实习报告中讲到，实习完后他感触最深的是两点：一是虽然课本上的知识很重要，但如果没有实践，就根本谈不上对知识的理解；二是DF公司配送中心规范的运作，每个岗位、每项工作都有一个清晰的流程，每一步应该做什么，接着下一步要做什么十分清楚，他这个刚刚进到仓库的人也能很快地掌握工作要领，熟悉自己的工作。这一次的经历对他来说是弥足珍贵的。

【案例分析指南】

本案例是一个阅读性质的案例，希望阅读过后大家能对一个配送中心的运作有更多的感性认识。

【思考题】

(1) 简述储位管理的作用。

（2）固定货位和随机货位的含义是什么？两者适用于什么情况？

（3）为什么在配送中心的存货位采用随机货位，而拣货位采用固定货位？

（4）实现搬运成本最小化是仓库管理的一个重要任务，请思考该配送中心是采取了哪些方法实现的？

（5）请结合案例说明该配送中心采取了哪几种拣货方式以及理论依据。除此之外，还有哪些拣货方式可以在该配送中心中使用？

（6）该配送中心使用的无线射频技术在仓库管理中有哪些优势？

（7）请列举配送中心中都使用了哪些搬运设备。

（8）画出配送中心收货、盘点的流程图。

（9）说明配送中心拣货位布局中是怎样采取 ABC 分析的。简述 ABC 分类的优点。

（10）WMS 系统自动分配发货区的功能有哪些好处？（可从空间利用、避免差异方面分析）

（11）对于一名配送中心的工作人员，应该具备哪些素质？

（12）陈经理准备在配送中心中推行绩效考核，你能够给他一些建议吗？包括考核部门、内容、方法和数据的采集。*

第14章 物流企业

案例1 联邦快递供应链解决方案

【案例概要】

时尚性消费品对时效性要求很高,缩短从需求预测到产品上架的时间,同产品设计、工艺水平一样,都是企业产品能否占领市场、持续发展的关键因素。本案例描述了联邦快递如何运用专业为时尚消费品客户提供供应链解决方案。

【教学目的】

(1) 了解时尚性消费品从订购到客户收到货物的过程。

(2) 掌握缩短供应链提前期相关的分析工具和对策。*

(3) 了解先进物流企业如何为客户提供供应链解决方案。*

【自学时数】

2学时

引 言

罗承利经理下午在他的办公室接待了两位客人:ABC公司的陆副总经理和物流部的徐经理。上午双方刚通过电话,下午他们就过来了。

罗承利经理是联邦快递(FedEx)公司某分公司客户开发部的经理。联邦快递目前是全球最大的物流运营商,拥有650多架货运飞机,是全球规模最大的空运快递机群;同时拥有覆盖全球的服务网络。自20世纪80年代进入中国市场以来,联邦快递以其先进的货物操作、处理与追踪系统为基础的信息技术平台,以及30多年的物流服务经验,实施的高效、快速的递送服务,24小时不间断的货物跟踪和不断推陈出新的服务项目而逐渐扩大了其市场份额。联邦快递在DQ市的分公司可以提供"美国—日达"的特快服务,并提供一揽子免费的信息系统,以提高客户的作业效率。联邦快递目前是国内唯一可以提供"一票出货,多地址分拨"的门到门服务的国际性物流服务商。

项目背景

因为在电话中不可能进行详细的沟通,双方需要面谈,所以陆总他们下午就过来了。陆总和徐经理仔细地介绍了整个情况。

- **ABC 工艺公司和 FFF 国际公司**

ABC 工艺公司是全球最大的中高档仿真首饰制造商 FFF 国际公司在中国的加工中心,也是 FFF 国际公司在全球最大的生产基地。FFF 国际公司是全球最大的中高档仿真首饰制造商之一,主要致力于中高档时装配套的工艺品以及晚会用首饰的设计、加工。FFF 国际公司拥有许多资深的设计师和多个知名品牌,产品主要在首饰专营店和服装店销售。

- **FFF 国际公司的产品**

FFF 国际公司的产品包括两大系列:

第一个系列是以金属为主要材料、以电镀、镂刻为主要工艺的首饰,包括耳环、手镯、腰带环以及与时装配套的手工艺制品等。产品以彰显个性为主要特色,大部分属于中档产品,使用寿命一般不超过 1 个月。作为时装点缀品的首饰的平均使用寿命在 2~3 周,所以此系列产品的生命周期很短,需求量随流行时尚变化,要求的供货量波动大,产品总的前置期也很短。

第二个产品系列是以金属、彩石或玻璃珠为主要材料,以镶嵌和着色为主要工艺的首饰,包括胸针、耳钉、项链、胸花等,以艳丽、修饰为主要特色。此系列产品部分属于高档产品,平均使用寿命在 2 个月左右,随流行变化程度较轻,要求产品质量高,但供货量不大,时间敏感度较低。ABC 工艺公司绝大部分产品是第一系列产品。

- **与 TARGET 的合作**

FFF 国际公司借助其独特的产品设计、优良的产品质量和良好的信誉掌握着一批忠实的分销商,然而随着同行业竞争的加剧,以及"9·11"之后美国市场销售的疲软,FFF 国际公司不得不开始考虑借助超级市场的渠道扩大销售量,以稳定其市场份额。

TARGET 是美国著名超级市场连锁集团,主营中高档商品,在中高收入人群中影响较大。所以在 2002 年 FFF 国际公司开始同 TARGET 超市集团进行入场谈判,2003 年初签订初步意向。但 TARGET 公司近些年业绩有所滑坡,公司为了减少库存占用以降低成本,开展了一系列整顿活动,包括对供货商的整合,并对供应商提出了更加严格、苛刻的送货要求。

具体对 FFF 国际公司来说,TARGET 公司可以接受的供货前置期(从 TARGET 公司订单发出到 FFF 公司货品入库的时间间隔)从以前的 15 天缩减为 8 天。每延误 1 天,FFF 公司将为每单货物承担几千美元的赔偿;如果货物延迟 3 天,TARGET 公司照样收货但有权拒付货款。TARGET 公司提出的一系列苛刻条件,尤其是严格的配送时限,给 FFF 公司整个供应链提出了更严峻的挑战。ABC 公司作为 FFF 公司最大的生产基地，承担了更大的责任。

物流部的徐经理简要介绍了成品的运输，因为产品大部分要出口，成品通过普通空运送至不同的清关地，由进口公司帮助通关，并由合同承运商负责从口岸到收货人的递送。按照ABC公司现有的流程，从买家发出订货到收到货物的平均时间通常在两周左右，以前能满足TARGET集团的要求，而现在根本无法实现。所以ABC公司就想到了联邦快递，因为联邦快递是世界知名的物流服务商，希望通过与联邦快递的合作，借助联邦快递强大的物流实力、广阔的物流网络来满足公司客户所要求的服务水平。

对ABC公司的考察

很快双方就达成了合作意向，陆总希望联邦快递尽快了解企业的运作，拿出一个整体方案，ABC公司认为可行后，双方签订正式协议。最后陆总表示公司每年出口量占总产量的70%，如果联邦快递能帮助公司很好地满足TARGET公司的要求，ABC公司会逐步把这些业务量转交给联邦快递。

客人走后，罗经理立即向分公司的领导进行了汇报，分公司的领导指示由罗经理组建一个小组，利用本公司物流专业人才的优势，为ABC公司做好服务。第二天，罗经理和他的团队就来到了ABC公司。经过一段时间的详细考察，罗经理的团队了解了FFF公司供应链的运作模式，以及各节点之间的关系。FFF公司的一个业务流程包括以下几个基本步骤：

- 产品设计与打样

产品设计与打样由FFF公司总部完成，样品完成后统一发送全球买家。由于全球派送速度存在较大的地区差异，经常出现同一批样品不能同时送达买家的现象。尤其是有的样品虽然附加值较高，但是生产过程将造成一定的污染，所以因为环保问题而无法在美国生产。FFF公司会安排在亚洲生产，部分设计方案也在中国打样，然后发给全球买家。这时买家收到样品的时间相差更多。

- 订单确认

买家收到样品并确认样品后，签发正式订单给FFF公司；FFF公司在接收到订单后，处理并确认订单。这个过程平均时间为1.5个工作日。

- 订单派发

FFF公司将订单派发至ABC公司，ABC公司确认订单后分配生产任务。这个时间（从发出确认请求到分厂分配生产任务）约为1个工作日。

- 生产

生产的过程包括原材料采购、半成品加工、组装、电镀、包装等过程，还包括将生产任务外包给一些零散的加工点、分解生产压力的过程。这个过程平均需要2.5个工作日。

- 发货

成品通过普通空运至不同清关地，由进口公司帮助通关，并由FFF公司在国外的合同承运商负责从口岸到收货人的递送。以目的地美国为例，普通空运平均需要 5 天时间，通关与国内运输时间平均需要 2.5 天。

综合以上过程，按照 FFF 公司现有的工作模式，从买家发出订货到收到货物的平均时间需要 12.5 个工作日，考虑到假期、周末等因素，客户的前置期通常在 14 天左右（以美国客户为例的前置时间分布如表 14-1 所示）。

表 14-1 前置时间分布

FFF 公司产品的全过程	所需时间情况
产品设计与打样	
订单确认	平均 1.5 个工作日
订单派发	平均 1 个工作日
生产	平均 2.5 个工作日
发货（普通空运）	平均 5 天
发货（清关与国内运输）	平均 2.5 天
时间合计	平均 12.5 个工作日
客户前置时间（考虑假期和周末）	平均 14 天

很明显，14 天的前置期是客户不愿接受的。因为 FFF 公司多年来一直是中高档首饰市场的领军企业，产品设计和工艺质量比竞争对手有较大的优势，分销商需要借助 FFF 公司的产品优势扩大自身的销售量和利润，所以客户虽然经常报怨等待时间太长，但还是接受了这一点。而最近一段时间，FFF 公司的销量有下滑的趋势，同时 TARGET 公司的不妥协也使 FFF 公司不得不想办法压缩整个时间。

为了解决这一矛盾，FFF 公司采取了在 ABC 公司建立一定数量的配件库存的方式以减少生产时间，并利用轮班制度保证 24 小时的开工生产；同时，将部分生产任务外包给一些零散的加工点，分解生产压力，在一定程度上压缩了生产时间。

罗经理的团队还注意到，ABC 公司的管理人员每天都要花费不少时间从事联系空运公司、准备报关报验等许多工作。因为国际配送几乎占据了整个供应链响应时间的 50%，还有多层配送外包也增加了不稳定因素，配送环节产生的纠纷不断。管理人员同样要花费时间监督货物配送过程。

另外，因为一些产品外包生产，许多加工点的生产进度和产品质量都达不到要求，ABC 公司的管理人员每天还要花费大量时间协调各加工点的生产进度，检查产品质量，他们时常为无法及时交货而担忧。

联邦快递的服务

罗经理从目前分公司开展的联邦快递服务中选择适合 ABC 公司的服务项目：

- **IPD 服务**

　　IPD 是联邦快递提供的新型的国际优先快递业务。它可以将发往相同国家不同地址的大批量货物整合为一票货，统一报关，并享有快递业务先放行后报关的特权。同时，联邦快递将为 IPD 货物提供舱位保证，从而使货物作为一个整体到达联邦快递指定的目的港。在目的港统一清关后，货物将根据其不同的收件地址，通过支线飞机运达最终目的地的收货人手中。

　　鉴于联邦快递在本市可以提供"美国一日达"的服务，而在美国的"隔夜快递"业务早已成熟，加上双边通关时间，由联邦快递提供的门到门服务，标准的运送过程将在 5 天内完成，比传统空运节省 3 天的时间。

- **信息系统**

　　联邦快递还免费提供一整套配送管理软件，该软件可以安装在 ABC 公司的局域网中，并将系统产生的订单信息直接转化为提单、发票等其他相关文件。同时，软件可以根据需要自动产生发货通知，收件人马上可以获得自动发出的标准格式的通知，内容包括了提单号、货物描述、总重量、总件数等基本信息。在货物顺利送达之后，系统将自动产生签收通知，并以电子邮件的形式通知发货人。此外，在各种文书准备完毕后，系统可以自动产生取件通知，联邦快递在确认其准确性后将根据货物情况安排取件时间、人员和车辆。

　　由于联邦快递的信息系统直接连接到海关的通关系统，联邦快递在收到客户的取件通知时，已经获取该票货物的详细信息，公司的数据录入人员只需要做少许修改即可完成整个录入工作。这样来自于客户专业而详细的信息将大大提高通关速度，保证配送的顺利进行。该系统的使用，可以大大缩减发货人的文书时间，减少因缺乏沟通而造成延误的可能性。

联邦快递的供应链解决方案

　　在联邦快递与 ABC 公司管理层联合召开的会议上，罗经理向 ABC 公司介绍了联邦快递的解决方案。这个方案中就包含了 IPD 的服务。罗经理指出 IPD 服务是最适合 ABC 公司的。虽然联邦快递可以提供少于 5 天的送货服务，但减少的幅度很有限，而运费增加很多，对 ABC 公司并不划算，并且这 5 天时间的可靠性不是很高。

　　罗经理接着指出，如果使用 IPD 服务，以目前的情况，订单处理加上生产再加上运输总的前置时间还是大于 TARGET 公司所要求的 8 天时间，所以他的方案中，另一个主要部分是对 ABC 公司另外几个环节进行改进，压缩产品的前置时间。对于联邦快递的配送管理软件，罗经理的方案建议在 FFF 公司的局域网上安装，方案的附件给出了一个详细的安装和测试计划。

　　最后，罗经理表示联邦快递有信心、有能力实施这个方案，他希望两家公司一起努力，为客户提供更好的服务，赢得更多的客户，共同得到发展。

后 记

经过半年多时间双方的磨合和努力,为 TARGET 公司的交货时间减少到了 7.5 天,TARGET 公司从 FFF 公司的订货量也在逐步增加。由于联邦快递的优异表现,ABC 公司的许多出口业务都转给了联邦快递,而 ABC 公司也因此拿到了非常优惠的运价折扣。

【案例分析指南】

在缩短整个产品的前置期时,考察供应链中的每一个环节,或通过改进流程减少环节,或采取措施减少每个环节的时间来达到目标。这是一种应用广泛的分析方法。

【思考题】

(1) FFF 公司的订单处理过程可以怎样改进?

(2) 在保证质量的前提下,ABC 公司可以用什么办法压缩生产时间?

(3) 联邦快递的配送管理软件能给 FFF 公司带来哪些益处?

(4) 为什么罗经理会说:"可以提供少于 5 天的送货服务,但减少的幅度很有限,而运费的增加很多。" *

(5) 应用本书供应链分析方法,为 ABC 公司提出一个详细的解决方案。*

案例 2　HB公司与MD公司伙伴关系发展之路

【案例概要】

本案例主要描述 MD 公司从自营物流到将物流外包给 HB 公司的过程。案例描述了企业自营物流所遇到的困境,以及物流外包的必要性。案例通过 HB 公司为 MD 公司解决物流困境的描述,给我们展示了专业物流公司解决物流问题的分析方法和行动方案。

【教学目的】

(1) 掌握食品行业库存问题的分析方法和解决方案。

(2) 掌握食品行业仓储问题的分析方法和解决方案。

(3) 掌握车辆配送路线规划、运输资源分析和外包方法。

(4) 掌握物流成本分析和绩效管理。

(5) 了解第三方物流与客户伙伴关系的发展过程。

(6) 运用本书物流案例分析方法论为本案例撰写案例分析报告。*

【自学时数】

3 学时

引　言

一些发达国家(如欧美和日本等)的第三方物流已有 40 年以上的发展历史,行业具备相当规模,物流体系比较成熟,像我们经常能听到的 UPS、EXEL、沃尔玛物流和三井物流等。而中国物流行业仅有近 10 年发展时间,处于刚刚起步阶段,规模小而分散，运作效率低下，物流成本很高，在市场上缺乏竞争力。在这种背景下，大力发展物流业，特别是第三方物流，对中国物流企业来说是一个千载难逢的机遇。而中国的物流企业除了不断地扩大市场，最关键的是如何具备良好的管理经验和运作模式，如何为客户提供良好的服务质量。通过下面的案例，我们可以了解连锁餐饮店的物流管理模式，并从中找出答案。

HB 公司简介

HB 公司原本是美国一家并不知名的第三方物流公司，却能够支持他的客户 MD 公司在短短 50 年内快速扩展，并已拥有全球 30 000 多家快餐连锁店，公司员工人数超过 2 500 000 人，使得 MD 公司一举成为全球最知名品牌的速食餐饮连锁公司。而 HB 公司也仅用了 30 年的时间，发展到拥有全球 67 家配送分公司，提供全球 MD 公司快餐厅 70% 以上货品的物流配送服务。HB 公司的物流服务领域比较广泛，主要包括：原料采购、价格谈判、货品订货、货品品质检查及验收、货品存储及管理、餐厅点单处理、货品配送、供应商账务结算等。

HB 公司之所以能够成为 MD 公司的长期第三方物流服务商，这与它跟 MD 公司有一层特殊的关系分不开。从 MD 公司创业的那一刻起，MD 公司的管理者们便与供应商建立简单而单纯的合作关系，彼此能够相互信任、信息公开，以至形成共同成长的战略关系，直到今天仍是这样。在美国，HB 公司的母公司拥有四家集团公司，它们分别是：专注于物流配送业务的 HB 公司、专注于海运的 HP 公司、专注于冷冻设备租赁的 HR 公司和专注于餐厅玩具设计和开发的 HM 公司。这些公司的业务也主要是为 MD 公司提供服务。

自 1990 年中国内地的第一家 MD 餐厅开业起，HB 公司便紧跟着进入中国大陆。起初 HB 公司并没有在中国大陆建立很多个配送点，而是选择关键的几个大城市（北京、上海、广州和深圳）设立小规模的配送中心，因为这里的餐厅数目比较多，且发展速度非常快。而其他中小城市（如沈阳、武汉、厦门、成都）的 MD 餐厅便由 MD 公司自己负责配送。经过 10 余年的快速发展，目前 MD 公司在中国已经有超过 600 家快餐厅。自 1999 年开始，原由 MD 公司自己负责配送的中小城市，发现已经很难再继续坚持下去，便逐渐转由 HB 公司来负责物流管理和配送。

目前 HB 公司在中国（未含台湾）已形成固定的配送网络，并由四大四小（北京、上海、广州和香港及沈阳、武汉、成都和厦门）配送中心承担 HB 公司的物流配送业务，提供 MD 餐厅物流配送服务。HB 公司的服务核心：在保障服务质量和货品品质的同时，节省供应链上的每一分钱；并力争成为具有最先进物流管理人才和竞争力的第三方物流企业。

我们以 HB 中国公司的一个区域配送中心——厦门区域配送中心的发展历史，来分析自有物流和第三方物流的互动关系，其他地区配送中心有着同厦门配送中心一样的发展历程。

MD 自营物流的问题与挑战

1993 年初，全国第三家 MD 公司的快餐厅在厦门市开张，餐厅生意异常火爆，并报出多项大陆地区的第一，这也促使 MD 公司加快开设新餐厅的步伐，到 1999 年 MD 公司已经在福建地区开设了 26 家 MD 餐厅（主要集中在厦门、福州和泉州市区）。从开店开始，MD 公司的原料配送均是由 MD 公司自己负责管理。当然，MD 公司并没有放弃在本地区寻找一家可以提供第三方物流服务的服务商，但终因服务保证、服务质量和条件等诸多因素的影响，没有能够实现这一目的，所以，一直由 MD 公司担当自身的物流管理。

MD 公司的自营物流中心在厦门市郊区，所有供应商的到货均被送到该分发中心的仓库里。配送中心有不同温度的 3 个库房，这 3 个库房虽然不能完全连在一起，但毕竟还是在一个大的院子里面，作业和管理较为方便。这些仓库由 1 个主管和 4 个仓库管理员负责。另外分发中心有一个运输车队，共有 5 辆不同吨位的制冷车和 8 个司机（包含 1 名运输主管，主管有时也负责开车送货）。负责配送中心管理工作的是采购配销部李经理，他和采购人员的办公室是在 MD 公司的行政楼，距离分发中心有 6 km 的距离。

- MD 公司的组织结构（图 14-1）

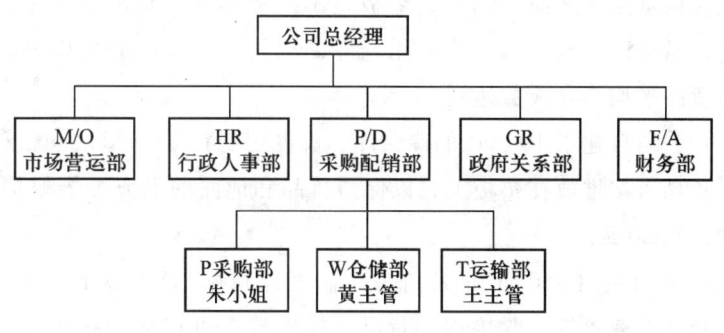

图 14-1 MD 公司的组织结构图

采购配销部职责：以较低的成本、提供客户（MD 餐厅）质量有保证的、持续不断的供货服务（断货被认为是不能接受的）。具体来讲：采购部负责市场供货商的价格谈判、品质管理与控制、货品采购及库存管理、餐厅订单的输入、确认及报表的核对等；仓储部负责来货品的品质检查和验收、货品的存储区域管理、货品保质期的先进先出管理、货品的拣选、装卸车和简单包装、货品的盘点；运输部负责运输车辆的管理、司机的管理、餐厅需求货品的运输以及与餐厅之间的货品移交等。

- P/D 采购配销部的运作

采购配销部的流程简图如图 14-2 所示。

（1）采购配销部的运作情况：采购部每月的订货计划是根据市场营运部销售计划

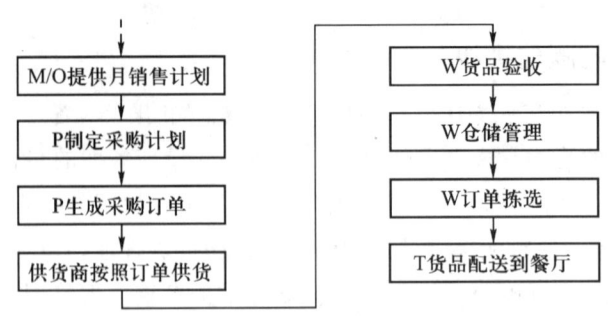

图 14-2 采购配销部的流程简图

来制定的,而市场营运部所提供的资料通常会比实际高出 30% 左右。采购部的朱小姐每月一次制定采购计划后,每次的订单将会严格按照采购计划执行,同时由于仓库提供的盘点数量的不准确和盘点时间的不及时,给朱小姐的订货增加了难度。考虑到供货商运输成本的问题,朱小姐比较偏向于使用大一点的车辆送货,一次到货数量是比较大的。

(2) 货品的存放:货品的存放按存储要求分为:

常温货品:公司租用 1 500 m^2 的常温库,其温度控制在 30℃ 以内,货品直接堆放在垫板上,以保持货品和地面的隔离,垫板是不能移动的。货品按照常温食品、纸制品和化学剂类产品分区存放。为充分利用仓库的空间,纸类产品可以叠放到 2 m 甚至更高的高度,货品平均库存天数达到 31 天。

冷藏货品:公司自建了 100 m^2 的冷藏库,温度控制在 0~4℃ 之间,存放奶制品及新鲜蔬菜等。货品直接堆放在垫板上,以保持货品和地面的隔离,垫板是不能移动的,货品库存天数达到 20 天。

冷冻货品:公司租用 350 m^2 的冷冻库,温度控制在 -18℃ 以下,存放冷冻鱼类产品、冷冻肉类货品及薯条等。除冻肉类货品直接堆放在可移动的托盘上(托盘是供应商提供,随货品一同过来)之外,其余货品均堆放在垫板上,以保持货品和地面的隔离,垫板是不能移动的,货品库存天数达到 25 天。

(3) 仓库资源:仓库现有仓库主管 1 人,薪资 2 300 元/月(运输主管相同);仓库仓管 4 人,薪资 1 200 元/月;仓库搬运人员 9 人,薪资 1 000 元/月;其他行政人员及运输司机,薪资 2 000 元/月(加班另算)。

仓库设备:手动托盘车 3 辆,用在冷库内 2 辆,用在常温仓 1 辆;手推车 8 辆,常温仓库用 5 辆,冷藏仓库用 1 辆,冷冻仓库用 2 辆。

所有仓库内共存放超过 240 种各类不同的货品,大部分货品均是使用垫板存放。因为采购配销部的李经理觉得,如果改换成可移动托盘,公司需要增加 55 元/托盘位的费用,总体计算起来需要增加将近 900 个托盘,这是一笔不小的费用支出,况且胡总经理说过,配送中心要尽可能减少不必要的开支。

依据2000年前几个月的会计统计结果来看，仓库管理绩效很不理想：3个仓库的总体库存天数为31天；货品库内破损（挤压或摔破等原因造成）的损失为平均8 500元/月；货品盘点差异造成损失为4 100元/月，月盘点差异率为5%以上；因保质期原因，造成货品报废的损失为75 300元/年；平均月供应货品保障率为98%，即每月平均有6种产品不能够正常保证供应。

胡总经理在年度会议上，严厉批评配送中心的仓库管理的问题。对以上问题，仓库主管黄先生也很委屈，抱怨说仓库货品太多，仓库已经装不下了，只好采用堆高方式，这样又很难做到先进先出和准确库存盘点，他认为问题原因不在于他的管理。

（4）运输管理：由于运输司机人手不足，运输部的主管主要时间花在开车送货上，只是在不开车的时候才有时间看看车辆是否需要维修，如果不需要的话，车辆可停在配送中心等待出车。车辆的维修和年检等工作已经全部委托给一家维修厂来完成，司机的管理完全按照MD公司的规定管理。

送货线路安排是采用固定线路方式，每月的送货线路是固定的，这样的好处是餐厅订货简单，配送安排也比较简单，仓库也能够提前预知送货计划。通常一部车辆只装同一种温度的货品，以保证货品的温度能够得到控制。餐厅的送货数量完全依据餐厅的需求来配送，但会出现一车装不下需要另加车，或一部车辆装不满的情况。

为保障餐厅正常的配送需求，确保送货货品的品质，配送中心的送货车辆是按照餐厅最大需求量来配置，这样基本不用考虑再另外租车送货。但常因车辆维修和保养的不及时，车辆故障率较高，已经影响到送货服务，送货到餐厅的准时率为93%。

因为配送司机人手不足，每月都会有加班现象，正常情况下每个司机平均有50小时/月的加班时间，按照政府规定：员工加班工资应按照不低于平时的1.5倍计算。同时因仓库常出现缺货现象和挑货错误，司机每人需多送货2趟，约增加15小时的工作时间，如遇到大的节假日，司机的加班时间往往会超过120小时/月。司机们对此意见很大，因为工作时间过长，过于疲劳，且容易发生交通事故。

（5）车辆运营成本如表14-2所示。

表14-2 车辆运输成本

车型（台）	可装车箱数（箱）	车辆折旧（元/月）	厦门20 km（元）	泉州110 km（元）	福州320 km（元）
3T（1）	180	3 600	130	250	650
5T（2）	350	5 400	280	530	1 050
8T（2）	490	7 200	340	680	1 310
城市餐厅数	—		10	5	11

以上配送成本，系指一台车双程费用，包含油费、路桥费、司机工资及补贴、车辆折旧、保险费及维修费等。

（6）餐厅配送量：2000年前3个月的餐厅配送量统计如表14-3所示。

表 14-3 餐厅配送量统计

	月份	1月	2月	3月
货品耗用月末库存数（库存单位）	常温货品	31 892	21 706	19 639
	冷藏货品	3 942	3 408	3 357
	冷冻货品	9 458	7 765	7 097
	总数	45 292	32 879	30 093
	常温货品	30 829	22 791	20 948
	冷藏货品	2 497	2 158	2 350
	冷冻货品	7 882	6 471	5 914
	总数	41 207	31 421	29 212

根据 2000 年前 3 个月的财务计算结果来看，配送中心的运行成本已经达到 18 元/箱，相对其他城市的配送中心，明显高出很多，同时在各项服务指标上有多处是较差水平。因此胡总经理责成采购配销部的李经理负责成立行动小组，并研究和解决相关问题。

李经理经过为期一个月的调研和考察，提供一份调查报告给胡总经理。李经理在调查报告中分析了问题存在的主要原因：由于配送中的运营和物流管理不是 MD 公司的主营业务，采购配销部不具备提供专业物流配送服务的能力，如果要改善现况，MD 公司需要聘请比较专业的物流管理人员来进行管理，同时也需要将现有的部分人员送出培训，更重要的是目前所用的物流软件比较落后，功能较低，如果更换，将需要支付 30 万元以上的费用去购买专业物流软件，同时每年也需要支付购买价的 25% 维护费用，当然还有其他一些硬件也需要更新或更换。调查报告同时也分析了自有物流与第三方物流的优势和劣势。

胡总经理在看完李经理的调查报告以后，马上召集市场营运部、财务部、采购配销部和人事部进行讨论。会上胡总经理决定将现有物流配送服务外包。

物流问题的分析

争取到福建市场 MD 公司第三方物流配送服务的公司是 HB 广州公司。2000 年 4 月中旬，林先生从 HB 广州公司被派到厦门，担当 HB 厦门分公司的区域经理。林经理在 HB 广州公司服务已经近 8 年时间，拥有丰富的物流管理和作业经验，他认为客户服务的核心是如何帮助客户省钱，如何保障客户服务质量，解决客户的问题。林经理根据 MD 公司提供的情况和对配送中心的了解，分析配送中心存在的问题主要有如下几点：

（1）配送中心的各部门缺乏整体协调和系统管理能力，运营效率低下。同时配送中心作业标准较差，不便于管理。

（2）采购人员作业流程简单，订货数量过大，导致货品积压，造成浪费，甚至导致仓库管理无法落实。

（3）员工的职责和责任不够明确，容易产生推卸责任的现象。

（4）资源配置不合理，仓储作业过于简单化和落后，造成运营成本较高。

（5）对车辆管理跟不上，配送不准时，导致服务水平下降和客户投诉率上升。车辆运营方式简单，车辆利用率太低，配送成本高。

为解决以上存在的问题，林经理开始对配送中心现有情况进行改造。

HB 物流解决方案

- HB 配送中心的组织结构

由于原先的组织结构不利于管理，影响各部门能量的最大限度发挥，影响服务质量的改善。因此，林经理进行如下改进：

（1）从 HB 总公司调派两名有经验的主管人员，分别担当分公司的仓储主管和运输主管。

（2）安排原先的采购人员和仓储主管以及运输主管到总公司进行穿插学习 3 个月，期间充分了解总公司的管理方法和作业流程。

（3）安排一名新的采购人员进行订货，并由自己直接掌握供货商订单处理情况。

（4）增设客户服务部，由原先 MD 公司的行政主管担当客户服务主管。

（5）调整原先公司的组织结构，并采用扁平式的管理结构，调整后的组织结构图如图 14-3 所示。

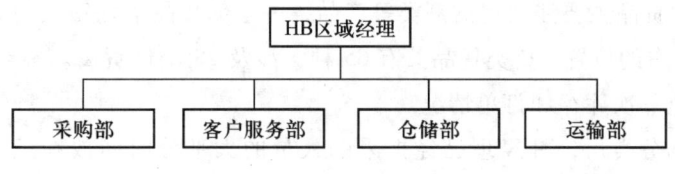

图 14-3　调整后的组织结构图

调整后的组织结构有如下优点：各部门职责明确，责任到人。设专门的客户服务部门面对客户，增进 HB 分公司与 MD 餐厅之间的日常沟通，减少客户投诉。采购职责分离，采购部人员能够专心安排采购计划和制定采购订单，使采购工作更为细化。

- 改变订货方式

（1）对于向供货商订货方面，林经理首先改变订货流程，对于常规货品采用改进后的流程进行订货（见图 14-4）。

（2）对货品需求情况进行统计，并进行 ABC 分析后，将 240 种货品分成三类：

A 类：此类货品的耗用量最大，占全部货品耗用箱数的 73%，这些货品占用仓库 62% 以上的位置，且这些货品必须保证供应，不能短缺。A 类货品共有 54 种货品，涉及 11 个供货商。林经理要求采购人员必须每两天检查一次库存和订单情况，同时也要求每周仓库需要提供一次仓库货品的实际盘点结果，以控制差错率。

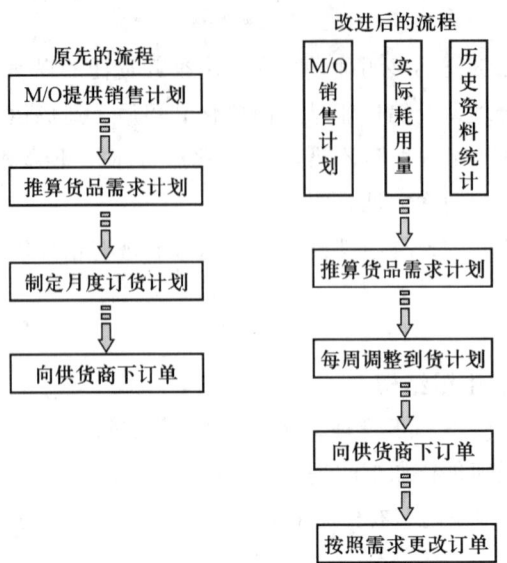

图 14-4 改进后的订货流程

B 类：此类货品涉及包装类产品，占全部货品消耗箱数的 25%，这些货品占用仓库 36% 左右的位置，也是需要保证供应的。B 类货品共有 121 种，涉及 23 个供货商。林经理要求采购人员必须每周检查一次库存和订单情况，同时也要求每两周仓库需要提供一次仓库货品的实际盘点结果。

C 类：此类货品主要涉及清洁剂类等产品，占全部货品消耗箱数的 3%，这些货品占用仓库 2% 左右的位置。C 类货品共有 65 种，涉及 28 个供货商。林经理要求采购人员必须每月检查一次库存和订单情况。

经过以上的分类后，林经理已经把采购人员的大部分时间放在最主要的货品上，同时为了自己能够掌握订货情况，要求采购人员每周汇报两次订货情况。

(3) 设定安全库存数量和最小订货量标准：为减小采购人员的订货压力，林经理亲自与 A 类和 B 类货品的供应商协商，确定他们降低最小订货量和订货周期时间，并最终得到 9 个供货商的同意，将货品的最小订货量下降 40% 和缩短订单周期时间 1/3。同时为便于采购人员控制库存数量，林经理还根据订单检查周期和供应商路上送货时间的长短，设定不同的安全库存标准：A 类货品平均安全库存为 5 天；B 类货品平均安全库存为 7 天；C 类货品平均安全库存为 18 天。

另外，林经理对采购人员还有一个特别约定：所有供货商的订单均按照供货商提供的最小订货量确定订单数量。

(4) 信息系统：在信息系统方面，为配合好采购人员的订单计算，林经理要求总公司提供一套在用的系统软件，并安装在 HB 分公司使用。此套系统能够持续统计以前历史资料，并对历史数据进行分析，提供货品未来预计消耗量和建议订单数量，提供给采购人员参考，极大地方便采购人员的资料统计和分析工作，同时也提高了订货的准确率。

经过 2 个月的运作改善，仓库货品的库存数量下降明显，常温货品的库存天数已由原先的 31 天下降到 19 天，冷藏货品的库存天数已由原先的 20 天下降到 14 天，冷冻货品的库存天数已由原先的 25 天下降到 17 天，全部货品的平均库存天数由原先的 29 天下降到 18 天，这首先会为客户每月节省 5 000 000 元货款的利息。同时，餐厅货品保障供应率由原先的 98% 上升到 99.8%，货品保质期过期的问题得到有效的控制。经过汇总，2000 年 4—12 月的货品配送量和库存量的数据统计如表 14-4 所示。

表 14-4 货品配送量和库存量的数据统计

	月份	4月	5月	6月	7月	8月	9月	10月	11月	12月
货品耗用月末库存数（库存单位）	常温货品	26 685	21 104	27 406	29 458	31 522	23 590	22 481	25 831	29 104
	冷藏货品	3 576	3 462	4 053	3 908	3 857	3 476	3 462	3 053	3 429
	冷冻货品	7 376	6 328	8 458	8 765	7 097	7 376	6 328	8 334	8 621
	总数	37 637	30 894	39 917	42 131	42 476	34 442	32 271	37 218	41 154
	常温货品	29 354	22 511	29 690	24 057	22 065	14 940	12 739	15 929	14 552
	冷藏货品	2 563	2 308	2 297	2 084	1 800	1 773	1 616	1 374	1 497
	冷冻货品	6 147	5 273	7 048	6 282	4 069	3 811	3 375	4 778	4 224
	总数	38 063	30 092	39 035	32 423	27 934	20 524	17 730	22 081	20 274

- **改进仓库管理**

在仓库管理方面，林经理提出如下几点改进方案：

（1）采用托盘化作业来替代以前的手工搬运：减少二次搬运。林经理一方面要求仓库主管收集整理从供货商处得来的托盘，共有近 400 个可以使用；另一方面，林经理又采购 500 个托盘，共用去 27 500 元，预计这些新定做的托盘可以使用两年。为配合托盘化作业，林经理又采购新的手动托盘车 5 辆，每辆 1 450 元，共花掉 7 250 元。由于作业方式的改变，搬运效率明显提高，在全部采用托盘作业后的一个月时间内，仓库搬运工人从原先的 9 个人减少到后来的 4 人（当然，也离不开仓管的作业效率明显提高和仓库叠放货物的减少）。

（2）仓库进行重新规划区域：林经理将仓库分成备货区、拣选区、存储区和坏货区。备货区用来存放新到货品和挑选好的货品，以缩短装卸车时间，提高装卸效率；拣选区是用来存放待拣选的货品，这些货品严格按照货品编号顺序摆放，因为林经理知道这样便于拣选人员作业，减少不必要的行程，提高拣选效率；存储区是用来存放货品，林经理要求同一种货品的存货区要与拣选区靠近，便于及时补充拣选区的货品。

（3）确定仓库作业标准：为便于仓库管理和定期的货品盘点，林经理要求仓库货品按照堆叠标准进行叠放，即明确货品每一层箱数和每一拖盘货品的堆高箱数，并将标准打印出来分给相关仓库人员，要求他们完全按照标准作业，这样定期盘点时间已经缩短为原先的 1/5，而且准确率明显提高。

(4) 订单时间：为配合仓库的计划安排和日常管理，林经理要求客户服务部与餐厅协商，将餐厅下单时间至少提前 24 小时，最终餐厅基本同意。这样仓库有充分的时间来安排货品的先进先出和货品拣选工作，降低货品保质期失误带来的风险，并提高货品拣选的准确率。

经过两个月的运行，仓库采用托盘化作业，便于仓库的盘点工作，其准确率明显上升，差异控制在 500 元/月以内。由于采用标准堆叠方式和库存货品数量的降低，减少货品积压和摔破的几率，大大降低库内货品破损造成的损失。现在从仓库送出的货品不再像以前那样经常出现破箱和变形的情况，被客户退回的货品一下子少了很多，这两项损失产生的费用基本控制在 1 200 元/月以内。仓库主管和仓管员等现场作业人员现在感觉比以前轻松很多，也有了成就感，工作起来明显比以前积极多了。

- **改进运输管理**

(1) 调整运输人员：设立专职的运输部主管，其工作职责范围包括规划配送线路、与餐厅运输方面的日常沟通、车辆管理和司机管理等。调整司机与车辆间的配置，控制送货司机加班时间，或要求送货司机尽可能不加班，以减少安全事故发生的可能性。

(2) 调整运输方式：为增加车辆满载几率，减少车辆行驶距离，林经理认为应当将常温货品、冷藏货品和冷冻货品合成一部车送货，也就是采用多温度控制系统。为此林经理专门为每部车定做设备，增加费用 3 500 元/车，此设备可用两年。林经理还要求运输部主管打破原先的地区界限，采用分析方法对厦门、泉州和福州区域内餐厅的配送线路和配送量进行分析和研究，按照地理位置和实际距离的远近重新排列，排列原则是尽可能使用线形路线安排配送计划，并确保车辆行驶的路线尽可能最短。原先需要卸 5~6 家餐厅货品，改进后只需卸 2~3 家即可。这样，根据财务统计资料显示，每车送货行程将直接缩短平均 50 km/车次，在提高满载率的同时也大大缩短送货时间。

(3) 将部分货品直接送往餐厅：有部分本地生产的货品，原先是先送到配送中心，然后再送出。调整后部分货物直接送往餐厅，减少运输里程和仓库装卸工作量。

(4) 采用满车送货方式：由运输部主管与餐厅沟通和协商后，推行满车送货计划，即只要餐厅能够提前 24 小时提供需求，且送货数量达到满车的情况下，配送中心可满足任何时候的送货要求，且还能够为餐厅提供一定的奖励。配送满车计划的要求：100 km 以内，可使用 5 t 车配送，最小要求配送数量不少于 320 件；50 km 以内的，须使用 8 t 车，最小要求配送数量不少于 450 件。这样在满足客户特殊要求的同时，也提高车辆装载率，有效降低因特殊送货而增加的运输成本，并且提高客户服务的满意率。

(5) 尽可能使用大车送货：出于安全原因和过高的维修成本，林经理首先将快到报废期的一台 5 t 车和一台 8 t 车进行报废处理，后又将一台 3 t 小车停下并转让给了一家本地的合作方，并从此合作方那里以外包的方式临时租用 8 t 制冷车，并签订一年期的保障合同。合同约定合作方提供门到门的运输方式，车辆是按照 HB 公司的需求派车，合作方承担货品在运输途中的任何损失。

通过使用以上的几种分析方法和配送方式的调整，有效地提高了厦门配送中心车辆的装载率，提高了配送过程中车辆的利用率，同时尽可能使用大车送货，大大降低了到店（点）的送货次数，减少客户的卸货时间和等待时间。在降低配送成本的同时，也改善了与客户之间的关系，提高了配送的服务水平。

为充分利用现有的运输资源，林经理认为把多余车辆资源利用起来，在满足餐厅配送的前提下，在送货完成后顺道前往供货商的厂区直接取货，因为这样减少了供货商的送货安排，保障在途货品品质的安全，况且也可以向其他运输公司一样向供货商收取相应运费。

- **分析车辆的有效利用率**

运输主管不再去负责开车送货后，他便有时间来研究如何提高配送车辆运转效率。同时在林经理的帮助下，对车辆运转情况和车辆的使用效率进行测算。

在配送中心改善订货管理，降低差错率和短缺率的同时，林经理将原有常用来补货的小制冷车转让出去，长途货品运输以 8 t 车的运输为主。首先，对 2000 年的配送量和车辆运载能力进行如下分析（原先平均每车可运载 320 件，司机配备每车 1.6 人，2000 年 7 月开始平均每车可运载 390 件，每车配备 2.5 名司机，每周每车可运车次 8.5 趟）。

为更准确体现分析的所需配送资源，林经理将 2000 年度的配送量细分成 12 个月，发现 3 月、4 月和 10 月的配送数量是比较小的，而 1、7、8、12 月份配送数量比较大，最大的数量高出最小的数量 40% 以上，具体数据如表 14-5 所示。

表 14-5 配 送 数 据

单位：配送量：件； 需司机：人； 需车辆：辆

月份	1月	2月	3月	4月	5月	6月	7月	8月	9月	10月	11月	12月
配送量	45 292	32 879	30 093	37 637	30 894	39 917	42 131	42 476	34 442	32 271	37 218	41 154
需车辆	5.08	3.69	3.38	4.22	3.47	4.48	3.88	3.91	3.17	2.97	3.43	3.79
需司机	10.2	7.4	6.8	8.4	6.9	9.0	9.7	9.8	7.9	7.4	8.6	9.5
实际配置车辆数	5	5	5	5	5	5	2	2	2	2	2	2
实际配置司机数	8	8	8	8	8	8	5	5	5	5	5	5
实际外租车辆	0.1						1.8	1.9	1	1	1.5	1.7

根据以上图表中的数据分析,发现整合后配送中心对车辆和人员等资源需求数量与目前已经配置的数量相比明显减少,说明原先的配送资源配置得明显偏多。具体是2000年6月份以前,有3个月份的配送对车辆的需求少于4辆,而在6月份以后都是明显少于4辆,造成车辆和人力资源的过多时间闲置,并最终造成车辆和人力资源的浪费。

经过对比自备车运营费用和租车费用后,林经理发现临时外租的租车(同车型、同路程)费用会比自备车运营整体费用平均高出15%,通过分析和研究并找出他们之间的某一个平衡点,以此作为判断是否租车和添置自备车的理由。据此,林经理判断如果按照2000年的配送进行车辆配置,只需保留2辆车和5名司机,同时司乘人员将根据车辆的配置,按照比例进行重新安排。

对于2000年中自备车辆无法满足配送要求时,林经理要求采用临时租车的方式来解决车辆的问题。配送中心也提前做好安排:

(1)提前与相关运输公司商谈,以寻求和确定合作意向。
(2)提前安排该运输公司的员工进行一定时间的培训。
(3)签订短时间的车辆临时租赁协议,以保证需要时运输资源的供给。
(4)要求运输公司提供货品保险,以转嫁运输风险。

改进后的效益分析

通过以上的改进行动,2000年下半年度HB厦门分公司在运输资源配置和利用率以及仓库优化等方面得到显著改善。具体改进主要有如下几点:

(1)减少客户货品的库存数量,减少货品库存对资金的占用。
(2)库内货品存货明显降低,节省一半以上的仓库位置。
(3)减少货品二次搬运,减少货品搬运费用,降低因二次搬运造成的损失。
(4)减少运输车辆方面固定资产的投入,将原先4辆减少到2辆,提高车辆利用率。
(5)减少在运输方面的人员成本投入。
(6)合并和优化配送线路,提高车辆的运营效率。
(7)降低因特殊送货带来的运输成本的增加,提高车辆的满载率。
(8)运输资源的集中管理,使车辆得到充分利用,并能够确保维修的有效管理,降低因车辆原因导致的配送不准时。

HB厦门分公司主要在以下几方面的费用得到比较好的节省,现将其资源配置和费用变化情况简单列出,如表14-6所示。

表 14-6　HB 厦门分公司主要费用情况　　　　　　　　　单位：元

	费用项目	上半年成本	下半年成本	费用节省	备注
采购成本	人工成本	12 000	24 000	−12 000	
	订货费用	14 000	6 000	8 000	指紧急调货等费用
	因订货原因的损失	37 650	1 300	36 350	
	货值利息	25 000	0	25 000	按 5‰ 计算，替客户节省
仓库节省	人工成本（人数）	96 600（14）	66 600（9）	30 000	
	货品装卸设备费用	6 000	14 687	−8 687	设施按 2 年折旧
	仓库盘点差异损失	24 600	3 000	21 600	由于进出仓错误产生
	仓库内坏货损耗	51 000	7 200	43 800	挤压货损减少
运输节省	车辆资产折旧（辆）	172 800（5）	75 600（2）	97 200	6 年折旧分摊
	车辆运营费用	101 132.3	67 860	33 272.3	上半年均 640 元/车次 下半年均 870 元/车次 平均 6.5 车次/周
	司机成本（人数）	96 000（8）	60 000（5）	36 000	2 000/人·月$^{-1}$
	车辆维修费用（人数）	72 000（5）	30 000（2）	42 000	3~5 t　2 000 元/月； 8 t　3 000 元/月
	租车费（元）	1 840	59 452.24	−57 612.24	
	总体费用统计	710 622.30	415 699.24	294 923.10	

以上 HB 公司在仓库和运输方面，共节省 294 923.10 元的成本，节省部分占到改进前总费用的 41.50%，是一笔非常可观的收益。在节省以上费用的同时，也并没有增加其他部门或在其他方面的费用支出，这些费用的节省便是 HB 厦门分公司进行改进所获得的收益。

同时在改进管理后，HB 公司的送货准时率也从以前的 93% 提高到 98%（包含车辆的故障原因导致不准时），送货准确率方面提高，保障餐厅订货的需求，保障供应率达到 99.8%，使客户服务水平和客户满意度得到提高。通过以上的改进行动，降低费用和提高服务质量与水平的同时，也改善了公司内部客户的满意度，员工的工作积极性也得到提高。现在 MD 公司的胡总经理也早已不再顾虑物流配送工作，对 HB 公司的服务很满意，还经常邀请林经理对餐厅经理进行培训，增强餐厅订货的准确性。

后　记

随着市场不断地变化，MD 公司一方面进行市场调整，另一方面也加快发展速度，以占领更多的市场份额。2005 年初，HB 厦门分公司的林经理得到正式通知：MD 总公司将江西省和浙江省全部的 MD 餐厅都合并到福建市场，由福建的胡总经理担当大区总经理，同时这 3 个省的 MD 餐厅在 2005 年底将有计划发展到 100 家，这些餐厅将全部由 HB 厦门分公司负责配送业务。这时林经理开始抱怨：他不知道如何来解决以上的配送服务问题，因为林经理明白，现在配送中心已经完全不能满足未来的市场需求，而且他很清楚大区配送中心在厦门是不合理的，那应该搬到哪里？要自己建设还是寻找可租赁的仓库？需要多大库房面积？如果自己建，应该建成什么样的仓库？需要配备什么样的物流设备？……

【案例分析指南】

使用本案例时，有两点值得注意：企业如何从自营物流走向物流外包；物流企业如何为客户提供解决方案。

【思考题】

（1）请结合 MD 公司李经理的调查报告，分析企业自营物流与物流外包的优势和劣势。

（2）如何评价 HB 公司物流资源配置的合理性？

（3）你如何评价 HB 公司所采取的物流解决方案？

（4）根据案例提供的数据，请计算 2000 年 7 月份车辆配送最经济费用是多少？ *

（5）2005 年初，HB 公司的林经理得知将会有 100 家餐厅要由他的配送中心送货时，你认为他将会如何去规划和设计新的配送中心？ *

（6）运用本书案例分析方法论中的要求为本案例撰写一份 1 000 字左右的案例分析报告。*

案例 3　天津中远物流的困境与出路

【案例概要】

本案例是国内第三方物流企业创业发展的真实案例。案例介绍了国内第三方物流企业的发展现状、创业发展思路，从不同层面对企业的经营之道进行了分析，并从第三方物流企业为客户创造价值出发，给出了为客户进行供应链改造设计的操作案例。

【教学目的】

（1）了解物流企业竞争环境的分析方法。

（2）了解物流企业发展方向定位的分析方法。

（3）掌握物流企业客户开发、客户管理、客户投标的基本思路。

（4）掌握订单前置期的分析方法。

（5）认识提高客户满意度的重要意义。

（6）如何通过流程分析为客户提供供应链解决方案。*

（7）第三方物流发展策略。*

【自学时数】

2 学时

引 言

2004年4月1日，刚刚取得ILT运营经理证书的凌峰受命组建天津中远物流公司的物流部，之前十几年他一直在中远船务公司、货运公司工作。此次受命，上级公司北京中远物流公司给了他天津中远物流公司这块牌子，其他就都靠自己了。凌峰从原来所在的公司抽调了10名大学生，这些人都是他去年从大学直接招来的，经过手把手一年的培养，他对这些年轻人非常了解且有深厚的感情。凌峰信奉"事情是人干出来的"这一朴素哲理，他知道现代物流非常有前景，但不好做，他想尝试一下。

公司背景

2002年1月8日，中国远洋运输集团总公司进行核心业务重组，成立中国远洋物流公司（简称中远物流），将集团的核心主业从单一的远洋运输扩展到远洋运输和现代物流。中远物流由中远国际货运公司的陆上产业部分和中国外轮代理总公司合并成立，合并资产近50亿元人民币，人员16 000名，下属有大连、北京、青岛、上海、宁波、厦门、广州、武汉8个口岸区域公司。主要业务有现代物流、船舶代理、货运代理三部分。自成立以来，其现代物流业务经过3年多时间的发展，业已形成基于家电、汽车、电力、石化、展运、零售业6大品牌的物流平台，业务规模和企业实力位居国内物流业前列，2004年度中国物流企业百强评比荣获第一名。

中远物流区域公司之一的北京中远物流公司在天津有8家企业，分别从事集卡车运输、堆场和仓库服务、集装箱和散杂货的货运代理、空运货运代理、大件运输等业务。为了在天津开展现代物流业务，北京中远物流公司与中远物流总部于2002年4月22日合资成立天津中远物流公司，将天津本地的8家企业归口管理。由于人员调整、机构调整等问题，成立后的两年时间里，公司仅发展了传统的海运货运代理业务，没有开展实质物流业务。直到组建公司物流部，天津中远物流公司才实质上正式开始现代物流业务。

经过一年的发展，天津中远物流公司可以为客户提供干线运输、仓库管理、城市配送、客户供应链诊断、供应链优化、信息系统设计分析、物流银行及传统的进出口货物代理、国际多式联运等业务。一年来，公司已经与本地及腹地的多家著名饮料企业和乳品企业建立了合作关系，逐步搭建起了天津辐射河北、内蒙古的快速消费品物流干线网络，并正在搭建天津本地的配送网络，同时切入客户公司的仓库管理，建立双方的物流系统对接，实现资源共享。可以说，一个健全完善的物流网络雏形正在形成。

凌峰知道，一个新的公司要快速决策，需要一个权威一锤定音，业务发展不等人，为了迅速打开现代物流业务局面，他需要大家相互配合。他决定公司的组织文化实行权威文化和任务文化相结合的模式，相应的组织结构也确定下来（如图14-5所示）。

问题和挑战

天津中远物流公司作为一家现代物流行业的新来者，其发展之初试图避开行业的

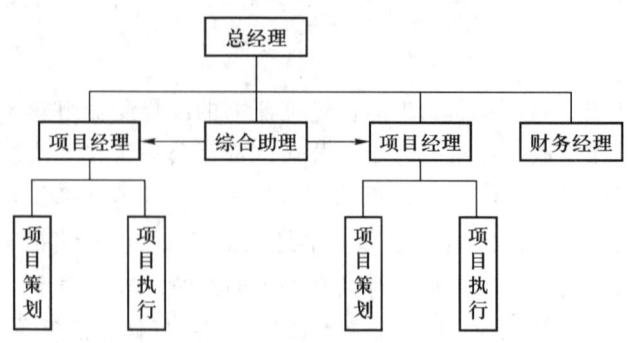

图 14-5　天津中远物流公司的组织结构图

恶性竞争,从高端入手,高开高走。但企业的发展现实告诉他们需要从现实出发,了解环境,适应环境,在发展的基础上寻求改造环境。凌峰借助迈克尔·波特教授竞争理论的五力模型,分析了天津中远物流公司的发展环境(见图14-6)。

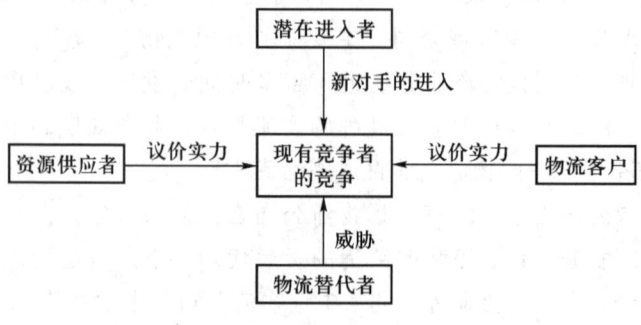

图 14-6　"五力模型"分析

从模型分析中他发现公司面临的竞争环境不容乐观。

一方面,他发现竞争者已经有来自国内外的物流企业在本地各个物流领域率先发展。如玉柴物流已经在天津建立快速消费品干线物流网络、天解物流借可乐公司搭建了市区配送网络、叶水福物流已经占据了电子物流产品的高端、德利德物流已经在危险品的细分市场卓有成效,与此相关的物流市场客户好像大部分也都被瓜分殆尽。

其次,潜在的进入者正在虎视眈眈地觊觎着天津这块正在开发的物流三角地。国外的大牌物流企业,如 DHL、联邦快递、马士基物流等伴随着国门的开放,携全球网络的优势大举进入天津;国内的制造业、流通业企业也纷纷染指这块最后的蛋糕;南北大流通的结果,天津作为西北、华北的出海口,作为东北与华北、华东、华南物流对流的交汇处,又吸引了全国各地的物流企业纷纷安营扎寨。

对于物流设备资源的供应者,如卡车公司来说,天津本地的物流资源因其大部分为港口和海运配套,物流车辆相对单一,大部分为集装箱拖车,适货性强的 4 轴 9.6 m 车型及 5 轴 12 m 槽车均较少,而天津中远物流公司作为一个行业新手,对资源的掌控能力、谈判水平都有待实战中逐步提高。

对于物流服务的消费者——客户企业，天津本地及周边的企业对物流的需求大部分处于初级状态，价格因素左右着他们的决策，而中远物流公司在天津的自有车辆大都是进口集卡车，其高昂的运输成本成为其谈判的掣肘。并且，公司的车队都是独立核算的单位，内部虽说是兄弟公司间的合作，实质上是两个利润中心，形同业务外包。在一次实战中，凌峰的团队与南方一家大型物流企业同台竞争，因为内部公司的卡车资源成本太高且车型不适用，造成客户看不到他们的自有车辆资源，对其真实实力产生质疑。

而就第三方物流企业的业务替代而言，许多制造企业选择了与物流咨询公司合作并自营物流系统的模式，这样的发展模式，使得许多物流企业迷失了方向。

从波特教授的"五力模型"分析可以看出，天津中远物流公司的发展环境不仅不乐观，而且布满荆棘。

从企业内部看，天津中远物流公司的内部公司及业务部门均相对独立，且各独立公司的效益均不是很理想，多数企业原本就亏损，上级公司及兄弟公司欲伸出援助之手，但无奈捉襟见肘。现代物流业务全部由公司的物流部自行发展，而代表天津中远物流公司现代物流业务的物流部，仅有十余个初出茅庐的年轻大学生，在一缺资金、二无客户、三少经验的基础上艰难起步。可以想象，这样的公司将面临什么样的困难。

（1）资金瓶颈：在天津中远物流公司现代物流的创业过程中，企业周转资金问题一直是面临的棘手问题。如企业招标均需要一定数额的保证金，多个企业同时合作，数十万元的保证金就成为公司的一个难题。而且，初期开展业务，大量使用外包车辆，外包车辆均需要短期付费，而客户公司的运费都是月结，这样就产生了现金流动的时间差。

（2）经验欠缺：凌峰的队伍是一支年轻的队伍，员工年轻、高学历一度成为其他同行企业羡慕的焦点，但同时，年轻也是经验不足的一种表象。传统的运输行业，充满了弱肉强食、欺生杀熟，为了积累经验，公司交了许多学费。如公司外包内蒙古的车辆，初期不了解货源及车源行情，常常中外包车主温柔的一刀。经过一段时间交学费的实践，外包成本已经降低超过30%。

（3）执行力偏差：因经验不足等原因而造成的执行力不够，一度成为公司的发展痼疾。公司员工朝气蓬勃，但现实的无奈常常敲打这些年轻人的神经，几经挫折后，公司行动命令的执行力开始下降，工作热情时见消极。

（4）业务稳定性差：零起点的业务开拓，生存问题成为现实的问题。因各项业务均处于摸索发展阶段，变数丛生，利润回报极不稳定，有时不稳定的财务状况甚至动摇了这支年轻队伍的军心，毕竟每个人都需要正常的生存，都渴望美好的生活。创业一年的时间内，公司遇到过客户公司销售动荡令业绩大幅下滑，遇到过竞争对手在招标中横刀阻拦造成业务间断，遇到过操作失误陷入危机。初期有限客户的不稳定因素，让这支年轻的队伍时刻感受到了生存的压力。

上述这些问题,凌峰隐隐觉得并不是最根本的问题,因为困难总是可以克服的,而公司发展的方向定位是否准确可能是影响未来发展最大的问题。

公司定位与营销策略

作为一家第三方物流企业,天津中远物流公司到底选择什么样的市场发展定位一度让凌峰彷徨。他最后确定了4个市场定位原则:能够配合中远物流总公司的统一规划;可以发挥企业自身的优势;具有未来广阔的发展前景;具有实际可操作性。

中远物流总部规划了各区域公司现代物流发展的6大品牌思路:家电、汽车、电力、石化、展运、零售业成为公司发展的选择题。凌峰分析筛选了天津本地的家电企业,发现基本都是外销型加工企业,业务回归到竞争激烈的传统海运货运行业;尝试了天津的汽车业,发现合资后的天津汽车公司变成被外方切过的蛋糕,染指困难重重,况且,公司并没有与其对等合作的资本;石化、电力以大件运输为主,属于资源型项目物流,不属于目前公司开发的领域;展览业在天津又缺乏存在的土壤;只有零售业物流成为唯一的选择,从零售业凌峰联想到关联行业——快速消费品(以下简称快消品)。

快速消费品在本地及腹地均有巨大的生产和消费环境。背靠津、京、唐两大直辖市及河北第二大城市的巨大消费圈,世界500强的两家可乐公司均设厂天津,国内乳业巨头企业伊利和蒙牛位居腹地及周边,国内最大的果汁企业汇源集团近邻北京,本地还有统一、雀巢、康师傅、王朝、娃哈哈等系列食品公司,直观的市场判断是:快消品物流市场潜力巨大,存在运作空间,虽然表面看快消品物流的利润空间不大,但凌峰透过快消品物流的表象,分析了快消品物流网络的未来价值,觉得以两年左右的时间,通过与3~5个较大规模的快消品客户合作,建立一个完善的区域快消品网络平台是有巨大潜在价值的,这个行业值得干。

另外从天津的城市企业布局看,天津是一个港口型工业城市,企业集中在化工品、快消品的国内贸易领域,以及电子类、家具类、五金类、机械类的出口领域。传统的出口货运代理不能作为发展方向,公司没有仓库资源,缺乏仓库管理经验,切入高门槛的电子产品进出口物流又缺乏可操作性。从生存现实和中远品牌规划出发,天津中远物流公司最终选择快消品领域作为开展物流业务的突破口是客观的选择。

从企业面临资金和经验缺乏的角度,选择快消品也是一种无奈的选择。因为快消品企业存在大量的初级运输、仓储需求,是容易学习、进入门槛低的业务,需要的资金相对较少,需要的资源在社会上相对充足。所以,对于仅有一块响亮品牌,但实质上资金及有效资源匮乏的天津中远物流公司选择快消品物流也是一种理智的选择。经过一段时间的客户地域扫描,凌峰经理将客户目标逐步定位在牛奶、饮料等食品生产企业。

快消品的市场定位确定后,实际运营起来,前述提及的困难相继出现,困难的焦点集中在波动的业务收入波及团队的稳定和信心。如一度出现与某饮料公司和乳业公司的业务不协调，造成公司出现经营困难，甚至出现亏损现象。面对这些严重问题，凌峰多次召开会议，统一思想，最终确定三种挑战困难、抗击风险的办法。

（1）公司将可预见的、对公司发展至关重要的及其严重影响效益的项目作为核心项目。饮料公司、乳业公司快线对开这个项目即将陷入困境，把它作为第一项目，集中绝大部分人力和财力，实行集中专一化运作，尝试各种办法，从根本上解决该项目的盈利和持续发展问题。

（2）公司对即期和未来存在盈利潜力的项目，如传统货运代理业务、进口代运业务、物流银行业务、其他简单物流项目等执行分散的多元化。并且，适时改变考核办法，分解利润指标到每一个人头，让每一个人承担创利义务，多劳多得，增加每一个人的生存压力，调动每一个人的创利积极性，谋求迅速渡过难关。

（3）公司对有远大发展潜力的现有小项目，执行小规模专一化运营。如公司在发展快消品网络的过程中，判断物流的配销业务将会有很大的发展潜力，会产生配送和销售的相互促进效应，但同时也意识到，配销业务的推广需要一个艰苦的过程。所以，决定投入少量的人力和有限的资源，成为著名的 TM 乳业公司的经销商，并独家占有两个销售渠道，坚决地、义无反顾地将物流配销业务推动下去，期待该项目一旦成型，公司将即刻增加一种稳健的发展模式。

企业确定了发展方向，凌峰开始思考市场开拓的思路，他觉得像他们这样有中远背景的新兴公司，虽说公司缺乏有效资源，但仅靠近 50 年铸就的中远品牌，开拓市场就应有许多机会。不过，考虑到人员的经验问题和资金实力，他决定从低端入手，采取稳步发展的营销策略。

- **干线求生存，仓库求发展，配送求壮大**

因为物流公路干线业务容易入手，能够迅速培养相应的操作人员。同时，通过与客户的初步合作，一方面可以实现盈利，创造自身企业生存发展的机会；另一方面，通过对客户的逐步深层次的了解，有机会发现客户企业内部存在的问题，为将来深层次合作创造条件。所以，凌峰他们一开始就与多个乳业公司及饮料公司合作开通了内蒙古—北京—天津—山东—河南干线运输，后期又开通了天津—唐山对开线路，实现了初步的生存发展。

而仓库管理和库存管理需要对客户企业的供应链有深层次地了解，同时，仓库管理和库存管理又具有门槛高、技术含量高的特点，适合天津中远物流公司高素质的员工发挥优势。而且，客户公司一旦选择了中远物流的仓库服务，将形成其他竞争对手进入的技术门槛，使双方的合作进入一个高境界，对双方企业发展的未来大有益处，这一点在与后边提到的 TC 饮料公司合作中得到了验证。

配送求壮大是因为配送业务非常繁琐，操作难度大，但配送网络一旦形成，联网而成的规模效应将会体现，公司的发展前景已经在与 TM 乳业公司配送及配销业务的发展中逐步显现。

- **传统物流与现代物流结合创效益**

在企业发展的创业过程中，追求效益是企业生存的不二法则。凌峰考虑到企业初期发展中员工的基本生活需求，觉得应该充分发挥员工原有的业务经验、业务渠道，保留了一部分传统物流业务。实践证明，初期企业效益的大部分来源是结合过去传统的进出口货运及门到门运输、海运铁路联运等业务实现的，这部分效益对企业的启动发展起到了关键的支持作用。

- **人才创品牌，技术建壁垒**

现代物流要求现代的人才，要求学习型组织、学习型领导和学习型团队。高水平、高效率、高执行力的人才优势才能拉开与传统物流的距离。在实际操作中，公司通过物流技术进步，采用先进的信息系统、快速订单处理等物流技术，最终形成与同行的差异。如在与某乳业公司及某饮料公司的合作中，公司创造的新型作业模式，提高装卸作业效率10倍，大幅度地降低物流成本，形成客户公司新的KPI标准，建立了技术壁垒。

公司的运营系统

- **企业内部运营**

凌峰制作了《物流企业市场开发作业指导书》，将公司的员工按照不同的素质特点和性格特点，每三至五人分成一个项目小组，小组中有一个组长，通常年龄较大，工作经验丰富，性格外向，比较善于组织和表达，主要负责项目的谈判组织；第二个成员通常是善于思考、有很强的策划能力的人，负责项目的规划设计，他可能不太善于表达，但小组剩下的其他人基本比较善于与人沟通，有责任心，负责实际操作。简单明晰的分工，将公司成员划分成一个个小团队，以项目团队形式对外开展业务。

伴随着物流业务分项目稳步发展，公司逐步建立了不同于简单业绩考核的团队考核方式。以团队整体业绩作为考核对象，突出成员间的协作配合，确立团队协作、共同发展的道路。推行各尽所能、各司其职、取长补短、荣辱与共的思想，将个人发展与团队业绩捆绑，完善团队绩效考核体系。

在项目运作的过程中，团队考核模式也遇到挑战。因为每个项目都有一个发展过程，在项目运作过程中，只有成本，没有效益，许多时候看不出最终是否会成功，如果以成败论英雄来进行绩效考核，势必会打击许多在项目运作过程中的员工，且大多数的项目是由凌峰确定立项的，项目成功与否，执行的员工并不负方向责任，这让他也时常感到困惑。

- **企业的外部运营**

一方面与公司运营发展至关重要的是客户关系管理。凌峰是一个好交朋友的人，十余年的工作经历，与他合作的客户大都成为了他的好朋友，有些还成了他的同学。他将客户关系管理建立在互利、双赢的基础上，努力与客户建立起一种朋友似的合作关系。他将客户的需求划分为三个层面：高级层面需求，即公司决策层需求；中级层面需求，即部门主管经理的需求；基层需求，即一线操作者的需求。经过分析，他发现不同层面的客户需求是截然不同的，就像马斯洛的需求层次理论一样，处理好不同层次的客户需求，对于客户关系管理非常有益，甚至完全有可能营造一种和谐的客户合作关系。在与 TA 饮料企业的合作中，他发现公司的决策层物流总监是到任不久的少壮实力派领导，中层的物流部经理是久经考验、经验丰富的中年干部，基层员工是长期工作在一线的老职工，从上至下，年龄越来越大，这样一种特殊的客户结构让凌峰对如何处理好与 TA 公司的客户关系陷入了久久沉思。

另一方面，在物流企业的运营中常常涉及投标管理，如何科学设计投标方案，对最终是否中标起决定性作用。凌峰经理对投标有自己的看法，他觉得投标设计思想应遵循如下原则：分析招标客户的目的和需求；分析竞争者的优势并回避其竞争优势；弘扬自身的优势；挖掘客户的深层需求；表示出诚意并规划出设计合作方案及前景。

遵循这样的原则，凌峰针对唐山 LM 乳业公司运输招标提前进行了客户需求分析：

(1) 基本需求：乳品竞争激烈，利润微薄，需要降低运输价格。

(2) 潜在需求：工厂装货场地小，人工装卸速度慢，压车使客户订单不能满足，希望提高作业效率。

(3) 潜在需求：因产品在仓库的批号管理容易混乱，期望一种便利的批号管理方法。

(4) 潜在增值：习惯性的牛奶包装破损比例造成大量浪费，期望改变现状，创造价值。

为此，他们为唐山 LM 公司专门发明设计了双层托盘式侧幕帘集装箱及叉车作业模式，并预先投资制造了一个样箱，先期进行了运营测试，用实际数据告诉招标的 LM 公司：该种作业方法从根本上可以结束长期依赖人工装卸的低效率方式，节约装卸两地的装卸费达 10 元/t，直接降低物流成本；装卸车效率提高 10 倍以上，缓解库区拥挤压车不能满足准时送货的压力，提高客户满意度；因整托盘为同一批次号，带来库内产品按照整托盘一个批次号分拣的便利，大幅度提高了仓库的运营效率；整托盘作业使货物破损率降为零。

最终，凌峰他们独家得标。

当然，在凌峰的公司运营系统中，为客户提供物流供应链解决方案一直是这支团队的高端工作目标，也是这些有着平均大学本科以上学历的知识型队伍的长项。在工作实践中，他们针对天津 TC 饮料公司供应链存在的问题，专门设计了物流解决方案。

为 TC 公司的物流解决方案

- TC 公司简介

TC 饮料公司是著名饮料生产企业，下属有多个品牌，品牌下又派生不同口味、不同包装的各种碳酸饮料。产品销售区域除天津外，还覆盖河北、内蒙古等腹地，仅在天津本地的年销售额就超过 1 亿元人民币，客户近 2 万家。

- TC 公司产品的消费特点

与其他同类产品一样，TC 公司期望自己的产品具有消费者买得起、买得到、乐得买的特点。也就是说，TC 公司的产品与竞争对手的产品对消费者来说具有极大的同质性，消费者消费具有极大的偶然性、冲动性和替代效应。一旦当客户需要消费 TC 公司产品而现场没有现货产品时，消费者通常会毫不犹豫地选择其他对手产品。此种消费特点要求 TC 公司的消费场所不能断货，否则，不仅失去客户，还将可能因为零售商的怨言而失去市场。

- TC 公司市场的 SWOT 分析

1. 优势

TC 公司的目标消费群为 20 岁以下的年轻人，市场定位准确；

回避竞争对手现有渠道，占领终端零售渠道，渠道更稳健；

携品牌优势，容易产生消费者认知；

口味既有激爽感觉，又不失清新的感受，市场认可度高。

2. 弱势

TC 公司是此种饮料的后来者，同类产品已在市场先入为主；

营销主渠道已被他人占领，直销的终端渠道运作繁琐；

终端渠道批量小，分销成本相对较高；

消费者群体较窄。

3. 机会

越来越多的年轻人追求新潮；

竞争的生存环境使越来越多的年轻白领选择激爽的快餐饮食；

差异化定位终端，学生市场机会巨大。

4. 威胁

对手强大的攻势压制着 TC 公司的生存空间；

替代品如统一、雀巢、娃哈哈等的蚕食鲸吞；

消费者对自然饮品的追求影响碳酸饮料的消费潮流。

- TC 公司的困惑和存在的问题

1. 市场好做，物流配送难

TC 公司经过长期在市场的打拼，已经积累了丰富的市场运作经验，随着广告的大量投放和终端零售渠道的全面建立，市场推广工作变得相对容易，订单正在源源不断地增加。但与之相配套的仓库管理、物流配送管理的水平却依然保持原来小规模订单的配套水平，致使客户的订单响应时间太长，24 小时的送货承诺仅留在口头上。

2. 直销渠道，扩大规模难

TC 公司采取直销的模式，选择小型零售商作为合作伙伴，最小 7 件的订单起点，已经让公司做出了痛苦的抉择，但还是抬高了小零售商的合作门槛，令许多小零售商苦不堪言。

3. 渠道分散，网络管理难

TC 公司多年的发展，已经在天津建立了近 20 000 家零售商的经销商网络。但相对于其他对手公司，TC 公司的经销商规模小、资信差、分散、管理水平差，许多经销商就是家庭零售小店，甚至没有电话，更无从谈起传真和电脑网络，这样的小客户给物流配送带来很大的不便，每个 1 t 车平均 10 个以上的配送地让物流合作伙伴几乎无法操作。但是这样的客户 TC 公司又不能轻易地抛弃，毕竟积少成多，且对 TC 公司又有很好的宣传效应。

4. 成本较高，控制降低难

TC 公司将物流配送过程分为出厂、移库、入库、库存、出库、装卸、市配几个环节。分段看，TC 公司每一段的成本控制都是到位的，但从总体来看，TC 公司为物流所支出的成本并不少。正是因为 TC 公司将物流的环节割裂开来，不能实现规模效应，不能实现供应链合理设计，才造成了分段测算成本低，整体效果差的结果。

5. 各自为政，系统整合难

在 TC 公司过去的时间里，由于公司内部系统分割，内部配合欠默契，使得一些问题长期存在。如销售部门负责订单的接受，但每日订单要在每天下班由市内销售部派人专程送到配送仓库，当晚由仓库库管按照地区分类订单，再按照下一天预估的车型人工合并订单。第二天早晨，合并好的订单由配送车队的司机取走送到仓库的拣货人员处，由拣货人员核对后再安排叉车工拣货出库。在运送过程中，配送车队的车辆只能在库外排队等候。一个简单的问题是因为涉及销售部、配送部、电脑部、财务部等不同的部门，使问题变得复杂和难以解决。

所有上面的困惑，最终产生两个最严重的问题：

(1) 订单周期太长：因为种种原因，如配送车辆不足、库存数据不准、库存单品断货、信息传递有误，等等，对客户的 24 小时送货承诺经常延长到 48 小时乃至 72 小时，许多客户因此流失。

(2) 库存积压严重：冗余资金沉淀库存，资金周转出现困难，对外支付迟缓，企业资金信誉遭到质疑。为防止断货，安全库存设定为 7 天，实际市区中央配送仓库的库存常数超过 2 000 t，平均库龄超过 20 天，一些单品的库龄超过 120 天，占压资金超过 600 万元。

上述两个根本的问题都是供应链管理的问题，已经严重地影响企业的发展，因为过去的竞争是单纯的市场竞争,现在的竞争实际上更多的是供应链效率的竞争,没有高效的供应链管理,再好的市场营销也是枉然。表14-7列出了TC公司各渠道的销售情况及分渠道的订单前置期状况。

表14-7 TC公司渠道销售及订单前置期表

主渠道		次渠道		子渠道		数量(家)	月均销量(箱)	月总销量(箱)	占总量(%)	前置期(h)
A	杂货购物	A1	超级市场	A10	大独立超市	18	350	6 300	2.04	20
				A11	小独立超市	130	26	3 380	1.09	36
				A12	连锁超市	22	280	6 160	1.99	20
		A2	便利店	A20	连锁便利店	231	5	1 155	0.37	36
				A21	独立便利店	594	4	2 376	0.77	36
		A3	食品店	A30	面包蛋糕店	122	3	366	0.12	36
				A31	其他食品店	1 826	4	7 304	2.36	36
		A4	加油站	A40	加油站	19	5	95	0.03	48
		A5	杂货店	A50	大杂货店	132	5	660	0.21	36
				A51	小杂货店	461	3	1 383	0.45	48
				A52	窗口店	2 762	3	8 286	2.68	72
B	其他购物	B1	一般商店	B10	小百货	287	21	6 027	1.95	48
				B11	大型百货	28	230	6 440	2.08	24
		B2	小卖/报亭	B20	小卖/报亭	1 536	3	4 608	1.49	72
C	饮食	C1	饮用	C10	酒吧	148	53	7 844	2.54	48
				C11	茶室	72	20	1 440	0.47	48
				C12	咖啡店	165	10	1 650	0.53	48
		C2	快餐	C20	中式快餐	264	45	11 880	3.84	48
				C21	西式快餐	173	150	25 950	8.39	48
		C3	餐馆	C30	高档中餐馆	163	31	5 053	1.63	24
				C31	中档中餐馆	1 779	25	44 475	14.38	36
				C32	低档中餐馆	4 582	7	32 074	10.37	48
				C33	非中式餐馆	33	52	1 716	0.55	48
		C4	其他饮食	C40	流动熟食车	284	4	1 136	0.37	72

续表

主渠道		次渠道		子渠道		数量（家）	月均销量（箱）	月总销量（箱）	占总量（%）	前置期（h）
D	娱乐休闲	D1	游乐休闲	D10	游乐休闲点	337	21	7 077	2.29	48
		D2	电影院	D20	电影院	55	130	7 150	2.31	48
		D3	运动场所	D30	运动场所	37	50	1 850	0.60	48
		D4	娱乐	D40	网吧	573	95	54 435	17.60	60
				D41	洗浴	236	12	2 832	0.92	72
				D42	舞厅	191	10	1 910	0.62	48
				D43	夜总会	46	50	2 300	0.74	48
				D44	卡拉OK	110	45	4 950	1.60	48
				D45	游戏厅	235	35	8 225	2.66	48
				D46	保龄球	17	15	255	0.08	48
E	住宿/运输	E1	住宿	E10	酒店度假村	6	20	120	0.04	72
				E11	小旅馆	99	3	297	0.10	72
				E12	招待所	87	4	348	0.11	72
		E2	运输	E20	配货站	9	5	45	0.01	72
F	教育	F1	中小学	F10	小学	93	18	1 674	0.54	48
				F11	中学	78	30	2 340	0.76	48
		F2	大学	F20	大学餐食堂	56	90	5 040	1.63	48
				F21	大学超市	18	30	540	0.17	48
				F22	大学杂货店	23	7	161	0.05	48
				F23	大学宿舍	34	8	272	0.09	48
G	工作场所	G1	工作场所	G10	企事业单位	675	9	6 075	1.96	24
				G11	部队	8	20	160	0.05	24
				G12	写字楼单位	64	5	320	0.10	48
H	中间商	H1	承包贩卖	H10	承包贩卖	27	32	864	0.28	36
		H2	现卖场	H20	现卖场	33	28	924	0.30	36
		H3	批发商	H30	批发商	25	280	7 000	2.26	24
				H31	批零商	36	120	4 320	1.40	24
I	内部	I1	内部/公关	I10	内部/公关			300	0.10	
				月均总销量合计				309 542 箱		

注：数据为 2004 年 9 月份的销量统计。

分析上表数据，TC 公司的市场危机顿时显现。

- **天津中远物流公司为 TC 公司设计供应链解决方案**

为解决 TC 公司存在的两大难题，凌峰他们分析了该公司客户订单前置期和补货产品前置期的构成，如表 14-8、表 14-9 所示。

表 14-8 客户订单前置期

编号	订单物流流程	最少时间（h）	最多时间（h）	备注
1	开始接单	0	7	每日 9：00—16：00 接单
2	订单处理	1	3	手工填单，财务备案
3	订单送库	1	2	人工送订单到仓库
4	订单分线路	2	4	人工凭经验分订单线路
5	订单合并	2	3	人工凭经验分配每车送货点
6	核对盘存	2	5	分单品加总核对库存缺货否
7	订单录入	2	5	录入数据
8	单车并单	2	5	单车合并打印出库单
9	计划调车	1	2	通知物流公司要车数量
10	车辆准备	3	36	临时增量可能车辆不足
11	取单拣货	2	4	司机取单送库管处拣货
12	核对装车	1	2	司机核对，自带装卸工
13	送货到门	1	6	多点送货几乎每天仅送 1 次
合计	订单前置期	20	84	最长 3 天半时间才能到货

表 14-9 补货产品前置期

编号	生产物流流程	最少时间（h）	最多时间（h）	备注
1	调货订单	2	3	
2	原辅料准备	5	8	不考虑断料情况
3	产品生产	8	8	每日剩余产能 150~200 t
4	出厂备运	2	5	装货区狭窄，有拥挤现象
5	车辆调配	5	8	移库车辆车源丰富
6	发货到库	5	6	厂区到库道路基本通常
7	卸车盘存入库	1	2	夜间卸车，机力充足
合计	生产前置期	28	40	最长 2 天可以补足货源

注：从塘沽工厂到天津市内仓库距离 60 km，工厂每班产能 100 t，每日最大产能 300 t，本地旺季每天最大销量 200 t 左右，淡季最小销量每天 30 t 左右。

有了这些客户订单的前置期分析和补货产品前置期的分析，TC 公司供应链的改造方案逐步浮出水面。

【案例分析指南】

本案例介绍了天津中远物流公司创业发展的历程。在分析本案例之前，充分了解该公司的创业背景，即公司仅有中远一块品牌，一缺资金、二无客户、三少经验，了解这一背景，对理解案例中凌峰的经营思想会有帮助，并利于进一步讨论其他相关经营思路。针对案例里 TC 公司的供应链解决方案，应认真分析图表数据，注意数据分类，从数据分析中找出问题的答案。

【思考题】

（1）你认为天津中远物流公司的快消品市场定位正确吗？请说明。

（2）试分析快消品物流网络的价值。

（3）试分析与 TM 乳业公司开展物流配销的价值潜力。

（4）你认为应该如何考核和激励项目发展过程中的团队成员，调动他们工作的积极性？

（5）试分析 TA 饮料公司不同层面的客户需求。如何创造与之和谐的客户关系？

（6）天津中远物流公司的企业核心竞争力是什么？

（7）你认为 TC 公司未来可能的市场危机将会是什么？

（8）为什么 TC 公司对大客户能够满足 24 小时供货，小客户却不能？

（9）案例中 TC 公司对小客户缩短订单前置期将面临什么问题？如何解决？

（10）降低库存对 TC 公司还有哪些好处？存在什么样的风险？

（11）试分析造成 TC 公司订单前置期长的其他可能原因。

（12）如何缩短 TC 公司的订单前置期？

（13）如何降低 TC 公司的库存？降低库存面临哪些风险？如何回避？

（14）请你根据 TC 公司渠道销售及订单前置期表和客户订单前置期表分析，为 TC 公司提出供应链的改造方案。*

（15）运用所学过的第三方物流管理知识，你如何评价天津中远物流发展策略？*

第15章 电信运营商

案例 电信物流运营管理

【案例概要】

本案例源于电信运营商的供应链管理，一般意义上，电信运营商的行业竞争以技术与客户为焦点，但随着国家电信产业政策的调整以及电信产业日益国际化，产业竞争也日益加剧，所以供应链管理也成为电信企业的增加效益甚至建立竞争优势的领域。

案例主要是国内某领先电信运营商供应链与物流运营管理所遭遇的问题与挑战。

【教学目的】

(1) 了解备件存货管理。*

(2) 了解电信物流商的选择与整合。*

(3) 促销品存货管理。*

【自学时数】

3 学时

被打断的交谈

星期一早上上班，陈永强一到办公室，部门的文员就告诉他刘总在等他。他问刘总找他有什么事，文员说刘总只是让你一到办公室就去他那儿，并没说是什么事。陈永强喝了一口文员早已给他沏好的茶，急匆匆地就去了刘总的办公室。

陈永强就职于国内某电信运营商，是某市分公司的一名资深经理，跟着刘总打拼多年，深得信任。分公司在刘总的带领下，有了长足的进步，在销售收入、市场占有率等方面在全省的各分公司中处于领先地位，在全国和同样规模的分公司相比也不落下风。陈永强与刘总合作多年，刘总让他担了很重的担子，知道网络能否正常工作、信号的强弱、覆盖的地域大小决定了消费者把手里的钱是给我还是给他的问题。

刘总上周去北京总部开会，昨天晚上才飞回来，一早上班就叫他去，一定有什么重要的事。一进刘总的办公室，陈永强就看出刘总脸上是一脸的疲惫，昨晚很晚才下飞机，可能晚上还没有休息好。陈永强坐下后，两人闲聊了两句刚把话题转入正题，陈永强的手机响了，他一看是他手下的一个项目主管，陈总没接按断了电话，两人接着说。没一会手机再次响起，刘总问："谁的电话？"

陈经理回答："又是小王的。"

刘总说："他现在不是在北边的山区负责几个基站的技术改造吗，可能有什么急事，你接吧。"

陈经理走出办公室接通手机，没好气地说："我正和刘总说事情呢，有什么事你不停地打电话？"

电话那头传来小王近似哭的声音："陈经理，那批设备什么时候到啊，我这一群人一直等着，工期已经误了，设备不是已经到公司仓库了吗，这个设备不装，下面所有的工作都进行不下去，我们还要等多长时间？"

"不会吧，我星期六听老张说东西已经到了，你等一下，我问问怎么回事。"接着陈永强又拨通了储运部张经理的电话，劈头就问："那批设备怎么回事，还没到工地，不是早就到货了吗？"

"到是到了，但还没有办入库手续，不能出库。"张经理说。

"为什么？"陈永强接着问。

"这批东西是以前没有的，没有代码，系统不认，不能入库，系统也就出不来出库单，就不能出库。我一早向省公司要代码，省公司说不只是我们市有这种情况，其他地市的分公司也遇到了这种问题。他们正向总部要代码，咱们省是最先到货的。"张经理忙着一番解释。

"那要到什么时候，现场可等不及啊，"陈永强想了一会："要不这样吧，你先让东西出库，等给了代码，再办入库和出库，手续后补，就这么定了。对了你准备让谁送啊？可别再找哪个物流公司了。"陈永强知道曾经发生过因为物流公司为了省钱，把他们的物资和其他客户的货一起配货，耽误了送货时间的事。

"那也只能这样办了，我先签个字让仓库出货，回来您要让小王来我这补手续啊。我一会给咱们车队的大李打电话，让他去送货，他给南边的基站送备件了，可能刚回到家。""还有啊，"张经理接着说，"这两天大雨，我听说北边有泥石流，可能路不好走。"

陈永强也知道车队的大李，任劳任怨，几乎年年都是优秀员工，"那我不管，你让大李无论想什么办法，今天务必送到，明天一早就开工，不能再耽误了。"挂上电话，陈永强又给小王打电话，连哄带骂一番把小王给安抚住。说完这些，陈永强稍稍喘了一口气，心里叹了一口气，心想在以前哪有这些事，还不是总部搞的集中采购给闹的吗！

对总部做的集中采购，陈永强还是很赞成的。最开始陈永强总是为设备的选型头痛，一整套设备中间可能必须选几个公司的产品，产品之间完全匹配几乎是不可能的。

后来有些设备供应商，像华为、中兴、HP等开始推出所谓一整套解决方案，为陈永强他们省了不少事。但这些供应商的销售经理们天天围着他转，他也挺烦的。现在好了，他们都跑到总部去了，自己落一个耳根清净。可问题又来了，以前都是供应商把物资直接送到施工现场，现在却要为送货头痛。手续也繁琐，必须要在系统内办理入库才能出库，这次就是设备到了仓库，因为代码的原因没有入库。再有如果设备有什么问题，也不像以前那么方便，以前一个电话，供应商就来了，现在有时要等几天。总部给购买的设备并不总是合适的，全国那么多分公司，具体的要求都会有差别。结果下面的员工就抱怨这个不好用，那个不好使。也是，现在许多的供应商只是听说过，以前从未合作过。心里想着这些，陈永强又回到了刘总的办公室。

与刘总的交流

回到刘总办公室，两人直接进入正题。刘总大概给他说了一下在总部开会的情况，话锋一转："我被咱们的老板剋了一顿。"

"怎么会呢，咱们分公司的收入、市场占有率等在全国的这些分公司中都是数一数二的，老板都不知道？"陈永强有些诧异。"知道，可大老板现在对利润更感兴趣，所以咱们的老板也对利润很重视。分公司的利润也有增加，但比起其他市的分公司增加的幅度，我们是后几名。大老板每天都在看股价，能不对利润在意吗，大老板天天这样，咱们老板能不这样吗！再说中期年报要出来了。"刘总停了一下。"可咱们分公司能得到现在的成绩容易吗？那几家运营商哪一个不是虎视眈眈，现在哪里都要花钱，要比以前花得多，每个基站的维护每年就要花不少钱，可不花行吗，再说公司现在拓展二、三级市场，北部山区要再建几个基站，原来的还要升级扩容……"

"你说到这，我正要和你说这事"，刘总打断了陈永强的话，接着说："上个月我让财务部去仓库调查，他们出了一份调查报告，不是也给了你一份，你看了吗？"

"我看了，怎么了？"陈永强问。

"你没注意里面有那么多设备吗，有一亿二吧，都不能用吗？"刘总看着陈永强说。"我看了，有许多都放了几年了，你也知道那是以前老夏在的时候买的"，陈永强分辨道（老夏是分公司前任的总经理）。"可还有一些是这几年买的，不能用了吗？""咱们分公司是都用不上了，谁让现在技术发展这么快，前面装着，后面新的东西又出来了。"

刘总一边听陈永强说，一边从抽屉里拿出那份报告，翻了几页低头看着说："你这里的备件在仓库里就快两个亿了。"陈永强叹了一口气："我也发愁，可没有这些备件行吗！基站一坏，不快点把备件送过去，他能把你催死。"

刘总没有理会陈永强，接着翻报告，像是自言自语："每年仓库和车队也花不少钱啊！"停了一会，又说："市场部积压的东西也不少啊！"

陈永强马上接着说："备件才能占多少地方，仓库快让市场部挤满了，海报啊，礼品啊……"

"对，想起来了，上次和你说的事你还记得吗？"刘总没有让陈永强继续说下去。"什么事？"陈永强一下没反应过来，反问道。

"就是市场部这些物品，马上省公司就要把促销品的采购收回去了。"

"这回事啊"，陈永强想起来前段时间刘总给他说的这个事。一直到现在，他们市公司用的广告品、促销品等都是自己采购的，按道理这些东西应该由供应商直接送到各个营业网点或代理商的网点，仓库是不管的。但东西越来越多，也为了便于和供应商结算，东西就先入仓库，再送到各网点。但是这些东西因为编码不统一，不能进入仓库的系统，管理这些东西用的是销售的一套系统，用于入出库管理，仓库定期用EXCEL表格给市场部门提供物品数据。实际上仓库只是代为保管这些物品，没有真正的管理。刘总想趁着这次省公司统购的机会，把这些东西纳入仓库的系统，全部由仓库管理起来。所以在这之前刘总把这个想法和陈永强说了。陈永强当时告诉刘总，把这块管起来难度不大，如果省公司给了编码，解决起来很简单。如果马上要解决，可以让仓库管理系统与销售系统能够对接也可以，但那样可能比较麻烦。

真正的原因陈永强没有说。要说这些东西不难管，而是仓库不想管。像手机卡等东西因为比较贵重，仓库自然非常小心。但促销品、给客户的小礼品之类的东西，一是种类多，再加上用销售系统麻烦，所以仓库自然不愿花时间和工夫，导致这些东西在仓库里非常乱，影响到了正常的备件入库、拣货等工作。

以上这些念头只是在陈永强的脑子里一闪而过，他接着对刘总说："接过来管没问题，只要进入仓库的系统，省公司统购就没有问题，全省不是只有咱们一家分公司。只是……"

"行了你不用说了"，刘总合上报告，打断了陈永强的话："外包怎么样？包括所有的都外包，你也就不用犯愁了。"

"这事上次不是和您讨论过吗，关键是这些人怎么办，像大李，您也知道，多好的员工，让干别的可能干不了，可不要了多可惜；就是外包，也不能全部，像充值卡这块就不能外包。"陈永强说道。

"我是说全部，不仅是仓库和车队这块，还有备件的管理、备件的采购、配送，找一家第三方物流公司，都由他们管，我们就可以省不少工作了。市场类物品采购以后都是省公司负责，第三方物流只需要管理仓储和配送。这次我去开会，碰到外地某分公司的吴总，人家现在得意得很，大老板在会上点名表扬，利润比收入增长得快。我私下问他，他还和我卖关子，说了半天好话才告诉我，他们分公司把这块全包给一家物流公司，就像我给你说的那样。"

想了一下，陈永强一字一句说道："吴总的分公司才负责多大的地方，当然好做了，我们分公司这么大的区域。就是行，能有这样的物流公司吗！这可不是满大街的那些物流公司能做的。"

办公室安静了下来，两个人都没有说话，各自想着心事。突然桌上的电话响起，刘总按下免提，电话里传来刘总秘书甜美的声音："刘总，吴总找您，要接进来吗？"

"接进来",刘总拿起话筒,对陈永强说:"你考虑考虑,也去了解一下,我也考虑考虑,我也要和其他几个经理都谈一下,下星期一下午咱们开会,要把这个事定下来,不能再等了。"然后对着话筒:"吴总,你好啊……"

回到自己的办公室,陈永强来回踱着步子,想着刚才和刘总的一番交谈,头绪太多了,自己脑子有点乱。陈永强知道刘总的脾气,看似轻描淡写地和他谈这些事,实际上自己的压力很大,而且应该下决心了,要不然前段时间让财务部出这个报告干什么。看来自己要有所行动了,想到这,陈永强转身打开办公室的门,对着外面喊道:"小李,你进来一下,有几件事和你说。"

备件与促销品的情况

小李坐下后,陈永强一字一句地说道:"你要做一个统计,统计我们分公司每个基站每种备件的使用情况,要一年的数据,然后给我。"

小李听完后一脸的迷惑:"前段时间您不是让我配合财务部调查备件的情况吗,财务部不是出了报告了吗!怎么又要这个?"

"财务部提供的是全公司备件、设备这些东西的存货情况,刘总说东西太多了,占用资金太大了,影响利润,要减少、压缩。我要的是每个基站备件的使用情况,不一样,明白没有?"陈永强回答道。

"每个基站?"小李反问道。"是,每个基站备件一年来的使用情况,分月各用了多少,这样看一看其中有没有规律,如果有规律我们就可以做预测了。"停了一下,陈永强接着说:"还有就是促销品的使用情况,仓库每个月不是给市场部门有报表吗,你汇总起来,整理一下给我。"

小李脸上的表情就像快哭了一样:"咱们分公司 20 多个基站呢,您不知道上次我陪财务部把所有的基站都转了一遍,累不说,关键是每个基站放备件的地方就不像个仓库,更像是垃圾站,没人管,又脏又乱,清点起来费劲死了,为什么每个基站都要放备件呢?"

陈永强看了一眼小李,说:"不放备件,设备坏了能马上维修吗?"

小李又问道:"陈经理,你要促销品的情况干什么,那又不属于咱们部门管。""现在不管,以后要管。我有用的,你只要去汇总一下,仓库都有。""可是备件就没这么简单了,他们的备件连记录都没有,进了多少,用了多少,还有多少谁都不知道,一问他们就说自己是负责维修的,不管备件。设备坏了,就在小仓库里找,找不着就让公司的仓库给他们送,可实际上还有。"

对备件的情况,陈永强以前也有所耳闻,但他根本顾不上,再说也不可能给每个基站配一名仓库管理员吧。"那怎么办?"陈永强反问道。

小李说:"我从咱们仓库调数据吧,仓库的系统里有记录,我用过。备件什么时间发的、发给哪个基站,或是什么时间哪个基站领走的、数量是多少,等等,都有,可能和基站具体的使用量有差异,但差异应该不是很大。"

"还有一个问题",停了一会小李说:"现有系统里的报表不能提这些数据,要 IT 部配合,我告诉他们要提什么数据,请他们帮我提。"

陈永强回道:"好,我给 IT 部的经理打电话,让她指定人配合你。给你一周的时间足够了吧,下周一报告给我。"

"行,我现在就去做这件事",说完小李站起身要走。"等一下",陈永强叫住了她:"数据要处理一下,备件按类别分开,一年中没有使用过的也要列出,要把每种都列出来,十几页纸也不够。怎么分类你知道吧?""您放心,这个我知道。"说完,小李快步走了出去。

陈永强拿出手机,拨通了储运部张经理的电话,直接问道:"老张,你不是和一些物流公司熟悉吗?经常用他们,他们的情况……"

第三方物流公司

在本周的周五,小李就把备件情况的报告放在陈永强的桌上。他大概翻了一下,最关键的备件使用情况都有了,然后他把报告放在包里,现在没有时间看,只能用周六、周日的时间仔细地研究一下。

时间过得真快,转眼就过了两周。在这两周时间里陈永强除了要操心基站的建立与升级情况,他把更多的时间放在第三方物流公司的招投标上。

外包这件事刘总与分公司的其他主管沟通了一下,其他主管基本上没有意见,毕竟和他们没有直接的关系。刘总要求要用招标的方式选择合适的承包方,这事就由陈永强负责,所以这段时间陈永强主要忙这件事。他之前让储运部张经理了解第三方物流公司的情况还是有效果的,通过初步的筛选,开招标会的时候他们只是邀请了不到10 家的物流公司参与投标。事情很多,提供给投标方所需要的资料和数据,以及公司在这方面具体的要求等都要准备好,还要和其他部门做必要的沟通。

陈永强准备这样做:根据他们提供的资料和信息,参与投标的物流公司要提出一个初步的解决方案和报价,主要根据解决方案的可行性,其次是报价,从中选定某家公司,再与这家公司进一步地细谈。因为还要要求物流公司细化他们的解决方案,再根据公司提供的详细数据二次报价。

到了招标的时间,有几家物流公司按时交了他们的标书。陈永强初步看了一下,真正能入他的法眼的只有三家物流公司,其他公司提出的解决方案要么不全面,或者实施的可行性较差。以下是这三家物流公司的情况,分别用 A、B、C 来代替:

A 公司:A 公司是本地的一家物流公司,是从快递业务起家的,发展很快,这几年又向物流相关业务领域拓展。这些情况是张经理告诉他的。A 公司的解决方案是由其承接备件的配送,因为 A 公司在本市的业务网点很多,远的区县也有网点,许多网点有足够的面积放这些备件。所有备件分到他的三四个网点,当基站需要备件时,向 A 公司的系统提交申请(A 公司正在上一套信息管理系统),A 公司组织协调,由最近的网点把备件送过去,承诺的送货时间是两小时,这样基站就不需要储备备件了。备件还是公司的,但由 A 公司保管。A 公司保证放在其网点的备件完好,并能定期提供报告,报告网点备件的库存状况以及向每个基站的发货情况。备件的采购还是由公司自己负责。公司要支付仓储费用以及每个备件的送货费用。从公司全年备件的使用量看,在总的支出中 A 公司是最便宜的。

B 公司:B 公司是一家国际知名的第三方物流企业,最近正积极拓展在本市的业务,所以公司比较重视这次投标。B 公司提出的解决方案是由他们全面承接备件业务,包括采购与配送。B 公司从指定的供应商购买备件,基站不需要保留任何备件,当基站需要时,B 公司及时送货,承诺的送货时间是 6 小时。公司使用一个备件,即支付备件的购买费用和送货费用,总的来看 B 公司的报价是最贵的。这种模式 B 公司声称在国外已经有了成功的实践,可以直接复制过来。陈永强了解到 B 公司在本市没有自己的物流设备设施,都是在用第三方物流,陈永强感到 B 公司更像一家第四方物流公司。

C 公司:C 公司是国内的一家大型物流公司,全国都有业务,有自己的仓库和运输车辆。C 公司的解决方案与 B 公司类似,其差别在于基站还需要保留部分备件,只是这些备件都是最基本的低值物品,如螺钉、螺母之类的东西。其他的较大和价值较高的备件 C 公司全权负责。收费模式与 B 公司相同,报价比 B 公司低。

陈永强头痛了,选哪家公司,他们各有优劣势。他的下属倾向于 A 公司,表面的理由是 A 公司价格最低,以前也有交往,人比较熟。当然,陈永强也知道他们背后没有说出的理由,但这又不符合刘总的本意,何去何从,真让陈永强为难。

【思考题】

(1)请结合案例阐述备件管理特点。

(2)请你替陈永强先生为其所服务的电信运营商的供应链做出准确的诊断,并撰写一个案例报告。*

第16章 典型物流问题分析

典型物流问题分析

【概要】

本章我们主要归纳物流产业实践中所遭遇的典型问题以及常用的物流理论与分析工具。

【教学目的】

(1) 物流产业实践中所遭遇的典型问题有哪些，我们可以如何分析。

(2) 常用的物流理论与分析工具有哪些，其在具体产业物流实践中如何使用。

【自学时数】

3学时

引 言

本章我们主要关注：

(1) 物流产业实践中所遭遇的典型问题有哪些？我们可以如何分析？

(2) 常用的物流理论与分析工具有哪些？其在具体产业物流实践中如何使用？

产业物流实践所遭遇的问题与挑战可以有很多种分类，在这里我们可以按照采购管理、库存管理、仓储管理、运输管理以及第三方物流的角度来归纳与分析问题。

采购管理典型问题与分析思路

从物流与供应链的角度看采购，我们关注的问题一：企业与供应商关系建立的合适性，即是建立多供应源还是单一供应源？如何根据采购物资的价值与采购风险确立与供应商的关系？比如关键/杠杆/保证供应/简化程序；当然我们也要求考生熟练掌握供应与采购定位矩阵来判断企业现行的供应商关系是否合适。问题二：我们需要掌握采购运营中订货的经济性问题，在一定意义上，这甚至是采购在物流与供应链环境下的最基本也是最重要的功能。

案例 1

某公司的主要产品是耐久型乙烯壁板，公司的产品销量这几年一直保持稳步增长，但公司的利润却不断下滑，公司决心彻底改变这种状况。第一步就是从采购环节的改造开始。

公司采购部采购的物品包括乙烯基本产品、涂料、办公用品、包装材料、集装箱木材、各种设备及维修用的零部件。目前采购部门所有的订单都是手工完成，没有采购系统，使用的一台电脑只是用于文字处理和打印发票。

对采购员的考核主要是原材料价格多少，所以采购员总是想方设法让供应商给予折扣，上星期的检查发现公司的原料仓库存储了可供使用6个月的瓦楞包装材料，可供使用10个月的涂料和可以使用4个月的木材。但是在乙烯基本产品的采购上，生产线因为断料而停工，这种情况生产工人已经习以为常。采购经理对此的解释是，他们应该与供应商建立某种关系，但目前这种关系还远没有建立起来。采购经理对部门的人员也有看法，今年新招收的几个新人还在熟悉业务，但原来的几个采购员在采购的理念和技能上他总感到有所欠缺。

考虑到库存问题，公司准备采用经济订货批量方法。如公司某种涂料每年需要使用600 kg，现已知该涂料的每次订货费用12元，每kg涂料的年储存成本4美元。近年来，由于H涂料价格的上涨，涂料制造商给出的价格发生变化，新价格如下：

采购数量（kg）	价格（元）
1~99	20
100以上	15

根据以上案例，请回答下列问题：

（1）根据案例描述，本案例中的公司在采购中存在哪些问题？

（2）简述经济订货批量方法的优缺点。

（3）在每kg20元的价格下该涂料的经济订货批量是多少kg？在此订货批量下考虑采购成本的总成本是多少？在总成本最小时的订货批量是多少kg？

（4）简述采用考虑折扣因素的经济订货批量方法对买卖双方各有哪些益处。

参考答案

（1）案例中的公司在采购中存在以下问题：

① 没有使用采购的信息系统。

② 对采购人员只用价格这个指标考核。

③ 对原料库存控制不力，库存量过大而且还有原料断货情况。

④ 没有考虑与供应商建立某种关系，使货源供应的风险增加。

⑤ 采购人员的技能与理念较差。

(2) 经济订货批量方法的优缺点：

优点：

① 采用经济订货批量，可使单位购入价格降低，全年总购入成本降低。

② 采用经济订货批量，可使年订货次数更合理，从而使年订货成本降低。

缺点：

① 如果采购人员只追求低价格原料，会增加采购数量，从而使平均库存量上升，导致年储存成本增加，降低企业资金的周转次数。

② 只考虑价格但忽视原料质量、供应商交付等情况，会使总成本增加。

③ 经济订货模型简单，要求使用的条件严格，对实际采购的指导意义不大。

(3) 答案（略）

(4) 考虑折扣因素的经济订货批量方法对买卖双方的益处：

买方益处：

① 加大订货量以获取折扣时，单位购入价格低，全年总购入成本降低。

② 加大批量订货使年订货次数减少，从而使年订货成本降低。

卖方益处：

① 由于销售价格低，所以会增加销售数量，薄利多销后使企业资金的周转加快；提高资金利用率，从而增加企业利润。

② 销量增加导致生产量增加，生产规模增大，从而使单位生产成本降低。

案例点评

以上案例有以下几个特点：

① 案例是从采购物流职能的角度出题。

② 案例中的4个问题是从由易到难逐步提出的。回答第1个问题需要仔细阅读案例，是整个案例分析的第一步，也就是发现问题。后3个问题通过提问的方式引出本案例的核心问题，即经济订货批量的概念。3个问题的难度也是逐步加大，并且通过计算来考查对这个概念的掌握情况，最后一个问题是经济订货批量概念的一个引申，需要有更深入的思考。

③ 物流职能涉及的无外乎采购、库存、仓储、运输4个方面，这些都有专业的教材，与《物流案例与实践》的教材形成一个体系，考查的专业知识都能从教材中找到，所以需要对专业知识有全面系统的掌握。

案例2

大型零售企业的某些采购经理侵蚀企业利润的现象已不是秘密。在众多供货商提供的证据中，门店采购黑幕已成为零售商采购管理中最头疼的问题。某零售企业为了快于其他竞争对手在国内完成战略布局，打破了常用的采购的管理方式，采取了"各自分散作战"的做法，赋予各门店很大的权力，使每家店面都拥有独立的采购和销售体系。但这种方式却给采购腐败造成了可乘之机。某些月薪3 000元的采购经理，每年在采购中收取的回扣、贿赂可能高达几十万、上百万元。"吃回扣"的方式很多，每一个新采购经理上岗,一定会有很多的供应商排队请他吃饭、夹寄、送信用卡,比较新兴的方式还有"抽奖"、答谢会、产品介绍会、演示会等。

采购岗位动荡早已成为门店常见的现象,采购部门换人的频率非常高。中层采购经理经常被调职或免职,大部分原因就是收受了某些供应商大量的"好处费",大额采购该商品并压缩竞争对手的采购量,被竞争对手供应商举报,最后终因难以收场而东窗事发。目前零售企业内部腐败问题已引起该企业高层管理者的重视,并准备采取一定的措施进行整治。

根据以上案例提供资料,请回答下列问题:
(1)结合案例,该企业采用了何种采购方式?该方式有哪些优缺点?
(2)根据案例,请分析采购过程中的这些问题会给企业带来哪些危害?
(3)如何解决采购过程中出现的问题?请给该企业提出你的建议。

参考答案
(1)该企业采取的是分散采购的方式。
分散采购的优点:
① 使用部门和采购部门之间的联系比较方便,反应迅速,容易应付紧急需要,对企业规模大、工厂分散在较广区域的公司施行分散采购比较有用。
② 准确了解内部需求,特别是一些专业化程度高的需求,由供应商直接与需求部门联系更好,从而在一定程度上提高了采购绩效。

分散采购的缺点:
① 采购数量少,不容易获得价格折扣和良好的服务。
② 采购方针政策不容易统一实施。由于各自为政,各单位考虑自身的利益,采购的政策不易得到贯彻执行。
③ 采购功能不集中,分散了资源,包括采购人力资源以及供应商资源。
④ 不利于物料统筹管理。由于分散采购,各部门只考虑自身需求,物料不能调剂余缺。

(2)采购过程中的这些问题会给企业带来的危害:
① 采购商品价格高,增加了企业采购成本,直接导致企业利润下降。
② 采购商品质量差,商品销售后损害了消费者的利益。
③ 由于商品价格高、质量差,企业在市场上的竞争力下降。
④ 采购腐败会使假冒伪劣商品猖獗。
⑤ 商品质量差造成消费者投诉多,企业的声誉下降。

(3)解决采购过程中出现的问题,建议如下:
① 采购程序公开,如采购物质的数量和质量的指标、参与供货的客户、价格、结果。
② 加强企业的行政监察力度。
③ 建立完整的财务审计制度。

④ 完善企业各项管理制度。
⑤ 建立一套科学的采购人员绩效考核和奖励办法。

案例点评

① 本案例涉及的主要知识是分散采购与集中采购。

② 要能较好地回答问题,也需要有零售行业的行业知识,如行业特点、采购方式,因为分析分散采购与集中采购的特点离不开行业的特点。

③ 类似这样的案例可以扩展很多问题,如和供应商的关系问题、采购库存控制问题等,此时需要发散性的思维。

仓储管理典型问题与分析思路

仓储管理的核心是,在保证客户服务水平下,实现仓储运作效率最大化以及存货损失最小化。仓储管理常见问题一:如何保证客户服务水平?即我们如何保证库存数据准确性,这既有硬因素,比如如何建立有力的信息系统,也有制度因素,比如选择恰当的仓储盘点制度,还有人为因素,比如提高责任心;问题二:如何提升仓库运作的效率?产业中经典仓储效率实践有拣选方式设置性、库位设置合理性、存货分类管理等。

案例 3

SC 公司是一家在电子通信产业处于领先地位的合资企业。

SC 公司仓储部门是整个公司物流系统的核心,承担从原材料接收、配货、发料、收成品、发货等业务,并且保持 24 小时不间断地连续作业。

SC 公司的仓库主要分为收货区、拣货区、待发货区,共 15 000 m^2。总共有近 10 000 个高架库位。在 SAP 系统实施的时候,根据材料的特性不同,对库位进行了区分。在全部库位中,将原材料、零件、包装材料、半成品、成品分别定义了相关的区域来摆放。

仓库实物操作主要由第三方物流承担,而 SC 公司的员工则集中在对 WMS(仓库管理系统)的调整上。

目前 SC 公司每天都会收到第三方物流服务供应商所发出的日盘点报告。

整个盘点的队伍是由第三方物流的主管负责,清点的人员也是由第三方物流提供,盘点计划是 SC 公司成本控制部门提供。

第三方物流的服务供应商提供一个 5 人团队,其中 1 人为班长、4 人为组员,每日进行库存清点。由于整个仓库位轮班制 24 小时运作,因此其整个人力资源的分配是:班长上常日班,其他 4 名组员进行轮班,每 12 个小时换一班。每天清单的对象分为两类,其中一类是以库位为单位,按照顺序,每天清点一定数量的库位,后一班次的人在前一班次人的基础上继续清单;另一类是将每个操作班所操作过的库位清点一遍,以便于及时地纠正错误。

SC 公司盘点操作流程是:清点人员从系统中调出库存数据,然后对库位进行清点。清点后的数据与系统数据进行核对,当发现差异时,清点人员会做出初步的判断。如果差异是由于系统输入的时间差造成,则属于正常情况,否则将记录下来。班长的职责就是对组员未能解决的差异进行查证,判断原因并做出分析报告。如果差异在一周之内未能找出原因并解决,那么根据每周的总结报告,交由仓库经理确认、物流经理确认、财务经理确认。确认之后,又经过专门授权的系统操作人员在系统内进行调整,以使系统和实物相对应。

SC 公司库存差异比较严重。经调查已发现原因为:供应商供货时,没有进行 100% 的开箱全检,造成原包装缺损;系统录入失误造成的库存差异。

根据以上案例,回答以下问题:

(1)库存盘点包括哪些基本类型?SC 公司采用的是哪一种?

(2)SC 公司盘点运作中存在什么明显的漏洞?

(3)结合案例内容,企业通常如何处理盘点库存差异?

(4)SC 公司已查明的库存差异原因是什么?结合你所掌握的物流知识,你认为还有哪些原因可能导致 SC 库存差异?

(5)库存差异可能给企业带来哪些负面影响?

参考答案

(1)① 基本盘点类型包括:定期盘点、循环盘点。

② SC 公司采用的是循环盘点。

(2)SC 公司盘点运作中存在的漏洞为:整个盘点的队伍是由第三方物流的主管负责,清点的人员也是由第三方物流提供。

(3)企业处理盘点库存差异的通常步骤为:

① 当发现差异时,清点人员会进行初步的判断。如果差异是由于系统输入的时间差造成,则属于正常情况,否则将记录下来。

② 班长的职责就是对组员未能解决的差异进行查证,判断原因并做出分析报告。如果差异在一周之内未能找出原因并解决,那么根据每周的总结报告,交由仓库经理确认、物流经理确认、财务经理确认。确认之后,又经过专门授权的系统操作人员在系统内进行调整,以使系统和实物相对应。

(4)① 企业已经查明的原因:供应商供货时,没有进行 100% 的开箱全检,造成原包装缺损;系统录入失误造成的库存差异。

② 可能导致库存差异的原因包括:由于仓库日常管理不当,发生磕、碰、撞、偷盗等损耗。

(5)库存差异可能给企业带来的负面影响有:

① 造成不良库存。

② 错误信息,导致停产。

案例点评

本案例主要是考核仓储管理中常见的存货差异问题。

存货差异既可能来源于硬因素，比如信息系统，也可能是制度，比如盘点制度，还可能是人，比如贪婪。

本题主要是考核制度层面。

库存管理典型问题与分析思路

库存管理是物流与供应链管理的核心，没有了库存管理，物流只能是传统意义上的运输仓储，起码对制造业与零售业来说是如此。库存管理主要问题一：库存周转不畅，资金占用大；问题二：库存贬值；问题三：库存对市场或客户需求支持不足，服务水平欠佳。不管是什么类型的具体问题，我们在分析库存问题时，一定牢记在心，库存管理不仅仅是物流问题，它关系到产品市场策略、销售政策、计划与部门协调等因素，也就是说，找库存问题不能仅在物流系统与运作着手，需要从企业整体甚至供应链系统通盘考虑。我们考虑库存问题的程序是，首先检查产品市场策略是否是库存问题根源，再查产品 DP 点设置是否合理、产品 ABC 分类是否合理、IT 系统支持力度如何、库存管理 KPI 设置的合理性、仓储现场管理效率等。

案例 4

SP 公司是一家经营休闲类服装及专业用品的著名品牌公司，其经营的产品的生命周期较短，具有很强的时尚性和流行性。

根据国内权威市场调研机构的调研结果，SP 公司的产品在国内同行中品牌声誉和品牌价值都名列前茅。

SP 公司的销售渠道采用两级模式：一级为全资子公司，二级是加盟经销商。SP 公司每年制订总的销售计划，据此召开春夏季和秋冬季两次订货会。所有子公司和加盟经销商在订货会上以期货方式下达合同，所订购的货物在 4 个月后可以到达店铺进行销售。

订货会后，SP 公司的销售部门首先汇总期货订货合同，并与年初制定的销售计划相核对，以确保订货的合同金额可以完成年度销售任务。再由销售部门与生产部门进行协商，形成总的生产和供应计划来组织原材料采购和生产工作。

服装类产品的完整价值链包括：产品研发、采购、制造、物流、销售等环节。在这一领域中有两类企业，一类专注于产品研发和品牌经营，将产品生产流程外包给 OEM 工厂；而另一类自身拥有工厂，加工并经营自己的品牌。

SP 公司属于前者，专注于产品研发、品牌经营和销售渠道建设，将之作为自己的核心竞争力。公司将自己不擅长的生产制造过程外包给 OEM 工厂。目前 SP 仍自营物流，但正考虑外包。SP 公司所在行业、品牌公司所使用的供应商资源经常是相同的。甚至有时与直接竞争品牌共用同样的 OEM 工厂和原材料供应商。

SP 公司近期为了提高销售额与市场占有率，采用了种种措施。其中主要策略是，加大了对经销商的让利和返点，促使经销商大量购进货物，以及扩展产品 SKU。

令人担忧的是，公司采用这些策略之后，库存效率有很明显的下降，并且产生其他库存问题。

根据以上案例，回答以下问题：

（1）通常采用什么指标考核库存效率？并给出计算公式。

（2）SP公司持有库存可能带来哪些不良影响？

（3）根据案例内容，SP公司采用什么形式的DP点？采用这种形式的DP点运作，SP公司面临的困难是什么？

参考答案

（1）① 企业通常采用库存周转率来衡量库存效率。

② 库存周转率为：某产品在一定时间段总销售量或总产出÷平均库存。

（2）SP公司持有库存可能带来的不良影响有：资金占用、库存贬值、形成呆滞库存、发生仓储等费用。

（3）① SP公司采用的是DP3或DP4。

② 在这种DP模式下，SP公司可能遇到的问题是：公司产品生命周期短、需求预测可能出现的困难，从产品订货到交付的前置期长达4个月，其中蕴藏很大的不确定性，比如，经销商不履行合同的风险。

案例点评

① 本案例是考核存货周转不畅问题。

② 显然，如果使用前述分析思路，再结合案例具体情形，答题一定能够驾轻就熟。

运输管理典型问题与分析思路

物流外包中，运输环节最充分，当然竞争也是最充分。现时的运输与第三方物流密不可分，所以在考核时，往往与后文论述的第三方物流相混合。运输主要的问题是：在激烈竞争中如何提升效率、建立成本优势？为了达到此目的，产业中的典型实践是强化成本核算、物流网络优化、配送线路优化、运力资源优化等。

案例5

商运公司的前身是某国有公司的大车队，后来业务拆分，独立出来成立了商运公司，继承了原来公司所有的车辆。两年前商运公司一直是盈利的，公司都是大吨位的车辆，业务主要来自长期合同的大客户。公司向客户收取平均每km 4.2元/t的运输费用。

而最近几个月，商运公司的李总经理就感到日子有些难过了，物流企业像雨后春笋一样纷纷涌现，当年公司的一个大客户就转投到别的物流企业，使李总经理感到很紧张。而最让李总经理头痛的是公司可能要失去另一个重要的客户。因为又到了续签合同的时间，这个客户却一直推托，听说他们正在和别的物流企业接洽。之前该客户曾向李总经理反映说商运公司的送货很不准时，他们的货物在运输中会有破损和丢失，并且商运公司的个别司机态度很差，刁难他们的经销商或顾客。

这个客户一年的运量有近 $1\,000\,000\ \text{t}\cdot\text{km}^{-1}$，如果这个合同拿不到，李总经理和他手下的员工就会饿肚子,所以李总要他的部下务必与该客户续签合同。他又让财务人员统计了公司的成本数据(表16-1),看一看这个合同对公司财务状况的影响到底有多大。

表16-1 商运公司年成本数据　　　　　　　　　　单位:元

车辆折旧	54 000/年
养路费用	225 000/年
营运费用和保险	141 000/年
司机工资与福利	400 000/年
办公费用	50 000/年
管理费用	180 000/年
平均燃油费用	3.75/t·km^{-1}
平均车辆维修费用	0.20/t·km^{-1}
平均过路过桥费与停车费	0.05/t·km^{-1}

根据以上案例,回答以下问题:

(1)根据案例提供的数据,商运公司的成本中哪些属于固定成本?哪些属于可变成本?

(2)根据案例提供的数据,商运公司的成本中每年的固定成本是多少,每 t·km 的可变成本是多少?

(3)根据案例提供的数据,商运公司今年的运输量要达到多少 t·km 才能实现不盈利也不亏损的状态?

参考答案

(1)商运公司的成本中,固定成本包括车辆折旧、养路费用、营运费和保险、司机工资与福利、管理费用、办公费用。

可变成本包括燃油费用、维修费用、过路过桥费和停车费。

(2)商运公司的成本中每年的固定成本是 1 050 000 元;

每托盘的可变成本是 4 元/t·km^{-1}。

(3)商运公司今年的业务量要达到 5 250 000 t·km^{-1} 才能实现不盈利也不亏损的状态。

计算过程:1 050 000/(4.2-4)=5 250 000。

案例点评

① 本案例为历史运输成本核算。

② 计算方法很基本却很重要。

第三方物流典型问题与分析思路

很大程度上可以说,正是由于第三方物流的发展,物流才如此炙热。第三方物流是物流重中之重,读者万万对此领域不能掉以轻心。我们对第三方物流最关注的问题一:第三方物流竞争策略,这部分与一般企业竞争策略无异,主要是如何运用波特"五力模型"以及定位策略选择;问题二:第三方物流如何制定与发展客户关系;问题三:第三方物流如何延伸客户服务。后两个问题相当程度上依赖于考生的产业认识。

案例 6

迅捷物流公司是天津一家有十余年历史的传统物流运输企业,自有四轴集卡车10台,一直从事传统的集装箱货物运输服务。近年来,面临众多的同行竞争、单位运费下降、燃油价格上涨的情况,公司利润每况愈下。新上任的张志总经理决定改变公司经营策略和市场定位。

他从波特的市场竞争理论分析入手,认为传统的运输市场面临恶性竞争,企业应该走一条差异化发展道路。他调查了天津本地和周边的市场环境以及不同行业的物流利润等情况,发现化工危险品运输行业有较高的技术和政策门槛,而且绝大部分化工产品的生产也同样存在高进入门槛。由此,形成化工类产品价格较高、利润相对较高的局面。张志决定将公司发展定位在化工危险品运输行业。经过近一年时间的准备,迅捷物流公司获得了危险品运输的各种资质,企业成功转型。

张志的团队开发成功的第一个客户是天津港附近的AA油漆厂,该厂生产集装箱专用防锈底漆和面漆,每年有15 000 t销往位于广州港附近的DM集装箱制造厂,全部通过集卡车运输。DM公司采购的油漆有15种,其中防锈底漆只有一种,占销量的50%;面漆以灰色、蓝色为主,占销量的30%;其他颜色面漆占20%。油漆的包装为容量50 kg和200 kg的铁桶,平均出厂价格为每t 8 000元。DM工厂每年的采购旺季是4—11月,12月至来年3月是淡季。DM集装箱工厂为防止断料,厂内保有较多AA油漆厂的各种产品,年总平均库存达3 000 t。由此,工厂的流动资金压力比较大,而AA工厂为保证对各个客户的供货,厂内库存超过8 000 t。

AA工厂对迅捷物流公司的要求是:满足DM工厂的连续供货要求、5天到货、降低物流成本5%。其他已知信息如下:从天津到广州的卡车运费是每t 1 100元,运距为2 600 km,每车装货28 t。而从天津到广州用集装箱船运输的门到门总运费是每t 400元,但船期超过10天,不能满足工厂的要求。DM工厂的订单处理时间为3天,每7天做一次订货计划,全年工作时间为365天。

张志分析了上面的情况,从第三方物流企业延伸服务考虑,为工厂设计了物流解决方案。

根据以上案例,请回答下列问题:

(1)请解释波特的竞争理论中差异化经营对物流企业的影响。

(2)以目前客户的交货时间要求,迅捷物流公司的10台车够用吗?如果不够,怎么解决才能达到客户的要求?

(3)在满足AA油漆厂要求的前提下,迅捷物流如何为客户提供延伸服务?

参考答案

（1）波特的竞争理论中差异化经营对物流企业的影响：

① 回避传统渠道的恶性价格竞争。

② 形成企业与众不同的经营特点。

③ 铸造企业与客户的合作忠诚。

④ 获得较高的利润水平。

（2）答案一：

① 以客户5天的到货要求，不考虑回程货物的配载，单车往返需要10天时间。

② 每车最大年运输车次＝365（天/年）÷10（天）＝36.5≈37（车次）。

③ 客户需要的年总车次＝15 000（t/年）÷28（t/车）＝535.7≈536（车次）。

④ 公司需要的车辆数＝536÷37＝14.68，即15辆车。

结论：按照目前的客户交货时间执行，迅捷公司的10台车不够用。

答案二：

① 缩短交货时间，以10台车满足AA公司的送货要求。

② 平均每车的送货往返时间＝365天÷（536（车次）÷10辆车）＝6.8天。

③ 购买车辆，增加运输能力。

（3）在满足AA油漆厂要求的前提下，迅捷物流应为客户提供如下延伸服务：

① 按订单装车，以底漆为A类产品，补满每一辆配送车，实现车辆满载。

② 在广州DM工厂附近租赁仓库，将油漆用海运送到广州仓库，满足AA油漆厂的降低成本需求，满足MD工厂降低库存资金占压和不间断送货的需求。

③ 以VMI管理的模式，将AA厂内的油漆库存直接转存入DM工厂的仓库。

④ 派驻人员参与DM集装箱厂库存管理，实现仓库管理外包。

⑤ 实现AA工厂和DM工厂双方的库存和生产信息共享和协调，实现两个工厂的不间断生产和供货。

⑥ 替双方工厂引进银行等金融机构，为双方企业提供金融服务支持。

案例点评

① 以上案例是一个较为典型的第三方物流企业的案例。

② 第三方物流是服务业，所以面临的最主要问题是服务水平、服务能力等。

③ 目前我国的第三方物流普遍弱、小、差，利润水平低，竞争激烈，面临着经营策略性的转移。

④ 竞争优势理论是物流管理的理论基础，需要熟练掌握、灵活运用。

⑤ 第三方物流要想进一步发展，扩大利润空间，为客户提供增值服务是必经之路，增值的形式多种多样，此时需要一些发散性的思维。

物流经典理论与分析工具的具体应用

物流管理涉及的理论与分析工具比较多，如SWOT分析、"五力模型"分析、竞争优势理论、ABC分析、DP点分析、采购定位矩阵等，需要熟练掌握。

案例 7

在我国南方地区如广东、福建、广西等，由于气候和环境的原因，当地的人们有饮用凉茶的习惯，许多街边的药店、商店、饭馆都自制凉茶出售。在广州市有一家专门制作凉茶的企业，他们制作的凉茶由于独特的配方在广州有一定的知名度。这家企业是一个家庭式企业，传到现在是第三代了，原来是前店后厂的形式，后来又在市内开了十几家分店，由专门的工厂制作送到分店。公司的第三代接班人志向高远，已经不满足于目前的模式，决定进行产业化运作，把家族式的小作坊产品变成正规包装的工业化产品，使消费者在超市、商店等任何地方都能买到他们的产品，品尝到他们产品清凉的味道。

可当产品出来以后，现实与理想却有不小的差距。首先是销售，大型超市是很重要的渠道，可他们的产品费了九牛二虎之力才有两家超市同意产品上柜，还面临随时被撤柜的风险。他们的产品需要用到糖和一些中草药，特别是糖，公司对糖的质量要求严，合格的供应商都是有一定规模的企业，供应商经常告诉他们糖的价格又要上调。公司想扩大产品的知名度，但看到铺天盖地的各种各样饮料的广告，又担心高额的广告费花了之后的效果。很奇怪，原来他们的分店经常供不应求，可当提供的是正规包装的产品时，消费者的热情反而没有那么高了。

根据以上案例，请回答下列问题：

(1) 请用"五力模型"分析案例中这家公司所面临的环境。

(2) 案例中，糖这种原料属于哪一类物资？如何解决该公司采购这种原料时的问题？

参考答案

(1) "五力模型"包括以下 5 个方面：

① 现有同类产品的竞争。根据案例，就是公司产品与其他制作凉茶的药店、商店等的竞争，由于数量众多，竞争是激烈的。

② 与供应商讨价还价的实力。由于案例企业的规模相对较小，与供应商讨价还价的实力较弱，原料价格风险较大。

③ 与客户讨价还价的实力。根据案例的描述，该企业与客户实力的相比处于劣势，与客户的交往相对困难。

④ 与替代产品的竞争。案例企业产品的可替代性很强，所以还面临许多其他各种类型软饮料的激烈竞争。

⑤ 潜在进入者。由于有一定的市场，同时生产同类产品的政策、技术、资金等这些进入壁垒不是很高，会吸引一些企业生产同类产品，加入到竞争行列。

(2) 糖对于该公司属于关键物资或战略物资。该公司采购糖这种原料时可以用以下方法：

① 与供应商结成更紧密的伙伴关系或战略伙伴关系，保证原料的价格水平与供应。

② 利用期货市场，规避价格风险。

③ 联合采购，与其他使用该原料的企业一起采购，通过增加采购量来增强讨价还价的实力。

④ 考虑替代原料，比如用果糖替代砂糖，降低采购成本。

案例点评

① 本案例主要考查的是理论与工具的掌握与应用。

② 应用理论或工具进行分析时，一定要结合案例的实际情况、案例企业的行业背景进行分析，如果只是理论或工具自身的描述，这些理论或工具就没有存在的意义。

③ 对于行业知识，案例本身甚至教材都没有提供更多的知识，需要一定的积累，而很多知识、经验积累来自于日常生活。

案例 8

H 公司是我国南方一家生产和销售个人移动通信产品的公司，其产品主要是各种型号的个人移动电话。H 公司的移动通信产品，包括高、中、低三个系列，几十个型号，满足高、中、低各类客户的需求。在公司销售人员的努力下，H 公司的手机产品经过几年的努力，去年销量超过了 200 万台，年度销售额超过 20 亿元。

由于移动通信市场的激烈竞争，H 公司与大多数企业一样，只在高端产品上保持了较好的利润，而中、低端型号，其利润水平相对较低。因此，H 公司形成了以高端产品保利润，用低端产品扩大市场占有率的业务策略。虽然高端产品具有较高的利润，但是其销售量却远小于低端产品，且销售量非常不稳定。而低端产品虽然利润低，但是销量大，且销量相对稳定。

手机的业务特点是高、低端产品的物料成本差异不大，高、中、低端产品主要以外观、附加功能等形成差异化。同时，由于手机属于快速消费品，更新换代速度非常快，每个型号的产品生命周期一般不超过 6 个月，错过销售期的积压产品，只能以较低的价格销售清理存货，并会带来处理的损失。

H 公司发现，今年上半年，高端手机时常发生缺货，丢失商业机会；而中、低端手机又时常发生因大量处理积压而导致不小的损失。因此，H 公司计划部门为解决这个问题，首先汇总了今年 1 到 6 月主要型号的销售和积压产品的数据（见表 16-2）。

表 16-2　H 公司主流型号销售统计表

型号	分类	销售量（万台）	平均单台利润（元）	平均单台成本（元）	平均积压库存（台）
T100	高端	4	500	1 000	400
T200	高端	6	400	1 000	600
M100	中端	5	300	900	500
M200	中端	5	200	900	500
M300	中端	10	150	950	1 000
L100	低端	20	90	900	2 000
L200	低端	30	80	800	3 000
L300	低端	20	70	850	2 000

经过调查，发现高端产品销量小，且销售不稳定。销售人员对销售高端产品信心不足，在提交销售预测的时候，普遍保守，销售预测普遍偏小。而对于低端型号，则因为好卖，盲目提高预测。计划部门接到销售预测后，也不做更深入的预测分析，直接按照预测生产和备货，从而造成上述问题。

针对这种状况，H公司计划部和销售部经过协商，决定采用ABC分类法对库存和供应进行分类管理，以便解决当前存在的问题，保证公司战略的达成。经过协商，确立了如下的分类和物料管理策略（见表16-3）。

表16-3 H公司库存分类和供应策略

产品分类	分类方法	库存及供应策略
A类	单台利润>400元	供应方面：重点保证供应 库存方面：宽松库存策略，较高的安全库存
B类	单台利润100~400元之间	供应方面：按预测保证供货 库存方面：适当从紧的控制库存，适当的安全库存
C类	单台利润<100元	供应方面：严格不超出预测供货 库存方面：严格控制、零安全库存

根据以上案例，请回答下列问题：

（1）请根据案例中表16-2给出的统计结果，按照表16-3的分类方法，计算ABC三类产品在上半年的销售利润及百分比。

（2）假定积压产品的处理损失平均为成本的30%，请根据表16-2的统计结果，计算H公司上半年ABC三类产品的积压成本及损失金额。

（3）结合案例情景和前两题的计算结果，说明为什么H公司采取表16-3所列出的库存及供应控制方法。

参考答案

（1）ABC三类产品在上半年的销售利润及百分比：

产品分类	销售利润（万元）	销量比例（%）	利润比率（%）
A类	4 400	10	31
B类	4 000	20	29
C类	5 600	70	40
合计	14 000	100	100

（2）H公司上半年ABC三类产品的积压成本及损失金额：

产品分类	积压产品处理损失（万元）
A 类	30
B 类	55.5
C 类	177
合计	262.5

（3）H 公司采取的库存及供应控制方法：

① A 类产品的销售量只占全部销量的 10%，而利润占到 31%，且其销售波动比较大，库存过低，容易引起断货，丧失销售机会，因此，在供应方面，应该优先保证这类产品的供应。在库存控制方面，由于 ABC 三类产品的产品成本相差不大，且其数量较小，其积压处理损失仅有 30 万元，因此，在库存控制策略上，这类产品可以实行相对宽松的库存策略。

② 对于 C 类产品，销量占到 70%，却只提供了 40% 的销售利润，且销售比较平稳，因此，可以根据预测模型来准备库存，基本满足供应就可以。而由于其库存规模大，且成本与高端产品差异不大，其积压处理损失高达 117 万元，因此，对这类物料，需要严格控制库存规模，减少尾货处理损失。

③ 对于 B 类产品，由于其销售量、销售收入及尾货处理损失均在 20%～30% 之间，因此，在供应及管理上，可以采用适当宽松的策略，满足基本销售需要，并保持适当的安全库存水平。

案例点评

本案例是 ABC 分析法在产业中的具体运用。

参 考 文 献

[1] 戴维·泰勒. 全球物流与供应链管理案例 [M]. 胡克, 程亮, 译. 北京: 中信出版社, 2003.
[2] 中国交通运输协会物流人力资源培训中心. ILT 培训教材.

后　　记

经全国高等教育自学考试指导委员会同意，由经济管理类专业委员会负责高等教育自学考试经济管理类专业教材的审定工作。

《物流案例与实践（一）（二）》自学考试教材由周德科担任主编，田东、钟懿担任副主编。全书由周德科修改定稿。

参加本教材审稿讨论会并提出修改意见的有中国人民大学商学院宋华教授、姚建明副教授，中国交通运输协会人力资源中心王增东总经理，在此一并表示感谢。

全国高等教育自学考试指导委员会
经济管理类专业委员会
2012 年 8 月

物流案例与实践(一)(二)考试大纲

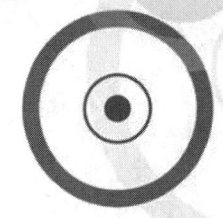

- Ⅰ. 课程性质与课程目标
- Ⅱ. 有关说明与实施要求
- Ⅲ. 课程内容与考核要求
- Ⅳ. 题型示例与参考答案

Ⅰ．课程性质与课程目标

"物流案例与实践（一）（二）"是全国高等教育自学考试物流管理专业（专科、独立本科段）的专业课，同时也是中国物流职业经理资格证书考试之初级证书与中级证书必考的专业课。该课程的主要内容包括：（1）物流案例分析方法论，主要介绍物流案例分析的框架和必要的分析方法和工具，以及物流案例报告的推荐格式；（2）物流实践具体的问题和解决方案。案例主要按行业归类，共28个案例，涉及汽车与零部件供应、零售业、第三方物流等14个行业。

该课程的考核目标在于检验考生物流实践分析和提供解决方案的能力。

Ⅱ. 有关说明与实施要求

学习本课程应具备物流基础、库存管理、采购与供应管理、运输管理、仓储管理等基础知识。

1. 考核目标

本课程要求考核两种能力：基本要求与更高要求。两种能力层次解释为：

基本要求（专科和本科）

对物流实践中遇到的问题，要求考生熟练掌握在产生问题的功能部门内（如采购、库存、运输、仓储）分析问题，并提出解决方案；一般的物流数据分析，一般物流分析工具的运用。

更高要求（本科） *

要求考生能够熟练运用物流分析工具在公司内部及其相关的其他功能部门分析物流实践中遇到的问题，并提出解决方案；要求考生能够在更广泛的供应链层面上（除本公司外其他方面，如供应商、销售渠道、最终用户等）分析物流实践中的问题，并撰写案例分析报告；比较复杂的物流数据分析，以及比较复杂的物流分析工具的应用。

2. 考试形式与试卷结构

考试要求：本课程考试采用闭卷考试方式，考试的时间为150分钟，试卷总分为100分，60分为及格。

考核范围：本大纲考试内容所规定知识点及知识点下的知识细目，都属于考核范围。

试卷分数比例：专科试卷定性分析占70%，定量分析占30%；本科试卷定性分析占40%，定量分析占60%。

试卷难度：试卷中试题的难度可分为：易、较易、较难和难四个等级。每份试卷中不同难度试题的分数比例一般为：2∶3∶3∶2。

试卷题型：课程考试命题的题型仅有案例分析一种。

III. 课程内容与考核要求

第1章 物流与供应链案例分析导论（略）

注：物流案例分析方法论部分为本书案例分析提供分析框架和分析工具。这部分内容不单独考核，因此在大纲考试内容和要求部分没有列出。但不等于考生不需要学习这部分内容，因为案例分析方法论恰恰是本书案例分析中重要的方法论。

第2章 汽车／零部件供应

案例1 "VC公司的供应链管理困境"案例内容

本案例描述了某中国汽车制造商的供应链管理现状，不但可以帮助读者了解和掌握供应链管理中的一些基本概念、原理，还可以使读者通过实际运算掌握MRP计算的基本方法，通过定量分析加深对供应链管理中一些实际问题的理解。此外，读者可以通过案例了解国内汽车业供应链管理中的特点和发展趋势。

考核要求

所在节	考 核 点	要求
案例1	1. MRP的概念，MRP计算的基本方法，BOM的概念，BOM的分解和计算方法 2. 国际贸易的价格术语和付款方式	基本要求
	1. 产品生产计划与库存的计算和制定、原材料需求的MRP运算 2. 比较和分析预测变动时供应链库存和原材料需求计划的波动 3. 供应链存货缓冲点的分析 4. 汽车行业供应链运作特点与发展趋势 5. 撰写案例分析报告	更高要求

案例 2 "SC 公司的库存改进策略"案例内容

本案例取材于一家真实的汽车零配件企业物流运作实例。在本案例中,我们具体介绍了汽车零配件物流部门的组织结构、人员配置及运行职能。同时,对于该企业在库存控制及仓储管理方面所面临的问题、初步解决方案进行具体论述。

考核要求

所在节	考 核 点	要求
案例 2	1. 了解汽车配件物流运作流程 2. 掌握 ABC 分类的含义,并能在库存管理进行实践	基本要求
	1. 制造企业生产计划常遇到的问题和解决方案 2. 掌握制造企业库存管理常遇到的问题和解决方案 3. 掌握物流管理组织构建和调整策略	更高要求

案例 3 "上海通用汽车公司低碳供应链实践"案例内容

本案例取材于上海通用汽车公司的低碳具体实践。在本案例中,我们介绍了低碳供应链兴起的背景,以及有效实施的四大关键要素。

考核要求

所在节	考 核 点	要求
案例 3	1. 了解低碳供应链兴起的背景 2. 了解绿色供应链与传统供应链管理有什么不同	基本要求
	了解案例企业低碳供应链有效实施的关键要素	更高要求

第 3 章 铁路运输设备

案例 "PB 公司仓储生产率改进"案例内容

PB 公司由世界著名的铁路客车制造商 P 公司与中国本地的大型货车制造商 SF 公司合资建立,拥有中外员工 700 人。为了提高竞争能力,赢得市场,公司管理层决心做出改变:在短时间内把影响公司竞争力的最大的瓶颈之——长达 2 天/辆的产品生产周期缩短为 1.5 天/辆。

总装车间仓库得到的任务是:在不增加人员的情况下,通过内部的改善实现劳动生产率的提高,保证对提速后的生产提供优质服务。为此,L 先生分析了公司整体的物流流程策略,对现状做了详细调查。最终,通过进行仓储作业 ABC 分析和工作流程的研究——使用流程图,在不增加设备投入、不增加人员投入的情况下,大大提高了仓储部门的生产率,完成了阶段性目标。

考试要求

所在节	考 核 点	要求
案例	1. 在仓库运作中如何进行 ABC 分析 2. 仓库资源利用率分析 3. 如何进行库位分析 4. 如何选择拣选方式	基本要求
	仓库作业流程图分析	更高要求

第4章 制冷设备

案例1 "BZ公司采购经理工作日记"案例内容

本案例取材于一位从事多年采购活动的人士的工作日记。案例通过故事形式表现采购日常运营所遭遇的种种问题以及相应的解决方案，比如部门冲突、加急订货、缺货和库存积压等。

考核要求

所在节	考 核 点	要求
案例1	1. 掌握供应商国产化步骤及策略 2. 企业部门之间的沟通与合作对采购工作的重要性	基本要求
	掌握采购运营问题及解决方案	更高要求

案例2 "DZ公司物流方案选择"案例内容

本案例介绍的是一个制造型企业的物流过程，着重描述企业仓库的运作情况。在对仓库进行改造时，不要仅仅局限于仓库运作的层面，有时一个全面的改造计划会带来更大的收益。

考核要求

所在节	考 核 点	要求
案例2	1. 了解此类制造型企业仓库的运作过程 2. 了解案例给出的每一种改造方案的实质含义 3. 能对各方案进行粗略的成本分析	基本要求
	企业物流问题的解决方案可以是只对某个环节或某个部门的方案，但本案例要求掌握整体的方案	更高要求

第5章 家电行业

案例1 "HR公司供应商网络优化之路"案例内容

本案例取材于中国一家旗舰家电制造商供应商网络优化的经历。该企业在国际化进程中，对供应商进行了重新的评估和选择，取得瞩目成果。但在供应商选择中过于强调国际化，供应商网络优化给企业竞争力也带来了不利的影响。

考核要求

所在节	考 核 点	要求
案例1	1. 供应商评估程序和考虑因素 2. 供应商淘汰程序和策略 3. 家电物流管理的特点	基本要求
	1. 供应商关系种类和管理对策 2. 在企业实际工作中如何使用采购与供应象限图	更高要求

案例2 "PS公司销售物流改进"案例内容

PS公司是一家大型家用电器制造企业，年产销量达到200万台。公司拥有35种类型的产品，这些产品被销往全国各地。为了满足越来越短的客户供货期，企业不得不在全国各地设立外部成品仓库。问题也随之而来——有限的产品在全国的外部仓库分布不尽合理，经常发生一些区域断货、丧失销售机会，而另一些区域产品积压滞销的情况，并且由此给企业造成很大的损失。

PS公司利用ABC分类法加强了对产品的分类管理，对利润贡献大的产品进行重点控制。同时也同其他部门合作，加强各类别产品销售预测的准确性，并对补货流程进行统一管理、严格控制。由此公司在库存管理的各项关键指标都有了很好的改善，同时帮助公司降低了销售成本。

考核要求

所在节	考 核 点	要求
案例2	库存ABC分类方法及其具体运用	基本要求
	1. 库存改进策略及其运用 2. 如何设定物流管理KPI指标 3. 如何运用KPI指标评价物流管理效果 4. 从公司和供应链层面上提出PS公司库存问题解决方案	更高要求

第6章　IT 行 业

案例1　"SM公司的库存管理战略"案例内容

本案例取材于一家真实机电企业的物流运作实例。案例介绍了物流部门的结构组成，特别是各部门的具体职能及相关的考评指标。另外，此案例中还介绍了仓库操作流程和影响库存差异的相关联因素。

考核要求

所在节	考　核　点	要求
案例1	1. 理解ABC分类的含义，并能够在仓库流程中应用 2. 掌握盘点种类及其适用条件 3. 掌握库存差异分析方法 4. 掌握仓储流程分析	基本要求
	1. 掌握库存差异解决方案 2. 掌握物流绩效考评体系及其运用 3. 掌握如何运用物流与供应链分析模型撰写案例分析报告	更高要求

案例2　"超越计算机公司的供应链改造"案例内容

本案例取材于国内一家计算机公司，通过其对自身供应链的优化以及物流运作环节的改进，降低运作成本，提高企业的盈利水平，增强企业竞争力的真实案例，说明了供应链的优化与物流环节的改善，对企业业绩增长的重要作用。

考核要求

所在节	考　核　点	要求
案例2	1. 了解IT产品的物流过程 2. 学会用"五力模型"对企业的竞争环境进行分析 3. 掌握绘制供应链结构图	基本要求
	1. 掌握供应链成本构成分析 2. 掌握供应链成本控制策略 3. 运用本书案例分析方法论进行案例综合分析	更高要求

第7章　食品与饮料

案例　"CC公司的供应链管理"案例内容

饮料是一种典型的快速消费品，本案例展示了一家饮料制造商供应链管理的各个过程，并着重描述了供应链中计划部门的运作，以及在选择第三方运输商时，如何评判投标方提出的运输价格是否合理。

考核要求

所在节	考核点	要求
案例	1. 了解产品特性对供应链运作的影响 2. 了解计划部门在整个供应链运作中发挥的作用和地位	基本要求
	1. 掌握根据需求波动情况确定安全库存的方法 2. 掌握盈亏平衡点的计算方法 3. 掌握如何设计供应链管理 KPI（关键绩效指标） 4. 掌握本书物流案例方法论在物流实践中的具体运用	更高要求

第 8 章 医 药 工 业

案例 1 "SZ 制药公司的库存管理与配送方案选择"案例内容

本案例取材于一家真实制药企业的供应链运作实例。案例主要说明供应商的表现对企业原材料库存的影响，特别是供应周期长短与供应周期的波动对库存的影响。案例还详细地介绍了企业在选择配送方案、选择承运商时所应考虑的因素，包括定性因素与定量因素。

考核要求

所在节	考核点	要求
案例 1	1. 掌握供应商产品供应周期长短及供应周期波动对原材料库存的影响，以及产生影响的原因 2. 在选择承运商时，企业根据自己经营的需要对各种因素的重要性考虑是不同的，了解企业选择的侧重点 3. 掌握确定安全库存、再订购点的计算方法	基本要求
	1. 掌握医药企业物流管理常见问题、问题成因分析及其解决方案 2. 掌握比较复杂的物流数据分析	更高要求

案例 2 "EH 公司客户服务调研"案例内容

生物快速诊断试剂是一个新兴产业，有广阔的发展前景。本案例中的 EH 公司以其强大的研发能力展现了企业良好的成长性，但同时公司也非常重视对客户的服务。客户服务调研的目的是了解客户的期望以及公司与这个期望的差距，使公司能持续地改进。本案例的重点是掌握如何用物流绩效评估矩阵和相对绩效评估矩阵的方法对调研结果进行分析，并提出整体供应链解决方案。

考核要求

所在节	考核点	要求
案例 2	掌握客户服务调研一般问卷的形式	基本要求
案例 2	1. 掌握用物流绩效评估矩阵和相对绩效评估矩阵的方法，对调研结果进行分析 2. 针对上述物流绩效评估矩阵和相对绩效评估矩阵分析结果，提出整体供应链解决方案	更高要求

案例 3 "HZ 公司信息系统的实施"案例内容

物流管理与信息化无疑是密切相关的，可以说信息化是物流管理成功的基础。本案例取材于一个真实的企业实施信息系统的案例。信息系统的实施涉及企业的方方面面，必须有周密的考虑和充分的准备才能成功。失败和成功的例子都很多。

考核要求

所在节	考核点	要求
案例 3	1. 了解一般 EPR 系统由哪些模块组成 2. 掌握 ERP 系统中与物流管理相关模块中包含的内容 3. 了解企业信息化项目实施过程中涉及物流功能的步骤	基本要求
案例 3	了解培训和业务流程改造对信息系统实施的意义，特别是了解信息化系统实施过程中供应链流程所需要的改造	更高要求

第 9 章 化 工 行 业

案例 "RC 公司的物流管理"案例内容

本案例描述了一家化工产品制造商 RC 公司的企业物流运作状况。RC 公司对于物流操作的流程有较完整的概念，对于满足客户需求也有明确的计划和措施，并且 RC 公司已经采用了订单牵拉模式组织生产和物料计划。但是 RC 公司的物流成本和库存控制问题还没有引起足够的重视，公司需要完善绩效管理，对市场预测、物流、采购和生产等各个供应链环节加强监督。

考核要求

所在节	考核点	要求
案例	1. 了解 RC 公司的供应链模式 2. 了解产生库存问题的原因	基本要求
案例	1. 掌握物流成本的组成及成本控制对策 2. 掌握如何建立有效的库存管理绩效	更高要求

第10章 服装行业

案例 "SP公司的供应链改革项目"案例内容

本案例取材于一家真实的国内服装企业的实际运作。案例介绍了该企业在实施改革前供应链存在的问题,以及这些问题对其经营活动所造成的影响。案例对这些问题进行了分析,并探讨了该企业解决这些问题所实施的解决方案。

考核要求

所在节	考 核 点	要求
案例	1. 了解服装行业的期货订货方式对企业生产计划和生产周期的影响 2. 了解 OEM 方式和 ODM 方式的优缺点以及给企业带来的影响 3. 了解服装企业在期货订货方式下控制库存的手段	基本要求
	1. 掌握提高供应链库存周转率的途径 2. 掌握供应链总成本控制措施 3. 掌握供应链业绩评价的方法 4. 物流网络评价方法 5. 物流与供应链分析模型在实际企业供应链改进中的运用	更高要求

第11章 图书行业

案例 "BS公司的配送管理"案例内容

本案例是一个综合型案例,涉及企业内部资金流、信息流、物流、公司治理结构、企业核心竞争力以及企业人力资源管理等多方面的内容。

案例描述了BS公司成立后企业组织内部所产生的一系列问题,包括配送成本高、效率低、销售业绩无法扩大,以及由此带来的部门之间的指责。案例针对这些问题进行了分析,并提出了解决方案。

考核要求

所在节	考 核 点	要求
案例	1. 图书配送运作流程 2. 图书配送信息操作的基本流程 3. 图书配送管理主要预测方法 4. 图书配送管理的基本组织结构	基本要求
	1. 配送成本的计算和分析方法 2. 物流改进项目分析方法和流程 3. 针对企业改进项目后续发展提出解决方案	更高要求

第 12 章 建筑与建材

案例 1 "WQ 公司的项目采购战略"案例内容

项目采购在项目管理中处于非常关键的地位，本案例展示了一家港口基础设施建设项目的主要原材料采购管理的过程，并着重描述了在项目采购过程中物料控制部门采购的运作、采购对项目投资成本的影响，以及对采购运营的绩效分析衡量。

考核要求

所在节	考 核 点	要 求
案例 1	1. 了解项目采购的业务流程及物料控制部门在项目采购运作中的作用 2. 理解项目采购计划的制定及执行采购活动应遵循的原则，以及这些原则对项目投资成本的重要影响 3. 在供应和需求不确定性的条件下，了解计算采购批量的方法	基本要求
	1. 能对采购绩效考核指标进行计算 2. 对 WQ 公司提出采购改进方案 3. 比较项目采购与生产物资采购异同 4. 撰写案例分析报告	更高要求

案例 2 "MX 公司的物流管理"案例内容

本案例是一家国内领先建筑装饰工程公司物流运作的真实反映。案例介绍了建材企业物流管理运作模式，着重探讨了该企业推行集中采购政策的过程及其所带来的问题与挑战。

考核要求

所在节	考 核 点	要 求
案例 2	1. 分散采购和集中采购的具体运用 2. 库存 ABC 分析的具体运用 3. 工程类企业物流管理的特点	基本要求
	结合企业实际提出物流管理改进方案	更高要求

第 13 章 分销与零售企业

案例 1 "AS 连锁超市集团公司供应链改进"案例内容

本案例介绍了一家连锁超市集团公司的运作情况，分析了目前国内连锁零售企业物流运作中普遍存在的问题，以及问题产生的原因。解决这些问题不仅需要方法和手段，更需要的是树立供应链管理的理念。

考核要求

所在节	考 核 点	要求
案例1	1. 了解目前制约国内连锁零售企业发展的因素，以及这些因素产生的原因 2. 掌握"五力模型"和"SWOT分析"这两个工具，能对企业所面临的内外部环境进行分析	基本要求
	1. 了解目前国内连锁零售企业物流运作中普遍存在的问题，以及问题产生的原因，并能提出解决方案 2. 掌握从整体供应链的角度去分析和解决零售物流问题的方法	更高要求

案例2 "CV公司的物流实践"案例内容

本案例主要分为三大部分：第一部分为公司背景及组织结构介绍；第二部分为公司供应链流程描述，包含的内容为CV公司华东业务单元供应链架构、订单管理系统、库存管理、配送方式、逆向物流管理等；第三部分是CV公司华东业务单元供应链运作中存在的问题、原因分析以及对策，该部分涉及缺品、库存管理、物流成本三块内容。

考核要求

所在节	考 核 点	要求
案例2	对大型连锁零售企业供应链运作情况的了解和认识	基本要求
	1. 掌握零售企业缺品问题成因分析和解决方案 2. 掌握零售企业库存管理常见问题表现和解决方案 3. 掌握零售企业物流成本分析方法和成本解决方案	更高要求

案例3 "XF公司的物流战略推进"案例内容

本案例从分销型企业运作的实际出发，描述了该类型企业中涉及物流运作及相关流程的一些疑难问题。案例运用现代供应链管理理论，在数据分析的基础上，对这些物流疑难问题给出了科学的解决方法。

考核要求

所在节	考 核 点	要求
案例3	1. 物流实践中运输车辆调度方法 2. 库存管理中安全库存计算 3. 物流实践预测算法以及简单线性规划	基本要求
	1. 物流实践中如何衡量水平网络的库存合并对安全库存的影响 2. 物流规划中如何进行设施选址 3. 掌握以实际工作中的具体问题作为切入点分析问题和解决问题的方法 4. 使用EXCEL进行物流规划	更高要求

案例4 "ZZ公司的配送中心"案例内容

本案例介绍了某药品配送中心仓库的运作情况，着重于货物的拣选方式。货物的拣选方式要适合产品特点，不同拣选方式、使用不同的物流设备会造成不同的人员、资金投入，运作的效率也不同。

考核要求

所在节	考 核 点	要求
案例4	1. 了解医药配送中心的运作过程 2. 掌握在仓库中各种拣选方式的特点 3. 如何根据仓库结构和产品特点制定拣选方式	基本要求
	掌握配送中心常见问题的分析方法和解决对策	更高要求

案例5 "刘清林DF公司实习经历"案例内容

本案例叙述了一个职业学校的学生在毕业前实习的一段经历，通过他的所见、所闻，把一个配送中心的运作过程详细地展现给读者。

考核要求

所在节	考 核 点	要求
案例5	1. 了解配送中心作业的几个过程 2. 了解每个过程中的每一个步骤和每个步骤的次序 3. 了解储位管理的作用 4. 了解固定货位和随机货位的含义及其适用情况 5. 了解配送中心常用技术和设备 6. 掌握配送中心实现仓储成本最小化途径 7. 掌握配送中心拣货方式以及理论依据	基本要求
	掌握配送中心的绩效考核方法	更高要求

第14章 物流企业

案例1 "联邦快递供应链解决方案"案例内容

时尚性消费品对时效性要求很高，缩短从需求预测到产品上架的时间，同产品设计、工艺水平一样，都是企业产品能否占领市场、持续发展的关键因素。本案例描述了联邦快递如何运用专业知识为时尚消费品客户提供供应链解决方案。

考核要求

所在节	考 核 点	要求
案例 1	了解时尚性消费品从订购到客户收到货物的过程	基本要求
	1. 掌握缩短供应链提前期相关的分析工具和对策 2. 了解先进物流企业如何为客户提供供应链解决方案	更高要求

案例 2 "HB 公司与 MD 公司伙伴关系发展之路"案例内容

本案例主要描述 MD 公司从自营物流到将物流外包给 HB 公司的过程。案例描述了企业自营物流所遇到的困境，以及物流外包的必要性。案例通过 HB 公司为 MD 公司解决物流困境的描述，给我们展示了专业物流公司解决物流问题的分析方法和行动方案。

考核要求

所在节	考 核 点	要求
案例 2	1. 掌握食品行业库存问题分析方法和解决方案 2. 掌握食品行业仓储问题分析方法和解决方案 3. 掌握车辆配送路线规划、运输资源分析和外包方法 4. 掌握物流成本分析和绩效管理方法 5. 了解第三方物流与客户伙伴关系发展过程	基本要求
	运用本书物流案例分析方法论为本案例撰写案例分析报告	更高要求

案例 3 "天津中远物流的困境与出路"案例内容

本案例是国内第三方物流企业创业发展的真实实例。案例介绍了国内第三方物流企业的发展现状、创业发展思路，从不同层面对企业的经营之道进行了分析。最后，从第三方物流企业为客户创造价值出发，给出了为客户进行供应链改造设计的操作案例。

考核要求

所在节	考 核 点	要求
案例 3	1. 了解物流企业竞争环境的分析方法 2. 了解物流企业发展方向定位的分析方法 3. 掌握物流企业客户开发、客户管理、客户投标的基本思路 4. 掌握订单前置期的分析方法 5. 认识提高客户满意度的重要意义	基本要求
	1. 如何通过流程分析为客户提供供应链解决方案 2. 第三方物流发展策略	更高要求

第15章 电信运营商

案例 "电信物流运营管理"案例内容

本案例源于电信运营商的供应链管理,一般意义上,电信运营商的行业竞争以技术与客户为焦点,但随着国家电信产业政策的调整以及电信产业日益国际化,产业竞争也日益加剧,所以供应链管理也成为电信企业的增加效益甚至建立竞争优势的领域。

案例主要是国内某领先电信运营商供应链与物流运营管理所遇到的问题与挑战。

考核要求

所在节	考 核 点	要求
案例	掌握备件存货管理	基本要求
	1. 了解电信物流商的选择与整合 2. 促销品存货管理	更高要求

第16章 典型物流问题分析

本章主要归纳物流产业实践中所遭遇的典型问题以及常用的物流理论与分析工具。

考核要求

1. 掌握物流产业实践中所遭遇的典型问题有哪些以及如何分析。(基本要求)
2. 掌握常用的物流理论与分析工具有哪些及其在具体产业物流实践中如何使用。(基本要求)

Ⅳ. 题型示例与参考答案

题 型 示 例

案例分析题

案例1：XY公司的客户服务

XY制药公司成立于1997年，是由一家外资制药公司与某省一家药厂合资成立的制药公司。公司主要产品有心血管药品、抗生素等处方药和少量非处方药。公司成立初期的销售额约为1 000万元人民币，到今年销售额将近3亿。公司在上海、北京、广州等许多大、中城市设有办事处，销售客户从1997年的只有十几家增加到现在的100多家。

但公司发现目前销售量增长缓慢，有几家大的客户进货量在持续下降，有几家客户已停止从公司购买产品。公司向一些销售员询问客户流失的原因，销售员的回答不一，有的说是因为公司产品价格高，有的说是送货不及时使客户不愿再订购公司的产品。针对这种情况，XY公司决定进行一次客户调研，他们设计了问卷调查表，选择了公司认为对客户比较重要的10个项目，让客户对这些项目的重要性和公司的表现进行评价。在发放调查问卷时，他们有意识地在不同城市选择规模大小不同的客户，一共选择了10个客户。

公司陆续收到了客户回复的问卷调查表，进行了汇总，结果如下表：

客户对服务项目重要性评价

项目代码 客户	供货价格	供货质量	订单交货期	配送正确率	计划送货日期	订单完整性	缺货通知	发票准确度	紧急送货	对投诉的处理
C1	6	6	7	6	5	5	6	5	5	3
C2	7	5	6	5	4	4	7	6	5	4
C3	7	4	5	6	6	5	6	5	4	2

续表

项目代码\客户	供货价格	供货质量	订单交货期	配送正确率	计划送货日期	订单完整性	缺货通知	发票准确度	紧急送货	对投诉的处理
C4	6	7	6	4	5	6	5	4	4	2
C5	5	6	6	6	7	4	5	4	3	1
C6	6	5	6	5	7	3	7	6	4	4
C7	7	6	4	5	5	5	5	5	5	3
C8	5	6	6	7	6	5	5	4	5	5
C9	7	5	7	5	4	4	6	3	4	2
C10	7	6	5	6	6	5	4	5	4	2

客户对 XY 公司客户服务的评价

项目代码\客户	供货价格	供货质量	订单交货期	配送正确率	计划送货日期	订单完整性	缺货通知	发票准确度	紧急送货	对投诉的处理
C1	3	4	5	6	4	6	6	5	2	5
C2	3	5	6	5	4	4	7	5	3	5
C3	2	5	5	6	5	5	6	6	3	4
C4	3	5	4	4	6	4	7	7	4	5
C5	4	6	4	6	4	4	6	5	5	5
C6	3	4	5	7	4	4	7	6	2	6
C7	2	4	5	5	5	5	5	5	4	4
C8	2	4	6	5	5	4	6	5	4	5
C9	3	4	6	5	5	4	5	5	4	5
C10	3	4	5	6	4	5	6	5	2	5

案例分析要求：

（1）用绩效评估矩阵的工具对案例数据进行分析。

（2）根据分析的结果确定 XY 公司对这些服务项目所采用的对策。

（3）对于选定必须改进的项目，简述 XY 公司可以采取哪些措施提高它的绩效。

案例 2：DL 食品公司的供应链*（此题型仅对本科阶段考生要求）

DL 公司是南方某省的一家食品生产商，是一家民营企业，成立至今有 5 年多的时间。公司的主要产品是饼干类的食品，口味独特，比较适合南方地区消费者，所以产品在南方诸省有一定的知名度，在这些地区有 80% 以上的销量。公司前 3 年一直快速增长，但这两年陆续有几家食品生产商生产和他们类似的产品，竞争比以前激烈了。

公司的对策是开发出更多的新产品品类,并逐步增加北方市场的销量。

公司产品的生产过程一般是每月由公司在各地设的办事处报下月的销售计划,生产部的计划员汇总后,排出下月的生产计划交生产部执行;采购部按生产计划制定采购计划,向供应商下订单;储运部负责管理原材料和工厂的成品仓库,并且负责把产品送到各地办事处租赁的当地仓库中,各地办事处负责当地的销售。

但是公司现在形势却有些不妙。去年末公司在年终财务结算后发现,尽管公司的销量比前年增长了10%,但公司的利润率却下降了3%。此外在年末的库存全面盘点时发现,许多办事处的仓库内存有大批量的过期和将要过期的产品。

生产部的计划员经常接到办事处的电话或传真,反映某个品种仓库断货,要求紧急生产。可是生产线的几个主管向生产部的经理报怨,说现在的生产计划变化太快了,以前一个品种的生产有时持续2~3班,因为品种比以前增加很多,现在有时一个班次内要变换生产3个品种。生产线变换品种时,设备要更换模具,更换一次品种就要1个小时左右。常常是一个品种的生产刚稳定就要换另一个品种,现在客户对质量问题的投诉也多了。

公司的主打产品中有一种原料,是一种农产品,只能在当地的几个县采购,因为当地特殊的土质其他地方不能生长。但这个农产品受天气的影响产量很不稳定。去年有近一个月的时间因为这种原料的断货,使这个主打产品断货,给公司造成不小的损失。

公司有十几辆5 t和8 t的封箱车专门用于向各地办事处的仓库运输产品,一般是每周各地办事处向公司要货,他们直接把要货的品种数量报给储运部,由储运部安排车辆送货。但也时常发生发过来的传真要求储运部紧急发货。如果这时车辆都派出去了,储运部的经理就联系外租车来送货。储运部经理的压力还不只这些,公司的财务副总经常说车辆的费用太高了,可是储运部经理也有委屈:车辆一动就有油费,车辆出现故障他必须马上维修,要不然送货就被耽误了,更别说其他的路桥费、养路费了。

案例分析要求:

结合案例,写一份不少于800字的案例分析报告。(注意:案例分析报告仅对本科生要求)

参考答案

案例1：

（1）分析结果

	XY公司的表现	重要性
供货价格	2.8	6.3
供货质量	4.7	5.6
订单交货期	4.8	5.8
配送正确率	5.8	5.5
计划送货日期	4.4	5.5
订单完整性	3.9	4.7
缺货通知	6.3	5.6
发票准确度	5.5	4.7
紧急送货	2.6	4.3
对投诉的处理	4.9	2.5

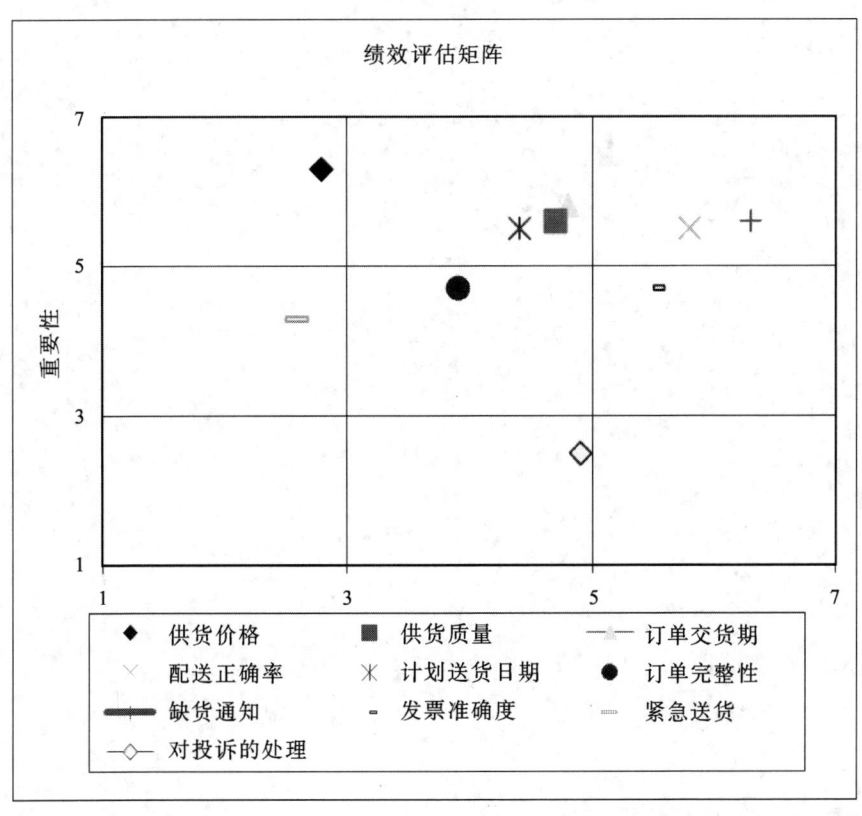

（2）XY 公司必须马上提高的项目：供货价格。

XY 公司要提高的项目：紧急送货、计划送货日期、供货质量、订单交货期。

XY 公司要维持/提高的项目：配送正确率、缺货通知。

XY 公司要维持的项目：发票准确度、订单完整性。

（3）XY 公司要降低产品价格就必须降低产品成本。降低成本从采购、制造、送货、计划这四个环节分别进行论述，可以采取的措施有：通过与供应商发展伙伴关系降低产品原材料采购价格；对原材料库存更好地控制；JIT 采购和生产以减少浪费；利用第三方物流降低仓储和运输费用；通过更准确的产品预测降低成品库存等。

（三个问题每个问题都是 10 分）

案例 2：

（1）案例分析报告的步骤要明确。

（2）分析报告中的主要部分是分析问题的原因和确定改进的方案。

（3）改进方案应从供应链的整体考虑，包括销售预测、生产计划、采购、生产、库存控制、运输计划、运输管理这些方面，还要考虑组织结构的变更和业务流程的改变。